Die wiedererlangte – manche sagen: wiedererlittene – staatliche Souveränität Deutschlands ist bisher politisch kaum begriffen, geschweige operativ umgesetzt. Während große Teile der Linken der alten Bundesrepublik als dem ersten postnationalen oder sogar postpolitischen Staat der Welt hinterhertrauern, halten es Konservative und Regierung mit dem Prinzip des Wurstelns: nicht nur, aber eben vor allem auch im Bereich der Außenpolitik. Statt des »Genscherismus« nun also die Wechselbäder des neuen Außenministers, der zwischen Wutfall und Larmoyanz pendelt. Heinz Budes Essay erklärt, warum dem so ist.

Deutschland ist, ohne darauf vorbereitet zu sein, ein souveräner Staat geworden und kann weder im Guten noch im Bösen die Sonderrolle der alten Bundesrepublik weiterspielen. Seine Verbündeten werden es nicht akzeptieren, daß deutsche Regierungen sich weiterhin hinter dem Grundgesetz verstecken – und dem ist durch das Blauhelm-Urteil des Bundesverfassungsgerichts vom 12. Juli ja auch der Schein einer Begründung genommen. Es wird ebenfalls nicht mehr gelingen, wie noch beim Golfkrieg, daß, mit Verweis auf die Nazivergangenheit, die Deutschen erklären, sie müßten sich zu ihrem größten Bedauern heraushalten; man würde aber natürlich sehr gerne zu den Unkosten beisteuern. Der Golfkrieg ist Deutschland zu teuer gekommen: finanziell, vor allem aber politisch und moralisch.

Es geht also darum, eine realistische Außenpolitik zu konzipieren, für die nächsten Jahre. Die Deutschen müssen das erst wieder lernen, und insofern kann man sogar Verständnis haben für die Ungeschicklichkeiten der amtierenden Regierung (wie eine sozialdemokratisch konzipierte Außenpolitik aussähe, ist bisher nebulös geblieben). Voraussetzung einer solchen Außenpolitik ist das Anerkennen zweier Sachverhalte: daß Deutschland ein souveräner Nationalstaat ist; daß ein Nationalstaat seine wohlverstandenen Interessen zu vertreten hat. Nichts hat dem »Genscherismus« soviel Mißtrauen eingebracht, besonders bei den Ost- und Westeuropäern, wie die fortwährende Beschwörung deutscher Friedenspolitik und die Litanei, »vom deutschen Boden dürfe nie wieder Krieg ausgehen«. Das verstand sich von selbst. Was also sollte die nichtssagende Floskel verdecken? Außenpolitische Konzeptionslosigkeit, oder gerade das Gegenteil, wie vor allem Franzosen und Engländer unterstellten: Sie sagen Frieden und Europa – und meinen deutsche Vormacht.

Ralf Dahrendorfs Plädoyer für den heterogenen Nationalstaat – auf absehbare Zeit der einzige Garant von Demokratie und Rechtsstaat – ist von besonderer Bedeutung für Deutsche, die zu allem, was die Nation betrifft, bekanntlich ein notorisch gestörtes Verhältnis haben; auf der einen Seite Nation- und Volksvergötzer, auf der anderen Schwarmgeister, die zwischen (ethnisch homogenem) Dorf und Weltgesellschaft nichts gelten lassen wollen und daher die politische Formation des Nationalstaates als »künstlich« kritisieren – aber ist »Demokratie« nicht auch »künstlich« und existiert, erfreulicherweise, doch?

Deutschland ist ein souveräner Nationalstaat – auch ein »normaler«? Diejenigen, die das glauben und mit einiger Forschheit vertreten, werden erkennen müssen, daß ihre Art von »Realpolitik« für sehr lange Zeit mit dem deutschen Erbe konfrontiert werden wird; und dieses Erbe heißt Militarismus, Hegemonialismus, Holocaust. Die Aufforderung von seiten der UNO oder der Vereinigten Staaten, die Deutschen sollten endlich »normale« Politik machen, ist ambivalent und bedeutet immer auch, daß deutscher Normalität für die Zukunft größte Zurückhaltung auferlegt bleibt. Zwischen der Skylla des sich Versteckens und der Charybdis des sich Wichtigmachens wird der schmale Weg zu finden sein.

Eine Agenda für die deutsche Außenpolitik der nächsten Jahre legt Hans-Peter Schwarz vor: der Versuch, das Feld zu markieren und, bei aller europäischen und atlantischen Verflochtenheit, zu zeigen, daß »nationales Interesse« auch für die Bundesrepublik künftig eher eine stärkere als schwächere Rolle spielen wird. Ernst-Otto Czempiels Beitrag bildet das Widerlager: Vordringlich sei es heute, die Möglichkeiten einer wirklichen »neuen Weltordnung« zu erkunden und zu entwickeln.

Daß *ein* deutscher Sonderweg mit der Wiedervereinigung politisch und verfassungsrechtlich beendet wurde, ändert nichts daran, daß die Sonderwege und Gespenster der Vergangenheit auch für die Gegenwart und die Zukunft virulent bleiben. Diese könnten jedoch, zum ersten Mal seit fast fünfzig Jahren, gebannt werden; dazu wäre es notwendig, einen pragmatischen Begriff von Außenpolitik zu entwickeln, der auch der alten deutschen Schwäche, Moral und Politik zu verwechseln, Einhalt geböte – womit nicht einer Politik ohne Moral das Wort geredet ist. Aber diese Gefahr, Politik ohne Moral, ist für die Bundesrepublik nur eine abstrakte: Die inländischen Kritiker »neudeutscher« Machtversessenheit werden nicht darauf verzichten, das, was kleine Schritte auf dem langen Weg zu deutscher Normalität sein könnten, als »gefährliche Entwicklung« zu geißeln, als »dritte Schuld« usw.

Auch die Eliten der Bundesrepublik, so hat es häufig den Anschein, fürchten eher die neue Souveränität, wie sie umgekehrt nicht imstande waren, aus ihrer Leugnung des Nationalstaates ein politisches Projekt zu machen, das für die anderen Europäer attraktiv gewesen wäre. Diesen genuinen Provinzialismus der Deutschen, im *Merkur* schon vor Jahr und Tag beim Namen genannt, untersucht Claus Koch. Seine düstere Perspektive wird ergänzt von der illusionslosen Analyse der ökonomischen Zukunft Deutschlands und Europas im Beitrag von Konrad Seitz. Weitermachen wie bisher, mit den alten Rezepten der Bundesrepublik – dies jedenfalls geht nicht mehr.

Welche Rolle Deutschland in der Welt spielen wird, das ist aber weniger eine Frage deutscher Ansichten und Befindlichkeiten als der Forderungen (von NATO bis UNO) und Probleme (von Bosnien bis Somalia), die auf dieses Land zukommen werden. Darauf haben die Moralisten noch weniger eine Antwort als die »Realpolitiker«. Einstweilen wird es so bleiben, daß allenfalls ausländische Stimmen wie der *Spectator* (16. Juli 1994) raten können, zu ihrem und zu unserem Nutzen, »to treat Germany as a normal country now«. Die Pointe ist: Man solle Deutschland so *behandeln;* daß es das sei, ein normales Land, wird nicht behauptet. *K. H. B. / K. S.*

Ralf Dahrendorf

Die Zukunft des Nationalstaates

I

Der heterogene Nationalstaat ist eine der großen Errungenschaften der Zivilisation. Bisher zumindest ist kein anderer Rahmen gezimmert worden, in dem die Rechte aller Bürger verfaßt, also formuliert und garantiert werden können. Das nationalstaatliche Gewaltmonopol ist Voraussetzung der Geltung, also der Einklagbarkeit und Erzwingbarkeit von Bürgerrechten. Insofern ist der heterogene Nationalstaat Bedingung der Möglichkeit der gesicherten Freiheit und ein Gut, das Liberale verteidigen müssen.

Wer solche Sätze als schockierend empfindet, wird im folgenden Erwägungen finden, die den Schock ein bißchen dämpfen. Doch bleibt das Grundthema dieser Erwägungen die Überzeugung, daß der Nationalstaat nicht nur eine Zukunft hat, sondern diese auch haben sollte.

II

Der Nationalstaat kann Bürgerrechte sichern, aber muß das nicht tun. Blickt man auf die jeden Monat wachsende Mitgliedschaft der Vereinten Nationen, so ist nur eine kleine Minderheit bei dieser Aufgabe erfolgreich, und wenn man die Geschichte des Jahrhunderts einbezieht, kaum mehr als ein Dutzend. Der Nationalstaat ist offenkundig nur die notwendige, nicht die zureichende Bedingung von Recht und Freiheit.

Die Inhalte, die die zunächst formale Hülle, den Rahmen des Nationalstaates ausfüllen müssen, sind vertraut: Grundrechte und Grundfreiheiten, also die Unverletzlichkeit der Person und die Freiheit der Rede, der Assoziation. Da ist schon ein guter Teil des Rechtsstaates mitgedacht, einschließlich der Verfahren, die solche Grundrechte erhalten *(due process)*. Sodann ist die Garantie des gleichen Zuganges für alle wichtig, der Gleichheit vor dem Gesetz, aber auch des Zuganges zum politischen Gemeinwesen (aktives und passives Wahlrecht), zu den wirtschaftlichen Prozessen (Marktteilnahme, den Arbeitsmarkt eingeschlossen), zur gesellschaftlichen Teilnahme überhaupt. Zu Grundrechten und Grundfreiheiten kommt noch die Gewährleistung der Vielfalt des Angebots in allen Lebensbereichen, vom Mehrparteiensystem und der Verhinderung von Informationsmonopolen bis zur Religionsfreiheit und kulturellen Autonomie.

Das sind vertraute Elemente freier Gemeinwesen – doch was haben sie mit dem Nationalstaat zu tun? Vielleicht wäre eine Welt schön und gut, in der Menschen alle diese Dinge aus freien Stücken und ungezwungen durch Kommunikation und Gesellschaftsvertrag hervorbringen. Vielleicht wäre eine solche Welt auch nur jenes Kantsche Arkadien, in dem »die Menschen, gutartig wie die Schafe, die sie weiden, ihrem Dasein kaum einen größeren

Wert verschaffen (würden), als dieses ihr Hausvieh hat«. Jedenfalls hat es die Rousseausche Idylle bislang nicht gegeben. Rechte und Freiheiten bedürfen der Institutionen, die sie erhalten. Das sind Herrschaftsinstitutionen mit allen Stärken und Schwächen, die diese haben, jedoch immerhin als solche Institutionen der gebändigten Macht, die selbst in Regeln eingebunden, stets verantwortlich und nur auf Zeit ausgeübt wird.

Macht ist so alt wie die Menschheit, Herrschaft aber ist jüngeren Datums. Spuren der Bändigung von Macht lassen sich gewiß weit zurückverfolgen, so weit wie Recht(sstaat) und Demokratie nämlich. Daß beide indes zum Verfassungsprinzip werden, finden wir erst in England nach 1688 und dann vor allem nach den Revolutionen von 1776 und 1789. Mit der amerikanischen Unabhängigkeit und der Französischen Revolution wird denn auch jene Bewegung in Gang gesetzt, die sich in Deutschland nationalliberal nannte und zwischen den Befreiungskriegen und Bismarcks Reichsgründung immer neu – und oft vergebens – versuchte, den Rahmen des Verfassungsstaates zu schaffen und auszufüllen. Dieser Rahmen aber konnte weder dynastisch noch regional, weder kirchlich noch bloß traditionell sein; er mußte im Nationalstaat bewußt geschaffen werden.

III

Soweit die trivialen, fast definitorischen Aussagen. Nun aber betreten wir schwierigeres Gelände. Die Rede war ja vom heterogenen Nationalstaat. »Aus ganz Gleichen entsteht kein Staat«, sagt Aristoteles in einer häufig überlesenen, dabei gar nicht trivialen Feststellung. Es gibt also keine völlig homogenen Gemeinwesen. Doch zeigt die Geschichte, daß manche Unterschiede zwischen Menschen schwerer wiegen als andere: ethnische, sprachliche, religiöse, rassische Unterschiede gehören dazu. Die Liste ist unvollständig und wird es bleiben, denn die fraglichen Unterschiede sind nicht essentiell, also unvermeidlich sozial formierte Differenzen, sondern manipulierbar. Immer wieder gibt es Mächtige, die solche Unterschiede erfinden, zumindest hochspielen, um sie für ihre Zwecke zu verwenden; das Karadžić-Phänomen der bosnischen Serben sozusagen. Manchmal gibt es auch Gemeinwesen, denen es gelingt, solche Unterschiede für die Rechte und Freiheiten ihrer Bürger irrelevant zu machen. Eben darum geht es in der hier entwickelten These.

Manche Nationalstaaten sind tatsächlich weitgehend ethnisch und kulturell homogen. »Polen ist ein ethnisch homogenes Land«, sagte Lech Walesa auf einer Tagung. Adam Michnik entgegnete ihm: »Und die Ukrainer? die Deutschen? die nicht mehr vorhandenen Juden, die dennoch Antisemitismus hervorrufen?« Auch angeblich homogene Gemeinwesen – Griechenland, Schweden, Japan – sind bei genauerer Betrachtung nicht ohne ethnisch-kulturelle Minderheiten. Immerhin, ein hohes Maß an Homogenität kennzeichnet sie. Dieses hohe Maß an Homogenität schließt offenbar Rechtsstaat und Demokratie nicht aus; Schweden liefert ein eindringliches Beispiel.

Dennoch wird hier das Loblied des heterogenen Nationalstaats gesungen. Dieser *muß* nämlich rechtsstaatliche und demokratische Institutionen schaffen, wenn er mit sich in Frieden leben will, während der homogene Nationalstaat dies nur *kann.* Erst im heterogenen Nationalstaat bewähren sich Bürgerrechte als Teilnahmeprinzip. Darum sind die Vereinigten Staaten von Amerika im Verlauf ihrer Geschichte und unter Schmerzen ein so wichtiges Vorbild geworden. Darum ist ein multikulturelles Gemeinwesen eine Bewährungsprobe der Freiheit.

Das ist, wie man weiß, leichter gesagt als getan. Menschen leben offenbar lieber unter ihresgleichen. Unterschiede lassen sich nur allzuleicht mobilisieren. Sind sie ethnischer Natur, dann verbindet sich die Mobilisierung oft mit den Anspruch auf territoriale Selbständigkeit. Seit 1989 haben wir diesen Prozeß im gesamten früheren Machtbereich der Sowjetunion erlebt; auch dem Westen ist er durchaus nicht fremd. Die Tschechoslowakei bietet das eindringlichste Beispiel der Folgen solcher Entwicklungen: ein multi-ethnischer Staat homogenisiert sich durch Teilung, und prompt wird die ungarische Minderheit in der Slowakei zum explosiven Problem. Rußland zeigt, daß wenn solche Teilungen beginnen, ihr Ausgang kaum abzusehen ist. Am Ende stehen eher 1800 als 180 Mitglieder der Vereinten Nationen.

Hier sind zwei begriffliche Klärungen am Platze. Vom Nationalstaat war bisher ganz umgangssprachlich die Rede. Die USA und das Vereinigte Königreich und die Bundesrepublik und Luxemburg und die Slowakei sind Nationalstaaten. Doch enthält das Wort jenes andere, Nation, in dem die ererbte Gemeinsamkeit von Gruppen steckt. Im Vereinigten Königreich findet niemand es schwierig, von der walisischen Nation innerhalb Großbritanniens oder auch von *home internationals,* also gleichsam national-internationalen Fußball- und Rugbyspielen zu sprechen. Allerdings gibt es auch hier die walisischen Nationalisten, die wie so viele Gruppen in Europa und andernorts Nation und Nationalstaat zur Deckung bringen wollen. Sie suchen ethnisch homogene Staaten, und auf ihrem Weg fehlt es meist nicht an übermalten Ortsschildern, Angriffen auf Minderheiten, Bomben.

Es gibt also eine Spannung zwischen Nation und Nationalstaat, die gerade für die deutsche Geschichte wichtig ist. Michael Ignatieff hat sie in andere Begriffe gefaßt, als er *ethnic* und *civic nations,* also auf ethnischer Homogenität und auf gleichen Bürgerrechten für unterschiedliche Gruppen beruhende Nationen unterschied. Nur die *civic nation* ist jene Errungenschaft der Zivilisation, die hier gepriesen wird. Der homogene Nationalstaat steht immer in der Gefahr der Aggression gegenüber Minderheiten und Nachbarn; der heterogene Nationalstaat steht immer vor der Herausforderung der gleichen Rechte für Ungleiche. Sie ist gemeint, wenn von einem liberalen Begriff des Nationalen die Rede ist.

IV

Ist nicht trotz solcher Einschränkungen der Nationalstaat ein Anachronismus? Hier sind zwei Überlegungen vor allen wichtig, die eine zum Recht, die andere zur Wirtschaft. Seit langem schon versuchen bedeutende Denker, den Privilegiencharakter eines auf kleine politische Räume begrenzten Rechts zu überwinden, also das Recht zu internationalisieren. Grotius kommt in den Sinn, und dann vor allem Kant. In diesem Jahrhundert haben bedeutende Staatsmänner versucht, dem Gedanken eines internationalen oder Völkerrechts Gestalt zu geben. Woodrow Wilson steht in dieser wie in anderer Hinsicht hinter manchen der hier entwickelten Gedanken. Nach dem Zweiten Weltkrieg sind dann wichtige institutionelle Schritte getan worden: die Charta der Vereinten Nationen, die Kriegsverbrecherprozesse (bis hin zur VN-Resolution zu jugoslawischen Kriegsverbrechen), die Europäische Menschenrechtskonvention, die Europäische Gemeinschaft.

Fast alle diese Ansätze indes lassen die Kernfrage unbeantwortet, die hier in Form einer Erfahrung formuliert werden soll. Als während meiner Direktorenzeit an der London School of Economics der Lehrstuhl für Internationales Recht vakant wurde, kamen angesehene Rechtsgelehrte zu mir und sagten: »Wir sollten den Lehrstuhl nicht besetzen, denn so etwas wie Internationales Recht gibt es nicht.« Was sie meinten war: Es gibt zwar allerlei Regeln im internationalen Verkehr; es gibt auch in gewisser Weise Rechtsprechungsinstitutionen; aber letzten Endes bleibt die Erzwingung von Regeln eine Sache nationaler Gesetze und Richter. Die Welt des Internationalen Rechts ist eine Scheinwelt des Rechts, die man nicht auf eine Stufe stellen darf mit dem wirklichen Recht der Nationalstaaten. Wie sagte doch Raymond Aron: Kein Europa kann meine Bürgerrechte als französischer Jude verteidigen; das können nur französische Gerichte.

Ganz stimmt das nicht, zumindest nicht mehr. Zwar wird die Europäische Menschenrechtskonvention nur dadurch zu geltendem Recht, daß sie nostrifiziert, also in nationales Recht übernommen und von nationalen Richtern praktiziert wird, aber die »Urteile« des Straßburger »Gerichtshofes« haben dennoch ihr Gewicht in entsprechenden Verfahren. Was die EG oder EU betrifft – genaugenommen wohl nur die EG –, so beschreiben die Verträge einen allerdings eng begrenzten Bereich supranationalen Rechts; die Urteile des Luxemburger Gerichtshofes gelten unmittelbar. Sie betreffen aber keines der aufgezählten Grundrechte aller Bürger, mit der partiellen Ausnahme der Gleichbehandlung von Männern und Frauen am Arbeitsplatz. Die EG hat als Verteidigerin von Bürgerrechten und Demokratie bisher versagt. Hier, und nicht in den fehlenden Rechten des Parlaments, liegt ihre größte Schwäche unter dem Aspekt der Zustimmung der Bürger.

Derlei ist nicht mißzuverstehen. Nationale Bürgerrechte können nicht sinnvoll als das Ende des zivilisatorischen Weges der Menschheit verstanden werden. Man kann die *Idee zu einer allgemeinen Geschichte in weltbürgerlicher Absicht* (und *Zum ewigen Frieden*) gar nicht oft genug lesen. Auch die Absage an den Relativismus gehört zu den Rechten und Freiheiten, die bisher der Nationalstaat verteidigt hat. Diese Rechte und Freiheiten sollten also weltweit Geltung gewinnen, und für deren Ausweitung einzutreten ist des Schweißes der Edlen wert. Da könnten wir in Europa einen Anfang setzen. Nur bleibt es eine Tatsache, daß bisher jenseits des Nationalstaates keine rechtschützenden (Herrschafts-)Institutionen entstanden sind. Solange das aber nicht der Fall ist, müssen wir den Nationalstaat schützen. Er ist nicht Menschheitsideal, wohl aber reale Freiheit durch Recht.

V

Das Verhältnis von Wirtschaftsprozessen und Nationalstaat stellt noch schwierigere Fragen. Man könnte sie mit einer Marxschen Denkfigur formulieren. Der Nationalstaat repräsentiert die herrschenden Produktionsverhältnisse. Hier haben geltende Regeln und die Mechanismen ihrer Erzwingung ihren Ort. Die wirtschaftlichen Produktivkräfte aber sind längst aus dem Raum des Nationalstaates ausgewandert. Transnationale Unternehmen spielen geradezu mit Nationalstaaten, indem sie deren Regeln zugleich beachten und umgehen. In wichtigen Bereichen gibt es inzwischen einen Weltmarkt. Das gilt insbesondere für die Finanzmärkte, die sich nationaler Kontrolle entziehen. Überhaupt hat die Informationstechnologie eine Ebene des Austausches geschaffen, die alle Eingriffsmöglichkeiten nationaler Regierungen überschreitet.

Setzt man die Marxsche Analyse fort, dann ist nur ein Schluß erlaubt. Die alten Produktionsverhältnisse haben ausgedient; neue Produktivkräfte werden sich in einem revolutionären Akt angemessene Produktionsverhältnisse schaffen. Im Klartext würde das heißen, daß weltweite Regeln und Regelungsinstanzen für wirtschaftliche Prozesse an die Stelle ihrer nationalen Vorgänger treten.

Tatsächlich war die zweite Nachkriegszeit durch solche Versuche gekennzeichnet. Weltbank und Internationaler Währungsfonds, dazu GATT, sollten Systeme internationaler Regeln für Wirtschaftsprozesse schaffen. Sie nahmen die Globalisierung dieser Prozesse gleichsam vorweg; die Produktionsverhältnisse waren schneller als die Produktivkräfte. Jedoch stellte sich bald heraus, daß die in Bretton Woods erfundenen Institutionen nur so lange funktionierten, wie es eine Hegemonialmacht gab. Als die Institutionen geschaffen wurden, glaubten Keynes und andere noch, diese Hegemonialmacht könnte Großbritannien heißen. Bald stellte sich das als Illusion heraus, und es begann die Vormacht des Dollar und der Vereinigten Staaten. Hegemonie heißt Herrschaft, oder eher wohl Macht. Als die USA diese Vormacht nicht mehr ausüben wollten oder konnten – am Anfang der siebziger Jahre – verlor das Bretton-Woods-System seine Kraft. Es ist bis heute nicht wieder zusammengeflickt worden. Auch international gilt eben, daß Rousseaus Welt des naturwüchsigen Gesellschaftsvertrages nicht funktioniert. Das G-7-Treffen in Neapel hat einmal mehr bekräftigt, daß die mächtigen Wirtschaftsnationen nicht wissen, wie sie mit der Globalisierung der Weltmärkte zurechtkommen sollen.

Und die Marxsche Analyse? Sie reicht ein Stück weit, aber eben nicht bis zum Ende. Tatsächlich liegen zwei Beobachtungen nahe. Die eine ist, daß die Vertreter der Produktivkräfte, die großen Weltunternehmen und die Finanzspekulanten, kein besonderes Interesse an weltweiten Regelungen haben.

Weit davon entfernt, daß die Produktivkräfte ihnen angemessene Produktionsverhältnisse fordern, suchen sie deren Entstehen zu verhindern. Es ist für sie viel leichter, in einem rechtsfreien Raum zu operieren.

Die Nationalstaaten andererseits – und in dieser Hinsicht hat die Europäische Gemeinschaft nationalstaatliche Züge – sind ständig in Versuchung, die ihnen über den Kopf gewachsenen Produktivkräfte in den Raum zurückzuholen, in dem sie Kontrolle ausüben können. Hier lag ja eine der Schwächen der Marxschen Analyse, daß ihr Autor die eigenständige Kraft des Politischen unterschätzte. Grassierender Protektionismus ist durchaus möglich, was immer seine Wirkungen sein mögen. Die EG ist schon heute vornehmlich eine Schutzgemeinschaft für niedergehende Wirtschaftszweige. Andere, wie die USA und Japan, verstehen sich auch ganz gut auf das Geschäft der Protektion. Die mutwillige Zerstörung der neuen Produktivkräfte kann also nicht ganz ausgeschlossen werden.

Für die Zukunft des Nationalstaates bedeutet das wenig Erbauliches. Weltweite Regeln wären nützlicher als nationale oder Regionalblock-Protektionismen. Der Nationalstaat ist kein sehr hilfreiches Instrument der Schaffung von Wohlstand mehr; die Zeiten der »Volkswirtschaft« sind vorüber. Aber der Nationalstaat und seine Fortsetzung in den Wirtschaftsblock ist stark; das Unwesen beider wird die Welt im kommenden Jahrzehnt beschäftigen.

VI

Häufig wird in diesen Jahren dem Nationalstaat eine ganz andere Entwicklung entgegengehalten, nämlich der Weg zu den kleineren Einheiten, den Regionen im Inneren von Staaten. Manche gehen noch einen Schritt weiter und sagen, der Nationalstaat habe in zweierlei Hinsicht ausgedient; einige Kompetenzen müßten begrenzteren Lebensbereichen zugeordnet werden, während andere nur noch in weiteren Räumen sinnvoll ausgeübt werden können. Das Ziel muß daher ein Europa der Regionen sein. Der in Maastricht ersonnene Ausschuß der Regionen ist ein erster Schritt auf dem Weg.

Das wohlklingende Projekt enthüllt bei näherer Betrachtung manche Schwierigkeiten. Eine davon hat es mit den Begrenzungen der menschlichen Natur zu tun. Es ist schwierig genug, in zwei entgegengesetzte Richtungen gleichzeitig zu blicken und nahezu unmöglich, zwei entgegengesetzte Ziele gleichzeitig zu verfolgen. Das gilt für das Europa der Regionen vor allem auch darum, weil das eine Ziel, die Regionalisierung, Emotionen bindet, während das andere, Europa, eine Kopfgeburt ist. Wer das Europa der Regionen sucht, wird aller Wahrscheinlichkeit mit Regionen ohne Europa enden.

Regionen sind zudem kein Ersatz für Nationalstaaten. Schlimmer noch, sie können als solcher nur erscheinen, wenn sie zugleich Nationen sind, wenn also der Regionalismus tatsächlich ein Weg zu homogenen Nationalstaaten ist. Hier liegt ein gefährlicher Widerspruch in der Konstruktion des europäischen Regionalausschusses. Daß Nordrhein-Westfalen oder die Stadt London dort vertreten sind, mag angehen, aber die Vertretung von Wales oder

Katalonien hat ganz andere Untertöne und Wirkungen. Insoweit kann Regionalismus zum Rückschritt gegenüber dem heterogenen Nationalstaat werden.

Das ist kein Argument gegen die kleineren Einheiten in ihrer eigenen, angemessenen Rolle. Sie sind Bindekräfte, wo Nationalstaaten ähnliches nicht leisten können und vielleicht nicht leisten sollen. Sie sind auch Räume der kulturellen Identität und Autonomie. Insoweit erinnern Regionen daran, daß Nationalstaaten »schlanke« Herrschaftsgebilde sein sollten, die für sich nicht den Anspruch erheben, alle Lebensregungen ihrer Bürger zu betreffen. Der Nationalstaat liefert den ausgefüllten Rahmen der Bürgerrechte, aber die Bürgergesellschaft in ihrer Vielfalt floriert in ihren eigenen Räumen, zu denen immer auch Regionen, vor allem aber Gemeinden gehören. Nach innen wie nach außen gilt, daß zu anspruchsvolle Nationalstaaten die Freiheit zerstören können, die sie garantieren.

VII

Wenn Europa eine Kopfgeburt ist und Regionen das Herz ansprechen - wohin gehört dann der Nationalstaat? Im Altgriechischen wird manchmal zwischen Kopf, Brust und Unterleib, Gedanken, Willen und Trieben unterschieden. Man könnte versucht sein, den Nationalstaat dem *thymos* zuzuordnen. Doch ist das nur ein Wort, das die Schlüsselfrage nicht beantwortet: Kann der Nationalstaat und soll der Nationalstaat Zugehörigkeiten stiften, die als Ligaturen wirken, also als Tiefenbindungen für das, was wir Gesellschaften nennen?

Die Antwort ist ja, aber ein vorsichtiges Ja. Gerade hier haben historische Nationen es immer schwer gefunden, den Kurs zwischen Skylla und Charybdis zu steuern. Skylla, das ist der Nationalismus, also die emotionale Überbeanspruchung des Nationalstaates. Die Gefahr - und die Erfahrung - des Nationalismus ist sicherlich einer der Gründe für die verbreiteten Zweifel am Nationalstaat vor allem in Deutschland. *Extremer Nationalismus* (wie M. Rainer Lepsius seinen Essay zum Nationalsozialismus plausibel überschrieben hat) ist fast immer ein Resultat der Verwechslung von Nation und Nationalstaat, also des ethnischen oder homogenen Nationalstaates. Was es heißt, Deutscher zu sein, wird dann durch zugeschriebene, nicht durch erwerbbare Kriterien bestimmt. Der schwarze US-Sprinter, der sich nach dem Olympiasieg in eine amerikanische Fahne hüllt, ist kein Kandidat für extremen Nationalismus.

Die Charybdis andererseits ist möglicherweise der Verfassungspatriotismus im Sinne Sternbergers und mehr noch Habermas'. Der unmittelbar einleuchtende Begriff wird praktisch eher als Kopfgeburt denn als Motivation und Wille verstanden. Gewiß, die amerikanische Verfassung ist - wie die Souveränität des Parlaments in Großbritannien - Kernstück des Amerikanertums. Aber es kommen doch andere Dinge hinzu, die Flagge, die Hymne, ja der Glaube an die Einmaligkeit, sogar die Auserwähltheit der eigenen Nation, der doch in der Regel vor Überheblichkeit halt macht. Nur auf das

Grundgesetz stolz zu sein, reicht also nicht, wenngleich dazu in Deutschland mehr Anlaß besteht, als die jüngste Verfassungsdiskussion glauben machen könnte.

Nationalstaaten, heterogene zumal, sind etwas Besonderes. Sie verteidigen heißt, die konkrete Freiheit zu verteidigen. Auf sie stolz sein heißt, auf Leistungen stolz zu sein, die durch sie möglich geworden sind. Für sie ein Gefühl der Loyalität empfinden heißt, ihnen etwas von dem zurückzugeben, was sie an Lebenschancen eröffnet haben. »Frage nicht, was Amerika für dich tun kann, sondern was du für Amerika tun kannst.« Warum nicht? Es muß ja nicht nach Langemarck oder auch My Lai führen. Gewisse Tiefenbindungen sollten also zu Nationalstaaten gehören. Sie tun das wohl am ehesten, je weniger sie konstruiert oder übertrieben werden. Sie tun es in Ländern, die zumindest im Hinblick auf ihre Geschichte mit sich im reinen sind.

VIII

Da ist dann ein Wort über Deutschland am Platze. Die deutsche Frage (so schrieb ich vor fast dreißig Jahren in *Gesellschaft und Demokratie in Deutschland*) ist nicht national, sondern sozial. Was ich meinte – und auch heute noch meine – ist, daß die äußere Stellung Deutschlands sich an seiner inneren Kraft entscheidet. Wenn Rechtsstaat und Demokratie fest verankert sind, gibt es keine Frage des deutschen Störenfrieds in Europa oder gar des »Reiches als europäische Ordnungsmacht« mehr. Die alte Bundesrepublik ist bei der Transformation der inneren Verhältnisse in Richtung auf eine liberale Bürgergesellschaft in einer rechtsstaatlichen Demokratie weit gekommen. Jetzt steht Deutschland mitten in der Bewährungsprobe für diese Errungenschaft: Läßt sich der Erfolg der westdeutschen Nachkriegsentwicklung mit viel Takt, Verständnis und Zeit auf das vereinigte Deutschland ausweiten, oder werden innere Querelen einmal mehr zur Bewegkraft für Unfrieden stiftende Ansprüche nach außen?

Man kann die Bedingungen aufzählen, die erfüllt werden müssen, wenn die Kraft der alten Bundesrepublik und die Erfahrungen und Hoffnungen des ganzen Deutschlands zu einem respektierten und respektablen Gemeinwesen vereinigt werden sollen. Eine davon ist die Anerkennung des Nationalstaates in seiner Rolle selbst. Wer immerfort dem Nationalstaat das Totenglöcklein läutet, zerstört damit ungewollt auch die Fundamente von Rechtsstaat und Demokratie, die einstweilen nur im Nationalstaat sicher sind. Deutschland ist ein Nationalstaat und wird es auch in fünfzig und hundert Jahren sein. Das anzuerkennen ist der erste Schritt der Wahrnehmung der Wirklichkeit und damit die Voraussetzung aller weiteren Schritte.

Zweitens indes muß Deutschland sich abwenden vom Alptraum der ethnischen Nation. Das ist vielleicht sogar der Schlüssel zur deutschen Zukunft. Die Frage der doppelten Staatsangehörigkeit ist auch in diesem Zusammenhang wichtig. Loyalität wird nicht durch Reisepässe gestiftet, sondern durch die Attraktivität von Gemeinwesen. Deutschlandtürken sind nun einmal deutscher als Rußlanddeutsche, und wer dies andersherum definiert, legt die

Saat zukünftiger Gewalt. Heterogenität ist nicht für alle und nicht immer leicht zu ertragen. Vor multikultureller Romantik sei ausdrücklich gewarnt. Aber es ist eine Tatsache, daß allerlei unterschiedliche Gruppen in Deutschland leben, und es ist daher eine offenbare Aufgabe, allen die uneingeschränkten Bürgerrechte zu geben.

Dazu kommt drittens das Nationalgefühl. Es läßt sich nicht einfach schaffen; es muß wachsen. Institutionen können das Ihre beitragen. Man hört gerne, daß Helmut Schmidt sich bei der von ihm erfundenen Deutschen Nationalstiftung Zeit lassen will. Die ersten Projekte sind nur ein Anfang, aber der richtige Anfang. Viel wird auf die deutschen Historiker ankommen, die ja nicht ohne Grund ihren eigenen Streit über die deutsche Geschichte ausgetragen haben. Einigkeit über die Vergangenheit und Uneinigkeit über die Zukunft wäre ein besseres Rezept für die Entwicklung eines deutschen Nationalgefühls; aber ein falscher Konsensus hilft auch niemandem. Wahrscheinlich müssen immer neue Anläufe gemacht werden, um die richtigen Töne zu finden: zum Prozeß der deutschen Einheit, zum 20. Juli, zum Griff nach der Weltmacht, zum deutschen Sonderweg und zu all den Themen, an denen sich am Ende ein deutsches Nationalgefühl festmacht.

Viertens schließlich ist da die große Frage der deutschen Rolle in Europa. Die Zeit, in der Deutschland sich von Europa die Rückkehr zu internationaler Anerkennung erhoffen mußte, ist nun vorbei. Damit hat auch die große Ungenauigkeit in europäischen Dingen ihr Ende, die bisher die Geschichte der Bundesrepublik bestimmt hat. Deutschland muß ein Europabild und eine Europapolitik entwickeln. Darin steht es nicht allein; die Frage stellt sich aber verschärft für die Bundesrepublik Deutschland.

IX

Wie steht es also mit den Nationalstaaten und Europa? Was die gemeinsame Ausübung von Souveränität betrifft, ist die Europäische Gemeinschaft/Europäische Union heute schon mehr als die Vereinten Nationen oder die Organisation für Wirtschaftliche Zusammenarbeit und Entwicklung (OECD) oder der Europarat. Sie ist also nicht einfach ein Bündnis von Nationalstaaten, in dem diese alle Souveränitätsrechte behalten. Ob die EG/EU auch mehr ist als die NATO mag dahingestellt bleiben. Da die Verteidigung eine zentralere Staatsfunktion ist als der Handel, ist die Teilung von Souveränität im Verteidigungsbereich möglicherweise wichtiger. Jedenfalls aber läßt die EG/EU die an ihr beteiligten Nationalstaaten nicht ganz unbeschädigt.

Auf der anderen Seite ist die EG/EU kein Beginn der Schaffung eines neuen Superstaates Europa. Sie ist weder so konzipiert, noch weisen jüngere Entwicklungen in diese Richtung. Daran würde noch nicht einmal eine Währungsunion etwas ändern, wenngleich diese ein politisches Konzept ist und daher institutionelle Rückwirkungen hätte. (Auch aus diesem Grunde wird sie auf absehbare Zeit nicht, und jedenfalls nicht für das Europa der Zwölf, Sechzehn oder Zwanzig entstehen.) In der auswärtigen Politik wird vollends klar, wo die Grenzen der europäischen Einigung liegen. Die beiden ständigen Mitglieder des Sicherheitsrates, Frankreich und Großbritannien, denken nicht daran, ihr Vetorecht aufzugeben; Deutschland brauchte sich nicht um einen ständigen Sitz im Sicherheitsrat zu bemühen, wenn es ernsthaft an die einheitliche Vertretung der europäischen Interessen glaubte. Die G 7 hat gar vier europäische Mitglieder und dazu den Präsidenten der Kommission. Auch hier ist also vom Verschwinden der Nationalstaaten nicht die Rede.

Europa, die Kopfgeburt, liegt irgendwo zwischen der organisierten Zusammenarbeit nationaler Regierungen und der gemeinsamen Vertretung des Ganzen. Dieses Dazwischen wird wahrscheinlich noch für lange Zeit halbdefiniert bleiben. Mal geht die Reise mehr in die nationale, mal mehr in die europäische Richtung. Der Name, Europäische Union, führt eher in die Irre; europäischer Staatenverbund wäre genauer. In manchen Bereichen handelt dieser Verbund unisono; vor allem beim Schutz vor Einflüssen von außen, auch vor Menschen und Gütern, ist dies wahrscheinlich. In anderen Bereichen fällt der Verbund immer wieder auseinander in seine nationalen Bestandteile; das gilt in der Außenpolitik, aber auch dort, wo Konkurrenz zwischen Staaten Vorteile bringt. Kein europäischer Staat wird Arbeitsplätze opfern, um solche in einem Nachbarstaat zu erhalten oder neu zu schaffen.

Das entscheidende Merkmal des Nationalstaates, die Sicherung der Bürgerrechte, fehlt in Europa. Nichts spricht dafür, daß dieses Thema im nächsten Jahrzehnt auf die europäische Tagesordnung kommt. Europa bleibt also ein Kunstgebilde, in manchem nützlich, in anderer Hinsicht ein Hindernis auf dem Weg zu weltweiten Regelungen, in ganz wenigen Bereichen eine Form der Ausübung von Souveränität, die den Nationalstaat in seinem Spielraum begrenzt, aber sicherlich kein Ersatz für den Nationalstaat. Insbesondere gibt Europa, dem scheinbaren Verschwinden von Grenzen und den burgunderroten Pässen zum Trotz, keinen Anlaß zu einem Aufschwung der Gefühle. Europa schafft keine Ligaturen.

X

Für die Zukunft des Nationalstaates liegen die Schlüsse aus solchen Erwägungen auf der Hand. Auf absehbare Zeit wird der Nationalstaat der Rahmen individueller Rechte und die Aktionseinheit der internationalen Beziehungen bleiben. Das gilt auch in und für Europa. Der Nationalstaat wird hier und da angenagt und angekratzt, bleibt aber in seinem Kern durch neuere Entwickungen unberührt. Er ist auch der Raum, in dem Menschen Zugehörigkeitsgefühle empfinden können. Einstweilen haben wir noch nichts Besseres erfunden als den heterogenen Nationalstaat.

Die größte Gefahr droht dem Nationalstaat – und der Verbindung von Recht und Freiheit – von der Nation. Das mag paradox klingen, ist aber ernst gemeint. Die homogene Nation – die ethnische Säuberung – ist in einer zur Anomie tendierenden Welt eine beträchtliche Kraft. Die Spaltung der Tschechoslowakei oder Belgiens, Kanadas, Spaniens – das sind augenfällige Beispiele, von Jugoslawien ganz zu schweigen. Verglichen mit der Bedrohung der Heterogenität ist der Souveränitätsverlust durch Europa eine

Schimäre. So findet der Liberale sich in der Lage, den heterogenen Nationalstaat gegen seine Verächter zu verteidigen, um zu verhindern, daß homogene Nationen Minderheiten entrechten und Nachbarn attackieren.

Dennoch ist der Nationalstaat nicht das Ende der Geschichte. Dieses liegt ganz sicher auch nicht in zu Regionalblöcken vergrößerten Superstaaten. Es gibt überhaupt kein Ende der Geschichte für den, der die offene Gesellschaft liebt. Wohl aber gibt es das Ziel, die Rechte, die zivilisierte Nationalstaaten ihren Bürgern gewährleisten, auf mehr und mehr Menschen und am Ende auf alle Bürger der Welt auszuweiten. Nur der Weltbürgerstaat kann den Nationalstaat an Freiheit und Recht schaffender Kraft übertreffen.

Friedrich Dieckmann

Die Linke und die Nation

Aachener Ansichten

Erfahrungserweiterung

Im deutschen Westen machen es sich viele mit der deutschen Einheit allzu schwer. Sie sind immer noch auf der Suche nach »Sinn und Substanz« dieses sonderbaren Phänomens und waren das schon vor zwei oder drei Jahren; so sehr sie Debatten über deutsche Identität befremden, so wenig kommen sie mit ihrer eigenen Sinnsuche voran. Wenn man erzählt, wie man, um ihnen zu lauschen, von Berlin sieben Stunden nach Westen gefahren sei, ohne eine einzige Paß- oder Zollkontrolle zu durchlaufen, um dann an einem Ort anzukommen, wo alle die gleiche Sprache sprechen wie man selber, – wenn man diese ebenso schlichte wie, im Licht der Vergangenheit, exorbitante Gegebenheit anführt und hinzufügt, daß einem das eigentlich Sinn genug sei für dies seltsam befragte Ding, die deutsche Staatseinheit, so wird man nicht sicher sein können, daß der anhaltend bemühte Sinn- und Substanzsucher dieselbe Frage nicht nach wiederum zwei Jahren mit denselben Worten stellt.

Denn hinter der wohlklingenden Sinnfrage geht unterderhand eine andere Frage um, die Frage: War es denn nötig? Wäre es nicht auch *ohne* Staatsvereinigung gegangen? Die anhaltende Irritation darüber, daß es *nicht* anders ging, umgibt sich dann wohl mit einer Rhetorik, für die es in der alten DDR die zum Stereotyp geronnene Formel gab: »von tiefem Humanismus erfüllt«. Und wie zu DDR-Zeiten vertragen die von der Tiefe und Weite ihres guten Willens, ihrer edlen Absichten durchdrungenen Redner nichts weniger als die kritische Nachfrage an diesem oder jenem Punkt ihres Sinnbedarfs. Wo sie, in aller Bescheidenheit, laut wird, tritt leicht die pure Gereiztheit auf den Plan.

Aufrichtiger nimmt sich die Rede jenes linksrheinischen Skeptikers aus, der im Oktober 1990, als es die deutsche Einheit auch in Aachen zu begehen galt, abwehrend sagte: »Nun werden die rechtsrheinischen Gebiete wieder ein Stück größer!« Mit denen, die ihr wirkliches Empfinden als Ausdruck ihrer Situation, ihrer Erfahrungen, ihrer Interessen äußern, ist debattierend weitaus fruchtbarer umzugehen als mit jenen, die ihre Interessenlage ideologisch drapieren, um die wahren Gründe ihres Meinens unkenntlich zu machen. Sie werden, wenn man sie, und sei es nur punktuell, in Frage stellt, aggressiv und gehörlos reagieren, eben weil Reden und Fühlen, Denken und Empfinden bei ihnen in einem Widerspruch stehen, der, als ein übertünchter, vor sich selbst verborgener, der Aufdeckung allergisch widerstrebt.

Wenn man den Sinn- und Substanzsuchern der deutschen Einheit erklärt, daß ein weiterführender Sinn der gewonnenen Staatseinheit in der wechselseitigen Erfahrungserweiterung liege, mit allen Chancen der Verfremdung, also Prüfung, des jeweils Gewohnten und Eingebürgerten, in einer Erweiterung des Wahrnehmungshorizontes, der für beide Teile, den ökonomisch über- und den ökonomisch unterlegenen, auf keine andere Weise zu gewinnen war, dann begegnet man leicht der Reserve dessen, der vermeint, eine Erweiterung seines Horizonts gar nicht nötig gehabt zu haben, da dieser ohnedies unübertrefflich weit gespannt war. Daß es mit solcher Welthaltigkeit nicht weit her ist, zeigt die Erfahrungssperre, die viele Westbürger den Bewohnern der in die neuen Länder verwandelten DDR gegenüber aufrechterhalten, nur zu deutlich. Auf der östlichen Seite, die ein ganz neues Lebenssystem anzunehmen und zu erlernen hatte, war die Erfahrungserweiterung vorgegeben; aus diesem andersartigen Grund gibt es auch hier Verweigerungs-, ja Blockadehaltungen. So ist das Problem doppelseitig; es erscheint auf der einen Seite als Abwehr eines Übermaßes neuer Erfahrung, auf der andern als ein Sich-Genügen am eigenen Raum, der sich vermittels einer starken Währung allzeit ins Weltläufige zu öffnen schien. Daß wirkliche Erfahrungen auf anderem Wege gemacht werden, ist eine Ahnung, die vielen westlich Wohnenden der neuen Republik allmählich dämmert; andere wußten es von vornherein. Auch sie waren, auf wesentlich komfortablere Weise, in ein Tal der Ahnungslosen gebannt, dessen Nischenreichtum den der östlichen Hemisphäre bedeutend übertraf. Die deutsche Einheit zeigt sich als ein Mittel, solcher Entrücktheit zu entkommen.

Die falsche Rede von der Identität

Die sich dergestalt mit der Suche nach Sinn und Substanz eines schon kenntlich Vorhandenen, der deutschen Staatseinheit, plagen, sehen mit Unbehagen auf die da und dort umgehende Frage nach der deutschen Identität. Sie rufen »Schluß der Debatte!« und geben sich die Miene, als würden sie ihr durch ein Machtwort Einhalt gebieten wollen, wenn sie nur über ein solches verfügten. Ihr Mißvergnügen dient ihnen dazu, sich selbst sehr eingehend mit diesem Wort zu beschäftigen; sie brauchen es, um es abwehren zu können. In diesem Sinn ist es nachgerade ihr Lieblingswort; ihre eigene Identität scheint an ihm zu hängen. Es ging schon bei Berlins Neuer Wache so, die eine alte Wache ist, von 1818, und nun leider keine mehr, sondern die alte und neue Staats-Zentral-Gedenkstätte, nach alter Lesart für die Opfer von Faschismus und Militarismus, nach neuer Lesart für die von Krieg und Gewaltherrschaft. Nicht das eigentlich Anfechtbare, die Fortsetzung einer zentralen Staats-Gedenkstätte unter stark veränderten Umständen, sondern die Ausfüllung der von der DDR übernommenen Bestimmung mit einer besonderen, von vielen als ungeeignet empfundenen Skulptur wurde zum Gegenstand der Erregung; dem Detail opponierend, bestätigte man das Ganze und begnügte sich, bei großem argumentativen Aufwand, damit, im Falschen das Richtige zu suchen. So braucht man auch andernorts auf linker Seite die Vorgaben der regierenden Mächte, um sich polemisch von ihnen abheben zu können, und kommt nicht auf den Gedanken, daß die Ebene, auf die man sich auf dem Weg der Einrede begibt, an sich falsch sein könnte.

Im Fall der deutschen Identität führt das gelegentlich so weit, eine deutsche »Negatividentität« zu statuieren; wenn man nach- und gegenfragt, ob der oder die so Redende als Person mit einer solchen leben könne, so hört man wohl die feurig-freudige Antwort: Ja! Aber das Irrige von Identitätsdebatten ist nicht durch das preziös-absurde Reden von einer nationalen Negatividentität zu beheben. Der Fehler liegt darin, daß das Wort *an sich* unzuständig ist für die damit berufenen Fragen und Anforderungen. Identität – dieser philosophisch-psychologische Terminus, ein Fach- und Fremdwort, gibt für jene nationalstaatsbürgerliche Bewußtseinsbildung, die in der neuen deutschen Republik ansteht, so gut wie gar nichts her. Statt von Identität sollte man von Eigenart reden; statt den Widersprüchen eines falsch gesetzten Identitätsbegriffs nachzuhängen, sollte man nach der Eigenart dessen fragen, was sich über das verbindende Element der deutschen Sprache und die Gegebenheit einer abrupt gewonnenen Rechts- und Verkehrseinheit hinaus vielleicht als deutsch erkennen lasse.

Tut man das, so wird man bald darauf kommen, daß Vielfalt die deutsche Eigenart sei. Vielfalt als Inbegriff dessen, was man sich unter recht verstandener deutscher Einheit vorzustellen habe – man kann das an Kirchen studieren, an denen viele Jahrhunderte mit wechselnden Absichten, Gesinnungen, Haltungen gebaut haben, bedacht auf die Einheit von Zweck und räumlicher Gesamtheit und unbedacht um formale Vereinheitlichung. Es wird besonders sinnfällig an einer der ältesten von ihnen, dem Aachener Dom mit seinem achteckigen Zentralbau, der, als früheste Romanik, eigentlich ein später Ausläufer altrömischer Baukunst ist. Ein hochgotischer Chor von farbig glühender Fensterpracht und mehrere spätgotische Kapellen nehmen das ihnen fremde Oktogon in die Mitte, ohne ihm seine Eigenheit zu bestreiten. Nicht unifizierender Fortschritt herrscht hier im Verhältnis des Neuen zum Alten, sondern souveränes Geltenlassen – das Annehmen dessen, was eine andere, ältere Zeit hinterließ. Anbauend widerspricht ihm das Neue und lehnt sich zugleich an das ältere Zeugnis an; man harmoniert miteinander, ohne sich anzugleichen.

Auch im Verhältnis der gotischen Bauglieder untereinander ist die Vielfalt so weit getrieben, daß sie ins Disparate, in den Individualismus der Teile umschlüge, wäre da nicht ein verbindendes Moment, das nicht als einheitlicher Grundriß, sondern als Timbre und Atmosphäre wirkt, ungefähr so, wie die gemeinsame Sprache divergierende Erfahrungsbereiche der staatlich vereinigten Nation in einer Weise verknüpft, die die Verschiedenheit des einzelnen um so plastischer hervortreten läßt. Was auf *diesem* Feld immer noch fehlt, ist jenes ästhetische Bewußtsein, das den Vorgang ins Positive und Genießbare, ja Lustvolle setzt; an der Kunst wäre es, uns dies *realistisch* beizubringen. Der Anblick des uralten Münsters in seiner phantastischen Unausgeglichenheit lehrt es uns auf seine Weise.

Gefahren des kurzen Blicks

Zu den Hinweisen, mit denen sich die Sinnsucher der deutschen Einheit ihren Weg in die neue Republik mehr als billig erschweren, gehört auch das Wort von der »Unglücksgeschichte der deutschen Nation« (Karl Otto

Conrady). Wer ihm opponiert, gerät auf jene reflexhafte Weise, die der DDR-Bürger nur zu gut aus alten Verhältnissen kennt, in den Verdacht, die Statuierung einer Glücksgeschichte im Sinn zu haben. Worum es bei der Abweisung solcher Pauschalisierungen geht, ist aber das geschichtlich weiträumige Denken. Es geht um einen historischen Blick, der die Vorstellung einer deutschen Nation ablöst von der Fixierung auf die Katastrophen jenes mit Blut und Eisen zusammengeschmiedeten preußisch-kleindeutschen Staates, der nicht einmal achtzig Jahre Bestand hatte. Die deutsche Nation ist, als Wort und Begriff, sehr viel älter.

Das erschrockene Kurzsehen, das sich in solchen Negativ-Fixierungen malt, ist die Kehrseite einer Geschichtspropaganda, die in jungen Jahren auf jene niederging, die dann für Hitler in den Krieg zogen und dachten, es sei für Volk und Vaterland. In einem langwierigen Demokratisierungsprozeß hat sich die Generation der von diesem Krieg Betrogenen und Belehrten die restaurativ formierte westdeutsche Nachkriegsrepublik in den sechziger und siebziger Jahren zu eigen gemacht. Die deutsche Teilung erschien ihnen im Verlauf dieses Prozesses mehr und mehr als eine Schutzvorkehrung der Geschichte; sie übersahen dabei, daß nicht sie, sondern andere die Last der Abriegelung trugen. Viele aus dieser Generation sehen durch die unvermutete Wiederherstellung des Nationalstaats die Früchte ihrer politisch-gesellschaftlichen Lebensarbeit bedroht; das ist der tiefere Grund ihrer Abwehrreaktionen. Doch die defensive Haltung führt nicht ins Freie, und das Schwarz-in-schwarz-Malen der deutschen Geschichte ist nur ein Ausdruck politischer Hilflosigkeit. Auch gegen solch ein historisches Kurzsehen hilft der Blick auf den Aachener Dom, und auch das abwehrende Wort jenes Rheinländers tut es, der, als ein echter Adenauer-Enkel, aber ehrlicher als dieser Ahnherr, in der deutschen Einheit das besorgniserregende Wachstum der rechtsrheinischen Staatsgebiete sah. Man begreift angesichts dieser in älteste Schichten reichenden Krönungskirche, daß die Hohenzollern, von Aachen mit seinem mehr als tausendjährigen Hintergrund aus gesehen, immer nur Reichs-Parvenüs waren; das vielgestaltige Bauwerk ins Auge fassend, das gleichsam die alte, föderale, unpreußische Reichsidee versinnbildlicht, kann man sich diesen Blickpunkt zu eigen machen. Auch und gerade dem östlich Wohnenden wird der Aachener Dom in der anmutigen Divergenz seiner Bauglieder um vieles näher sein als die neubarock prunkende Domkirche Wilhelms II., diese steingewordene Demonstration der allerfalschesten Einheit, der von geistlicher und politischer Macht, von Thron und Altar, Autokratie und Metaphysik.

Das Insistieren auf der »Unglücksgeschichte der deutschen Nation« mochte für eine moralisch sensibilisierte westdeutsche Intelligentsia einen Sinn haben, solange es den fabelhaften Wohlstand zu ertragen galt, zu dem die deutsche Teilung dem erfolgreichen Weststaat die Rückenstütze bot. Um sich nicht *zu* begünstigt fühlen zu müssen, senkte man den Stachel der Kasteiung in ein Bewußtsein, das, ohne ein solches Remedium, ratlos vor der Tatsache stehen mußte, daß die verdiente Niederlage des Deutschen Reichs in den Wohlstandssieg des deutschen Teilstaats umgeschlagen war. Ein Teil dieser lange zurückliegenden Niederlage kommt mit den Kosten und Anforderungen der deutschen Einheit auf ein Westdeutschland zurück, das, gegenüber dem deutschen Arm der DDR, wohl ein deutsches Reich genannt zu werden verdiente. Mit einer in Abwehrreflexen verharrenden Haltung gegenüber der Gegebenheit eines nationalstaatlichen Verantwortungsraums würde die deutsche Linke gegen ihre eigene Emanzipationsmoralität verstoßen; sie würde abermals den Kräften in die Hände arbeiten, als deren Widerpart sie sich versteht.

Lastesel der Nationalgeschichte

Wer nach dem Sinn der deutschen Einheit fragt und sich an dem Hinweis auf das freie Fahren und Erfahren in einem fabelhaft erweiterten Land nicht genügt, wird dem Hinweis nicht entgehen können, daß die Bewohner der DDR und davor der Sowjetischen Besatzungszone die Last der neueren deutschen Geschichte ganz anders getragen, auch abgetragen haben als die der Westzonen und der Westrepublik. Sie haben sie zu einem großen Teil für diese mitgetragen, die schöne und fruchtbringende Westbindung des Weststaates durch eine ihnen von *allen* Seiten, auch vom Westen, auferlegte Ostbindung begleichend. Daß hier nach langen Jahrzehnten jener Ausgleich nottat, den der Büchnerpreisträger Hans Magnus Enzensberger schon 1963 eingefordert hatte, ein Ausgleich, den nur die realisierte Staatseinheit schaffen konnte, zeigt sich als eine kenntliche Sinnstufe deutscher Einheit.

Dabei erweist sich, daß die Lasten, die dieser Ausgleich mit sich bringt, trotz eines Milliarden-Transfers, dessen Ende nicht abzusehen ist, für den Westen immer noch um vieles leichter zu tragen sind als für den Osten selbst, der abermals als der Lastesel der deutschen Nationalgeschichte dasteht. Immerhin: hier wird, mit Opfern auf beiden Seiten, auf den Ausgleich einer Entwicklungsdifferenz hingearbeitet, die zwei Teile eines Volkes mit sehr unterschiedlichen Rechten, Möglichkeiten, Lebensbedingungen ausgestattet hatte. Der Vorgang, so ambivalent seine Folgen sich darstellen, könnte alle die, welche die Nation und das Nationale für »rechte«, reaktionäre Parolen halten, darüber belehren, daß beide wesentlich linke Kategorien sind, auf sozialen Ausgleich und realisierte Emanzipation in einem größeren Staatsverein zielend.

In diesem Sinn erscholl im Dezember 1989 in Leipzig und Dresden jener Ruf nach dem »einig Vaterland«, den die Bechersche Hymne 1949 und danach vergeblich angestimmt hatte. »Links« und »rechts« sind, je nachdem, ob man sie sozial oder intellektuell, als geistige Haltung oder als gesellschaftlichen Standort faßt, doppeldeutige Vokabeln. »Links« als Synonym für ein kritisch einsprechendes, Normen und Konventionen in Frage stellendes Denkverhalten und »links« als Kennwort einer Haltung, die die Belange der gesellschaftlich Benachteiligten vertritt; »rechts« dagegen einerseits als Synonym für ein apologetisch-affirmatives, gegebene Normative bekräftigendes und verinnerlichendes Denken und andererseits als Name für eine Position, die althergebrachte Besitzstände gegen die Ansprüche der Zurückgesetzten und Entrechteten verteidigt. Daß diese beiden Bedeutungen insofern koinzidieren, als sozialer Protest und intellektuelle Kritik im Verhältnis von Basis und Überbau stehen, kann nicht darüber hinwegtäuschen, daß es sich um verschiedene Bedeutungen handelt, die oft ihre eigenen Wege gehen; dann bleibt die soziale Pression ohne geistige Entgegnung oder die intellektuelle Kritik ohne soziale Basis.

Wie beide Seiten dieses dualen Codes nach beiden Dimensionen dem Bedeutungswandel unterworfen sind, zeigt sich, wenn eine linke Partei - also eine, die nicht die Interessen der alten Besitzeliten vertritt - politische Macht gewinnt; es zeigt sich erst recht, wenn eine radikale Linke die Alleinherrschaft über Staat, Wirtschaft, Kultur an sich reißt, sich als ein Megakonzern formierend, der alle Vorstellungen von Monopolkapitalismus in den Schatten stellt. Dann wird aus links rechts und aus rechts links; Ernst Jandl hat das vor Zeiten auf lyrische Weise bekundet. Das Changierende des Wortgebrauchs war schon im 19. Jahrhundert im Schwange, als in Frankreich die der Regierung opponierende Partei immer für »links« galt, ganz gleich, ob sie das »linke« oder »rechte«, und das hieß damals: das liberale oder das konservative Lager der bürgerlichen Gesellschaft vertrat.

Das Spiel mit der nationalen Karte

Der Begriff der Nation und des Nationalen in seiner neueren Bedeutung entspringt dem revolutionären Frankreich von 1789; er trat als ein »linker« Begriff ans Licht der Geschichte, insofern er sich im Klassen-Kampf gegen die feudale Ständegesellschaft bildete. Zu deren Sturz vereinigten sich die Gleichheitsansprüche des dritten und des vierten Standes; als sich herausstellte, daß die von beiden Gruppen erkämpfte rechtliche Gleichheit keineswegs zu sozialer Gleichheit führte, trennten sich ihre politischen Wege ebenso wie ihre Vorstellung von der Nation. Während die bürgerliche Seite unter Nation kaum mehr als die emotionale Überhöhung des vereinigten Markts unter dem Aspekt seiner Expansion verstand, zielte die plebejische Vorstellung von Nation auf sozialen Ausgleich in einem weiten Raum kultureller Bezogenheit und Verflechtung.

In einem Deutschland, das sich Österreich, das Haupt des Deutschen Bundes, noch selbstverständlich zurechnete, zeigten sich Koalition und Divergenz der Interessen in der Revolution von 1848/49. Als es im Frühjahr 1849 den vom Paulskirchenparlament verkündeten nationalen Verfassungsstaat gegen die längst wieder erstarkten monarchisch-feudalen Kräfte zu verteidigen galt, schlug sich das Groß- und Besitzbürgertum auf die Seite der alten partikularen Obrigkeiten, die ihm seine Besitzstände garantierten. Beide Gruppen sahen ihre Machtpositionen durch die Herstellung staatlicher Einheit »von unten« gefährdet; in dem Ruf nach dem demokratischen Nationalstaat mit allgemeiner staatsbürgerlicher Gleichberechtigung erkannten sie eine linke Forderung. Das deutsche Besitzbürgertum begnügte sich mit der ökonomischen Liberalisierung; hinter dem Nationalstaat erblickte es das Gespenst einer Machtverlagerung in jene Richtung, wo sich drohend die soziale Frage erhob.

Was das deutsche Bürgertum 1849 zu schwach, zu zag und - gegenüber einem linken Bundesgenossen - zu besorgt gewesen war, um es sich von den alten Gewalten zu nehmen, der Nationalstaat, wurde ihm 1871 von diesen Gewalten geschenkt; der preußische Absolutismus zog die nationale Karte, um im Bündnis mit dem liberalen Großbürgertum seine historisch überholten Machtpositionen sicherzustellen. Bismarcks politischem Genie gelang es, den monarchischen Zentralismus des alten Preußens mit der demokratischen Institution des Reichstags zu kaschieren und dergestalt die Interessen der absolutistischen Mitte mit denen der liberalen Mitte zu verbinden. Ein national geführter Krieg half, das innenpolitische Konfliktpotential emotional zu überspielen; es hob ein Reich aus der Feuertaufe, dessen Konstruktion die von der Niederschlagung der Revolution hinterlassenen Probleme nicht löste, sondern kunstreich verschleppte.

Daß man die nationale Idee denen entwindet, denen sie ursprünglich zugehört, um sich vor ihren Ansprüchen sicherzustellen, war von da an das Rezept der deutschen Eliten, über 1914 hinaus, als die höfische Kamarilla in Berlin auf Krieg setzte, um sich dem innenpolitischen Reformdruck zu entziehen, bis zum Jahre 1933, als Medienzaren und Generäle, ostelbische Großgrundbesitzer und rheinische Industrielle sich gegen den der sozialen Misere entspringenden Links-Druck verbanden, um den Führer einer jäh aufgeschossenen Massenbewegung in den Sattel zu heben, der sich dafür verbürgte, die sozialen Veränderungspotentiale durch rassistische Demagogie und chauvinistische Machtpolitik ab- und umzulenken. Die Detonation dieses Rechts-Links-Gemischs mit der revanchistisch-imperialistischen Zündschnur hatte so katastrophale Folgen, daß die alten Eliten sich nach dem Krieg, auf dem Trümmerfeld ihrer Politik, wieder auf die Positionen von 1849 zurückzogen, mit den drei westlichen Besatzungsmächten als militärischen Garanten; es galt gegenüber dem aus der Niederlage erwachsenden Veränderungsdruck die Sicherung von Positionen, Apparaten, Besitzständen durch die als vorübergehend gedachte und dann zwei Generationen währende Aufgabe des Nationalstaats. Die Kräfte, die unter den Besatzungsbedingungen der Nachkriegszeit auf dessen Erhaltung drangen, waren, bei aller Differenz untereinander, linke Kräfte, solche der Arbeiterschaft und des linksliberalen Bürgertums. Wie stark das von der Nazifurie befreite Europa nach links tendierte, zeigte in Deutschland das Gründungsprogramm der CDU von 1945; es war so sozialistisch ausgerichtetet wie das gleichzeitige KPD-Programm demokratisch. Die Entzweiung der Sieger bot beiden die Möglichkeit, wieder sie selbst zu sein.

Neue Lage

Die Teilung Deutschlands ermöglichte es den alten Gewalten in Staat, Wirtschaft, Kirche, Militär, ihre durch den Zusammenbruch des Hitler-Staats in den Grundfesten erschütterte Macht zu konservieren; so waren ihre Bekenntnisse zur deutschen Einheit bestenfalls Lippenbekenntnisse, schlimmstenfalls der Bestandteil eines unverhohlenen Grenzrevisionismus. Das hieß zugleich: der Nationalstaat war in dem Jahrzehnt nach 1945 als politische Forderung wieder dort angelangt, wo er hergekommen war, bei der Linken; die westdeutsche Sozialdemokratie war, mit Verbündeten in allen, wie immer sonst differierenden Lagern, auch in der SED, sein wesentlicher politischer Protagonist. In der DDR-Revolution von 1989/90 erneuerten und verkehrten sich diese Verhältnisse auf ungeahnte Weise. Die Vaterlandsparole, die die Leipziger Demonstranten im Dezember 1989 ausgaben, war eine linke Losung insofern, als sie in jenem gesamtdeutschen Rahmen, den die westdeutsche Republik legaliter und verbaliter aufrechterhalten hatte, auf den Ausgleich der Lebensverhältnisse drängte. Doch die dem einigen Vaterland zugewandte Bewegung war auch insofern links, als sie auf dem Weg der Staatsvereinigung die irreversible Entmachtung jener Gewalten betrieb, die als linke Kräfte eine Macht in Besitz genommen hatten, welche als gewaltsam behauptete und monopolistisch ausgebaute zu einer »rechten« Institution geworden war.

Nach beiden Seiten: gegenüber der zum Megakonzern auskristallisierten Monopolpartei SED und gegenüber dem von der deutschen Teilung eklatant begünstigten deutschen Westen war die Vaterlandslosung von 1989/90 eine linke, auf Emanzipation und sozialen Ausgleich gerichtete Parole. Daß die westdeutsche Sozialdemokratie und die mit ihr verbundene Intelligentsia dies zu einem nicht unbeträchtlichen Teil entweder verkannte oder so gut erkannte, daß sie, in ihren eigenen Besitzständen verunsichert, die nationale Forderung vielfach als reaktionär abstempelte, war nicht nur ein folgenreicher politischer Fehler, sondern zugleich ein Indiz dafür, daß sie den Begriff der Nation und des Nationalen nicht mehr aus sich selbst faßte, sondern sich ihn von der Gegenseite diktieren ließ. So konnten die westdeutschen Regierungsparteien die von der DDR-Revolution in einem zwiefach emanzipatorischen Sinn – Emanzipation von der eigenen herrschenden Klasse und Emanzipation von der übermächtigen Westwährung – vorgetragene nationale Losung zur Stabilisierung ihrer Positionen benutzen; zwei Wahlsiege, der der Ost-CDU bei den Volkskammerwahlen im März 1990 und der der Bundes-CDU im Dezember des gleichen Jahres, bildeten die Voraussetzung dafür. Im Bund mit einer mitgezogenen SPD schrieb die Bonner Regierung einen Eigentumsrevisionismus fest, der den des konterrevolutionären Frankreichs der reinthronisierten Bourbonen qualitativ und quantitativ übertraf. Die von dem zuständigen FDP-Minister durchgesetzte Rückgaberegelung zugunsten der alten Besitzer führte zu einer so gravierenden Hemmung des wirtschaftlichen Aufbaus in den der Westrepublik neuen Ländern, daß sie auf eine Subventionierung privaten Besitzes aus Steuergeldern hinauslief.

Abwehr und Abwürgen der Verfassungsdiskussion vor und nach Herstellung der deutschen Staatseinheit war ein weiteres Element dieser Situation. Konnte man sich dabei 1990 noch auf die Anforderungen der außenpolitischen Konstellation berufen, die rasches Handeln erforderten, so wurde in der Folge deutlich, daß eine dem Volk vorzulegende und plebiszitäre Möglichkeiten nicht ausschließende Verfassung den herrschenden Mächten grundsätzlich als Bedrohung erschien, mit höchst fragwürdiger historischer Argumentation. Denn nicht an Volksentscheiden und Volksentscheidungen ist die erste deutsche Republik zugrunde gegangen, sondern an der dem Reichspräsidenten von der Verfassung eingeräumten Möglichkeit, eine mit Notstandsverordnungen operierende Minderheitsregierung zu berufen. Der alte Mann, der dies am 30. Januar 1933 tat, stand unter dringendem Korruptionsverdacht; der ostelbische Grundbesitz hatte den erfolgreichen Versuch gemacht, ihn vor den Karren seiner Interessen zu spannen. So kam es zu dem Tag von Potsdam; die alten Eliten hatten die Flucht nach vorn angetreten.

Die nationale Parole als ein Mittel, um linke Intentionen den Interessen der Besitz-Eliten dienstbar zu machen, ist seit Bismarck das Rezept deutscher Rechts-Politik. Daß es anschlägt, setzt voraus, daß die Linke sich in der Vernachlässigung, Abwehr und Mißdeutung der wesentlich linken Kategorie des Nationalen gefällt; nur dann kann sie mit der nationalen Parole beiseite gedrängt werden. Auch diese Kurzsichtigkeit ist deutsches Erbe; ob es gelingt, ihm zu wehren, ist eine Frage von politischer Tragweite. Sie entscheidet zuletzt auch über die Zukunft der europäischen Vereinigung. Wie diese bei den meisten Nachbarn aus der Präsenz eines lebendigen nationalstaatsbürgerlichen Bewußtseins hervorgeht, wird sie auch in Deutschland dieses Anhalts bedürfen – nicht nach jenem zentralistischen Maß, das seit den Zeiten der großen Revolution das französische ist (die DDR hat es auf nichtbürgerlicher Grundlage kopiert), sondern nach dem föderalen Maß, das das ursprünglich deutsche und in der Bundesrepublik seit Jahrzehnten bewährte ist. Die auch und gerade in der westdeutschen Sozialdemokratie beliebte Vorstellung, mit Zurücklassung eines unter sowjetischer Vorherrschaft hoffnungslos zurückgebliebenen Ost-Mitteleuropa das nationalstaatliche Element in einem vereinigten Westeuropa aufgehen zu lassen, war das Gegenteil eines linken Konzepts; es war eins der Bewahrung und des Ausbaus gegebener Macht- und Vorteilsverhältnisse. Die Geschichte hat es als haltlos erwiesen, und schon ist auch innenpolitisch alles anders geworden; die Kurzsichtigkeit der Regierungspolitik in den östlichen Gebieten hat dazu geführt, daß die »Partei der Besserverdienenden« namens FDP gegen eine Partei der schlechter oder gar nicht Verdienenden namens PDS im bundesdeutschen Kräftespiel gleichsam ausgetauscht erscheint. Das mag sich in mehr als einer Hinsicht als Täuschung erweisen; der Prozentsatz der Nicht-Wähler stellt das wesentlich stärkere Krisenindiz in fünfeinhalb Ländern dar, in denen die Geburtenrate seit 1989 um mehr als die Hälfte gefallen ist. Nicht aus der ihr immer wieder naheliegenden Position des Ressentiments und der Defensive, sondern einzig mit realpolitischer Kühle wird die deutsche Sozialdemokratie eine wesentlich neue Lage bestehen können.

Hans-Peter Schwarz

Außenpolitische Agenda für das Fin de siècle

Nach den Erfahrungen der Jahre 1989 bis 1991 sind die Verfasser außenpolitischer Agenden bescheidener geworden. Wer darauf hinweist, daß ein Entwurf deutscher Außenpolitik – wie im folgenden vorgesehen – allenfalls einen mittelfristigen Zeitraum bis zur Schwelle des Jahres 2000 erfassen sollte, wird wenig Widerspruch finden.

Denn selbst über dem unmittelbar vor uns liegenden Fin de siècle hängen hinlänglich gravierende Ungewißheiten, die in der Agenda zu berücksichtigen sind. Eine Ablösung der alles in allem doch noch recht gemäßigten russischen Führung um Jelzin durch nationalistische Neo-Imperialisten würde zur grundlegenden Revision der gesamten ostpolitischen Agenda zwingen, höchstwahrscheinlich auch die Rolle der USA im europäischen Staatensystem erneut nachhaltig verändern. Auch dramatische, vielleicht sogar erfolgreiche atomare Erpressung, wenn nicht gar Atomwaffeneinsatz durch einen Westentaschendiktator des Typs Kim Jong Il oder Saddam Hussein würde recht frühzeitig das kommende Säkulum einläuten, das aller Voraussicht nach ein Jahrhundert der nuklearen Anarchie sein wird. Die Agenden der hoch verletzlichen und zugleich meistenteils nichtnuklearen Industriestaaten des Westens müßten dann gleichfalls in vielerlei Hinsicht umgeschrieben werden. Selbst eine Machtergreifung radikal fundamentalistischer Bewegungen in einem oder mehreren Schlüsselstaaten der arabischen Welt (Algerien, Ägypten gelten seit langem als wahrscheinlichste Kandidaten) könnte die Agenda der westlichen Demokratien, somit auch Deutschlands, plötzlich und nachhaltig beeinflussen.

So lassen sich selbst für die kommenden fünf oder sechs Jahre eine ganze Reihe mehr oder weniger katastrophaler Entwicklungen vorstellen, die zwar nicht als wahrscheinlich zu betrachten sind, aber dennoch eintreten können. Schlüsselstaaten wie die seinerzeit doch recht gefestigt erscheinende Sowjetunion könnten sich auflösen (wird China wirklich den Zentrifugalkräften widerstehen?), Regime könnten kollabieren, und die seit langem gefürchteten Flüchtlingsmillionen könnten sich tatsächlich unwiderstehlich in bestimmte Regionen der industriellen Welt ergießen.

Man wird also auf manches gefaßt sein müssen, was alle Agenden zur Makulatur werden ließe, die auf »überraschungsfreien Projektionen« beruhen, wie Herman Kahn das seinerzeit genannt hat, der übrigens ungeachtet allen Scharfsinns weder den Totalkollaps des kommunistischen Ostblocks vorhergesehen hat noch die Wiedervereinigung Deutschlands.

Eine eher evolutionäre Entwicklung

Dennoch darf vorerst davon ausgegangen werden, daß sich das vor drei, vier und fünf Jahren bis in die Fundamente erschütterte europäische Staatensystem mittelfristig eher evolutionär weiterentwickeln wird als revolutionär. Dies ist die *erste* Prämisse der folgenden Überlegungen. »L'empire éclaté« (Hélène Carrère d'Encausse) ist zwar immer noch die Grundtatsache, von der alle Vorgänge in Osteuropa und Ostmitteleuropa ihren Ausgang nehmen. Die Überführung des gescheiterten utopischen Experiments kommunistischer Gesellschaft in menschenwürdige und stabile Strukturen wird noch lange Zeit in Anspruch nehmen, vielleicht da und dort überhaupt nur in neues Scheitern führen.

Bemerkenswert ist aber doch, was sich entgegen vielen Erwartungen nicht eingestellt hat: *kein* russischer Bürgerkrieg von der Furchtbarkeit des ersten in den Jahren 1918–1921; *kein* Versuch der im Frieden geschlagenen Roten Armee, den Rückzug zu sabotieren oder ein Programm des Rollback in Gang zu setzen; *keine* über die Maßen fürchterlichen Kriege zwischen den Nachfolgestaaten der UdSSR und in denselben (zu beobachten ist, würde ein Zyniker formulieren, bloß das wohlbekannte orientalische Morden zwischen Volksgruppen und Religionsgemeinschaften); *keine* Millionenheere verarmter und verzweifelter Flüchtlinge, die sich über Mitteleuropa und Westeuropa ergießen. Was sich ereignet hat und immer noch abläuft, ist zwar für die betroffenen Bevölkerungen belastend genug. Und daß alle Reformdemokratien im »nahen Ausland« Rußlands voller Sorge in die Zukunft blicken, versteht sich von selbst. Aber allen Beteiligten ist es mit alles in allem sehr bemerkenswerter Vorsicht, ja Ängstlichkeit, bisher gelungen, den Zusammenbruch des Ostblocks recht pragmatisch und, seit 1991, evolutionär zu verarbeiten.

Da die gefährlichsten Ungewißheiten nach wie vor aus den nicht allzu fernen Regionen Osteuropas drohen, gibt es hinlängliche Gründe zur Erwartung, daß die künftige deutsche Außenpolitik in dieser für die Stabilität des ganzen Kontinents entscheidenden soziopolitischen Chaos-Region mit mehr oder weniger ähnlichen Bedingungen konfrontiert sein dürfte wie seit 1991.

Selbst auf dem Balkan läßt sich nach drei Jahren eines hilflosen Herumrührens der westlichen Demokratien in den Bürgerkriegswirren des zerbrochenen Jugoslawiens inzwischen einigermaßen absehen, was zu erwarten sein wird und was nicht. Zu erwarten ist mehr von demselben, bei immer geringerer Bereitschaft Westeuropas, sich zu engagieren und bei gleichzeitig verbesserten Möglichkeiten russischer Einflußnahme auf die dortigen Entwicklungen. Allem Anschein nach hält das westliche Europa viel mehr Greuel und Blutvergießen vor seiner Haustür aus, als seine idealistische Rhetorik ursprünglich erwarten ließ. Die Regierungen der Demokratien bewegen sich dort mit beispielloser Würdelosigkeit gepaart mit vollendetem Zynismus. Vielleicht sind also Krieg und Genozid auf dem Balkan für die benachbarten Demokratien doch relativ unwichtig. Sollte es mittelfristig nicht so weitergehen wie bisher?

Erst recht dürfte die Vermutung evolutionärer Weiterentwicklung für die Europäische Union zutreffen, desgleichen für die auf sie bezogenen Länder des Europäischen Wirtschaftsraums (EWR). Und ähnlich steht es um das Verhältnis zu Amerika sowie um die Zukunft der NATO.

Was nach allen Seiten erforderlich sein wird, sind gewisse Teilkorrekturen deutscher Außenpolitik – nicht unwichtige Teilkorrekturen, wahrscheinlich sogar auf längere Sicht sehr folgenreiche. Eine ganz neue Agenda braucht jedenfalls nicht geschrieben zu werden. Denn die Konturen Europas nach dem Kalten Krieg, wofür man 1990 und 1991 noch die bombastische Bezeichnung »neue europäische Architektur« gerne verwendet hat – diese Konturen zeichnen sich schon viel deutlicher ab, als damals viele erhofft oder befürchtet haben. Das Rad braucht also nicht neu erfunden zu werden. Es ist schon da. Von bekanntermaßen stets eilig improvisierenden Grobschmieden und Zimmermannsgesellen zusammengehauen und aufmontiert, fährt es zwar, aber eiernd, kreischend und keine gelassene Zuversicht weckend.

Weiterwursteln ohne Visionen

Dies führt zur *zweiten* Prämisse. Sie läßt sich dahingehend formulieren, daß wenigstens mittelfristig aus allen schönen Träumen nichts werden wird, von denen viele Außenpolitiker, Publizisten und Theoretiker, Deutsche und Amerikaner an der Spitze, in den frühen neunziger Jahren geträumt haben.

Ein umfassendes kollektives Sicherheitssystem für Gesamteuropa – Stichwort: KSZE-Europa – wird nicht erreichbar sein. Auf jenen historischen Gipfel im November 1990 in Paris, wo mit Starkströmen der Hoffnung gearbeitet wurde, folgten die Kriege im zerfallenen Jugoslawien, in Georgien oder zwischen Aserbaidschan und Armenien. In diesen und anderen Krisen und Kriegen hat die KSZE allenfalls eine sehr, sehr nachgeordnete Rolle gespielt. Maßgeblich war das Fingerhakeln zwischen den großen Mächten. Als Dialogplattform zum pragmatischen Umgang im postkommunistischen Staatensystem bleibt die KSZE zwar von begrenztem Nutzen. Ein neuer Ordnungsrahmen für Gesamteuropa ist daraus nicht geworden. Daran dürfte sich mit großer Wahrscheinlichkeit auch mittelfristig wenig ändern.

Auch aus der von manchen angestrebten fundamentalen Neudefinition und Umstrukturierung der NATO ist kein neuartiges kollektives Sicherheitssystem entstanden. Wie die KSZE ist auch der NATO-Kooperationsrat (NACC) ein Kunstprodukt von begrenzter Nützlichkeit, aber kein neuer, großer Wurf, vielmehr eine Institution zur Perpetuierung eines unentschiedenen Übergangszustandes. Immer noch ist die NATO im innersten Kern eine Verteidigungsallianz mit den altbekannten politischen Koordinationsfunktionen. Alle Beteiligten verstehen sie derzeit in erster Linie als Rückversicherungssystem für den Fall, daß der Bär wieder in die Schafhürden einbrechen möchte. Daneben erfüllt das Bündnis zunehmend die Funktion einer Planungs- und Implementierungsorganisation für politisch-militärische Krisenbewältigung. Dies vorwiegend in Europa, wie der Golfkrieg bewies, aber auch bis hin zum Mittleren Osten und, so hat die Somalia-Operation bewiesen, gelegentlich sogar hilfreich bei Ausflügen in die afrikanische Unregierbarkeit.

Ein Hauptwert dieser Organisation ist nach wie vor darin zu erkennen, daß sie die neo-isolationistisch gestimmte Supermacht USA mit den europäischen Demokratien verklammert, obschon die amerikanische Truppenpräsenz in Europa von rund 340 000 Soldaten im Jahr 1990 auf rund 100 000 im Jahr 1994 reduziert worden ist. Immerhin ist und bleibt die NATO die Zentralinstitution für gemeinsame nordamerikanisch-europäische Machtprojektion. So stellt sie sich auch in mittelfristiger Entwicklungsperspektive dar.

Operativ nicht umsetzbar ist auch eine weitere Vision der Umbruchsphase 1989 bis 1991 – der Traum eines neuartigen, dynamischen und europaweit gestaltungsfähigen europäischen Bundesstaates, wozu der Maastricht-Vertrag den Weg ebnen sollte.

Die Europäische Union wird, in der präzisen Terminologie des Bundesverfassungsgerichts bei der Maastricht-Entscheidung vom 12. Oktober 1993, ein »Staatenverbund« bleiben. Allerdings zugleich, so ist hinzuzufügen, eine sehr ingeniöse supranationale Rechtsgemeinschaft auf Vertragsbasis, die Unternehmungen und Bürger auf ganz neuartige Weise verbindet. Aber dieser »Staatenverbund« erweist sich als strukturell unfähig zur kraftvollen, gemeinschaftlichen Außen- und Sicherheitspolitik (GASP). Das erstaunt niemanden, der die Position der Regierungen während der Verhandlungen über den Maastricht-Vertrag beobachtet hat. Als potentielle Ordnungsmacht mit Ausstrahlung auf die latenten oder bereits manifesten Chaos-Regionen auf dem Balkan oder in Osteuropa hat sich die Europäische Union mit ihrer teils schwächlichen, teils zynischen Jugoslawienpolitik verabschiedet.

Immerhin hat die Außenpolitik-Koordination in der EU letztlich doch verhindern können, daß externe Konflikte die westeuropäischen Mitgliedsländer gegeneinander aufbringen. Alles in allem aber ist GASP bisher viel mehr ein Instrument zur Schadensverhinderung im Verhältnis der EU-Länder untereinander als zur verantwortungsvollen Ordnung einer von Aggressoren und kurzsichtigen Tribalisten zerrütteten Umwelt. Das Wiederaufleben atavistischer Allianzen verhindert zu haben, ist ganz gewiß eine Leistung, die gar nicht hoch genug eingeschätzt werden kann. Angestrebt wurde allerdings viel mehr.

Aus der Westeuropäischen Union (WEU) ist bisher nicht viel mehr geworden als ein vorwiegend von Deutschen und Franzosen liebevoll gefütterter Papiertiger, oder, formulieren wir das positiver: die Keimzelle einer vielleicht irgendwann unerläßlichen europäischen Sicherheitsgemeinschaft, falls aufgrund amerikanischen und europäischen Verschuldens die NATO weiter dahinsiecht. Auch das Eurokorps stellt sich vorerst bloß als Organisationsexperiment dar ohne Biß und auch ohne klaren strategischen Auftrag. Es ist nicht abzusehen, daß sich dies in absehbarer Zeit grundlegend ändern ließe.

Der europäische Binnenmarkt ist zwar in weiten Teilen Wirklichkeit, womit die ursprünglichen Ziele der EWG realisiert sind, wenngleich mit einer Verspätung von etwa einem Vierteljahrhundert. Ob dieser Binnenmarkt aber in absehbarer Zeit von einer Ecu-Währung gemäß dem Konzept von Maastricht überwölbt wird, bleibt abzuwarten. Seit dem teilweisen Zerplatzen des Europäischen Währungssystems im September 1992 und seit dem Ringen um die Ratifikation des Maastricht-Vertrages in Dänemark, Frankreich und Großbritannien sind viele Beobachter der Meinung, die Währungsunion könnte zum Vorzeigebeispiel eines verfrüht und in technokratischem Übermut konstruierten Integrationskonzepts werden, das der Wirklichkeit nicht standhält. In manchem erinnert das Konzept einer im Prinzip alle EU-Mitgliedstaaten erfassenden Währung an das gleichfalls verfehlte Integrationskonzept der 1954 gescheiterten EVG, die ebenfalls viel zu ehrgeizig und psychologisch überfordernd gewesen ist – ein »Spaltungsvertrag« in den Worten Ralf Dahrendorfs, der zwischen den Staaten Europas und in deren Innerem unnötige Gegensätze aufgerissen hat.

Wie immer man das Verdienst und die Möglichkeiten des Vertragswerkes von Maastricht auch einschätzen mag, sicher ist eines: mehr als eine recht mühsame Ausfüllung des dort skizzierten Rahmens wird bis zum Jahr 2000 nicht zu erwarten sein, eher weniger. Der Staatenverbund mag sich so weiterentwickeln; die Vision eines Bundesstaates kann aber noch nicht über dem Horizont auftauchen.

Nicht zu verwirklichen ist auch jener »grand design« des UN-Generalsekretärs Boutros-Ghali, aus den Vereinten Nationen die zentrale Weltordnungsinstitution mit Interventionspotential und nötigenfalls auch mit Entschlossenheit zum Intervenieren zu machen. Kambodscha, Somalia, Kroatien und Bosnien haben zur Desillusionierung geführt. Wegen der unvermeidlichen Interessengegensätze im Weltsicherheitsrat erweisen sich in der Regel nur die recht halbherzig konzipierten Aktivitäten als mehrheitsfähig. Bei der Durchführung treten dann vollends organisatorisches Unvermögen und die finanzielle Kraftlosigkeit einer Weltorganisation auf, die eben in jeder Hinsicht Instrument und Kostgänger ihrer starken Mitgliedstaaten ist.

Wer sich heute an das fordernde Wort vom alleinigen »Gewaltmonopol« der Vereinten Nationen erinnert, vermag nur müde zu lächeln. Mag sein, daß moralisch schwächliche liberale Demokratien um jeden Preis an der Auffassung festhalten wollen, auch gegen Friedensstörer, die ganze Länder verwüsten und Genozid betreiben, sei auf Gewalt gestütztes Eingreifen nur dann erlaubt, wenn dieses irgendwie vom Weltsicherheitsrat legitimiert sei. In der Praxis freilich wird das Gewaltmonopol weiterhin bei den Staaten liegen, und sofern Eingreifen irgendwelcher Art zwingend ist, dürfte die Durchsetzung politischer Lösungen und erforderlichenfalls der Einsatz von Zwangsgewalt weiterhin der klassischen Militärallianz NATO oder – wie im Golfkrieg – einer von den USA geführten Ad-hoc-Koalition obliegen. UN-Monitoring, Peacekeeping, militärisch abgestützte Hilfe, das und manches andere wird und muß weitergehen. Auf eine gestaltungsfähige, autoritative, Hoffnung machende, radikal neuartige Politik globaler und regionaler Konfliktregulierung und Friedenssicherung durch die Vereinten Nationen wird man aber noch lange warten müssen.

Die Schlußfolgerung aus dieser zweiten Prämisse einer Agenda deutscher Außenpolitik ist somit ernüchternd: die großen, mittleren und kleineren Staaten werden sich also auch mittelfristig in der großen Mehrzahl aller Konflikte und Katastrophen, von denen die Staatengesellschaft zusehends heimgesucht wird, mit Hilfe der derzeit verfügbaren Institutionen durchwursteln, wobei die Staaten weiter als ausschlaggebende Akteure tätig sind, wenngleich in vielfachen, unverzichtbar nützlichen Verflechtungen. Daß das »Management der Interdependenz« künftig eher noch größere Schwierigkeiten aufwerfen wird als bisher schon, ist eine weitverbreitete Meinung, die viel Plausibilität für sich hat.

Zunehmende Bedeutung des nationalen Interesses

Aus den eben skizzierten Überlegungen ergibt sich eine *dritte* und letzte Prämisse, von der jede realistische Agenda auszugehen hat: Durchweg objektive Gründe, so steht zu vermuten, werden künftig im gesamten Bereich der westlichen Demokratien eine eher stärkere als geringere Berücksichtigung der nationalen Interessen erzwingen. Dem wird sich auch die Bundesrepublik Deutschland nicht entziehen können.

Die Notwendigkeit nuancierter Interessendefinition ergibt sich allein schon aus dem Umstand, daß im Bereich des einstigen Ostblocks die Zahl unabhängiger, zu autonomem Handeln entschlossener Staaten sehr viel größer geworden ist. Im alten Ostblock waren über die Jahrzehnte hinweg sieben Staaten zur ziemlich engen, von der Hegemonialmacht erzwungenen Koordination ihrer Außenpolitik genötigt. Daneben standen Jugoslawien und Albanien. Heute existieren allein auf dem früheren Territorium der Sowjetunion fünfzehn unabhängige Republiken, sie alle untereinander in meist recht komplizierten, von Spannungen nicht freien Beziehungen stehend. Jugoslawien ist gleichfalls zerplatzt; die Nachfolgestaaten sind vielfach verfeindet und nötigen gleichfalls zu differenzierter Gestaltung der Beziehungen zu ihnen. Die Tschechoslowakei hat sich aufgelöst. Jeder der früheren kleinen und mittleren Ostblockstaaten, von denen nur die DDR verschwunden ist, betreibt seine unverwechselbare Außenpolitik und muß gemäß den jeweiligen deutschen Interessen unterschiedlich behandelt werden.

Zwar versuchen die EU-Staaten und die NATO-Staaten ihre Außenpolitik gegenüber dieser aus Zellteilung entstandenen neuen Staatenwelt zu koordinieren, und vielfach gelingt dies auch. Doch keiner der großen westlichen Staaten, die Bundesrepublik inbegriffen, konnte sich bisher dem Zwang entziehen, in die verwirrenden neuen Beziehungsmuster zu einem erheblichen Teil Erwägungen des nationalen Interessenkalküls einfließen zu lassen.

Dabei hat es eine Laune der Geographie eben mit sich gebracht, daß Deutschland sowohl den Sicherheitsinteressen als auch den Wirtschaftsinteressen der ostmitteleuropäischen und osteuropäischen Staaten größeres Gewicht beimessen muß als etwa Spanien oder Großbritannien oder Frankreich. Dafür sind eigene Sicherheits- und Wirtschaftsinteressen maßgebend, desgleichen nachbarschaftliche Verantwortung.

Wenn eben von der Laune der Geographie die Rede war, so kann es auch als eine Art Laune des Schicksals betrachtet werden, daß Deutschland aus Sicht aller östlichen Reformländer als europäische Großmacht verstanden wird, deren Unterstützung man sich in vielerlei Hinsicht sichern möchte. Zwar macht Deutschland vernünftigerweise deutlich, daß es nur konzertierte Ost- und Südostpolitik betreiben möchte – im NATO-Rahmen, im EU-

Rahmen, im IMF-Rahmen –, doch Differenzierung gemäß den nationalen Interessen ist und bleibt unvermeidlich.

Dies betrifft nicht zuletzt das Feld der Sicherheit, wo auf seiten der Reformdemokratien die Angst vor einer machtpolitischen Rückkehr Moskaus groß ist. Deutschland hat größtes Interesse, an seinen Grenzen im Osten und Südosten ein stabiles Umfeld befreundeter Demokratien zu erhalten, weiß aber zugleich, daß es als nichtnukleare Macht weder Polen noch den baltischen Staaten gegenüber denkbaren russischen Übergriffen Rückhalt gewähren könnte. Somit ist es aus Sicht Bonns naheliegend, die Vereinigten Staaten als latente Schutzmacht auch für das Baltikum, für Polen, für Bulgarien oder für Ungarn sehr viel nachhaltiger im Spiel zu halten, als dies etwa aus Sicht Frankreichs geboten erscheint, das weit weg vom Schuß ist. Eine unterschiedlich starke Fixierung auf die Problemregionen des Deutschland unmittelbar vorgelagerten Ostens erbringt somit auch in der NATO-Frage und in bezug auf die amerikanische Führungsrolle differenzierte Bewertungen des nationalen Interesses.

Ein ähnliches Bild ergibt sich beim Blick auf die Weiterentwicklung der Europäischen Union. Als Spanien, Portugal und Griechenland Mitte der siebziger Jahre zur Demokratie fanden, schien es selbstverständlich, damals noch reichlicher als heute vorhandene deutsche Ressourcen im Zug der Süderweiterung der EG langfristig dorthin zu lenken. Jetzt aber finden sich die östlichen Reformdemokratien in ähnlicher Lage wie damals die Südländer. Aus deren Sicht wäre zwar eine Fortführung des gewachsenen Systems vergleichsweise großer, maßgeblich auch aus deutschen Mitteln gespeister Finanztransfers für Regionalpolitik und Landwirtschaftspolitik reizvoll. Ebenso verhält es sich mit den Wünschen der weniger leistungsfähigen Südländer nach baldiger Teilnahme an der Europäischen Währungsunion bei erheblichen Kompensationszahlungen der reicheren Nordländer, auch hier speziell wieder von Deutschland. Doch dieses muß nun vorrangig an Stabilisierung der östlichen Demokratien interessiert sein, sogar mit dem Risiko großer finanzieller Leistungen. Unvermeidliche Interessendifferenzierung also auch innerhalb der Europäischen Union!

Mit der unterschiedlichen wirtschaftlichen Leistungsfähigkeit verbindet sich zunehmend auch ein struktureller Gegensatz zwischen großen und kleinen EU-Mitgliedstaaten. Ohne genau zu überlegen, worauf sie sich einließen, haben die bevölkerungsmäßig und an Wirtschaftskraft stärksten Staaten in der Europäischen Gemeinschaft seinerzeit den Pfad der Mehrheitsabstimmungen beschritten, der naturgemäß zu einem strukturellen Übergewicht der kleineren und mittleren Länder führt, vor allem auch dann, wenn deren Zahl kontinuierlich zunimmt.

Deutschland, Frankreich, Großbritannien und Italien besitzen zusammen rund 250 Millionen Einwohner der Europäischen Union, also knapp drei Viertel. Und sie erwirtschaften zusammen knapp drei Viertel des Bruttosozialprodukts der Gemeinschaft. Deutschland selbst, das bisher freiwillig damit einverstanden war, im Europäischen Rat dasselbe Stimmengewicht zu erhalten wie Italien, Großbritannien und Frankreich, findet sich indessen in einer besonderen Kategorie. Tatsächlich erwirtschaftet es mit knapp einem Viertel aller Einwohner der Gemeinschaft rund ein Drittel des Bruttosozialprodukts dieser Gemeinschaft. Nach Abschluß der Beitrittsrunde Ende 1994 und wohl im Zusammenhang mit der Folgekonferenz 1996 werden somit alle schwierigen Fragen der EU konvergieren: das Verhältnis zwischen reicheren und ärmeren Ländern ebenso wie das zwischen den ganz großen, den mittelgroßen und den kleinen. Wie sollten sich bei den derart schwierigen und durchaus folgenreichen Entscheidungen die Gesichtspunkte des jeweiligen nationalen Interesses nicht gebieterisch geltend machen?

Es ist also gar nicht in erster Linie der vielerörterte Umstand, daß Deutschland durch die Vereinigung größer geworden ist, aus dem sich die zunehmende Bedeutung des nationalen Interesses ergibt. Doch größer geworden ist die Zahl der Akteure im gesamten europäischen Staatensystem, desgleichen der EU-Mitgliedstaaten. Das bedingt einen differenzierten Interessenkalkül. Allerdings gibt es doch auch einen Zusammenhang zwischen der Wiedervereinigung und der zunehmenden Bedeutung nationaler Interessen. Dieser ist aber nicht darin zu sehen, daß Deutschland mächtiger geworden ist, sondern sich durch die Wiedervereinigung schwerste finanzielle und politische Bürden aufgeladen hat. Selbst Ende 1992 noch hat sich der damalige finanzielle Riese bereitgefunden, einen übermäßig großen Anteil am EU-Budget zu übernehmen – mit der Folge, daß das Land heute fast 30 Prozent des Budgets der Gemeinschaft aufbringt, verglichen mit 19,2 Prozent, die auf Frankreich entfallen, 14,1 Prozent auf Italien und 11,6 Prozent auf Großbritannien, wobei die Rückflüsse an Deutschland nur etwa die Hälfte betragen. Inzwischen aber ist Deutschland auf Platz sechs des Pro-Kopf-Einkommens der EU-Länder zurückgesunken. Die finanziellen Belastungen durch den Einkommenstransfer in die neuen Länder werden sich wohl bis ins dritte Jahrtausend erstrecken.

Zwar dürfte die deutsche Politik auch künftig nie fehlen, wenn feste Bekenntnisse zur Vertiefung der EU abzulegen sind. Aber tatsächlich werden sich die Bundesregierungen durch die Macht der Umstände genötigt sehen, die bisherige Großzügigkeit in Sachen Scheckbuchdiplomatie drastisch zu revidieren. Das betrifft nicht allein die Europäische Union. Mit seinem gleichfalls unüberlegt großzügigen Beitrag zur Finanzierung des Golfkriegs und mit den Zahlungen, die den russischen Rückzug aus Mitteleuropa ermöglichten, hat sich selbst ein so leistungsfähiges Land wie Deutschland fürs erste verausgabt. Bis zum Ende des Jahrhunderts wird es rechnerischer, kleinlicher, nach allen Seiten hin sparsamer sein müssen, was den überlasteten deutschen Steuerzahler erfreuen mag, Bonn aber unvermeidlicherweise den Vorwurf einbringen muß, die eigenen nationalen Interessen hartherziger zu vertreten als in den besseren Zeiten von den frühen siebziger bis zu den frühen neunziger Jahren.

Doch ist die Bundesrepublik nicht der einzige wirtschaftliche Halbinvalide im Kreis der EU-Mitglieder: Frankreich, Italien, Großbritannien und Belgien – auch sie alle stöhnen unter hoher struktureller Arbeitslosigkeit und kommen nicht aus den Budgetengpässen heraus. Auch sie werden also künftig ihre nationalen Interessen mindestens ebenso zäh wie bisher verteidigen, höchstwahrscheinlich aber noch kompromißloser.

Nun besteht in der deutschen Öffentlichkeit eine gewisse Neigung, den Begriff nationales Interesse für odios zu erklären und ihn unreflektiert als Vorform oder Tarnkappe von Nationalismus nach Urväterart zu diffamieren – Schlagwort »Renationalisierung«. Indessen erfaßt der im angelsächsischen oder im französischen Kulturbereich viel unbefangener verwandte Begriff lediglich eine Reihe grundlegender Sachverhalte, denen die moderne Außen- und Innenpolitik die gebührende Beachtung zuwenden muß, unbeschadet aller globalen und europäischen Verflechtungen.

Einer dieser grundlegenden Sachverhalte ist die Tatsache, daß die Staaten der europäisch-nordatlantischen Gemeinschaft allesamt Demokratien sind, in denen jeweils gesonderte Staatsvölker mehrheitlich darüber befinden, was sie als ihr wohlverstandenes Interesse betrachten. Ihre Vorstellungen von wünschenswerter Wirtschafts-, Sozial-, Kultur-, Außen- und Sicherheitspolitik differieren naturgemäß. Zwar müssen die Regierungen dieses vielfach integrierten Europas und einer interdependenten atlantischen Zivilisation unablässig um partnerschaftliche, staatenübergreifende Lösungen bemüht sein. Aber als die Regierungen von Demokratien sind und bleiben sie nach wie vor in allererster Linie für das Wohl und Wehe ihrer eigenen Staatsbürger verantwortlich. Der Trick, ein recht volksfernes Organ wie das Europäische Parlament zur demokratischen Legitimitätsbeschaffung einzusetzen (in Deutschland kommt auf 800000 Wähler gerade ein Europaabgeordneter), hat bisher in der Öffentlichkeit dieser europäischen Demokratien nicht überzeugen können.

Zwar unterliegt das Nationalbewußtsein in vielen pluralistischen Demokratien einem nagenden Erosionsprozeß. In manchen Ländern verläuft er schneller, in manchen langsamer. Unvorstellbar, daß die »integrale Nation« hier nochmals zum höchsten Wert einer Gesellschaft avanciert. Dennoch bilden die demokratisch verfaßten Nationalstaaten nach wie vor den primären Bezugsrahmen moderner Politik. Das gilt auch für den Verfassungsstaat des Grundgesetzes. Es ist somit kein Zufall, daß der Bundespräsident, der Bundeskanzler und jeder Bundesminister gemäß Artikel 56 Grundgesetz ihren Amtseid auf die Wahrung der Interessen ihres Staatsvolkes und auf ihr sehr spezifisch geprägtes politisches System ablegen müssen: »Ich schwöre, daß ich meine Kraft dem Wohle des deutschen Volkes widmen, seinen Nutzen mehren, Schaden von ihm wenden, das Grundgesetz und die Gesetze des Bundes wahren und verteidigen, meine Pflichten gewissenhaft erfüllen und Gerechtigkeit gegen jedermann üben werde.«

Ohne daß dabei der Begriff »nationales Interesse« als solcher auftaucht, werden in diesem Amtseid doch dessen wichtigste Komponenten hervorgehoben, nämlich der Nutzen, die Sicherheit, die Wohlfahrt und die Erhaltung des soziopolitischen Wertesystems des deutschen Staatsvolkes.

Der Verweis auf das Grundgesetz im Amtseid der höchsten bundesdeutschen Amtsträger illustriert aber zugleich sehr einleuchtend, daß zwischen nationalem Interesse einerseits und universalen Idealen andererseits kein so tiefer Graben verläuft, wie dies häufig behauptet wird. Schließlich sind in den Grundrechtsteil universalistisch verstandene Wertentscheidungen von höchstem Verbindlichkeitscharakter eingegangen. Die berühmten Artikel 24 (Übertragung von Hoheitsrechten, Anschluß an kollektive Sicherheitssysteme), Artikel 25 (Völkerrecht Bestandteil des Bundesrechts), Artikel 26 (Verbot des Angriffskriegs) sowie der neue Artikel 23 (Europäische Union) legen zudem fest, daß sich ein richtig verstandenes nationales Interesse mit den Wertesystemen und Organisationsformen der nach westlichen Prinzipien organisierten Staatengesellschaft verbinden muß. Dennoch steht weiterhin im Zentrum der Aufmerksamkeit die Wohlfahrt eines partikulären demokratischen Staates und seiner Staatsbürger, auch wenn dieser nach vielen Seiten hin partnerschaftlich verflochten ist. Und selbst die universalistische Wertetafel ist in Deutschland genauso wie anderswo in die durchaus partikuläre Form des nationalen Verfassungsstaates eingeschmolzen.

Dies ist auch deshalb zwingend, weil alle Verfassungsstaaten des heutigen Europas eine in Jahrhunderten, zumindest aber in langen Jahrzehnten gewachsene eigene Kultur aufweisen. Sie verbinden sich zudem ungeachtet aller Ähnlichkeiten mit Wirtschaftsgesellschaften, die untereinander in Austauschbeziehungen, doch zugleich im Konkurrenzkampf stehen, wobei sie recht unterschiedliche Produktivität und Interessen aufweisen. Desgleichen führt die geographische Lage der einzelnen Länder zu partiell recht unterschiedlichen wirtschaftlichen Verflechtungen und auch Sicherheitsinteressen.

Gewiß läßt sich etwa im Verhältnis zu den USA oder zu Japan in bezug auf die Handelsbeziehungen und den Wettbewerb der Volkswirtschaften durchaus schon von »europäischen Interessen« sprechen. Aber selbst in dieser Hinsicht erweisen sich die jeweiligen nationalen Interessen doch recht ausschlaggebend, wie beispielsweise die vor kurzem abgeschlossene GATT-Runde verdeutlicht hat.

Worin sind nun über die allgemeinen Zielbestimmungen hinaus die spezielleren nationalen Interessen Deutschlands zu erkennen? Eine ganze Reihe von Theoretikern, Dieter Senghaas beispielsweise[1], weist zu Recht darauf hin, daß die Besonderheiten des »Handelsstaates« Deutschland bezüglich der operativen Politik eine Gruppe von »Interessen« erkennen lassen, die allesamt auf partnerschaftliche Problemlösungen drängen. Senghaas nennt: erstens Interesse an der Schaffung und Pflege eines »ordnungspolitisch kongenialen Umfeldes« (die Nachbarn sollen Demokratien, »Bürgergesellschaften«, soziale Marktwirtschaften sein); zweitens Interesse am Offenhalten der Märkte im EU- und EWR-Bereich, überhaupt im euro-atlantischen Raum, wo derzeit rund 78 Prozent der deutschen Exporte hingehen; drittens »Integrationsinteresse« (also Interesse an weiterer disziplinierter Mitarbeit in der Europäischen Union, deren Regelwerk gepflegt und weiterentwickelt werden müßte); viertens Interesse an einer »verläßlichen Sicherheitsarchitektur«

---

[1] Dieter Senghaas, *Deutschland ist ein Handelsstaat.* In: *Zeitschrift zur politischen Bildung,* Nr. 2, 1994.

(mit den Pfeilern NATO, NATO-Kooperationsrat, WEU, KSZE); fünftens Interesse an einer Stärkung der Vereinten Nationen.

Dem kann in dieser Allgemeinheit zugestimmt werden. Freilich nur in dieser Allgemeinheit. Denn die eigentlich schwierigen Fragen einer mittelfristigen Agenda, und Senghaas weiß das natürlich, ergeben sich doch aus dem Umstand, daß in der Praxis zwischen derlei abgeleiteten »operativen« Interessen, denen unschwer einige weitere von vergleichbarem Gewicht beigefügt werden könnten, Prioritäten zu setzen sind. Und selbst wenn man einige der dabei angesprochenen Schwerpunkte betrachtet, treten die eigentlich kritischen Optionen innerhalb derselben auf. Also etwa im Fall von »Integrationsinteresse«: Welches Europa? Delors-Europa, Thatcher-Europa, eine Mischform? Eine rasch um die Visegrad-Staaten erweiterte EU oder mittelfristiges Geschlossenhalten des Ende 1994 erweiterten Clubs bei Fortsetzung des bloßen Assoziationsverhältnisses zu den ostmitteleuropäischen Demokratien? Oder in bezug auf »verläßliche Sicherheitsarchitektur«: Primat der NATO, um die USA so fest wie irgend möglich in Europa zu verankern, besonders militärisch? Oder aber zügiger Aufbau der WEU als Alternativorganisation? Oder gar weitere Bemühung um ein regionales System kollektiver Sicherheit unter gleichberechtigter Teilnahme auch Rußlands – KSZE-Europa? So könnte man fortfahren.

Fast jedermann weiß zwar, daß sich ganz einseitige Optionen von selbst verbieten. Institutionelles und konzeptuelles Durchwursteln wird, wie schon vermerkt, mittelfristig unser Schicksal sein, und nicht allein das unsere. Bis zu einem gewissen Maß muß man also damit leben, daß die Realität des Fin de siècle durch »interlocking institutions« gekennzeichnet ist, mit denen sich zusehends der Nachteil verbindet, daß sie zugleich als »interblocking institutions« wirken.

Außenpolitische Agenden dürfen aber nicht bloß Monumente des Willens zum schlauen, zumeist aber auch kraftlosen Durchwursteln sein. Sie sollten doch deutlich machen, wo im deutschen Interesse Umakzentuierungen, Schwerpunktsetzungen und – so das unumgänglich wird – auch ein klares Ja oder Nein zu bestimmten Optionen geboten wäre. Mit markigem »Sowohl-Als-auch« mag man zwar kurzfristig ganz gut über die Runden kommen, kaum aber mittelfristig und schon gar nicht auf lange Sicht.

Da sich die Begründungen für die folgenden Akzentuierungen zumeist aus den eingangs erörterten Prämissen ergeben, ist eine thesenförmige Auflistung vertretbar. Unnötig zu sagen, daß zugespitze Thesen die Komplexität jedes Problemfeldes nicht erschöpfend zu umschreiben vermögen.

Die Kontinentaldrift zwischen Europa und Amerika verhindern

Auch die vergrößerte Bundesrepublik muß, wie bisher schon, die industriellen Demokratien des Westens als innersten Bezugskreis ihrer Außenpolitik begreifen. Das versteht sich von selbst und betrifft viele Dimensionen, auf die es ankommt: »kongeniales Umfeld« der Demokratien, moderne Marktwirtschaften, Außenwirtschaftsbeziehungen, Technologie, Sicherheit, auch die immer noch gemeinsame westlich-abendländische Kultur. Das Zentralproblem für die kommenden Jahre ist aber doch darin zu sehen, daß die Europäische Union und Nordamerika auseinandertreiben.

Die Bundesrepublik hat sowohl vor wie nach der Wiedervereinigung den europäischen Einigungsprozeß forciert, so daß dessen zeitweilig befürchtete Rückläufigkeit nicht eingetreten ist. Doch wurde alles in allem dem Rückzug der USA auf die westliche Hemisphäre bei gleichzeitiger Gewichtsverlagerung zum Pazifik hin nicht ähnlich entschlossen entgegengewirkt.

Wenn es aber die USA künftig wie bisher bequem finden sollten, die Stabilisierung Europas nun zunehmend auch den Künsten der Europäischen Union zu überlassen, dann wird der bisherige »balancer« des europäischen Staatensystems mehr und mehr wegfallen mit einer Reihe bedenklicher Konsequenzen:

Deutschland als Zentralmacht Europas müßte auch außen- und sicherheitspolitisch in der EU, die ja seinerzeit schon von George Bush, neuerdings wieder von Präsident Clinton angemahnte Führungsrolle übernehmen, ohne dies aber eigentlich zu wollen und mit dem Risiko, manche Nachbarn gegen sich aufzubringen. – In puncto Militärpotential ist die USA seit 1990 die einzige noch verbliebene Supermacht. Rußland ist weiterhin als zweitstärkste Nuklearmacht von beträchtlichem »nuisance value« zu betrachten, während Frankreich und Großbritannien demgegenüber nur noch Nuklearmächte der dritten Kategorie darstellen. Wenn aber die westlichen Bündnisse als Rückversicherung gegen ein Comeback des russischen Bären weiterhin gebraucht werden, bleibt unter diesen Umständen die NATO mit den USA als Führungsmacht weiterhin lebenswichtig – dies nicht zuletzt aus Sicht der potentiell bedrohten ostmitteleuropäischen Reformdemokratien. – Bei verschiedenen Krisen der Jahre 1991 bis 1994 hat sich erwiesen, daß die USA gebraucht werden (Golfkrise 1991/92, Kroatien und Bosnien 1991 bis 1994, Nahost-Friedensprozeß 1991 bis 1994, Stabilisierung der baltischen Reformdemokratien 1990 bis 1994 und Ruhigstellung Rußlands, selbst Ruanda 1994, dessen Katastrophe die militärischen und politischen Kräfte Frankreichs überfordert hat). Vor allem der Großversuch eigenständiger Ordnungspolitik der EU in Jugoslawien hat sich als blamabler Fehlschlag erwiesen.

Deutschland hat also ein vorrangiges Interesse daran, die seit dem Zweiten Weltkrieg gewachsenen Bindungen der USA an Europa zu erhalten. Da es weder selbst noch die EU im Osten und Südosten stabile Verhältnisse zu bewirken in der Lage ist, muß somit eine höchste Priorität auf integraler Einbindung Amerikas ins europäische Staatensystem liegen. Der Versuch Bonns, die gemeinsame Außen- und Sicherheitspolitik der EU (GASP) ganz ins Zentrum seines außenpolitischen Konzepts zu rücken, mochte ein paar Jahre lang ausprobiert werden. Jetzt aber ist es doch an der Zeit, das Management europäischer und außereuropäischer Krisen wieder primär atlantisch zu konzipieren, ohne daß GASP aufgegeben wird. Es sollte jedoch einen etwas nachgeordneten Stellenwert erhalten, sofern sich die USA tatsächlich wieder voll einbinden lassen.

Wie das operativ im einzelnen umsetzbar wäre, ist zu prüfen. Eine Reaktivierung des NATO-Rates wäre ebenso vorstellbar wie atlantische Kontaktgruppen, denen allerdings nicht unbedingt auch Rußland beigesellt werden sollte, wie bei der derzeitigen Bosnien-Kontaktgruppe. Denn Deutschland läßt gelegentlich eine problematische Beflissenheit erkennen, fast um jeden Preis Rußland nicht »auszugrenzen«, ohne aber ebenso sorgsam darüber zu wachen, nicht ungewollt die alte Schutzmacht USA durch exklusive GASP-Koordination irgendwie »auszugrenzen«.

So wie die Dinge seit 1991 gelaufen sind, ist eine derartige Umakzentuierung nicht einfach. Die stark nach innen orientierte Clinton-Administration müßte sich zu intensivster Beteiligung an der Fortentwicklung des europäischen Staatensystems aufraffen. Auch in Paris würde das keine Begeisterung auslösen, wo man es seit langem für bequem erachtet, die eigene Position zu verstärken, indem man die europäische Außen- und Sicherheitspolitik mit möglichst geringer Beteiligung der USA gestaltet und den überlegenen, aber wenig willensstarken deutschen Partner durch bilaterale Einflußnahme auf eine exklusiv »europäische« Identität festlegt. Dabei wäre aber die verstärkte Rückwendung zum Konzept europäisch-atlantischer Partnerschaft auch im wohlverstandenen französischen Interesse. Wenn die Geschichte des 20. Jahrhunderts nämlich eines gezeigt hat, dann die Tatsache, daß Europa nur mit Beteiligung der USA stabilisierbar ist. Möglicherweise fallen diesbezüglich schon mittelfristig die Vorentscheidungen. Deshalb sollte Deutschland das Ziel der Einbindung Amerikas an die Spitze seiner Agenda setzen.

Ein Hauptziel: die Stabilisierung Ostmitteleuropas

Die Lage der ostmitteleuropäischen Reformdemokratien weist auffällige Parallelen zur Situation Griechenlands, Spaniens und Portugals seit Mitte der siebziger Jahre und Italiens sowie der Bundesrepublik Deutschland seit Ende der vierziger Jahre auf. Diese Länder drängten damals allesamt in den westlichen Club etablierter, stabiler Demokratien. Doch ihre Stabilisierung war zugleich ein vorrangiges westliches Interesse und ist deshalb nachhaltig unterstützt worden.

Historische Analogien sind zwar zumeist etwas schief. Sie können aber bisweilen doch zur Klärung der Agenda dienen. Heute muß die unumkehrbare politische, wirtschaftliche und kulturelle »Westbindung« der Polen, Tschechen, Slowaken, Ungarn, Slowenen, vielleicht auch der Kroaten, Bulgaren, Rumänen, Esten, Letten und Litauer ein Hauptziel auf der westlichen Agenda bilden, und ganz besonders auf der Agenda Deutschlands.

Solange die Verhältnisse in Rußland und im gesamten GUS-Bereich so ungeklärt sind wie gegenwärtig, ist es zwar geboten, eine Ostpolitik allseitiger Verbindlichkeit und des Verzichts auf einseitige Allianzen zu betreiben. Derzeit reicht die Machtprojektion nach Ostmitteleuropa über den NATO-Konsultationsrat aus, ergänzt durch bilaterale Zusammenarbeit mit den Reformdemokratien. Niemandem kann daran gelegen sein, der Regierung

Jelzin innenpolitische Schwierigkeiten zu bereiten, solange sie den derzeit halbwegs zurückhaltenden Kurs gegenüber dem »nahen Ausland« betreibt. Doch der Westen sollte daneben eine »hidden agenda« verfolgen, und diese besteht darin, zumindest die Schlüsselstaaten Ostmitteleuropas durch Aufnahme in die NATO sicherheitspolitisch zu stabilisieren, sobald die Entwicklung in Rußland dies geboten erscheinen läßt und vorausgesetzt, die Regierungen der Reformdemokratien möchten sich wie bisher unter den Schutz der westlichen Demokratien begeben.

Sollte vor oder nach dem Jahr 1996, wenn ein neuer russischer Präsident zu wählen ist, ein radikal negativer Kurswechsel in Moskau erfolgen, liegt es im ureigensten deutschen Sicherheitsinteresse, jene Reformdemokratien, die das wünschen, in ein neues Containment-System der NATO einzubeziehen. Zumindest gilt das für die Gruppe der Visegrad-Länder. Und in bezug auf Serbien wäre eine solche Containment-Linie schon seit Jahren überfällig. Bonn sollte weiterhin darauf drängen. Wenn die Umstände das sicherheitspolitische Containment durch die NATO (somit vorrangig durch die USA) erfordern, ist damit auch die Frage weiterer amerikanischer Präsenz in Europa entschieden.

Unabhängig von den Sicherheitsfragen im engeren Sinne spricht gleichzeitig alles dafür, die Reformdemokratien möglichst rasch und eindeutig aus dem Status der Assoziation in den Status von Vollmitgliedern der Europäischen Union zu überführen. Dies wird allerdings nicht ohne Abstriche beim bisherigen »acquis communautaire« möglich sein. Die Europäische Union muß sich in vielerlei Hinsicht ändern, wenn sie sich nach Osten und Südosten erweitert. Doch Deutschland ist in der Tat an einem »kongenialen Umfeld« gelegen. Deshalb muß es auf Strukturreformen in der EU und auf langfristige wirtschaftliche Übergangsregelungen für die mittel- und osteuropäischen Staaten drängen.

Die Europäische Union erweitern, doch nur in Maßen vertiefen

Im Grunde haben die meisten Regierungen der Europäischen Union bereits erkannt, daß mittelfristig an der Osterweiterung kein Weg vorbeiführt. Europa kann sich nicht als selbstsüchtiger Block von Staaten definieren, die aufgrund einer Laune der Geschichte zwischen 1947 und 1989 nicht in den Zugriffsbereich der kommunistischen Herrenmenschen gefallen sind. Erweiterung der EU – dies ist somit ein Hauptpunkt der mittelfristigen Agenda der EU, ganz besonders aber Deutschlands.

Dies bedeutet aber gleichzeitig, daß aus den Plänen zur qualitativen Vertiefung des gegenwärtigen EU-Systems nicht allzuviel werden kann, auch wenn Vertiefung in Teilbereichen wie beispielsweise Umweltschutz, Rechtsangleichung, Verbrechensbekämpfung, Einwanderungspolitik weiterhin möglich sein wird.

Hingegen wird das viel zu ehrgeizige Vorhaben, die Volkswirtschaften der EU, wie im Maastricht-Vertrag beabsichtigt, durch eine Wirtschafts- und Währungsunion zu homogenisieren, aus einem Nahziel zu einem Fernziel.

Mit den ohne ihr Verschulden zurückgebliebenen, sich mühsam umstrukturierenden Volkswirtschaften Ostmitteleuropas ist das nicht zu bewerkstelligen. Niemand könnte die Kosten einer nachhaltigen Homogenisierung tragen, auch nicht Deutschland. Doch auch Vorstellungen von einer bürokratischen, die nationalen Grenzen überschreitenden Arbeitsmarktregulierung, wie sie der Europäischen Sozialcharta zugrunde liegen, können und dürfen den ostmitteleuropäischen Ländern nicht aufgezwungen werden. Zu offenkundig wäre die Absicht, die Wettbewerbsvorteile dieser Niedriglohnländer mit noch unentwickeltem Umverteilungsstaat zu knebeln, indem man ihnen die lastenden Regulierungen der kontinentaleuropäischen Wohlfahrtsstaaten aufdrängt. Desgleichen ist bei einem Beitritt nicht zu erwarten, daß sich der derzeitige Protektionismus des Europäischen Agrarmarktes beibehalten läßt. Auch der in vierzig Jahren aufgebaute Protektionismus bei Stahl und Kohle wäre in den alten Formen nicht weiter fortführbar.

So gesehen könnte gerade der Beitritt der ostmitteleuropäischen Länder dazu helfen, die viel zu zentralistisch und überreguliert gewordenen Systeme in der alten EU zum Nutzen aller beteiligten Volkswirtschaften zu reformieren. Andererseits müßten es die neuen Mitglieder akzeptieren, daß die Europäische Union weiterhin ein eng verflochtener Binnenmarkt bleibt mit supranationalen Rechtsregeln, mit hochdifferenzierten wirtschaftlichen Steuerungssystemen und vor allem auch mit Politikverflechtung in den außerwirtschaftlichen Zusammenhängen.

Deutschland plädiert zwar für den Beitritt dieser Länder, seit sie sich ihrer kommunistischen Herren entledigt haben, und auf dieses Plädoyer wirken Motive des politischen Idealismus (»Die Demokratie in Ostmitteleuropa stabilisieren!«, »Die deutsch-polnische Erbfeindschaft überwinden!«) gleicherweise ein wie Erwägungen des Sicherheitsinteresses und des langfristigen wirtschaftlichen Nutzens. Aber in der Bundesrepublik ist noch kaum erkannt worden, in welchem Ausmaß sich die EU, damit auch Deutschland selbst, liberalisieren und deregulieren müßte, wenn das gelingen soll. Somit wirkt die außenpolitische Agenda auch auf die der Innenpolitik ein.

In einer EU, die auf mittlere und längere Sicht volkswirtschaftlich und gesellschaftlich noch heterogener sein wird als heute, sind die Pläne einer im Prinzip für alle gedachten Ecu-Währung noch weniger realisierbar als gegenwärtig schon. Grundlegende Entscheidungen über die mittelfristige Währungspolitik der EU dürften erst nach den Präsidentschaftswahlen in Frankreich im kommenden Jahr zu erwarten sein. Erst dann wird sich auch die Bundesregierung zur Kurskorrektur entschließen müssen.

Diese könnte darin bestehen, das Ecu-System auf lange Sicht nur in der alten Sechsergemeinschaft, doch ohne Italien, einzuführen. Dagegen würden sich wohl alle anderen EU-Staaten wenden, die seit 1991 zumeist erkannt haben, daß der Plan einer Gemeinschaftswährung in der EU zu einem Spaltungskonzept degeneriert, wenn er sich nicht mit einem weitreichenden Umverteilungssystem von den reichen zu den weniger reichen Mitgliedstaaten verbinden läßt. Eben das ist aber nicht mehr in den Karten, unter anderem deshalb, weil die ehemals sehr teilungsbereiten Westdeutschen noch auf absehbare Zeit mit den Deutschen in den neuen Ländern teilen müssen. Für Spanier, Portugiesen, Iren, Griechen und Italiener bleibt nichts mehr übrig.

Wenn aber die Währungsunion für alle EU-Staaten nicht möglich ist, und wenn auch die karolingische Lösung (minus Italien) zu nachteilig erscheint, bleibt vielleicht doch nur das Konzept einer D-Mark-Zone, in der die Währungen Deutschlands, Frankreichs, der Benelux-Länder und Österreichs durch feste Wechselkurse aneinander gebunden werden bei gleichzeitiger Verpflichtung zu gleichgerichteter Wirtschaftspolitik.

Von vorrangiger Bedeutung in einem System, das sich erweitert, doch nur noch selektiv vertieft, wird die Koordination der Außenpolitik sein. Hier liegt aus Sicht der ostmitteleuropäischen Länder ein Hauptanreiz für die rasche Aufnahme in die EU. Gewiß stellt sich dabei auch die Frage nach Ausweitung der außenpolitischen Zusammenarbeit auf das Feld der Verteidigung und damit das Problem des Verhältnisses der EU mit der WEU zur NATO. Ob und wie sich die Zusammenarbeit in der NATO mit GASP vereinbaren läßt, wird die Kabinette, die EU und die NATO-Gremien noch jahrelang beschäftigen. Auch dafür lassen sich keine Blaupausen entwerfen. Mittelfristig vorrangig ist jedenfalls die Erweiterung mit allen ihren Konsequenzen.

Da ein europäischer Bundesstaat in weiter Ferne liegt, erübrigt sich vorerst eine Verstärkung der Zuständigkeiten des Europäischen Parlaments. Sie würde die ohnehin schon hinlänglich schwierigen Entscheidungsprozesse der EU noch weiter komplizieren, ohne aber der europäischen Zusammenarbeit aus Sicht der Bürger mehr Transparenz, mehr Bürgernähe und mehr demokratische Akzeptanz zu verleihen. *Diese* Art der Vertiefung sollte also bei der Nachfolgekonferenz im Jahr 1996 und danach eher vermieden werden, auch wenn das bisher ein Lieblingswunsch der in dieser Hinsicht stets besonders undurchdachten und einfallslosen deutschen Europapolitik gewesen ist. Das schließt ja nicht aus, daß das Europäische Parlament, dem eine ganze Anzahl schätzenswerter Parlamentarier angehören, die ihm angemessenen Beiträge zur Verbesserung und Vertiefung der europäischen Zusammenarbeit leistet.

Die Vereinten Nationen als Agentur zur humanitären Hilfe

Immer deutlicher schält sich heraus, wo bis zum Ende des Jahrhunderts und wohl auch noch darüber hinaus eine, wenn nicht *die* Hauptaufgabe der Vereinten Nationen liegen wird: in humanitärer Hilfe bei Katastrophen, die von dummen oder kriminellen Regierungen sowie Bürgerkriegsparteien verschuldet sind. Das ist wenig und viel zugleich. Es ist auch widersprüchlich und unbefriedigend, nach Lage der Dinge jedoch unvermeidlich. Vorrang der humanitären Hilfe heißt beispielsweise: einige Monate lang verhungernde Menschen in Somalia durch dramatisches Eingreifen am Leben erhalten, dann aber dieselben Menschen wieder ihrem Schicksal überlassen; die Not gepeinigter Menschen in bosnischen Städten durch Lieferung von Medikamenten und Zufuhr von Nahrungsmitteln lindern, gleichfalls aber den Terror von Artilleriebeschuß und von Scharfschützenfeuer hinnehmen, ohne die Kraft zur Bekämpfung der Aggressoren aufzubringen; Hunderttausenden von Flüchtlingen um Goma Wasser bringen und die Toten bestatten helfen, ohne aber auf den Tribalismus in Ruanda durchgreifenden Einfluß nehmen zu können.

Die Staatengesellschaft sieht sich zu derartiger Katastrophenhilfe moralisch aufgerufen, auch wenn jedermann weiß, wie wenig ein solches kurzfristiges Eingreifen grundlegend verbessern kann. Die Teilnahme an derartiger Katastrophenhilfe steht nun auch auf der mittelfristigen Agenda Deutschlands, nachdem das Land durch Verschulden von FDP und SPD der Welt jahrelang ein abstoßendes Bild kurzsichtigen und egoistischen Taktierens geboten hat. Ob das künftig stets perfekt gewaltfrei vor sich gehen kann, ob bisweilen geschossen werden muß, ist unerheblich. Was sich in den vom Chaos des Tribalismus geschlagenen Regionen auf dem Rücken gequälter Menschen abspielt, ist stets Gewaltanwendung schlimmster Natur. Weshalb zarte Seelen in Deutschland nicht einsehen können und wollen, daß auch die Hilfskontingente der Staatengesellschaft erforderlichenfalls der irregulären Gewalt gewaltsam entgegentreten, bleibt unverständlich.

Völkerrechtlich gesehen werden wohl, wie bisher schon, die unterschiedlichsten Typen von Hilfseinsätzen erfolgen: Einsätze, für die die UN formell die Verantwortung trägt, von der UN bloß ermächtigte Einsätze oder auch gelegentlich multilaterale Einsätze, für die, aus welchen Gründen auch immer, keine UN-Ermächtigung zu erreichen war, die aus humanitären Gründen aber dennoch geboten sind.

Dabei wird sich eine ganz natürliche Arbeitsteilung ergeben, bei der Deutschland vor allem für technisch aufwendige Transporte, für den Aufbau von Kommunikationssystemen, fürs Sanitätswesen, auch (wie bisher schon) für die Finanzierung bemüht ist, während weniger reiche Länder die Bodentruppen stellen. Hingegen wird Deutschland künftig davor warnen müssen, die Vereinten Nationen so, wie in den Jahren 1991 bis 1994 geschehen, durch Aufgaben politischer Neuordnung zu überanstrengen. Selbst unmittelbar vor den Türen Mitteleuropas, in Bosnien und in Kroatien, ist die Welt so in Unordnung, daß die UN schlicht überfordert ist. Erst recht gilt das für alle Versuche, bestimmte im Bürgerkrieg zerfallene afrikanische Länder zu stabilisieren (Beispiel: Somalia) oder ein seit Jahrzehnten vom Bürgerkrieg gräßlich betroffenes Land wie Kambodscha durch Einführung minimaler Formen der Demokratie aus dem politischen Morast zu befreien.

Alle, die davor warnen, für aussichtslose, viel zu ehrgeizige und viel zu kostspielige Gestaltungsaufgaben der Vereinten Nationen deutsche Kontingente unter notorisch ineffizientem UN-Management einzusetzen, haben recht. Man wird immerhin erwarten können, daß die jüngsten Erfahrungen allgemein verdeutlicht haben, was in dieser Hinsicht vernünftig ist und was nicht. Die Entlastung der UN-Agenda von überzogenen Vorhaben dürfte somit auch die entsprechende außenpolitische Agenda Bonns entlasten.

Deutschland hat bisher schon einen erheblichen finanziellen Beitrag zur Arbeit der Vereinten Nationen geleistet. Künftig wird es auch mit mehr oder weniger gewichtigen militärischen Leistungen zur humanitären Katastrophenhilfe verfügbar sein müssen. Somit ist die Erwartung auf einen Ständigen Sitz im Weltsicherheitsrat legitim. Dies auch deshalb, weil gerade die Jugoslawien-Krisen beweisen, wie rasch und wie ganz zwangsläufig sich UN-Entscheidungen und Aktivitäten, EU und WEU-Aktivitäten sowie die Aktivitäten der NATO miteinander verzahnen. Ob es dies wünscht oder nicht, Deutschland wird weit über das Jahrhundertende hinaus die Rolle einer Zentralmacht Europas zu spielen haben. Es ist das bevölkerungsmäßig und wirtschaftlich mit Abstand stärkste Land der Europäischen Union. Es ist das östlichste Land dieser westlichen Gemeinschaft, das schon aufgrund seiner geographischen Lage stark auf Ostmitteleuropa und Südosteuropa einwirkt. Da es also nicht umhin kommt, bei der Konfliktregulierung auf dem europäischen Kontinent maßgeblich mitzuwirken, hätte es auch deshalb seinen guten Sinn, wenn es stets voll in die Entscheidungen des Weltsicherheitsrates einbezogen wäre. Da allerdings eine UN-Reform viel Zeit braucht, wird dieser berechtigte Wunsch noch einige Jahre auf der außenpolitischen Agenda der Bundesrepublik bleiben.

Die sprachlichen Voraussetzungen für Kerneuropa schaffen

Wenn das Plädoyer für die baldige Errichtung eines europäischen Bundesstaates als Traumtänzerei zu begreifen ist, so vor allem auch deshalb, weil dafür die sprachlichen Voraussetzungen weitgehend fehlen.

Im 20. Jahrhundert ließ sich studieren, wie und warum verschiedene Staaten mit jeweils weitreichenden Folgen zerbrochen sind: Rußland 1918 bis 1920 und erneut die Sowjetunion in den Jahren 1990/91; Österreich-Ungarn, dessen endgültiges Auseinanderbrechen 1918/19 mehr als ein halbes Jahrhundert gravierender ethnischer Konflikte zum Abschluß gebracht hat; Jugoslawien 1991. Kanada und Belgien ringen seit langem um ihren Bestand. Auch in Afrika hat es den Anschein, als ob die bisherige Tabuisierung willkürlich gezogener Grenzen unwirksam wird.

Die beim Zerbrechen von Staaten wirksamen Zentrifugalkräfte werden im Einzelfall gewiß durch eine Vielzahl von Faktoren freigesetzt. Doch sprachlich-kulturelle Heterogenität war dabei zumeist ein Hauptfaktor. Wer also ernsthaft darauf aus ist, im 21. Jahrhundert einen europäischen Bundesstaat zu schaffen, wofür viele gute Gründe geltend zu machen sind, muß somit diesem Faktor die gebührende Beachtung schenken. Wie die Jahrzehnte seit dem Zweiten Weltkrieg bewiesen haben, sind Politikverflechtung und Marktverflechtung durchaus möglich, ohne daß die beteiligten Länder den Versuch machen, die Interdependenz in die immer schwierige Form eines Bundesstaates zu überführen. Wenn aber ein kerneuropäischer Bundesstaat angestrebt wird, der zumindest Frankreich, die Benelux-Länder, Deutschland und Österreich umfaßt, wäre eine mit langem Atem betriebene Sprachenpolitik die grundlegende Voraussetzung für eine permanente politische Verschmelzung. Aus dem Umstand, daß sie überhaupt noch nie ernsthaft versucht wurde, darf auch die skeptische Schlußfolgerung abgeleitet werden, daß es den Beteiligten mit den Bekenntnissen zu den »Vereinigten Staaten von Europa« bisher nicht besonders ernst gewesen ist. Aber weshalb sollte die Errichtung eines solchen Kerneuropa nicht eben doch zu den visionären, mit viel Glück auch gestaltbaren Projekten des 21. Jahrhunderts gehören?

Sollen aber die Grundlagen dafür geschaffen werden, so müßte bereits heute mit konsequenter Sprachenpolitik begonnen werden. Die Schweizerische Eidgenossenschaft könnte ein Modell abgeben. An ihren höheren Schulen sind praktisch drei Sprachen obligatorisch: das Deutsche, das Französische und das Englische, in bestimmten Kombinationen zusätzlich das Italienische. Die planmäßige Sprachenpolitik beginnt bereits in der Grundschule, und sie ist für die weiterführenden Schulen obligatorisch. Beamte, Politiker, Geschäftsleute können ihre Ämter nur bekleiden, wenn sie zumindest den Erfordernissen der Dreisprachigkeit entsprechen, und die eben nicht auf sprachlich-kultureller Homogenität beruhende Schweizer Staatsidee ist bisher lebensfähig gewesen, weil sie dank einer seit langer Zeit konsequenten Sprachenpolitik auf einer sicheren gesellschaftlichen Basis ruht.

Ein kerneuropäischer Bundesstaat müßte genauso vorbereitet werden. Ob die heute noch sehr großen kulturellen, wirtschaftlichen und politischen Unterschiede wirklich dauerhaft überwindbar wären, wenn über ein Vierteljahrhundert hinweg durch konsequente Ausbildung von der Grundschule bis zu den Universitäten im Deutschen, Französischen und Englischen die erforderliche sprachlich-kulturelle Basis geschaffen wäre, bliebe abzuwarten. Aber alle Erfahrungen lehren, daß ohne eine derartige Zukunftsinvestition ein kerneuropäischer Bundesstaat so fern bleiben würde wie der Mond.

Die deutsche Außenpolitik bekundet zwar Vernunft, wenn sie sich aufs mittelfristige Durchwursteln und allenfalls auf Umakzentuierungen innerhalb des vorgegebenen Prioritätenfächers beschränkt. Aber so sie wirklich eine Agenda verfolgen wollte, die für das 21. Jahrhundert grundlegende Optionen eröffnet, muß die Sprachenpolitik höchste Priorität im Ausbildungswesen erhalten. Das gilt übrigens auch, was allerdings vorwiegend die Universitäten angeht, für die Ausbildung in den Landessprachen Ostmitteleuropas.

In einer bequemen Gesellschaft mit bequemen Schulen weitsichtige Sprachenpolitik auf den Weg bringen, ist allerdings schwieriger, als dann und wann im deutsch-französischen Verhältnis Symbolpolitik zu zelebrieren. Es ist auch schwieriger, als leichthin für ein europäisches Parlament weitergehende Rechte zu verlangen, dessen 567 Mitglieder 1500 Übersetzer und weitere 400 Dolmetscher benötigen.

Die Bereitschaft bestimmter Staaten zu einer durchaus ehrgeizigen, nicht einfachen, aber langfristig reiche Dividenden bringenden Sprachenpolitik wäre der beste Test darauf, welche Länder der Europäischen Union es mit dem Fernziel »Vereinigte Staaten von Europa« wirklich ernst meinen. Deutschland, das einst ein kulturell führendes Land war, würde es wohl anstehen, auf diesem Feld weitsichtig voranzuschreiten. Auch dieser Punkt gehört bereits auf die Agenda für das Fin de siècle.

Ernst-Otto Czempiel

Kollektive Sicherheit – Mythos oder Möglichkeit

Von der Neuen Weltordnung reden viele, über sie spricht kaum jemand. Im Gegenteil. Der Begriff der »Normalisierung« macht die Runde, Rückkehr zur »Normalität« wird angesagt. Die Restauration außenpolitischer Denkmuster, die bis 1945 galten, ist in vollem Gang. Sie könnte den Verdacht stärken, daß der Gewaltverzicht während des Kalten Krieges weniger auf die in der Charta der Vereinten Nationen niedergelegte Norm als auf die abschreckende Wirkung der wechselseitig vorhandenen Nuklearwaffen zurückzuführen war.

Nachdem der große Weltkonflikt gewaltlos beendet worden ist, kennt die außenpolitische Diskussion der Gegenwart vornehmlich ein Thema: den Waffeneinsatz. Die NATO droht damit in Bosnien-Herzegowina, die USA in Haiti. Die Bundeswehr stellt, wie die NATO insgesamt, Krisenreaktionskräfte auf, mit denen sich in aller Welt operieren läßt. Eine Renaissance des Militärischen ist unverkennbar. Die Randglosse dazu schrieben Bundestag und Bundesregierung, als sie der Friedens- und Konfliktforschung den Sonderzuschuß von kümmerlichen 2,5 Millionen DM dieses Jahr nun gänzlich strichen. Die Erforschung von Gewaltursachen und Friedensstrategien verblaßt vor der Faszination, die die *ultima ratio regis,* die Kanone, schon wieder besitzt. An ihr prallen auch alle Erfahrungen ab, die die Amerikaner in Vietnam, die Russen in Afghanistan, die UNO in Somalia gemacht haben. Der Mißerfolg war evident, die Lage danach katastrophaler als zuvor, der Preis, allein in Menschenleben gerechnet, war absurd. Was wohlwollend als Lernpathologie verstanden werden könnte, erweist sich auch als absolutistische Herrschaftspraxis bester Provenienz: *pro ratione voluntas mea.* Hier wird ein politischer Wille exekutiert (natürlich nicht mehr in der Einzahl, sondern im Plural der parlamentarischen Mehrheiten), den das Zweck-Mittel-Verhältnis ebenso wenig kümmert wie das zwischen Aufwand und Erfolg.

Nun muß man die Geldmittel des Bundeshaushalts nicht gleich auf die Goldwaage der Gesinnungsethik legen, nicht jede Projektion möglicher Bundeswehreinsätze mit einer wirklichen *power projection* verwechseln, nicht hinter jeder verbalen Kraftmeierei den Schaftstiefel eines neuen deutschen Militarismus dröhnen hören. Zunächst hallen nur vier Jahrzehnte extrem großer Verteidigungsanstrengungen nach. Sie lassen sich nicht von heute auf morgen einstellen, suchen vielmehr, organisationssoziologisch verständlich, nach neuen Rechtfertigungen, neuen Betätigungsfeldern. Die Abrüstung geht langsam, aber doch auch merklich vonstatten. Sie darf nur nicht, bevor sie den *point of difficult return* unterschritten hat, durch eine neue Rechtfertigung militärischer Gewalt unterbrochen werden.

Eine solche Rückwende ist offenbar in Gang gesetzt worden. Begründet wird sie nicht mit dem Hinweis auf eine erneute Bedrohung der Sicherheit (denn die gibt es nicht), sondern mit dem auf die »Normalität« militärischer Machtentfaltung. Was während des Kalten Krieges als verteidigungsbedingte Notwendigkeit hingenommen werden mußte, wird zum Alltagsphänomen umgearbeitet. Dieser Prozeß spielt sich in allen westlichen Staaten ab, er ist aber besonders bedenklich in der Bundesrepublik. Deutschland hat hier keine »Normalität«, zu der es zurückkehren könnte. Unsere Vergangenheit war, zumindest von 1871 bis 1945, immer hypertroph militärisch; unsere »Normalisierung« fand eigentlich mit der Reeducation der Jahre nach 1946 statt, wo wir an der Hand der Alliierten eine deutsche Zivilgesellschaft aufzubauen lernten. Zu diesen Positionen zurückzukehren, die vor der Wehrdebatte der fünfziger Jahre die politische Kultur der Bundesrepublik bestimmten, würde in der Tat eine Rückkehr zur Normalität bedeuten. Die das Wort im Munde führen, orientieren sich aber nicht an den Jahren nach, sondern an denen vor 1945.

I

1945 wurde ja nicht nur der Zweite Weltkrieg beendet, sondern auch das System der kollektiven Sicherheit der Vereinten Nationen gegründet. Seine weltpolitische Bedeutung kann gar nicht überschätzt werden. Die Charta der Vereinten Nationen enthält den einzigen großen gedanklichen Fortschritt, der in der Außenpolitik seit der Kodifizierung des Völkerrechts zu Beginn der Neuzeit überhaupt gemacht worden ist. Das Gewaltverbot des Artikels 2,4 UN-Charta bildet den Endpunkt einer Periode, die 350 Jahre zuvor mit der Legalisierung dieser Gewalt durch Hugo Grotius und das moderne Völkerrecht eröffnet worden war. 1945 bedeutet also nicht das Ende der Geschichte, wohl aber das jener Neuzeit, in der der Krieg zwar eingehegt (Carl Schmitt), aber akzeptiert und erlaubt wurde. Darin lag ein Fortschritt gegenüber dem Spätmittelalter, das noch dem Theorem des Gerechten Krieges verhaftet gewesen war. Nachdem die *iusta causa* durch den *iustus hostis* ersetzt worden war, konnte der Krieg diszipliniert werden. Gleichzeitig wurde er auch normalisiert.

Eliminiert werden konnte er erst nach den Katastrophen des Ersten und Zweiten Weltkriegs. Sie erzeugten die Einsicht, daß der Krieg kein Mittel der Politik mehr sein dürfe, weil sich seine vermeintliche Fungibilität in den beiden Weltkriegen ad absurdum geführt hatte. Nicht weniger hatten sich die Vereinten Nationen 1945 vorgenommen, als die »kommenden Generationen vor der Geißel des Krieges zu bewahren, die zweimal zu unseren Lebzeiten unsägliches Leid über die Menschheit gebracht hat«. Dieser Einleitungssatz schließt, wie die gesamte Charta, konzeptuell das Kapitel der europäischen Neuzeit ab. Er weist die außenpolitischen Konzepte, die Mittel und Strategien jener Periode in die Archive. Er verlangt ein ganz neues Verständnis von auswärtiger Politik, das sich an dem Gewaltverbot des Artikels 2,4, radikal wie es ist, orientiert und es in die Praxis umsetzt. Die Gewaltkompetenz, die die Staaten verloren haben, geht an die kollektive Instanz der internationalen Organisation und an den Sicherheitsrat über, der sie kollektiv ausübt. Den Staaten verbleibt nur die individuelle oder kollektive Selbstverteidigung für den Fall, daß sie direkt angegriffen werden. Er soll durch das Konzept der kollektiven Sicherheit, das sich in den Vereinten Nationen institutionalisiert hat, vermieden werden. Die Bereitschaft aller, sich gegen einen Aggressor zu wenden, schreckt ihn ab, verhindert die Aggression, bestraft sie notfalls.

Dieser Mechanismus kollektiver Selbstabschreckung flankierte das Gewaltverbot. Beide zusammen wollten jene traditionellen Strategien ersetzen, die die Neuzeit beherrscht und in so viele Kriege geführt hatten. Das »Gleichgewicht der Kräfte«, das System der Militärallianzen und Verteidigungsbündnisse, die sich durchweg gegen einen Gegner richteten und ihn auf diese Weise in vielen Fällen erst erschufen, sollte ersetzt werden durch ein System der kollektiven Sicherheit. Es wandte sich nicht gegen einen äußeren Feind, sondern gegen eine mögliche Aggressivität zwischen den Mitgliedern. Es beruhte nicht auf Gleichgewicht und Verteidigungsbereitschaft, nicht auf *power politics* und individueller Machtentfaltung, sondern auf dem gemeinsamen Interesse an der Gewaltvermeidung.

Der Gedanke hat zwar, wie zu zeigen sein wird, einen Geburtsfehler, der sich aber durch eine entsprechende Therapie mildern läßt. Zunächst einmal muß er als fundamentaler theoriegeschichtlicher Fortschritt gelten, der Jahrhunderte europäischen strategischen Denkens bewußt und gewollt hinter sich läßt. Das kann gar nicht genug betont werden. Denn der ideengeschichtliche Fortschritt, der mit der Einrichtung des Systems der kollektiven Sicherheit der Vereinten Nationen verbunden gewesen war, wird in Frage gestellt, wenn das Militär nicht mehr der Verteidigung, sondern wieder auch der Politik dient.

Der Fortschritt wird auch konzeptionell zunichte gemacht, die gedankliche Revolution von 1945 eingeebnet, wenn der Unterschied zwischen einem System kollektiver Sicherheit und einem System kollektiver Verteidigung negiert wird. Dieses Kunststück vollbrachte ausgerechnet das Bundesverfassungsgericht in seinem Urteil vom 12. Juli 1994. Es befand in seinen »Leitsätzen« und dann auch in der Urteilsbegründung, sozusagen ex cathedra, daß der Unterschied zwischen einer Verteidigungsallianz, einem Militärbündnis also, und einem System kollektiver Sicherheit »unerheblich« sei. Es gestattete gleichzeitig mit dem Hinweis auf die Präambel und den Artikel 1 des NATO-Vertrages, die westliche Verteidigungsallianz »als System gegenseitiger kollektiver Sicherheit« anzusehen.

Nun sind diese Aussagen des Bundesverfassungsgerichts sicherlich nicht rechtsverbindlich. Selbst Karlsruhe kann nicht verfügen, daß zur Fahrt über das Meer ein Schiff wie ein Panzer gleichermaßen geeignet sind, weil beide Transportmittel darstellen. Aber wenn das oberste deutsche Gericht die Verteidigungsallianz NATO mit dem System kollektiver Sicherheit der Vereinten Nationen gleichsetzt, dann fühlen sich zumindest politisch diejenigen gestärkt, die mit diesem Unterschied auch das Gewaltverbot der Charta der Vereinten Nationen aushebeln wollen. Zwar kann man eigentlich nicht guten Gewissens die Präambel des NATO-Vertrages und die Grundsatzerklärung des Artikels 1 – deren fromme Absicht niemals verwirklicht worden ist – zum zentralen Gehalt dieses Vertrages hochstilisieren. Wer von der Geschichte der NATO auch nur eine leise Ahnung hat, weiß, daß sie aus der Not der Stunde als eine reine Verteidigungsmaßnahme gegen die Bedrohung aus dem Osten gegründet worden ist. Als solche hat sie wichtige, unentbehrliche Dienste geleistet, als solche sollte sie auch erhalten bleiben, sozusagen als Risikovorsorge für alle Eventualitäten. Wer aber die Verteidigungsallianz NATO in ein System kollektiver Sicherheit umdeutet, versteht die spezifische Differenz zwischen den beiden nicht, oder will sie eben nicht verstehen.

Alfred Fried hat den grundsätzlichen Unterschied zwischen einer internationalen Organisation, die sich der kollektiven Sicherheit widmet, und einer Militärallianz darin gesehen, daß die internationale Organisation eigene Macht in fremde Pflichten umwandelt. Was die Verteidigungsallianz durch militärische Stärke einem auswärtigen Gegner aufzuzwingen versucht, enthält die internationale Organisation als bereitwillige Selbstverpflichtung aller Mitglieder. Arnold Toynbee hat in seiner Weltgeschichte die Abwendung von der Bekämpfung äußerer Feinde und die Hinwendung zur Verbesserung der internen Beziehungen zum Kennzeichen des historischen Fortschritts erhoben. Mit dieser Elle muß die Distanz bemessen werden, die Militär- und Verteidigungsbündnisse von einem System kollektiver Sicherheit trennt. Es gibt keine Gegner mehr, gegen deren Aggressivität man sich rüstend verteidigen muß. Es gibt nur noch Organisationsmitglieder, deren Aggressionsverzicht man durch ständige Kooperation, gegebenenfalls durch Koalitionsbildung und nur noch schlimmstenfalls durch den Gewalteinsatz innerhalb der Organisation sicherstellen kann. Dann aber ist es eigentlich schon zu spät. Das System der kollektiven Sicherheit vertraut darauf, daß die Kollektivität der Absichten und der Abschreckung den Gewaltverzicht konsolidiert.

Dieser große, unverzichtbare konzeptuelle Fortschritt darf nicht aufgegeben werden. Er darf auch nicht verloren gegeben werden in den sich auftürmenden Wogen der Unkenntnis und des Unverständnisses. Leider ist es auch heute noch möglich, Politiker und Diplomat zu werden, ohne die geringsten systematischen Kenntnisse auf dem Gebiet der internationalen Politik und der Außenpolitik erworben zu haben. Es ist daher nicht verwunderlich, daß Kenntnisse über die verschiedenen Funktionsprinzipien der verschiedenen internationalen Organisationen nicht gerade verbreitet sind, von denen schwierigerer Komplexe ganz zu schweigen. Wären sie vorhanden, würde wohl niemand auf die Idee kommen, NATO und Vereinte Nationen in einen Topf zu werfen; man wüßte dann, daß sie unterschiedlichen Funktionsprinzipien gehorchen und ganz unterschiedliche Leistungen erbringen.

So aber besteht in der Tat die Gefahr, daß mit der Renaissance der »Normalität« der Fortschritt rückgängig gemacht wird, der mit der Gründung der Vereinten Nationen erreicht worden ist. Wir verlören damit nicht weniger als das wichtigste Instrument, das für die Verhinderung eines neuen großen Weltkonfliktes sorgen könnte. Der Ost-West-Konflikt hat uns nicht zuletzt deswegen überfallen, weil die Vereinten Nationen gerade erst gegründet worden und deswegen nicht imstande waren, ihre gewaltverhindernden Funktionen zu entfalten. Jetzt könnten sie es, laufen aber Gefahr, von den Politikern nicht verstanden oder zugunsten kurzfristiger Interessen vernachlässigt zu werden. Das sollten die Gesellschaften nicht zulassen. Nichts ist wichtiger als zu verhindern, daß ein neuer Weltkonflikt zwischen den Großmächten entsteht, die »Neue Weltordnung« lediglich eine Zwischenkriegszeit ausfüllt. Die Vereinten Nationen müssen unbedingt funktionstüchtig bleiben.

II

Dazu muß man den Begriff der kollektiven Sicherheit sezieren. Er ist gedanklich ein siamesischer Zwilling, führt zwei Ordnungskonzepte zusammen, die weder zueinander passen noch zueinander gehören. Aus der praktischen Erfahrung des europäischen Mächtekonzerts, das von 1815 bis zur Mitte des 19. Jahrhunderts wirksam war, stammt die Idee, den Aggressionsverzicht eines Staates durch die wechselnde Koalitionsbildung der anderen Staaten sicherzustellen. Aus dem gleichen Erfahrungsschatz entnahm das Konzept der kollektiven Sicherheit auch die Vorrangstellung der Großmächte. Sie hatten das Mächtekonzert im 19. Jahrhundert gesteuert, ihnen wurde im Völkerbund und vor allem in den Vereinten Nationen die kollektive Sicherheit anvertraut.

Das europäische Mächtekonzert war stets nur ein Regime gewesen, das auf stabilisierten wechselseitigen Verhaltenserwartungen beruhte; es war niemals institutionalisiert oder gar organisiert worden. Da es aber in der zweiten Hälfte des 19. Jahrhunderts schon nicht mehr richtig funktionierte und im Kataklysmus des Ersten Weltkriegs vollständig zusammenbrach, versuchte man es dadurch zu retten, daß man es einem ganz anderen Konzept implantierte, nämlich dem der internationalen Organisation. Es entstammte nicht der Praxeologie der europäischen Machtpolitik, sondern der Analyse europäischer Denker. Sie hatten schon sehr früh erkannt, daß die Kriege nicht nur in der Aggressionslust der Könige ihren Ursprung hatten, sondern auch in der anarchischen Struktur des internationalen Systems. Auf seiner Ebene hatte sich erhalten, was innerstaatlich durch die »Große Maschine«, den »Leviathan«, beseitigt worden war. Es war der Abbé Charles Irénée de Saint-Pierre, der Anfang des 18. Jahrhunderts, unter Rückgriff auf zahlreiche Vorläufer, die Abhilfe erfand. Wenn sich die Staaten in einem Staatenbund zusammenschlössen, würden sie sich wechselseitig eine Besitzstandsgarantie geben, die die Qualität der Beziehungen unter ihnen und damit den Kontext ihrer Interaktion grundlegend veränderte. Durch die organisierte Kooperation wird die Anarchie des internationalen Systems abgeschwächt und durch Überschaubarkeit und Ordnung, vor allem durch Verläßlichkeit der Information über das Verhalten der Nachbarn ersetzt. Der Zusammenschluß beseitigt die hobbesianische Situation der internationalen Politik, die Notwendigkeit des Kampfes aller gegen alle. Damit entfallen die Anlässe, damit entfällt vor allem die Notwendigkeit zum Krieg. Konflikte können durch andere Austragsmodi, vor allem durch Kompromisse, bearbeitet werden, weil die Organisation die Gewißheit darüber verbreitet, daß kein Konfliktpartner unversehens zur Waffe greift.

Diese beiden grundverschiedenen Prinzipien wurden zunächst im Völkerbund, dann in den Vereinten Nationen zum System der kollektiven Sicherheit amalgamiert. Das des europäischen Mächtekonzerts war absolut dominierend. In der Zusammensetzung des Sicherheitsrates, der den fünf Großmächten nicht nur einen ständigen Sitz, sondern auch das Privileg des Vetos zuwies, erscheint es in geradezu historischer Reinheit. Das andere Prinzip, das der internationalen Organisation, wurde zwar dadurch nicht zugedeckt; es erschien im Gewaltverzicht des Artikels 2,4 recht deutlich. Es tauchte auch in dem 1956 erfundenen Prinzip der Friedenssicherung wieder auf, die nicht auf dem Zwang des Sicherheitsrates, sondern auf dem Konsens der Konfliktpartner beruhte. Maßgebend für die Anatomie der Schimäre kollektive Sicherheit war aber zweifellos das Verfahrensprinzip, auf dem das europäische Mächtekonzert beruht hatte.

Von ihm erbte es seinen Konstruktionsfehler. Das Prinzip kann nur funktionieren, wenn es nicht gebraucht wird; wird es gebraucht, funktioniert es nicht. Kollektive Sicherheit beruht auf einem Mythos. Wenn, wie es seit 1985 der Fall ist, die Sicherheitsratsmitglieder »in concert« sind, arbeitet das System der kollektiven Sicherheit, hat aber im Verhältnis zwischen den Großmächten nichts zu tun. Es kann sich gegen kleinere Staaten wenden, wie das beim Golfkrieg der Fall war, entspricht darin aber der Praxis des europäischen Mächtekonzerts, nicht den theoretischen Annahmen der kollektiven Sicherheit. Sie stellen auf den Konflikt innerhalb der Organisation, gerade innerhalb der Großmächte ab. Herrscht zwischen ihnen Kooperation, bedarf es der Mechanismen der kollektiven Sicherheit nicht.

Kommt es aber zwischen ihnen zum Konflikt, wie es von 1948-1985 der Fall war, rastet das System der kollektiven Sicherheit aus. So ist es auch im Artikel 27,3 der Charta vorgeschrieben. Stimmt ein ständiges Sicherheitsratsmitglied dagegen, so kommt keine Aktion zustande. Das ist historisch-sachlich logisch. Auch das europäische Mächtekonzert funktionierte nur dort und solange, wo und wie die Übereinstimmung zwischen seinen Mitgliedern anhielt. Diesen ziemlich wackligen Mechanismus zur Grundlage einer Weltorganisation zu machen, auf ihm das Konzept der kollektiven Sicherheit zu begründen, war schon mehr als waghalsig. Nach fünfzig Jahren der negativen Erfahrung an diesem Mythos immer noch festzuhalten, darf eigentlich niemandem mehr zugemutet werden. Zwar haben die Regierungen im Bereich der Außenpolitik und der internationalen Politik noch immer ein fast unangefochtenes Interpretationsmonopol gegenüber ihren Gesellschaften. Sie können jeden Fehler terminologisch beschönigen, sogar die von ihnen verursachten Katastrophen je nach Bedarf als verdienten historischen Sieg oder unverständliche Folge eines Schicksalsschlages hinstellen. Sie können die Vereinten Nationen weiterhin als System kollektiver Sicherheit bezeichnen und benutzen. Aber es nützt nichts. Auch der beste Politiker kann aus einem Mythos keine machtvolle Friedensstrategie gewinnen. Wer auf die kollektive Sicherheit setzt, hat der Gefahr eines neuen Großmächtekonflikts nichts entgegenzusetzen.

Ganz anders steht es um den anderen Baustein der Vereinten Nationen. Als internationale Organisation erzeugt sie Wirkungen, die unmittelbar friedensrelevant sind. Man muß diesen Baustein nur exhumieren, befreien von den Dekaden des Mißverständnisses von kollektiver Sicherheit, unter dem er begraben liegt.

III

Der Charta der Vereinten Nationen geht es um sehr viel mehr als um kollektive Sicherheit, nämlich um die Abschaffung des Krieges überhaupt. Das ist keinesfalls utopisch. Im Bereich der Europäischen Union ist der Krieg bereits Vergangenheit, wahrscheinlich sogar in dem der entwickelten Industriestaaten allgemein. Solche Zustände im gesamten Weltsystem durchzusetzen, wird weder einfach noch schnell zu verwirklichen sein. Aber es kommt darauf an, diesen Zustand zwischen den Großmächten der Welt einzurichten. Damit wäre dann zwar noch nicht der Krieg insgesamt, wohl aber der nächste Weltkrieg gebannt. Zu den Großmächten zählen ja nicht nur die Fünf, die die ständigen Sitze im Sicherheitsrat einnehmen; dazugerechnet werden heute mühelos Japan, China, Indonesien, Nigeria, die Südafrikanische Republik, Argentinien und Brasilien – natürlich auch die Bundesrepublik. Wenn es gelingt, zwischen ihnen den Krieg zu beseitigen, ist dem Weltfrieden schon sehr viel geholfen. Genau das könnte die internationale Organisation. Sie ist nämlich in der Lage, eine der beiden wichtigsten Kriegsursachen abzuschaffen.

Diese Ursache kann man nicht sehen. Das macht es so schwierig, die Kenntnis davon zu verbreiten, und zwar insbesondere unter den Außenpolitikern, die immer nur mit den materialisierten Konfliktursachen umzugehen gelernt haben, mit dem Gegner und seinen bösen Absichten, den Interessen und den Interessenten, den Konkurrenten und ihren unfairen Handelspraktiken. Sie alle gibt es, wer wollte das leugnen. Sie sind aber als autonome Kriegsursachen sehr viel weniger wichtig als die Rahmenbedingung aller internationalen Politik: die Anarchie des internationalen Systems. Es kennt keine Zentralinstanz mit Sanktionsgewalt, die für Sicherheit und Ordnung sorgt. Es ist ein offenes System, in dem jeder Staat ausschließlich auf sich selbst gestellt ist, wenn es um seine Sicherheit geht. In dieser Struktur, die jeden Staat zur Selbsthilfe zwingt und gerade dadurch die Anarchie erhöht, steckt eine der beiden entscheidenden Gewaltursachen.

Für die größte Denkrichtung in der Politikwissenschaft, die Realistische Schule, ist es überhaupt die einzige Gewaltursache. Große Geister wie Hans Morgenthau und Kenneth Waltz haben sich daran abgearbeitet, jüngere Neorealisten wie Robert O. Keohane und (der jetzt erneut in der amerikanischen Regierung tätige) Joseph S. Nye, haben daran festgehalten.

Der Realismus hat damit zweifellos den Finger auf eine richtige Stelle gelegt. Die Anarchie des internationalen Systems erzeugt eine derartige Ungewißheit, daß alle Staaten für die Gewährleistung ihrer Sicherheit zur Waffe greifen müssen und damit ihre Unsicherheit erst recht erzeugen. Der Realismus irrte allerdings zweifach. Erstens ist die Systemanarchie nicht die einzige Gewaltursache. Es gibt noch eine zweite, das Herrschaftssystem; sie ist entscheidend. Sodann ist die Systemanarchie nicht eine unabhängig vorgegebene Größe; vielmehr wird sie durch die Perzeption konstituiert, ist also veränderlich.

Mit diesen Einschränkungen muß man wiederholen, daß der Realismus mit seinem Hinweis auf die Systemanarchie eine außerordentlich bedeutende Quelle der internationalen Gewalt freigelegt hat. Kriege entstehen nicht immer – und vermutlich nur in ganz wenigen Fällen – aus genuinen Aggressionsabsichten eines Staates. Diese Fälle gibt es, wie der Irak des Saddam Hussein und das Deutschland des Adolf Hitler demonstriert haben. Sie bilden aber die Ausnahme. In den meisten Fällen erzeugt das Dilemma, daß es im internationalen System wegen seiner anarchischen Struktur keine verläßliche Gewißheit über das Verhalten anderer Staaten geben kann, einen fatalen Rhythmus von Rüstung, Aufrüstung und Gegenrüstung.

Er läßt sich in seiner Gefährlichkeit auch in der Genese des Ost-West-Konfliktes nachweisen. Mit dem Aufrüstungsschub in der Mitte der sechziger Jahre traten die gesellschaftlich-politischen Unvereinbarkeiten zwischen Ost und West zurück, der Rüstungswettlauf schob sich in den Vordergrund und beherrschte seitdem bis 1985 die gesamte Konfliktfigur. Ein winziges Unglück hätte genügt, um aus der wechselseitigen Abschreckung die gegenseitige Vernichtung werden zu lassen. Dabei war sie von keiner Seite beabsichtigt und aus der Perspektive der Konfliktursachen auch gar nicht erforderlich. Diese Gefahr war nichts anderes als das Produkt des Sicherheitsdilemmas, das den Rüstungsschub ausgelöst und konsequent zum Rüstungswettlauf gesteigert hat.

Die Anarchie des internationalen Systems ist also eine außerordentlich ernstzunehmende, bedeutende und wichtige Gewaltursache. Das hat die Theorie des Realismus richtig und frühzeitig erkannt. Leider ist es selbst den Realisten nicht gelungen, diese Einsicht in der praktischen Politik heimisch zu machen. Sie schwört zwar auf ein Derivat des Realismus, die Realpolitik. Den Blick hinter diese Kulisse, der ihr von der Realistischen Schule eigentlich nahegelegt würde, hat die Politik bisher vermieden.

Der Preis, den sie für diesen Agnostizismus zahlt, ist hoch. Die Realpolitik hält alles für real, was für die Schule des Realismus nur als eine aus der Theorie abgeleitete Konsequenz galt. Dem Realismus eröffnete sich die Möglichkeit zur Selbstkorrektur. In der Anarchie des internationalen Systems wird heute nicht mehr eine sozusagen stillschweigend ontologisierte Größe gesehen, ein extern und invariabel wirkender Faktor, sondern ein von der Perzeption der Systemmitglieder konstituiertes Produkt. Es entsteht, wie Alexander Wendt festgestellt hat, aus »Zyklen der Interaktion, in denen jede Partei sich so verhält, daß sie von der anderen als Bedrohung empfunden werden kann«. Injiziert man in diese Zyklen eine anders qualifizierte Aktion, werden sie unterbrochen, reduziert sich die Bedrohung. Es wird sogar

Kooperation unter der Bedingung von Anarchie möglich, wie Robert Jervis nachgewiesen hat.

Solche Differenzierungen bleiben der »Realpolitik« fremd. Sie verhält sich in einem sehr einfachen Sinn »realistisch«, weil sie das, was sie zu sehen glaubt, für das hält, was geschieht. Daher weiß sie auch von den strategischen Möglichkeiten, die die theoretischen Erwägungen enthalten, überhaupt nichts. Sie steckt dafür tief in der »Realismusfalle«: Indem sie »realistische« Politik betreibt, zwingt sie – oder ermuntert zumindest – ihre Umwelt zu einem entsprechenden Verhalten. Das wiederum bestärkt sie in der Richtigkeit ihrer »Realpolitik«. Die Falle ist zu.

Für die Realpolitik ist der andere immer noch der potentielle Gegner, die militärische Verteidigung der einzige Weg zur Sicherheit. Wie tief auch die Bundesrepublik schon wieder dieser Sichtweise verhaftet ist, zeigt die gegenwärtig laufende außenpolitische Debatte. Ihre Leitworte lauten: Instabilität, Risiken, Risikopotentiale und Krisen. Solche Konfliktpotentiale, kann man beim Generalinspekteur der Bundeswehr Klaus Naumann nachlesen, können die internationale Ordnung beeinträchtigen und unsere Lebensgrundlagen gefährden, können sogar zu einer echten militärischen Bedrohung Deutschlands eskalieren.

Auch das neue Rußland wird aus diesem Blickwinkel heraus interpretiert. Zwar gilt es als befreundeter Staat, als Partner in der »Partnerschaft für den Frieden«. Sein Rüstungspotential wird dennoch als bedrohlich empfunden und als Begründung für die Notwendigkeit einer starken westlichen – und deutschen – Rüstung ausgegeben. Ob diese russische Rüstung sich vielleicht als Antwort auf die noch immer stark glitzernde Wehr der NATO versteht, wird nicht gefragt. Die Neigung der Realpolitik, von den militärischen Fähigkeiten eines Staates auf seine Absichten zu schließen, gilt auch immer nur in einer Richtung. Wendete man das Kriterium nach Westen, müßten die USA als äußerst aggressive Macht gelten. Die Unsinnigkeit einer solchen Überlegung führt ebensowenig zum Überdenken der der Realpolitik zugrundeliegenden Annahmen wie die Implausibilität der aus den erwähnten Instabilitäten und Krisen abgeleiteten strategischen Bedrohungen.

Was die Realismusfalle so attraktiv und das Verbleiben darin so leicht begründbar macht, ist die Anarchie des internationalen Systems. Die Umwelt ist ungewiß und unsicher. In solcher Lage rät der gesunde Menschenverstand, auf Nummer Sicher zu gehen. Wer sich auf das Schlimmste vorbereitet, ist in dieser Welt der Unsicherheiten und Unwägbarkeiten einfach gut beraten. Mit diesem Argument geht die Realismusfalle auf. Da sich alle Staaten so verhalten, enthält die Realpolitik eine sich selbst erfüllende Prophezeiung. Ist die Theorie des Realismus dabei, wenigstens durch eine von der Erkenntnistheorie geöffnete Tür aus dieser Aporie auszubrechen, so sitzt die Außenpolitik, die sich selbst als Realpolitik versteht, mitten in der Falle. Indem sie zur Selbsthilfe greift, stimuliert sie die Selbsthilfe ihrer internationalen Umwelt, schafft also erst die Sicherheitsgefährdung, gegen die sie sich eigentlich schützen wollte.

Diese sich selbst so nennende Realpolitik theoretisch und politisch aufzuklären, ist also geradezu händeringend erforderlich. Es ist seit fünfzig Jahren, seit die Vereinten Nationen gegründet wurden, überfällig. Natürlich gibt es die Anarchie des internationalen Systems. Sie ist aber kein systemexternes Datum, sondern ein systemimmanentes Faktum. Es wird in der Perzeption der Systemmitglieder hergestellt. Verändert sich diese Einschätzung, sei es durch konzeptuelle Innovation, sei es durch Veränderungen im Herrschaftssystem, das letztlich über das Außenverhalten eines Staates entscheidet, so verändert sich der außenpolitische Input in das System. Dessen Anarchie wird davon beeinträchtigt, baut sich ab. Nur so erklärt sich, daß sie beispielsweise im Rahmen der Europäischen Union überhaupt nicht mehr wirkt, auch in der Atlantischen Gemeinschaft nicht. Im globalen System, das durch so heterogene gesellschaftliche Zustände und die daraus fließenden Aktionen und Interaktionen gekennzeichnet ist, müssen erst Mittel und Wege gefunden werden, um die durch die anarchische Struktur des internationalen Systems vermittelte Ungewißheit über das Verhalten der Systemmitglieder zu verringern.

Exakt diese Leistung kann die internationale Organisation erbringen. Deswegen sind die Vereinten Nationen so wichtig. Sie können sicherlich noch manches mehr, können, wie in der Vergangenheit, am Entwicklungsproblem arbeiten und das Nord-Süd-Gefälle verringern. Sie können Katastrophenhilfe leisten und Hilfe bringen, wenn Staaten in Bürgerkriegen versinken. Ihre wichtigste Aufgabe aber, die über all diesen Tätigkeiten keinesfalls vergessen werden darf, besteht darin, mit dem Sicherheitsdilemma die wichtigste Ursache künftiger gewalthaltiger Konflikte zwischen den Großmächten jedenfalls zu verringern, wenn nicht zu eliminieren. Das Mittel dazu ist die Institutionalisierung der Kooperation. Sie setzt Gewißheit an die Stelle der Ungewißheit, Vertrauen an die des Mißtrauens. Die Notwendigkeit zur Selbsthilfe wird verringert, der Zyklus von Angst, Rüstung, Gegenrüstung und Rüstungswettläufen wird unterbrochen. Die Großmächte können die Realismusfalle verlassen - eine Neue Weltordnung wird sichtbar und möglich.

IV

Das Amalgam zwischen diesem Wirkungsprinzip der internationalen Organisation und dem des europäischen Mächtekonzerts aufzulösen, ist nicht so schwierig wie es aussieht. Die Vereinten Nationen haben im Laufe ihrer fünfzigjährigen Geschichte selbst mit der Betonung der Kooperation begonnen, wenn auch nicht aufgrund einer Selbstreflexion über ihre Zwitternatur. Vielmehr haben sie erfahren müssen, daß die dem europäischen Mächtekonzert nachgebildeten Zwangsmaßnahmen des Kapitels VII der Charta zwischen den Großmächten ohnehin nicht, bei Konflikten zwischen ihren Stellvertretern nur sehr begrenzt und im übrigen nur in denjenigen wenigen Fällen erfolgreich angewendet werden können, für die sie ursprünglich vorgesehen waren, nämlich die Aggression eines Staates gegen den anderen. Nur der Golfkrieg paßt in diese Kategorie. Selbst dort haben die Vereinigten Staaten und ihre westlichen Alliierten es vorgezogen, den Krieg nicht als UN-Aktion zu führen.

Viel früher schon war es in New York aufgefallen, daß die Zwangsmaßnahmen des Kapitels VII am Ausgang des 20. Jahrhunderts keinen Erfolg mehr versprachen. 1956 führte der damalige Generalsekretär Dag Hammarskjöld mit der Friedenssicherung ein ganz anderes Verfahren ein, nämlich das des Konsenses, der Zusammenarbeit. Die Vereinten Nationen können friedenssichernd nur dann und dort tätig werden, wo alle Beteiligten zustimmen. Diese veränderte Funktionsbasis führte zu erheblicher Nachfrage und zu bedeutenden Erfolgen. Mehr als dreißig solcher Aktionen haben die Vereinten Nationen durchgeführt. Zweimal haben sie dafür den Friedensnobelpreis bekommen. Auch wenn nicht alles so erfolgreich verlief wie geplant, haben die Friedenssicherungsaktionen ungleich mehr erreicht als die vom Konzept der kollektiven Sicherheit betonten (aber glücklicherweise nur selten in Anspruch genommenen) Zwangsmaßnahmen.

Angeleitet durch die Erfahrungen ihrer Praxis haben also die Vereinten Nationen schon einige Bewegungen ausgeführt, mit denen sie von dem Kopf der Zwangsgewalt, auf dem sie bislang stehen, auf die Füße der Kooperation und des Konsenses gelangen können. Der Sicherheitsrat hat auf seiner einmaligen Gipfelkonferenz im Februar 1992 den Generalsekretär explizite aufgefordert, darüber nachzudenken, wie man künftighin der Gewalt vorbeugen könnte. Die von ihm im Juni 1992 vorgelegte »Agenda für den Frieden« ist zwar konzeptuell nicht besonders aufregend, markiert aber eine gewisse Kehrtwende des Denkens, die wenigstens im Generalsekretariat stattgefunden hat. Dort wurde das Kapitel VI der Charta der Vereinten Nationen wiederentdeckt, das die friedliche Regelung von Streitfällen behandelt. Es war 1945, als das Irrlicht der kollektiven Sicherheit alles andere überstrahlte, sehr dürftig ausgestaltet worden.

Muß man aber nicht, wenn man die Gewalt aus der Welt schaffen will, einen Ersatz bereithalten, also gewaltfreie Möglichkeiten der Konfliktbearbeitung? Bisher entschied ja, wie Hegel einst schrieb, der Krieg darüber, welches Recht dem anderen zu weichen hat. Wer dem Krieg diese Funktion nehmen wollte, muß sie anderen Institutionen übertragen, muß andere Möglichkeiten des Ausgleichs erfinden. Davon war zwar im Kapitel VI der Charta die Rede, aber eben nur in gewohnten Wendungen und Allgemeinheiten. Politikwissenschaft und Völkerrecht, so steht zu hoffen, werden sich verstärkt dieser Herausforderung stellen.

Sie ist nicht einmal die wichtigste. Besser als einen Konflikt, in dem bereits zur Gewalt gegriffen wird, einer friedlichen Regelung zuzuführen, ist es, seine Entstehung zu verhindern. Der Gewalt vorbeugen, heißt die neue Parole; Prävention lautet das Kennwort. Davon war in der Charta überhaupt nicht die Rede – wie von der Friedenssicherung übrigens auch nicht. Wie diese muß auch jene dem Verhaltenskatalog hinzugefügt werden, ohne die Charta selbst zu ändern. Das Problem ist nicht rechtlicher, sondern politischer Natur. Der Umdenkungsprozeß in den Vereinten Nationen sollte nicht behindert, sondern beschleunigt werden.

Die Notwendigkeit dazu drängt sich immer mehr auf, je mehr sich die Bürgerkriege in den Vordergrund der Weltpolitik schieben. Es gibt gegenwärtig keinen nennenswerten zwischenstaatlichen Konflikt mehr, wohl aber mehr als dreißig Bürgerkriege, denen Hekatomben von Menschen zum Opfer fallen. In Somalia haben die Vereinten Nationen versucht, einen solchen Konflikt mit Waffengewalt von außen zu beenden. Das ist ihnen nicht gelungen. In Ruanda wären sie auch gescheitert, sie haben es gar nicht erst versucht. Gerade bei innerstaatlichen Konflikten - deren Bearbeitung übrigens nicht in den Aufgabenkatalog einer globalen Organisation fällt, eher schon in den einer regionalen Organisation - kann Sanktion deswegen nicht die Antwort sein, weil die Opfer davon nichts mehr haben. Nur die Vorbeugung, der rechtzeitige, gewaltfreie, auf politische und wirtschaftliche Maßnahmen sich stützende Eingriff im Konsens mit den Betroffenen kann hier Abhilfe schaffen.

Wie ein Wettschwimmer am Beckenrand hat wenigstens das Sekretariat der Vereinten Nationen eine Wende eingeleitet, durchläuft sozusagen die Charta von hinten wieder nach vorn, kehrt sich ab von den Zwangsmitteln des Kapitels VII, exploriert, erweitert und ergänzt statt dessen die Strategien der Kooperation. Anders ausgedrückt: Die Vereinten Nationen, jedenfalls in Teilen des Generalsekretariats, verstehen sich mehr und mehr als internationale Organisation denn als System der kollektiven Sicherheit. Die gewaltverhütende Kooperation, die jetzt wieder betont wird, ist nichts anderes als der praktisch-pragmatische Vollzug jener Kooperation, deren Institutionalisierung die internationale Organisation dient. Die Zusammenarbeit vollzieht sich ja nicht im luftleeren Raum, sie macht sich an praktischen Aufgaben fest. Auch die Gewaltprävention erscheint als konkrete Bearbeitung bestimmter Politikfelder. Sie trägt also einen Doppelcharakter, ist einmal sachbezogene problemlösungsorientierte Kooperation. Gleichzeitig baut sie die Ungewißheit ab, schafft Übersichtlichkeit, Information, Verlaß, reduziert die im internationalen System verankerte Anarchie.

V

Die theoretische Durcharbeitung der Kooperation - und sie ist das entscheidende Funktionsprinzip der internationalen Organisation - steht noch aus. Der Neoliberalismus, das theoretische Gegenstück zum Realismus, ist in Umrissen erkennbar, harrt aber noch der Weiterentwicklung zur umfassenden Theorie. Er bekommt Schützenhilfe von der Regimetheorie. Sie hat inzwischen zahlreiche Ableger gebildet und Nachahmer gefunden, die sich unter den verschiedensten Titeln mit einem einzigen Thema beschäftigen, dem der Kooperation. Ihrer aller Grundtenor lautet, daß in der Politik, also auch in der internationalen Politik, Kooperation nicht nur möglich, sondern vor allem gewinnbringend ist. Sie reduziert die Transaktionskosten und optimiert, weil sie das Verhalten und die Verhaltenserwartungen der Teilnehmer stabilisiert, deren Nutzen.

Der internationalen Politik öffnet sich also auch von dieser Seite, um den Titel eines maßgebenden Buches zu zitieren, die *Chance der Kooperation* (Harald Müller). Was Saint-Pierre vor fast dreihundert Jahren der internationalen Organisation richtig zugeschrieben hat, nämlich daß sie mit der Institutionalisierung der Zusammenarbeit die Anarchie des internationalen Systems und damit eine der beiden wichtigsten Gewaltursachen reduziert, wird durch die moderne Regimeforschung eindrucksvoll bestätigt. Weil diese Regime, die Institutionen und die internationalen Organisationen, die Zusammenarbeit organisieren, beschaffen sie Informationen und verläßliche Interpretationen, kreieren sie Vertrauen in zureichendem Maße, verringern sie die Ungewißheit, erlauben und sozialisieren sie bestimmte Verhaltensnormen.

Im Prozeß dieser Zusammenarbeit ändern sich auch die Perzeptionen, konstituieren sich neue Einschätzungen der internationalen Umwelt und der eigenen Rolle darin. Es entstehen neue Selbstverständnisse staatlicher Identität, die sich nicht mehr als souverän, unabhängig und dementsprechend als isoliert begreift und daher auch nicht für ihre Sicherheit ausschließlich auf sich selbst und ihre Selbstverteidigungsmöglichkeiten angewiesen ist. Vielmehr erweist sich ihre Identität in der Kooperation als Teil eines internationalen Kontextes, der partnerschaftliches Verhalten nicht nur möglich, sondern nötig macht, weil nur damit Sicherheit im umfassenden Sinn, als andauernde Nichtexistenz äußerer Bedrohung, gewährleistet werden kann.

Es wird lange dauern, bis diese theoretischen Einsichten, die zunächst einmal in eine umfassende Theorie der auswärtigen Politik eingearbeitet werden müssen, die politische Praxis erreichen. Auch in den Vereinten Nationen sind sie eher in Teilen des Generalsekretariats als im Sicherheitsrat selbst anzufinden. Dort ist sogar eine gegenteilige Entwicklung zu beobachten, eine Erosion der Verfahrensweisen der kollektiven Sicherheit, wie sie in der Charta der Vereinten Nationen vorgeschrieben worden waren. Das Kapitel VII der UN-Charta hat ja die Praktiken des europäischen Mächtekonzertes keinesfalls nur kopiert, es hatte sie vielmehr schon transponiert in eine der Polizei im Nationalstaat nachgebildete genuine Funktion der Organisation. Nicht die Staaten sollten die kollektive Sicherheit exekutieren, sondern der Sicherheitsrat. Er sollte eigene Truppen erhalten, auch einen eigenen Generalstab, der die Zwangsmaßnahmen strategisch-taktisch leiten sollte. Die Weltorganisation als solche sollte den Exekutor der kollektiven Sicherheit abgeben. War das europäische Mächtekonzert von den Machtinteressen der Großmächte gesteuert worden, so sollten sie durch die Kollektivierung sublimiert, durch die Überstellung des Oberkommandos an den UN-eigenen Generalstab geradezu neutralisiert werden.

Aus all dem ist nicht nur bis 1990 nichts geworden, auch danach nicht. Das UN-Konzept der Kollektivität kollidiert mit dem Prinzip staatlicher Souveränität. Kein Staat ist bereit, den Vereinten Nationen Truppen zu überstellen oder auch nur deren Oberkommando zu akzeptieren.

Die Verfahren der kollektiven Sicherheit scheitern also auch dort, wo sie prinzipiell anwendbar wären, nämlich bei Regelverstößen kleinerer Staaten.

Damit erstreckt sich der Mythos auf die Kollektivität als solche. Wirksam und sichtbar bleiben nur die Regulative, die das Original, das europäische Mächtekonzert, angeleitet hatten: jeder für sich und nur für die eigene Rechnung.

Die Mitglieder des Sicherheitsrates haben dieser Erosion der Kollektivität nur zu gerne nachgegeben. Zunächst haben sie darauf verzichtet, die Gewaltanwendung anzuordnen, wie im Kapitel VII der Charta vorgeschrieben. Statt dessen haben sie die Anwendung aller »notwendigen« Mittel »autorisiert«. Sie haben damit die Gewalt sozusagen freigegeben, die jeder ergreifen kann, der dazu bereit und willens ist. In Bosnien-Herzegowina und in Somalia hat sich der Sicherheitsrat noch eine Art politischer Oberhoheit reserviert. Bevor die NATO im früheren Jugoslawien Bomben abwerfen kann, müssen der Generalsekretär und sein Vertreter wenigstens zustimmen.

Daß der Sicherheitsrat inzwischen in politisch so unbedeutenden Fällen wie Ruanda, Georgien und Haiti einzelnen seiner Mitglieder eine Carte blanche ausgehändigt hat, zerstört nun wirklich den Restbestand der kollektiven Sicherheit. Hier wird traditionelle Einflußsphären- und Machtpolitik lizenziert, genau das also, was mit dem Völkerbund und den Vereinten Nationen beseitigt werden sollte. Wenn sich auch das Prinzip der kollektiven Sicherheit nicht gegen eine der damaligen Großmächte zu wenden vermochte, so konnte es doch gegen die kleinen Staaten als Ordnungsprinzip gewendet werden, ihnen gegenüber konnte – und sollte – der Sicherheitsrat als ideeller Weltstaat auftreten, die Gewalt unterbinden, den Frieden herstellen. Statt dessen ist er auf dem Wege, zum globalen Lizenzgeber für traditionelle Machtpolitik herabzusinken. Was heute auf dem Spiel steht, ist der gesamte Fortschritt, der 1945 mit der Charta der Vereinten Nationen erreicht worden ist.

Heinz Bude

Außenpolitik im Generationszusammenhang

Der Fall Klaus Kinkel

Eigentlich stellt Klaus Kinkel den Idealfall des allseits gesuchten fachmännischen Politikers dar. Sein Handwerk erlernte er als persönlicher Referent seines erfolgreichen Amtsvorgängers, er bestand seine Bewährungsprobe als Leiter des durch blamable Pannen und zwielichtige Aktionen in Mißkredit geratenen Bundesnachrichtendienstes, er unterstellte sich als führender Staatssekretär einem glanzlosen Minister und machte sich verdient als Moderator eines Koalitionsausschusses und als Mitverhandler beim deutschen Einigungsvertrag. Dabei hinterließ der arbeitswütige Jurist immer einen energischen persönlichen Eindruck. Man sagte ihm nach, daß er mißtrauische Gesprächspartner mit einem gewissen unbefangenen Charme lockern und reservierte Skeptiker mit plötzlicher Ehrlichkeit und Direktheit entwaffnen könne. Klaus Kinkel galt lange als einer der wirklichen Profis im Bonner Regierungszentrum, der zudem noch seine Karriere gerade der Unabhängigkeit von den Cliquen und dem Klüngel einer politischen Partei verdankte. Erst im Jahre 1991 trat er offiziell in die FDP ein, als deren Vorsitzender er im Zusammenhang mit der Wahl des neuen Bundespräsidenten zum ersten Mal Führung zu zeigen glaubte. Aber es soll uns nicht um den Parteipolitiker wider Willen, sondern um den Außenpolitiker gehen, der aus einer Stimmung von Kampfeslust zum Bundesaußenminister wurde. Warum, so lautet die Frage, wird dieser routinierte und ehrgeizige Mann an dieser Aufgabe scheitern? Wieso passen hier die Talente des Politikers und die Erfordernisse des Staates nicht zusammen? Was sagt uns der Fall Klaus Kinkel über die Schwierigkeiten einer autonomen deutschen Außenpolitik nach dem Ende des Kalten Krieges?

In seiner ersten großen Rede vor einem internationalen Auditorium, nämlich vor der 47. Generalversammlung der Vereinten Nationen in New York, führte der Bundesminister des Auswärtigen am 23. September 1992 unter anderem folgendes aus: »In deutschem Namen sind während des Nationalsozialismus schwerste Verbrechen gegen die Menschlichkeit begangen worden. Die Deutschen im Westteil unseres Landes hatten 1945 das Glück, eine freie, demokratische und rechtsstaatliche Gesellschaft aufbauen zu können. Die Menschen im anderen Teil Deutschlands mußten bis 1990 ein weiteres Unrechtsregime ertragen. Wir sind wahrlich gebrannte Kinder! Wir wissen aus eigener Erfahrung, daß ohne Achtung der Menschenrechte kein erfülltes und würdiges Leben möglich ist. Deshalb mein Credo, das ich nicht müde werde zu wiederholen: im Mittelpunkt der Politik – auch der Außenpolitik – muß der Mensch stehen. Um ihn geht es. Ihn müssen wir schützen und vor Ungerechtigkeit bewahren. Der Schutz der Menschenrechte bleibt ein zentrales Anliegen deutscher Außenpolitik.«

Die sprichwörtliche Formel von den »gebrannten Kindern« verdient unsere Aufmerksamkeit. Nach der glücklichen Einigung des Landes präsentieren sich die Deutschen in den Worten ihres Außenministers als ein Volk unschuldiger Wesen, die sich in ihrem Jahrhundert beim Spiel mit dem Feuer verbrannt haben. Gewiß, es wurden »schwerste Verbrechen gegen die Menschlichkeit begangen«, aber wer dafür verantwortlich ist, bleibt im dunkeln. Das passierte, so die doppelte Distanzierung, »in deutschem Namen« und »während des Nationalsozialismus«. Was den aufmerksamen Leser irritiert, ist die Verwischung der Zurechnungsfrage. Die Deutschen erscheinen als Opfer eines historischen Mißbrauchs. Zwei »Unrechtsregime« mußten sie ertragen: erst alle gemeinsam den Nationalsozialismus und dann die Brüder und Schwestern im Ostteil des Landes den real existierenden Sozialismus. Darauf folgt das Bekenntnis, daß man »wahrlich« gelitten habe unter diesen bösen Verhältnissen. Das will sicher niemand bestreiten, nur war Deutschland nicht allein der Schauplatz dieser schrecklichen Geschichte, sondern Deutsche waren zugleich die Akteure des Geschehens. Und nicht die Deutschen wissen »aus eigener Erfahrung«, daß ohne die Achtung der Menschenrechte sich nicht leben läßt, sondern zuerst und zumeist ihre Opfer.

Nun könnte man diese Formulierungen als Ausdruck des typisch deutschen Ungeschicks nach 1945 durchgehen lassen, schließlich hat sich dieses Volk redlich um Demokratie, Zivilität und Friedfertigkeit bemüht. Die Zweifel beziehen sich gleichwohl auf das Anliegen, das dieser deutsche Außenminister in der gleichen Rede vorgetragen hat. Bezugnehmend auf die in Gang gekommene Diskussion um eine Reform des Sicherheitsrates hatte er den deutschen Wunsch nach einem ständigen Sitz vorgebracht. Deutschland, nach den USA und Japan immerhin der drittgrößte Beitragszahler der Vereinten Nationen, will also stärker mitbestimmen an der Stelle, wo die Entscheidungen über Interventionen im Dienste der Menschenrechte fallen. Die bange Frage lautet, welche Rolle das wiedervereinigte Deutschland nach dem Ende des Kalten Krieges in der internationalen Machtbalance spielen will. Man schaut auf den in Schweiß gebadeten neuen Mann für die deutschen Außenpolitik, dessen Worte nicht gerade davon zeugen, daß die Deutschen die Verantwortung aus ihrer Geschichte zu übernehmen in der Lage sind. Wer die Zukunft gestalten will, braucht einen plausiblen Begriff seiner Vergangenheit. Reden, die die Perspektiven völlig vermischen und die Verantwortlichkeiten in merkwürdiger Ungewißheit lassen, vermitteln jedenfalls nicht das Bild eines berechenbaren Partners in einem aus dem Gleichgewicht geratenen Weltsystem. Es überwiegt der Eindruck eines Zwangs zur Anpassung, nicht der einer langfristigen politischen Strategie.

Natürlich hört man mit Befriedigung, wenn der deutsche Außenminister verkündet, daß der Mensch im Mittelpunkt aller Politik stehen müsse. Aber dann stellt sich doch die Frage, warum er vom Menschen und nicht von Freiheit, Gleichheit und Gerechtigkeit spricht. Den »Menschen« müssen wir schützen wie die Natur oder den Wald. Es fehlt die Bezugnahme auf die universellen Normen, die den Übergang vom Schutz des Menschen zu dem der Menschenrechte verständlich machen würde. Das »Credo« der deutschen

Außenpolitik wirkt daher einigermaßen diffus. Den hochgestochenen Worten der ethischen Selbstverpflichtung sind weder klare normative Überzeugungen noch sichere strategische Leitgesichtspunkte zu entnehmen.

Genau danach wird aber angesichts der, so François Mitterrand in bewußtem Gegensatz zu George Bush, »Neuen Weltunordnung« von gleichzeitigen Globalisierungs- und Fragmentierungsprozessen gefragt. Im europäischen Revolutionsjahr von 1989 ist die durch den Ost-West-Konflikt strukturierte legitime Ordnung der Nachkriegszeit zusammengebrochen. Die stillen Übereinkommen über das Wesen sichernder Arrangements und über erlaubte Ziele und Methoden der Außenpolitik sind nicht mehr gegeben. Nach dem glorreichen »Ende der Geschichte« ist Europa einschließlich der Gebiete der früheren Sowjetunion mit einem Mal zum konfliktreichsten Teil der Welt geworden. Hier, in der Mitte der Ersten Welt, kann man nicht mehr selbstverständlich davon ausgehen, was unter einer vernünftigen Forderung in den zwischenstaatlichen Beziehungen zu verstehen ist. Besonders angesichts des Krieges im ehemaligen Jugoslawien werden die offenen, toleranten und geborgenen Bürger des wohlhabenden Westens Zeugen ununterbrochener diplomatischer Konferenzen, die angefüllt sind mit ständigen Wiederholungen der eigenen Ausgangspositionen, mit Beschuldigungen der anderen Seite und mit Vorwürfen, die anderen seien die unvernünftigen und hinterhältigen Schurken in dem kriegerischen Spiel. Es geht um nicht weniger als um die Aufrechterhaltung der zivilisatorischen Minima unseres Zusammenlebens, doch es passiert anscheinend nichts.

Dies ist Ausdruck einer turbulenten Situation in der internationalen Politik, die die bestehende Struktur aller Bindungen in Mitleidenschaft zieht. Selbst die heilige Doktrin von der Nichteinmischung in die inneren Angelegenheiten anderer Staaten bleibt davon nicht verschont. Es gibt plötzlich Linke und Rechte, die gleichermaßen »humanitäre Interventionen« fordern. Das Selbstbestimmungsrecht der Völker, so wird argumentiert, findet seine Grenze in der von Europa ausgehenden Menschenrechtskultur der letzten zweihundert Jahre. Jedenfalls ist für die westliche Schule der moralischen Empfindsamkeit nicht akzeptabel, daß das Selbstbestimmungsrecht ein Selbstzerstörungsrecht miteinschließt. Diese Überzeugung bekommt allerdings nach dem Ende des Kalten Krieges unversehens einen blutigen außenpolitischen Ernst. Was ist zu tun, wenn ein ethnisch und religiös aufgeladenes Selbstbestimmungsrecht der Völker nach dem Zusammenbruch der bipolar ausbalancierten internationalen Machtverhältnisse zu einer der größten Gefahrenquellen für den Frieden wird? Was machen wir mit den Gruppen, Stämmen und Völkern in den verschiedenen Teilen der Welt, die nicht mehr bereit sind, sich lediglich als Minderheiten zu verstehen, sondern sich zu Nationalitäten erklären und den Anspruch auf einen eigenen Staat erheben? Wer vor allem ist »wir« in diesen Zusammenhang? Besonders für die Deutschen, die in Berufung auf eben dieses Selbstbestimmungsrecht der Völker die Zustimmung ihrer Nachbarn zu ihrer Wiedervereinigung eingeholt haben, ist es nicht ganz einfach, für eine vernünftige Einschränkung dieser völkerrechtlichen Maxime zu plädieren. Und schließlich muß derjenige, der hier den Mund aufmacht, auch damit rechnen, daß er dann beim Wort genommen wird.

Man sieht allein an diesem Punkt, daß sich die deutsche Außenpolitik in einem Zustand der moralischen Verwirrung befindet. Betroffen ist unser Selbstverständnis als friedliebende, demokratische und zivile Gesellschaft nach 1945. Die plötzlich souverän gewordene Nation muß die Hoffnung auf einen starken und mächtigen Verbündeten aufgeben, der im Zweifelsfall den »gebrannten Kindern« bei ihrem Bemühen, sich moralisch und politisch korrekt zu verhalten, beisteht. Mit der Aufhebung der Zweistaatlichkeit scheint ein für seine eigene Vergangenheit und Zukunft zurechnungsfähiges Subjekt entstanden zu sein, das nun für sich wie für andere Verantwortung zu tragen hat. Das ist freilich nicht durch dezisionistische Selbstermächtigung nach einem vermeintlichen Stadium der »Machtvergessenheit« zu haben, sondern verlangt eine den unübersichtlichen Verhältnissen angemessene Komplexität des Selbstverständnisses. Denn nicht nur irgendwelchen wild gewordenen anderen, sondern vor allem uns selbst fehlt ein sicherer Begriff unserer Größe. Aber gerade weil wir uns solche Einsicht leisten können, müssen wir uns als ein Subjekt einmischen, das Unvereinbarkeiten anerkennt und sich aus diesem Grunde für die Schaffung einer bestimmten internationalen Ordnung einsetzt, worin Differenzen bereinigt und Interessen ausgehandelt werden können. Die weitere Einsicht, daß eine solche legitime Ordnung auf einem Gefüge machtpolitischer Beziehungen beruht, in dem die einzelnen Akteure aufgrund ihrer wirtschaftlichen, militärischen und kulturellen Stärke eine bestimmte Position behaupten, macht die außenpolitische Souveränität eines Landes aus. Ohne einen entsprechenden Begriff des nationalen Interesses kann sich ein zurechnungsfähiges Subjekt im System der internationalen Beziehungen nicht zur Geltung bringen. Die Bereitschaft zur Investition von Leidenschaften für die Herstellung und Aufrechterhaltung eines solchen Beziehungssystems unterstreicht, daß der Stolz auf die Zugehörigkeit zur Kultur der Menschenrechte dem eigenen Selbstverständnis nicht äußerlicher ist als der wirtschaftliche Erfolg oder das Machtprestige.

In dem schwierigen Prozeß einer Revision unseres Selbstverständnisses können wir auf unseren Außenminister freilich nicht bauen. Einmal läßt er sich vernehmen, »Wir müssen die Serben in die Knie zwingen«, was dem Aufruf zu einem Vergeltungsfrieden gleichkommt, ein anderes Mal weist er dünnhäutig die Unterstellung eines Versagens der kooperativen Verhandlungsführung von Vereinten Nationen und Europäischer Gemeinschaft durch Cyrus Vance und Lord Owen zurück. Überhaupt weist Klaus Kinkel nicht selten kritische Fragen voller Entrüstung zurück. Hier tue er seine Pflicht, und da sei ihm wahrhaftig nichts vorzuwerfen. Seine früher gelobte »frische Art« stößt in der Rolle des Diplomaten plötzlich auf. Die Direktheit wirkt steif und ungelenk. Man hat nicht den Eindruck, daß Kinkels außenpolitische Interventionen auf weitergehenden Überlegungen über Zielsetzungen, Mittel und Entscheidungsstrukturen basieren, die erwartbaren Szenarien künftiger Risiken, Konstellationen und Aufgaben gerecht werden könnten. Ein unausgesprochenes Modell einer stellvertretenden Deutung für unsere eigenen Gefühle der Unsicherheit und Ungewißheit bietet dieser Politiker nicht. In seinem Hin- und Herschwanken scheint er selbst einen Ersatz für politische Operationen zu sehen. Aber da fehlt alle Schläue, Geduld und Geschicklichkeit, mit der wiedergutzumachen wäre, was durch falsches Engagement verlorenging. Was wir seinem mit den Jahren immer unentbehrlicher erscheinenden Amtsvorgänger im Übermaß entgegengebracht haben, mögen wir Klaus Kinkel, der redlichen Haut, nicht schenken: das Vertrauen darein, daß er seine Sache versteht und die deutschen Belange in der Welt in Übereinstimmung mit unseren stillen Überzeugungen vertritt.

Die Wahrheit allerdings ist, daß der große Fehler der deutschen Außenpolitik im Falle des jugoslawischen Konflikts Hans-Dietrich Genscher zuzuschreiben ist. Die aufgrund deutscher Initiative erfolgte schnelle Anerkennung Kroatiens und Sloweniens durch die Europäische Gemeinschaft hat in dieser Region mit einer hohen Dichte ethnopolitischer Differenzen zweifellos die dann nicht mehr handhabbare Kettenreaktion staatlicher Segregationen hervorgerufen, die schließlich zu einer Gefährdung der kollektiven Sicherheit in der gesamten Region geführt hat. Die Bonner Entscheidung hatte nichts mit der klugen Vorbereitung einer »therapeutischen Konfliktintervention« (Dieter Senghaas) zu tun, sondern entsprang einem eigentümlichen Machtdelirium deutschen Einflusses in Osteuropa. Selbst wenn dies eine bewußte außenpolitische Strategie gewesen wäre, so muß doch die Blindheit gegenüber den englischen, französischen und vor allem amerikanischen Interessen an einer bestimmten politischen Raumordnung in Osteuropa verwundern. Der Genscherismus war im Grunde schon mit dem berühmten Zehn-Punkte-Programm Helmut Kohls, mit dem der Kanzler dem Außenminister das außenpolitische Heft aus der Hand genommen und voll auf die Karte der deutschen Einheit gesetzt hatte, beendet. Die Fehlkalkulation beim Einsatz für die Kroaten und Slowenen endlich bewies, daß der Genscherismus seinen inneren Orientierungssinn verloren hatte. Es hatte Warnungen genug gegeben. »The war in Yugoslavia«, so ein Bericht des International Institute for Strategic Studies in London aus dem Jahre 1992, »was perhaps the most widely predicted in the late twentieth century.« Trotzdem ließ sich die deutsche Außenpolitik von den Ereignissen in eine Falle treiben. Die von Genscher nahezu zwei Jahrzehnte praktizierte Flakhelfer-Strategie eines Aufstiegs aus der Deckung funktionierte auf dem freien Feld nicht mehr. Der Stil größtmöglicher Handlungsfreiheit bei weitestmöglicher Begrenzung des Engagements paßte besser in Zeiten, in denen die Kunst darin besteht, gegebene Faktoren zu manipulieren, und schlechter in solche, die eine neue Definition der Lage verlangen. Genscher erkannte sich womöglich selbst als Gefangener vergangener weltpolitischer Konstellationen und nahm daher in einem für seine politische Biographie günstigen Zeitpunkt den Abschied.

Man muß sich klarmachen, daß es immer eine Kluft gibt zwischen den langfristigen Strategien der Außenpolitik und der Möglichkeit ihrer innenpolitischen Legitimierung. In den für unsere Gesellschaften normal gewordenen Perioden des Friedens und des Wohlstands interessieren sich die Wähler nicht besonders für außenpolitische Problemstellungen. Man wünscht sich einen Politiker, der das Notwendige unternimmt und das Land in angemessener Weise nach außen vertritt. Was als angemessener Ausdruck gilt, bemißt sich nach bestimmten kollektiven Vorstellungen von entscheidenden Weichenstellungen in der Bildungsgeschichte der politischen Gemeinschaft. In diesem Sinne repräsentierte Hans-Dietrich Genscher als Bundesaußenminister den defensiven und skeptischen Gründungsmythos der Bundesrepublik. Nach außen hin zu vertreten und zu verteidigen war ein provisorischer politischer Lebensrahmen, der dem einzelnen genug Raum für berufliches Fortkommen, für öffentliches Engagement und für das private Glück ließ. Der zwischen Stalingrad und der Währungsreform entstandene kollektive »Schwebezustand« (Dieter Wellershoff) hatte 1949 eine Konstitution gefunden und 1968 eine Revision erfahren. Diese akzeptable, aber immer labile Verfassung der Bundesrepublik wurde durch die »Wende« von 1989 verändert, aber noch ist nicht klar, wie, und man fragt sich, was jetzt unter einer angemessenen außenpolitischen Repräsentation des neuen Deutschlands zu verstehen sein soll. Hier liegt das eigentliche Problem des Falls Klaus Kinkel.

Der 1936 geborene Kinkel ist weder ein Fünfundvierziger noch ein Achtundsechziger. So gesehen steht er zwischen Helmut Kohl und Joschka Fischer. Realitätsverbissenheit, Machtgeschick und die pure Sentimentalität des Kellerdeutschen kennzeichnen den einen als Angehörigen einer frühgereiften Kriegs- und Nachkriegsjugend; gesellschaftskritische Kompetenz, gruppendynamisches Durchsetzungsvermögen und popkulturelle Ironie den anderen als Angehörigen einer rebellischen Jugend, die einst das Ende der Bescheidenheit ins Werk setzte. Was Kohl und Fischer miteinander verbindet, ist die innere Bindung an eine entscheidende Umbruchsituation in der Geschichte der Bundesrepublik: Kohl ist der »letzte Dinosaurier« einer Politikergeneration, die die gesellschaftliche Nullstellung von 1945 als das zentrale Erlebnis ihrer politischen Sozialisation empfindet. Gerade weil sie sich generationsspezifisch nicht verantwortlich für Nationalsozialismus, Krieg und Zusammenbruch fühlen, begreifen sie den ästhetisch schlichten, aber verfahrensmäßig korrekten Staat der Bundesrepublik als die ihrem Lebensgefühl gemäße politische Ordnung. Die Verpflichtung auf einen emotional eigentümlich hilflosen »Verfassungspatriotismus« eint Rechte und Linke aus dieser Generation. Fischers politisches Engagement dagegen hängt mit der gesamtgesellschaftlichen Mobilisierungsphase Ende der sechziger Jahre zusammen. Sein politisches Weltbild ist durch das generationsspezifisch idealisierte Erlebnis geprägt, durch politische Aktionen außerhalb des etablierten Institutionensystems eine andere Republik geschaffen zu haben. Daraus folgt ein weniger verfahrenskontrollierter als bewegungsinspirierter Begriff des Politischen, der eine Rhetorik der politischen Entscheidung und der gesellschaftlichen Veränderung enthält. Interessanterweise gehören sowohl Helmut Kohl als auch Joschka Fischer, der eine 1930 und der andere 1948 geboren, zu den Jüngeren ihrer Generation. Die Selbstzweifel der Ersten und Älteren kennen sie offenbar nicht. Sie haben beide das Kapital ihrer

Generationslage eingesetzt und in politische Energie verwandelt. Und sie verstehen sich in einem bestimmten provinziellen Populismus, der ihnen eine Hausmacht in der Partei und eine diffuse Zustimmung in der Bevölkerung sichert. Der Unterschied besteht womöglich darin, daß Helmut Kohl von Oggersheim und Joschka Fischer von Frankfurt am Main aus spricht.

Zwischen diesen beiden Repräsentanten der gesellschaftlichen Kampfspielräume von 1945 und 1968 wirkt Klaus Kinkel eigentümlich geschichtslos. Für welche Imagination der wiedervereinten Nation spricht dieser Außenminister? Wir sollten vielleicht auf die angedeutete Elvistolle in seiner Frisur achten. Für einen Moment erscheint dann der sportliche Mann, der 1956 sein Abitur gemacht hat, wie einer, der in seiner Jugend AFN gehört, Rock 'n' Roll getanzt und James Dean bewundert hat. Die in der illusionären Phase des Nationalsozialismus zwischen 1933 und 1938 Geborenen stehen, ohne eine eigene Generationsgestalt ausgebildet zu haben, zwischen der »skeptischen Generation« der Aufbau-Jugend und der Achtundsechziger-Generation der Protest-Jugend. Die einzige Formel, die es für diese »weißen Jahrgänge« gibt, ist die der Halbstarken. In gewisser Weise paßt diese Charakterisierung auf Kinkel. Wenn er sich als Genschers Nachfolger »wie eine arme Sau« fühlt, wenn er von der »scheiß Awacs-Geschichte« spricht und wenn es in einem Hintergrundsgespräch über die trostlose Lage Afrikas plötzlich aus ihm herausbricht, daß er da ganz wahnsinnig gerne helfen möchte und daß er nicht wolle, daß das ein zugrunde gehender Kontinent sei, dann erinnert das schon an einen halbstarken Aufstand gegen einen übermächtigen Vater. Aus seinem Umkreis im Außenministerium ist zu hören, daß er unter dem permanenten Zwang zur Anpassung leide und über endlose Rücksichtnahmen tobe. Klaus Kinkel ist aus dem Pokerspiel um die Nachfolge im Auswärtigen Amt als unglücklicher Sieger hervorgegangen, und er sieht sich selbst nachdenklich, aber ratlos unter der Zirkuskuppel.

Kinkel greift auf das zurück, was er kann. Schließlich hat er zur Genüge bewiesen, daß er als leitender Beamter ein Ministerium führen kann. Die Versuchung, das politische Gestaltungsproblem administrativ zu lösen, ist schon deshalb immer gegeben, weil zuerst im Regierungsapparat festgestellt wird, was überhaupt politisch machbar ist. Es rächt sich allerdings auf Dauer, wenn die politische Legitimation auf ein Problem des bürokratischen Organisierens reduziert wird. Besonders dann, wenn außenpolitische Entscheidungen mit militärischen Konsequenzen verbunden sind, die die Bevölkerung ganz direkt berühren, bedarf es einer Legitimation, die im Einklang steht mit Erfahrung und Erinnerung der politischen Gemeinschaft. Der Außenpolitiker muß dann zum Staatsmann werden, der eine Art therapeutischer Beziehung zu den Bürgern seines Landes unterhält. Es geht um Ängste, die zu lähmendem Rückzug oder zu ungezügelter Begeisterung führen können, und um den kritischen Punkt, wo ein generalisierter Anderer sich freier und souveräner verhalten kann als die Mehrheit seiner Mitbürger. Jedenfalls wünschen wir uns einen solchen Staatsmann, wenn Probleme auftauchen, die mit der Gemütsruhe und der Ahnungslosigkeit des Amtsinhabers offenbar nicht zu lösen sind.

Der Generalsekretär der Vereinten Nationen Boutros Boutros-Ghali hat im Juni 1992 eine »Agenda für den Frieden« vorgelegt, in der neue Mittel der Friedenserhaltung nach dem Ende des Kalten Krieges vorgeschlagen werden. Man spricht von »robustem Peacekeeping«, worunter eine Form des militarisierten internationalen Polizeieinsatzes zu verstehen ist. Die Weltgemeinschaft könne nicht immer nur warten, bis sie unter Zustimmung der Konfliktparteien gerufen werde, sie müsse vielmehr angesichts der Explosion neuartiger, dem klassischen Muster der zwischenstaatlichen Aggression nicht mehr entsprechender Konflikte von sich aus aktiv werden können. Die zum richtigen Zeitpunkt gewählte energische »show of force« sei notwendig, um die kriegführenden Parteien in einen stabilen Verhandlungsrahmen zu zwingen. Der Glaube an die Menschenrechte schließt demnach die Bereitschaft ein, sie im Casus belli auch gewaltsam durchzusetzen.

Selbstverständlich richten sich entsprechende Erwartungen nicht zuletzt an die neue Bundesrepublik. Nicht nur im Rahmen der regionalen Abmachungen von WEU, NATO und EG wird dem Land eine bestimmte Rolle für die Friedenssicherung insbesondere in Osteuropa zugemutet, sondern darüber hinaus für den Frieden in der Welt. Ein Sitz im Sicherheitsrat ist, wie Klaus Kinkel selbst vor der Generalversammlung formuliert hat, nicht zum Nulltarif zu haben. So wird eine Truppe für die Vereinten Nationen in der Größenordnung von 50000 bis 450000 Mann gefordert – ganz abgesehen von Planungen für eine deutsch-französische Brigade oder für eine »schnelle Eingreiftruppe« der NATO von immerhin 100000 Soldaten. Schon bietet der Bundesverteidigungsminister Volker Rühe für das nächste Jahrzehnt 50000 Soldaten als Krisenreaktionsstreitkräfte der Bundeswehr an. Als Truppenkategorien kommen bei diesen diversen Planspielen leichtbewaffnete Blauhelme, mittelschwer ausgerüstete Einheiten bis hin zu Ad-hoc-Koalitionen für militärische Großeinsätze wie im Golfkrieg in Betracht.

Die grundsätzliche Frage jedoch, ob die deutsche Außenpolitik von einem impliziten Modell der Helvetisierung ausgeht oder welche Rolle Deutschland sonst als Partner beim Aufbau einer legitimen Ordnung der internationalen Beziehungen nach dem Ende des Kalten Krieges spielen soll, ist noch gar nicht richtig beantwortet. Die ganze Unzufriedenheit mit Person und Politik von Kinkel rührt daher, daß der Außenminister sich hier nicht anders verhält als wir selbst: Er geht der Frage mit immer neuen Vorschlägen aus dem Weg.

Der Blick in die Abteilung fürs politische Sachbuch lehrt, daß die deutsche Öffentlichkeit bei Problemen von solch nationalem Rang immer noch auf Helmut Schmidt schaut. Dem Hauptmann aus dem Zweiten Weltkrieg und Bändiger der Hamburger Flutkatastrophe trauen wir womöglich noch den Entwurf einer langfristigen außenpolitischen Strategie zu, deren Mittel und Ziele nicht durch nebulöse und konfuse administrative Prozesse, sondern durch eine gewisse Erfahrung der Nation legitimiert wären. Dies impliziert allerdings die Erkenntnis, daß der psychohistorische Fall Klaus Kinkel nur unsere eigene mangelnde Zeitgenossenschaft zum Ausdruck bringt.

Claus Koch

Nicht außen noch innen

Die unaufhaltsame Selbstabschaffung des Staates

Deutschland hat den Europäern nach wie vor nichts zu sagen, nichts über sich selbst und nichts über Europa. Die Interessen, die es zu befördern hat, sind die - relativ aufgeklärten - Interessen seiner Institutionen, die sich mit den Interessen der anderen langsam in den Gemeinschaftsinstitutionen verweben. Was Deutschland darüber hinaus sei und sein wolle, was andererseits die Deutschen von Europa wollen, darüber lassen sie sich nicht befragen. Genug, daß sie als Europäer anerkannt werden wollen. Sie verstehen nicht, was man von ihnen sonst noch verlangt und empfinden solches Insistieren als eine Zumutung, die sie leicht nervös macht.

Die anderen Europäer hat die deutsche Auskunftsverweigerung nach dem November 1989 erst mißtrauisch, dann ungeduldig gemacht. Nun haben sie, da den Deutschen irgendein Anspruch nicht zu entlocken ist, vor dieser Faktizität resigniert. Doch muß die deutsche Ausdruckslosigkeit den Europäern weiterhin unbegreiflich und beunruhigend erscheinen. Nach dem Mauerfall hielten es fast alle für selbstverständlich, daß es nun Deutschlands Lust und Bestreben sein werde, sich als Nation und als ganzer Staat zu erleben, eins und unteilbar. Und es war zu erwarten, daß die deutsche Emanzipation lebhafte Impulse, gewiß widersprüchlicher Art, nach Europa hin ausströmen werde. Wenn auch auf die demokratische Zivilisierung der Deutschen zu bauen war, daß in Deutschland, dem Angelpunkt der Weltwende, des Systemzusammenbruchs, bald Neues und Radikales gedacht wie geplant werden würde, schien nach aller europäischen Geschichtserfahrung unvermeidlich. Die Aspirationen und Nationalqualitäten, die an dieser breit hingelagerten und kraftstrotzenden Gesellschaftsmasse der Bundesrepublik immer intransparent geblieben waren, mußten sich unter dem Druck der Befreiung offenbaren. Und es ließ sich vorsichtig hoffen, daß es zum Guten ausgehen werde.

An den Hoffnungen und Besorgnissen, mit denen die Europäer der deutschen Mündigsprechung entgegensahen, vor allem aber an ihren mannigfachen Fehlreaktionen erwies sich, wie schlecht sie in den vierzig Jahren ihrer institutionellen Gemeinschaft die Deutschen kennengelernt hatten. Wenn die Staatsführer Frankreichs, Großbritanniens, Italiens und der Niederlande argwöhnten, neuerwachtes Nationalbewußtsein werde Deutschland nun dazu treiben, die lange eingelebten Balancen niederzutrampeln, und schon seine neuen Ausmaße müßten dazu verleiten, so bewies das vor allem Unkenntnis der politischen Sozialität der Deutschen. Und wenn Henry Kissinger in seinem jüngsten Buch eine »entfesselte nationale Politik Deutschlands und Rußlands im Zentrum Europas« heraufziehen sieht und dagegen eine neue Gleichgewichtspolitik der übrigen Europäer gemeinsam mit den USA empfiehlt, so erstaunt daran mehr noch als sein Metternich-Wahn das Bild von den Deutschen, das sich bei diesem Machtroutinier festgesetzt hat.[1]

Wenn heute, immer noch einmal, den Deutschen national befeuerte Sonderwege oder gar ein erneuerter Rapallo-Geist zugetraut werden, dann wäre erst einmal die unverminderte Ängstlichkeit zu erklären, mit der sie sich an alle gegebenen Institutionen klammern. Ist es für die Europäer noch immer nicht eine – geradezu penetrante – Gegebenheit, daß die Deutschen nichts mehr fürchten als nicht eingebunden, nicht integriert zu sein? Fühlt sich Deutschland denn nicht ständig gezwungen, sich über alles und jedes »abstimmen« zu müssen, sogar darüber, ob es ganzer und unverkürzter Nationalstaat sein darf? Und ist es nicht ein kläglicher Anblick, den dieser erneuerte Staat damit macht, daß er beim höchsten Gericht um die Beteiligung an international genehmigten Polizeiaktionen einkommen muß, weil es ohne rechtsstaatlichen Ausweis nun einmal nicht geht und weil hier jeder politische Akt mehrfacher Rückversicherung bedarf?

Es ist wohl dieses unbeirrbare Bedürfnis nach Unselbständigkeit, das Deutschland den anderen unerklärbar und fremd bleiben läßt: Daß die Deutschen scheuen, Nation für sich zu sein, um Nation unter Nationen zu sein, daß ihnen nationale Gleichschultrigkeit mit anderen nichts Selbstverständliches ist, daß sie in fortwährender Befangenheit leben, entweder zu großspurig oder zu kleinmütig zu erscheinen, kurz, daß sie noch immer die großen Spießer Europas sind, an denen Nietzsche verzweifelte – und an denen die heutigen deutschen Intellektuellen anscheinend nicht mehr verzweifeln können.

Offensichtlich hat die Lehrkur nach den zwölf Jahren zu gut angeschlagen. Der Defekt, gegen den sie erfolgreich immunisierte, wurde auch konserviert. Da es nun ordentlich geübte Mitbestimmungsdemokratie, sozialstaatlicher Korporatismus und überzeugte Rechtsstaatlichkeit sind, die die deutsche Apolitie verklammern, scheint die Unfähigkeit zur Nation europäischer Art nach allen Seiten gesichert – und unheilbar zu sein.

Die Europäer aber sind auf Deutschland angewiesen. Nicht nur auf seine ökonomische Kraft und seine demokratische Stabilität, sondern auch auf seine unverhemmte Nationalität. Solange sie fehlt, bleiben die Deutschen in ihrer selbstgewählten Geschichtslosigkeit unverständlich und ob ihrer Unverständlichkeit unsichere Kandidaten. Wenn dem nicht einmal durch die Wiedervereinigung abzuhelfen war, wodurch dann überhaupt? So befördert Deutschland, in all seiner Friedfertigkeit, unwillentlich und unwissentlich, den europäischen Niedergang.

Mit Stagnation oder zeitweiligem Stillstand, wie er auf dem scheinbar unumgänglichen Zug zur Integration bisweilen unvermeidlich und denn letztlich fruchtbar schien, läßt sich der so plötzlich eingetretene Zustand der Union nicht mehr begreifen. Er geht in eins mit der politischen Atonie, in die fast alle europäischen Demokratien Europas verfallen sind. Ob und wie

[1] Henry Kissinger, *Die Vernunft der Nationen.* Berlin: Siedler 1994.

das eine das andere bedinge, kann einstweilen unter den Europäern nicht mit Gründlichkeit debattiert werden. Denn schon über den Befund der Atonie sind ihre Eliten und veröffentlichten Meinungen ganz unterschiedlicher Auffassung: Die Deutschen können bei sich überhaupt nichts dergleichen feststellen; die Franzosen leiden zwar, wollen aber nur eine Modernisierungskrise diagnostizieren; die Briten, die sich ohnehin mit niemandem vergleichen lassen wollen, sind politischen Diagnosen ihrer selbst ebenso wie der anderen durchaus abgeneigt; die Italiener glauben, soeben eine neue Republik gegründet zu haben und halten eine vorübergehend autoritär dirigierte Verjüngung für sehr europaförderlich. Alle miteinander, sogar die Briten, klammern sich an das europäische Projekt als das dominierende, ja das einzige Entwicklungsversprechen, das historische Kontinuität garantiert.[2]

In allen Ländern bedürfen die politischen Klassen mehr und mehr der letztinstanzlichen Legitimierung durch das Gemeinschaftsprojekt - sogar die unglücklichen Briten, die ohne die Gegnerschaft zu allem Politischen in der Union nicht wüßten, wer sie selber politisch noch wären. Und doch sind alle gleich unfähig, an den Übeln und Regressionserscheinungen der anderen die eigenen zu erkennen und europäische Befunde herzustellen. Wenn die Kommission so manches davon weiß, die Staaten dürfen und wollen davon nichts wissen. Noch immer kann sich in Europa kein Land für das andere verantwortlich fühlen, weil alle einander eine Souveränität fingieren müssen - die von Tag zu Tag abnimmt. Nicht anders die Massenmedien. Sie können, nicht selten einander kapitalverbunden, überall nur den nationalen Text spielen, obgleich sie einander immer mehr angeglichen sind: in Bestimmung der Aktualität und der Themenwahl, in Spotlänge und Kameraeinstellung, im Rückblendenmaterial und in der Einpassung der Werbespots. Auch alltags erscheinen die nationalen Fernsehketten oft ebenso CNN-geschaltet wie damals im Golfkrieg. Doch auch sie müssen nationale Auditorien konservieren und bleiben unfähig, ein europäisches Publikum zu organisieren - so lieb dies übrigens dem internationalisierten Medienkapital wäre.

Dieser Provinzialismus der politischen Institutionen inmitten der rasch voranschreitenden Integration der Märkte, der Kontrollnormen und des übernationalen Rechts zwingt die Staaten dazu, sich und den anderen nationalstaatliche Vitalität vorzuspielen. Und er erlaubt ihnen nicht, ihre zunehmende Abhängigkeit einzugestehen und nach europäischen Konsequenzen zu suchen. Alle wissen voneinander, daß ihre Aktionsspielräume und ihre Staatlichkeiten sich ständig reduzieren. Daß es damit um die Realisierbarkeit der repräsentativen Demokratie geht, also um politische Legitimität, darf zwischen den Staaten nicht ausgesprochen werden, alle müssen sich vielmehr im Als-ob ermuntern. So wurde das Lügenwort von der Subsidiarität zur großen Peinlichkeit des Maastricht-Vertrages, und alle waren sich über die Peinlichkeit im klaren.

---

[2] Ein schonungsloser Zustandsbericht: Stanley Hoffmann, *Europas Identitätskrise.* In: *Lettre International,* Heft 25, 1994.

Symptom der politischen Lähmung in Europa ist auch, daß keine konzentrierte Debatte über sie aufrechterhalten werden kann. Beschreibungen der nationalen Zustände ebenso wie der Europa-Blockaden gibt es übergenug, der Varianten freilich wenig. Über allem liegt als zusammenfassendes und krönendes Kennwort die »Identitätskrise«. Doch ist es längst zum Nicht-Begriff geworden, drückt die Unfähigkeit zur Analyse aus. Die psychologisierende Prothese der Identitätskrise gibt allenfalls zu verstehen, daß die Suche nach einer Erklärung keine überzeugenden Ursachen- und Wirkungsketten aufspüren kann. Sie kapituliert davor, daß Verantwortlichkeiten und Orte der politischen Aktion nicht benannt werden können, weil sich die politischen Mechanismen und die soziale Sphäre mit ihren Turbulenzen zusehends auseinanderbewegen. So wird jede Diskussion, welche die politischen Institutionen und ihr Personal verpflichten könnte, trockengelegt - um so ausladender wird der medienverbreitete Moralbetrieb, wird die Nachfrage nach diversen Spezialethiken.

Der Zusammenhang zwischen dem Verfall der politischen Institutionen, also auch der Notwendigkeit von Legitimität, und den großen ökonomischen und sozialen Erschütterungen der Gegenwart läßt sich heute nicht mehr in der langgewohnten Weise herstellen, das heißt durch ihre Verknüpfung in einer Erwartung der Krise.[3] Das zeigt sich namentlich an den beiden zentralen Handlungsfeldern, an denen der europäische Wohlfahrtsstaat seinen Anspruch maß und auf denen die politische Klasse Legitimität erwerben mußte: der Beherrschung der wirtschaftlichen Konjunkturzyklen und der Herstellung einer homogenen Arbeitsgesellschaft, die sich auf allen Gebieten des technischen Fortschritts bewähren konnte (und damit nicht zuletzt Staatlichkeit und Zukunftskompetenz - als Ersatz für Souveränität - sicherte). In den neunziger Jahren scheint dieser Anspruch endgültig zusammengebrochen.

Alle ehemaligen Wohlfahrtsstaaten sehen heute mehr oder weniger ohnmächtig dem seit zwei Jahrzehnten unaufhaltsamen Anwachsen ihrer Armutsbevölkerung zu. Umfaßte sie erst nur die langzeitig Arbeitslosen, die durch Berufslosigkeit oder Alter Marginalisierten und die vom Erwerbsleben ausgeschlossenen Jugendlichen, die als wirtschaftliche Reservearmee, als vorübergehend stillgelegtes Potential gerechtfertigt werden konnten, so schließt sie nun auch einen zunehmenden Anteil von »working poor« ein. Zumal diese Gruppe der in Vollzeit Beschäftigten, deren Einkommen unter der Schwelle bleibt, die Integration und aktive Teilnahme am Fortschritt in Konsum wie Arbeit bedeutet, bezeichnet auch den Konkurs der wohlfahrtsstaatlichen Moralnorm.

Die Fatalität der neuen Armutsbevölkerungen wird von allen europäischen Staaten geteilt, in welchen Arbeitsmarkt- und Sozialpolitiken sie sich auch versuchen. Daß sie Fatalität ist, staatlichem Handeln nur beschränkt zugänglich, zeigt sich vor allem in der Disjunktion der Armutsvermehrung

[3] Vgl. Claus Koch, *Zivilisation der Arbeitslosigkeit oder Vor dem Ende des Nationalstaats?* In: *Merkur,* Nr. 536, November 1993.

von den wirtschaftlichen Konjunkturen. Auch außerordentliche Wachstumsprozente von drei Prozent und darüber, so die Überzeugung fast aller Experten, können nicht mehr eine Armutsverminderung in entscheidendem Maße bewirken. Damit wird auch der Staat, dem heute die Modernisierungsgewinner – fast überall in Westeuropa die entscheidende Mehrheit – immer weniger Verantwortlichkeit für die Steuerung des Wirtschaftsprozesses zumuten wollen, politisch und moralisch entlastet. Am weitesten fortgeschritten und akzeptiert ist diese Disjunktion zwischen staatlicher Kompetenz, wirtschaftlichem Erfolg und Evolution der sozialen Struktur heute in Großbritannien. Es verfügt 1994 unter seiner Einwohnerschaft über eine Armutsbevölkerung von 25 Prozent – und hat sich auf der Rangliste der Netto-pro-Kopf-Einkommen seit 1990 vom sechzehnten auf den achten Platz vorgearbeitet. Nach anderthalb Jahrzehnten Deregulation des Wohlfahrtsstaates ist offensichtlich die Mehrheit des Landes, das sich einmal unter den Namen von Beveridge und Keynes reformiert hatte, von der Unmöglichkeit konsequenter Wirtschaftspolitik überzeugt, ebenso von der Unmöglichkeit einer Verantwortung des Staates für die soziale Integration und die Stillegung von Klassenkonflikten. Diese Überzeugung von der zunehmenden Irrelevanz staatlichen Agierens breitet sich, unter jeweiliger nationaler Farbtönung, auch auf dem Kontinent aus, voran in Italien und in Deutschland.

Die Deregulation seiner selbst ist heute, bis weit in die lohnabhängigen Mittelschichten hinein, die meistapplaudierte Tätigkeit des Staates. Der »Abbau der Bürokratie« ist in den europäischen Gesellschaften, die ihre Erwerbsarbeit zum erheblichen Teil in Bürokratien leisten, zur Devise geworden, gegen die direkt kaum opponiert werden kann. Die Marktgesinnung gegenüber dem Staat, der sich die Europäer mehr und mehr überlassen, zersetzt auch die Frage nach der politischen Legitimität. An die politischen Parteien in Europa kann diese Frage heute nicht mehr gestellt werden. Freilich, es ist auch kaum eine Partei noch von ihrer eigenen Dauerhaftigkeit überzeugt – weshalb sich auch keine auf ihre Vergangenheit ansprechen läßt.

Wo die Ansprüche an die Rationalität des nationalen Staates geringer werden – die europäischen Intelligenzen haben ihn weithin aufgegeben –, wo also auch politische Legitimierung substanziell nicht mehr und von niemandem abgefordert wird, läßt sich schwerlich die Hoffnung auf eine höhere Vernünftigkeit eines politischen Europa entfachen. An der Resignation gegenüber dem Nationalstaat, und das heißt ja auch gegenüber seiner universalistisch, in Verfassungen verankerten Einigungskraft, bricht sich auch der Wunsch, die Union möge sich mit einer gemeinsamen, militärisch bewehrten Außenpolitik ausstatten. Dieser Wunsch kann nur bedeuten, die Marktgemeinschaft, die ein politisches Innen nicht kennen, nicht Ort des Kampfes um Bürgerrechte sein darf, möge sich ein Außen geben, eine gegen Dritte zu richtende Gewaltbereitschaft – die dann zum europäischen Föderator werden könne. Denn nur so hat die Forderung nach einer gemeinsamen Außenpolitik einen Sinn. Und daran enthüllt sich auch die Schwächlichkeit des Gedankens. Die Marktgemeinschaft, die nicht mehr sein soll als die Institutionenordnung für eine übernationale Marktgesellschaft, die also keine eigene

Staatlichkeit besitzt und direkte Legitimität nicht erwerben kann, soll sich Quasi-Staatlichkeit nach außen verleihen. Und sie soll sich Legitimität bei den Marktbürgern vor allem damit verschaffen, daß sie etwas tut, was bisher Sache der Staaten nicht war, nun aber Sache des Überstaats wäre: Menschenrechte an drittem Ort zu verteidigen. Wobei diese Verteidigung prinzipiell interessenfrei zu bleiben hätte, geleitet allein vom Erfordernis internationaler Stabilität, wie sie nur liberale, pluralistische Demokratien garantieren können.

Dies wenigstens ist heute die populäre Vorstellung von einer künftigen gemeinsamen Außenpolitik der Union, wie sie von den Medien im Namen der moralisch aufgewühlten Massen angesichts der sich reihenden Einstürze von Nationalstaaten und ethnischen Exterminationen ringsum eingefordert wird. Diesen Ruf eindeutig im Namen des nationalen Interesses abzuweisen, können sich nur wenige Regierungen und Parteien leisten. Ihr Zurückweichen in international rückversichertes humanitäres Scheinhandeln ohne politische Zweckbestimmung, das immer öfter auch noch erfolglos bleibt, trägt jedoch dazu bei, die nationalen Republiken in Europa und ihre politische Legitimität zu schwächen. Deshalb ist auch die Hoffnung auf eine gemeinsame Außenpolitik der Union, die primär von der humanitären Mission der Europäer angeleitet wäre, politisch steril. Daß sie sich von den Pressionen einer Marktbürgerschaft treibt läßt, deren Entsetzen und moralische Empörung sich nicht mit den Zwecken des Staates in der nationalen Demokratie konfrontieren lassen will, weil sie den Staat insgeheim verachtet und ihm nichts mehr zutraut, prägt solcher Forderung das Zeichen des Politikverfalls auf. Daß »vergesellschaftete Außenpolitik« in einer mediakratisierten Marktgesellschaft einer unerträglichen Beliebigkeit von steuerbaren Massenerregungen ausgesetzt wäre, kann nur der kleinere Einwand sein. Der stärkere ist, daß der Zusammenhang zwischen äußerer und innerer Gewaltordnung, in dem sich der demokratische Staat bewegen muß, ignoriert oder doch vorschnell preisgegeben wird – indem der Staat gleich ganz abgeschafft werden soll: »Zur Reform gehört es, den Begriff des Staates aufzulösen in das Herrschaftsverhältnis zwischen Regierung und Gesellschaft, und dementsprechend die ›Außenpolitik‹ neu zu orientieren.«[4] Die Verkehrsordnungen zwischen den Gesellschaften, die Staatsnationen immer weniger sein können, hätten gewissermaßen die Praktiken des Gewaltverkehrs zwischen den Staaten, unzutreffenderweise noch immer Außenpolitik genannt, überholt. »Die provozierende Neuerung, die die Gesellschaftswelt abverlangt, besteht im gedanklichen und konzeptionellen Einschluß gesellschaftlicher Akteure in die ›Außenpolitik‹. Sie muß vergesellschaftet werden.«

Abgesehen einmal davon, daß die gesellschaftlichen Akteure in grober Rechnung zu vier Fünfteln aus den Organisationen des internationalisierten Kapitals und seiner Regulierungsagenturen bestehen, im übrigen aus überstaatlichen Kontrollinstanzen mit erheblicher quasi-staatlicher Sanktionsgewalt und nur zu einem winzigen Anteil aus »non-governmental organiza-

---

[4] Ernst-Otto Czempiel, *Vergesellschaftete Außenpolitik*. In: *Merkur*, Nr. 538, Januar 1994.

tions«, den NGOs: Die Forderung, den seiner Natur nach zur Friedensvermehrung qua Demokratisierung und Modernisierung unfähigen Nationalstaat hinter sich zu lassen und auf die Kräfte der staatsbefreiten Gesellschaften zu setzen, suggeriert die Möglichkeit einer Ordnungsform, wie sie ähnlich auch der Kommunitarismus erträumt. Verlangt wird eine zivile, also politische Gesellschaft, deren Mitglieder weiterhin die Tugenden des Citoyen und Republikaners zu bewähren hätten, ohne doch auf den Mythos des republikanischen Staates fixiert zu sein, den Erben des absolutistischen Staats. Der Regierung bliebe dabei die Aufgabe einer planenden, auch erziehenden Dienstleistungsorganisation (eine Figur, die der niedergehenden deutschen Sozialdemokratie im niedergehenden Wohlfahrtsstaat lieb wurde). Nur eine solche (westliche) Gesellschaft wäre in der Lage, die notwendige Zivilisierung in der chaosversunkenen Dritten Welt und in der von Staatszerrüttung befallenen Zweiten einzuleiten. Nur sie könnte ja auch glaubwürdig sein, wenn sie, da das Heil im Staat nicht mehr gesucht werden darf, auf gleichartigen Strukturen in der Zivilisationsbrache bestünde.

Diese Utopie will einer nationalen Außenpolitik entgehen, die auch mit den besten Absichten der Friedensstabilisierung notwendig staatsstützend und also destruktiv sein muß – und obendrein nicht mehr praktikabel ist. Doch ihre Hoffnung, der sich schwächende Nationalstaat setze im Verein mit dem durch Internationalität vernünftig gewordenen Kapitalismus eine zivile Gesellschaft der nicht mehr staatsbedürftigen Citoyens frei, sucht gerade das Unwahrscheinliche. Denn der nicht mehr handlungsfähige Nationalstaat lähmt auch die regulative Idee einer zivilen Gesellschaft, die ihr Souveränitätsaußen entbehren könnte, indem sie sich mit anderen Gesellschaften verwöbe und sich dabei der Institutionen so weit wie möglich entledigte.

Das Wahrscheinliche, vielmehr die überall in Europa massiv auftretende Wirklichkeit ist der depolitisierte Bourgeois-Klient. In seiner Unternehmerlust kann er sich mit anderen zur Verfolgung seiner ökonomischen Interessen und seiner moralischen Bedürfnisse assoziieren, in der Überzeugung, er bedürfe dabei des Staates nur wenig. Es ist der Typ des Modernisierungsgewinners, das Rest-Subjekt in der depolitisierten Marktgesellschaft, die keine Gewaltinstanzen kennen will. Der Bourgeois-Klient steht jeglicher Außenpolitik, auch der Idee einer vergesellschafteten, verständnislos gegenüber. Denn seine ökonomischen Interessen und seine moralischen Bedürfnisse, die einmal im politischen Staat, in der Republik prekär zusammengezwungen waren, sind nunmehr auseinandergefallen (was übrigens die Ausbreitung der Sumpfblüte ökonomische Ethik zur Folge hat). Er ist jeglicher Vorstellung davon entwöhnt, daß das Handeln des Staates nach außen immer schon im Schatten der Grenzsituation, der Entscheidung über Krieg und Frieden steht – wie es zur Räson des Nationalstaats gehört. In seiner Erschütterung und seinem Mitleiden mit der Welt-Unordnung zwei, drei Grenzen weiter wendet sich der ratlose Bürger-Klient, seinerseits durchaus zu materiellen Opfern bereit, zwar noch einmal an seinen Staat. Aber es ist der Dienstleistungsstaat, von dem er ein Eingreifen verlangt, das, wenn nicht anders möglich, auch Gewaltanwendung einschließen darf. Aber es soll auf keinen Fall die

Kriegserklärung damit verbunden sein, denn Gegnerschaften dürfen nicht hergestellt werden.

Im Bourgeois-Klienten sind die beiden hauptsächlichen Konfliktsphären aufgenommen, in denen der europäische Staat heute noch agieren muß: die Wirtschaftskriege, deren Härte seit zwei Jahrzehnten ständig zunimmt und die ganze Substanz der Staaten beansprucht, und die internationalen Polizeiaktionen außerhalb der OECD-Welt, die im Namen der Menschenrechte organisiert werden und nunmehr als Dauereinrichtungen überstaatliche Gewalt benötigen. In diesen beiden Konfliktsphären haben die Nationalstaaten nichts mehr zu gewinnen, sie zerreiben vielmehr die Reste ihrer Staatlichkeit. Der Bourgeois-Klient, der Ausdruck dieses Zustands ist, bezeichnet auch das Ende der Tragfähigkeit eines politischen Denkens, das mehr als zweihundert Jahre lang die europäischen Demokratien bestimmt hat.[5]

»Le patriotisme et l'humanité sont deux vertues incompatibles dans leur énergie et surtout chez un peuple entier.« In dieser Antinomie konnte sich seit Rousseau das politische Denken über den »homme« und den »citoyen«, über die zivile Gesellschaft und den Staat, über die Menschen- und die Bürgerrechte fruchtbar quälen und entfalten. Jahrzehntelang jedoch, seit der Mitte dieses Jahrhunderts, war sie außer Kraft gesetzt und steril geworden. Damit war auch dem politischen Philosophieren, das nicht mehr die universalistischen Moralverpflichtungen den Notwendigkeiten der Citoyen-Tugenden im republikanischen Staat entgegensetzen konnte, der Boden entzogen. Das kam nicht zuletzt an der politischen Schwächlichkeit der Jugendbewegungen der sechziger und siebziger Jahre, die in einem reduzierten Rousseauismus befangen bleiben mußten, zum Vorschein.

Nun, nach dem Ende des totalitären Jahrhunderts, scheint die Antinomie aus ihrem Bann befreit zu sein und wieder verfügbar, um die Spannung zwischen dem nachpolitisch schwankenden Individuum und dem vergesellschafteten Staat zu benennen. Der unlösbare Widerspruch zwischen Menschenrecht und politischem Bürgerrecht im nationalen Staat beherrscht offenbar, obgleich uneingestanden und ängstlich verwischt, auch die Debatte um den Nationalstaat, der den Deutschen noch einmal zugewiesen scheint. Ja, zum erstenmal überhaupt sind die Deutschen, nun von jeglicher Ideologie befreit, dem nackten demokratischen Urkonflikt ausgesetzt. Da sie im Umgang mit diesem Konflikt wenig Erfahrung aufweisen können, bieten sie ein bisweilen rührendes, öfters ein peinliches Bild. Vermutlich kommen sie sowieso wieder einmal zu spät.

Die Unvereinbarkeit zwischen »humanité«, das heißt dem Menschenrecht als einem göttlich verliehenen Naturrecht, und dem Bürgerrecht im

---

[5] Auf den Bourgeois-Klienten sind auch alle Verfassungsvorschläge für eine künftige politische Union Europas ausgerichtet, wie sie zumeist von Staatsrechtlern und Politikwissenschaftlern vorgelegt werden – und nicht auf einen »citoyen européen«, wie ihn unsinnigerweise der Maastricht-Vertrag konstruiert. Beispielhaft Werner Weidenfeld u.a., *Wider die Erosion von innen. Ein Reformkonzept für die Europäische Union.* In: *FAZ,* 15. Juli 1994.

Staat war gegenstandslos, war aufgehoben worden, indem die katechontische Maschine der nuklearen Abschreckung alle Bewegungen der Staaten unter sich zwang, um das Ansteigen des Weltkonflikts zum Ausbruch der äußersten Gewalt hintanzuhalten. Damit wurden nicht nur die Staaten innerhalb der beiden Hegemonialsphären gegeneinander entgrenzt. Es verdarben auch die universalistischen Menschenrechtsansprüche, da der bürgerliche Staatsgeist stillgestellt war, mit dem sie hätten in Streit geraten müssen. Wo der Citoyen mit seiner absoluten Verpflichtung zum Staat und seinem prinzipiellen Entscheidungsrecht zur Kriegs- wie zur Friedenserklärung für die Nation nicht mehr einstehen konnte und durfte, verlor auch der Pazifist seine Legitimität als eine politische. Er konnte sich seine Regierung nicht zum Gegner machen, sondern war gezwungen, gegen den Über-Leviathan, das System selbst anzuschreien.

Der Katechon, der letzte Aufhalter der Weltkatastrophe, wie er im zweiten Korintherbrief angerufen wird, hat Carl Schmitt als Begründungsfigur für die Notwendigkeit des absoluten Staats, des Leviathan, gedient. Auch wer die finstere Eschatologie der politischen Theologie Schmitts abweist, wird sich der Macht der Metapher nicht entziehen können. Sie bezeichnet, in der Gestalt des Abschreckungsautomatismus, in höchster Sublimation die universale, überstaatliche Gewaltordnung, deren unerbittliche Zwingung nicht verlassen werden konnte, wollte man nicht das Verhängnis auslösen. Was sich außerhalb dieser Ordnung befand, also die nicht mitversicherte Dritte Welt, lag damit auch im Niemandsland der Barbarei. Und es war unausdenkbar, wie dieses unauflösbar verfugte System der Gewaltdisziplinierung jemals beseitigt werden könnte. Für politische Utopie gab es damit keine Chance mehr, es gab nur die dürftige Ersatz-Utopie der Konvergenz, zu der die Imperien eines Tages finden könnten, gezwungen durch eine gleichgerichtete Entwicklungsdynamik.

Errichtet in der kurzen augusteischen Ära der Kennedy-Jahre, entsprang diese endzeitliche Konstruktion des Katechon als Maschine gleichermaßen dem demokratischen Messianismus der Amerikaner wie ihrem Glauben an technische als eine moralische Rationalität. Ihre strategischen Planer, die sich nicht selten im Bild vom Harmagedon ergingen, dem Berg der Endschlacht in der Apokalypse, setzten dabei wie selbstverständlich auf ein gleiches Rationalitätsbedürfnis der Gegenseite, der sie einen »komplementären« Messianismus unterstellen durften. Wenn beide Gegner, einander voll zugewandt, konsequent ihrer Endzeitvision folgten, so bliebe ihnen nichts übrig, als einander vor dem Untergang zu bewahren. Dieses Doppelimperium, das die einzelstaatlichen Willen der Vasallen unterwarf und ihre Souveränitäten stornierte, schien nicht nur unaufbrechbar, sondern aus eigenen Ressourcen regenerierungsfähig. Damit unterschied es sich von den vorangegangenen anderthalb Jahrzehnten des Containment und des Rollback. Sie gehörten zur anarchischen Frühphase der nuklearen Drohung, die noch nicht im gemeinsamen Gefüge gehegt worden war. Der Abschreckungsdom umschloß von nun an, in heutiger Fachsprache geredet, ein selbstreferentielles und autopoietisches System und war somit übergeschichtlich. Es sollte immun sein gegen den kleinen normalen Gewaltbetrieb, der sich nicht vermeiden ließ, vielmehr »eingeplant« war, da er in Form von Stellvertreterkonflikten die Systemkonkurrenz am Leben erhielt.

Wenngleich sie sich der Wirklichkeit dieses Systems fügten, mochten die Europäer, aus unterschiedlichen Gründen, seiner Ideologie nie mit Überzeugung folgen. Daß die Sublimationsmaschine der Gewalt nicht nur die Staatenverhältnisse auf prekäre Weise entpolitisierte und lähmte, sondern auch den republikanischen Geist verkrüppeln mußte, begriffen besonders deutlich die Franzosen. Sie wußten, was sie damit verloren, sie wurden daher, als Sprecher der europäischen Citoyenneté, die Gegner der Amerikaner – gegen die sie auch die Sprecher der Europäischen Union bleiben wollen.

Wohl am klarsichtigsten hat Raymond Aron die Kalküle und die Wirkungen der Abschreckung als einer Weltkonstruktion beschrieben. Und wenn de Gaulle die Doktrin der »arms control« als ein Phantasma verabscheute, so war darin ebensoviel Widerwillen gegen den geschichtsfeindlichen Endzeitgeist der Amerikaner wie Überzeugung von Souveränität und Staatlichkeit als einer sittlichen Form. Schließlich war der Gründer der V. Republik gerade in seinem Bonapartismus durch und durch Republikaner. Als er Frankreich aus dem militärischen NATO-Verbund ausscheren ließ, ging es ihm nicht nur um die Wahrung der nationalen Machtrolle, sondern ebenso auch um die Rolle der Demokratie, die nicht anders als in nationaler Souveränität existieren kann. Und es gehörte wohl zu den anstrengendsten Leistungen seiner Selbstbeherrschung, daß er die Deutschen nicht spüren ließ, für wie kläglich er ihre Ehrgeizlosigkeit, wieder Nation und Republik zu werden, ansah.

Den Deutschen der Bundesrepublik ging jede Empfindlichkeit für die französische Abneigung gegen die amerikanische Organisation der Gewaltbeherrschung ab. Sie verstanden nicht recht, wem und was damit geschadet wäre, da sie weder eine authentische Demokratie erworben hatten noch die Lust auf Souveränität verspürten. Nur wenige auch konnten überhaupt begreifen, was es mit der Abschreckungslogik auf sich hatte, die Radikalität ihres Kalküls war der Mehrheit der deutschen Politiker, voran Adenauer, unzugänglich. Einer der wenigen, die das Sicherheitsrationale Kennedys und McNamaras begriffen, war der Atlantiker Helmut Schmidt[6], der denn auch zum Gegner des de Gaulleschen Begriffs von republikanischer Souveränität wurde. Seine Partei freilich, die auch den letzten Schumacher-Funken getilgt hatte, verstand überhaupt nichts.

Weil sie die Klammern der Abschreckungsdoktrin nicht verspürten, waren die Westdeutschen auch nicht interessiert daran, ihnen zu entkommen oder gar, wie Frankreich, in relative Opposition zu gehen. Im Gegenteil: Daran gewöhnt, Demokratie als eine Folge äußerer Sicherheit, langsam und ohne politische Mühen sich vermehren zu sehen, zogen sie es vor, die Abschreckung als die Befestigung eines neuen Limes zu betrachten. Welche sterile Dynamik dem System innewohnte, konnten und wollten sie nicht wahrhaben. Daher verspürten sie auch keine Notwendigkeit, ihren Antikommu-

---

6 Helmut Schmidt, *Verteidigung oder Vergeltung.* Stuttgart 1961.

nismus und ebenso ihren Anti-Antikommunismus zu modernisieren, wie es die amerikanische Systemlogik verlangte. Die politischen wie die intellektuellen Risiken scheuend, die mit der Doktrin der »arms control« verbunden waren, verharrten sie genügsam im Front-Atlantismus der Containment- und Rollback-Zeiten unter Truman und Eisenhower – und waren doch froh, daß man sie nicht beim Wort nahm.

So ließen sich denn die Westdeutschen nur widerstrebend zur Entspannungspolitik treiben, die im Schutz der neuen Abschreckungsrationalität nicht nur möglich, sondern auch gefordert war. Die Zone relativer Desintegration und Selbstverantwortlichkeit, in die sie sich damit wagen mußten, war ihnen durchaus unheimlich. Als schließlich mit energischer amerikanischer Nachhilfe und in schnellem Verfahren die Hauptziele der neuen Ostpolitik erreicht waren, bequemten sie sich zwar der Perspektive einer künftigen Systemkonvergenz an, die ja politisch auch angenehm unklar blieb. Dies entsprach der eigenen Erfahrung von außengeschützter, inkrementaler Demokratie und vom krisenfrei sich verdickenden Rechtsstaat. Aber sie verweigerten sich weiterhin der Einsicht, daß die eigene Freiheit ebenso wie die Freiheit aller europäischen Demokratien durch die ehernen Gebote der Abschreckung blockiert waren. So beugten sie sich mit mentaler Reservation dem System, konnten es gar verinnerlichen, ohne doch sein Telos wahrnehmen und seine Chancen ergreifen zu müssen. Freilich, auch in den anderen europäischen Republiken verlor sich allmählich das Gefühl dafür, daß die Situationen gelegentlicher Lockerung und Spannungsverminderung nur ermöglicht waren, weil alle sich weiterhin in der babylonischen Sicherheitsgefangenschaft der absoluten Nukleardrohung bewegten.

Nur wenige Europäer waren vor dem Jahre 1989 imstande, den Zusammenbruch des sowjetischen Reichs zu imaginieren – und daher im Ernst zu wünschen. Niemand jedoch konnte sich die Aufhebung, das völlige Verschwinden der nuklearen Abschreckung vorstellen, der die beiden Hegemonialwelten doch allen Halt verdankten. Noch das gradualistische Programm des politischen Pazifismus sah diese Grundtatsache als unabänderlich an. Das System hatte sich schließlich auch in den europäischen Gesellschaften sedimentiert, war der Bewußtheit enthoben. Daß es dann von heute auf morgen der katechontischen Maschine nicht mehr bedurfte, weil die auf Unendlichkeit befestigte und unangreifbare Ordnung ihre Verankerung verlor, ist bis heute im Bewußtsein der Europäer nicht vollzogen, nicht begriffen worden. Den plötzlichen Verlust dieser vernünftigen Gewaltordnung der Welt, die als Garant des Fortschritts galt – und ja auch von Progressisten und Gesellschaftsmodernisierern errichtet worden war –, muß man fürs erste als ein Trauma verstehen. Es ist noch nicht zur Erfahrung geworden. Hatte das System zwar unverrückbare Grenzen und Verfahrensordnungen geschaffen, so war es doch entwicklungsfähig, bot Anhaltspunkte und Perspektiven in der Zeit.

Nun haben sich diese Grenzen verflüchtigt, das die Zukunft suchende Auge findet keinen Halt mehr. Die innere Existenz der europäischen Staaten, ihre

Legitimität, wird nicht mehr durch die Pfeiler der äußeren Gewalt aufrechterhalten und bestätigt. Die Leere der Zukunft fällt in die Leere des Staates, und das verurteilt jeden Versuch, jedes Projekt des Fortschritts zur Haltlosigkeit. Denn die Staaten und ihre entpolitisierten Gesellschaften, aus ihrem mehr als dreißigjährigen Gewaltgehege ausgestoßen, müssen entdecken, daß sie die Staaten und die Gesellschaften nicht mehr sind, die sie zuvor gewesen waren. Die wohlorganisierte Angst um die Existenz, die das System zusammengehalten hatte, weicht nun, da die entlassenen Staatsgesellschaften ihrer selbst nicht mehr sicher sein können, der Drift eines politischen Nihilismus. Und kein Land zur Zeit in Westeuropa, das ihr entkäme.

Die Manichäismen der beiden Reiche, die, aufeinander fixiert, den bipolaren Drohapparat ebenso ernährten wie sie ihn ernötigt hatten, sind zerfallen. Doch die scheinbare Säkularisierung der Staatenverhältnisse, die nun, wie Kissinger und andere meinen, die Erneuerung der Metternichschen Kunst der Gewaltregulierung gebieten müßte, findet die Staaten nicht mehr vor, die sich entsprechend verhalten könnten. Es zeigt sich, daß den Staaten das Innere fehlt, das ihr Äußeres bedingt und nötig macht. Mit einem konventionellen Wort ausgedrückt: Die Schutzfunktion der Staaten ist gegenstandslos geworden, sie hat kein Objekt mehr. Ja, gerade mit dem Verschwinden des Abschreckungssystems zeigt sich in vollem Licht, wie weit die Zersetzung der Staatlichkeiten fortgeschritten ist. Nach dem Zerbrechen der Abschreckungsklammer atmen die europäischen Nationalstaaten nicht freier, können sie ihre nationalen Interessen nicht unbefangener verfolgen. Im Gegenteil, es zerfällt und zersplittert nun um so auffälliger, was sich einmal als nationales Interesse hatte definieren lassen. Und so wird Außenpolitik nicht mehr wie noch in den sicheren Grenzen des Kalten Krieges unter Adenauer und Brandt, de Gaulle und Pompidou betrieben, geführt, beherrscht, sondern fällt mehr und mehr in Einzelreaktionen auseinander.

Auf den beiden Hauptschauplätzen, auf die sich das äußere Handeln der europäischen Staaten zunehmend reduziert, verlieren sie in der Regel weit mehr, als sie gewinnen können: an Prestige, an Bewegungsfreiheit für ihre internationale Politik, an Legitimität im Innern, an Kraft für die soziale Kohäsion, an Kompetenz ihrer Apparate – und an Erfahrung. Das liegt auf der Hand bei den Einmischungen und militärischen Interventionen verschiedener Art im Namen der humanitären Hilfe oder der Menschenrechtsverpflichtung, in die bisweilen das ökonomische Interesse ehemaliger Kolonialmächte an politischer Stabilität eingemischt ist. Die ungünstigste Kosten-Nutzen-Bilanz hat hier Frankreich vorzuweisen, das sich in den letzten Jahrzehnten in die meisten Engagements verwickelt sah, vor allem in den dreizehn schwarzafrikanischen Staaten der Frankophonie, aber auch in der westarabischen Welt und in Asien. Energischster Fürsprecher eines humanitären Rechts beziehungsweise einer Pflicht zur internationalen Intervention, hat es mit seinen Aktionen, ob allein oder im Verein mit anderen, mehr zugesetzt als gewonnen. Am Ende konnte es sich das wichtigste »klassische« Mittel seiner Stabilisierungspolitik, die Franc-Zonen-Währung – die die Staaten durch die Stützung oft korrupter Eliten zusammenhielt – nicht mehr leisten.

Ihre Abwertung im vergangenen Jahr demonstrierte drastisch das Mißverhältnis zwischen den Resten konstanter nationalstaatlicher Außenpolitik und der Häufung okkasioneller Interventionen, deren politischer Sinn und Zweck jeden Zusammenhang verliert. Die nationale Verpflichtung zur Verteidigung der Menschenrechte in aller Welt wird dann, da ihre notwendige Spannung zum »patriotisme« und zum »droit du citoyen« verloren ist, den freischweifenden, mediengetriebenen Massensentiments ausgeliefert.

Erst recht nicht gewinnen, sondern nur ihre eigene Schwächung befördern können die europäischen Staaten durch ihre notwendige Präsenz auf allen Kampffeldern der Industrie- und Geldmärkte. Sie müssen intervenieren wie nur je zu Zeiten wohlfahrtsstaatlicher Makrosteuerung, aber ihre Intervention läßt sich nun nicht mehr auf das nationale Wohlfahrtsinteresse eindeutig begrenzen und gewissermaßen mit Legitimitätsgewinnen verrechnen. Soweit die Intervention in direkter Unterstützung der »heimischen« Industrie durch Subventionen, Bürgschaften, diplomatisch-außenpolitische Aktion besteht, wird auch die zunehmende Internationalisierung jeweiliger Unternehmen mitgefördert. Die Expansion nur noch partiell und der Tendenz nach immer weniger nationaler Konzerne kann aber nur auf kurze Frist Arbeitsplätze und Steuerleistungen stabilisieren. Denn die Internationalisierung heißt ja auch die Erzeugung erneuten und vermehrten Drucks auf den eigenen Arbeitsmarkt, ausgelöst nicht zuletzt durch die vom selben Unternehmen – mit Staatshilfe – erschlossenen Arbeitsmärkte draußen. Bei der Herstellung der Konkurrenzfähigkeit bestimmter Industrien geht es nicht mehr unzweideutig um die Förderung nationaler Wohlfahrt, sondern um die Konkurrenzfähigkeit von noch national ausgeflaggten Unternehmen, die sich mehr oder weniger schnell aus dem Nationalstaat herausbewegen müssen, um zu überleben. Und auch wo der Staat nur mit Subventionen für notleidende Industrien interveniert, ist sein Gewinnanteil prekär. Denn solche Subvention bedeutet immer zuerst Modernisierung, Rationalisierung und damit erst einmal Verminderung der Arbeitsbevölkerung, also Vermehrung von Enttäuschung, die sich nur auf den Staat zurückwenden kann.

Im europäischen Marktraum wird diese selbstschwächende Intervention der Staaten bis zur äußersten Konsequenz getrieben. So werden unter dem Gebot der Deregulation unrentable oder unterkapitalisierte Staatsunternehmen mit erheblichen Subventionen modernisiert – was zu einem heftigen Tauziehen mit Brüssel und anderen Mitgliedstaaten führt –, damit sie anschließend, in Form gebracht, sich besser privatisieren lassen. (Dabei sind die Regierungen heute zumeist nicht mehr in der Lage, die erzielten Einnahmen produktiv zu investieren, sondern müssen damit Haushaltslücken füllen.) Zweck und Folge der Privatisierung muß nicht zuletzt sein, mit Hilfe der privaten Eigentumsform Rationalisierungen leichter durchsetzen, also Arbeitsplätze reduzieren zu können. Der Staat, der das Unternehmen mit erheblichen Steuermitteln und gegen Druck von außen aufgerüstet hat, wird wenig später die sozialen Kosten direkt tragen müssen. Eine Illustration dafür bietet, abgesehen vom Sonderfall der deutschen Treuhand, die Air France, deren Sanierung zum Zwecke späterer Entnationalisierung vom französischen Staat vor allem gegen Großbritannien und Deutschland erkämpft werden mußte.

Was als Grenzfall erscheint, gehorcht nur der Systemlogik der europäischen Marktgemeinschaft. Durch marktgerechtes Verhalten, also zur Deregulierung - von Normen, staatswirtschaftlichen Elementen etc. - haben die Staaten das mögliche zu tun, um ihre Staatlichkeit zu mindern: Wo Staat war, soll Markt werden. Die Staaten sind in die ökonomischen Prozesse wie nur je involviert, müssen mit der Kraft aller ihrer Ressourcen - an Finanzmitteln, an Legitimität - Markthindernisse beseitigen, aber sie bekommen immer weniger zurück, um ihre Ressourcen zu erneuern. Insbesondere bleibt ihnen die immer größere Last des Sozialen, die auch durch das Gedeihen des Marktes nicht erleichtert wird. Soviel der Markt und die an ihm partizipierenden oberen zwei Drittel der Gesellschaft gewinnen, die Staaten legen immer zu. Wie sie, um die Marktentfaltung durch Marktregulierung zu schützen, selber ihre Integrationskraft schwächen müssen, zeigt das Beispiel von rebellierenden Fischern und Bauern, die von ihren Regierungen mit dem Einsatz von Gewaltmitteln niedergehalten werden müssen. Auch dies ein Grenzfall zwar, doch durchaus in der Entwicklungslogik einer Marktordnung, die den Staaten zumuten darf, ihre Subjekte zu verkürzen, ohne daß sie sich dabei auf das nationale Wohl, das Solidaritätsopfer verlange, berufen können. Der Staat, mehr und mehr ins gemeinsame Marktrecht eingebunden, muß also noch einmal das Gewaltmonopol hervorholen, um seine eigene Entäußerung zu bekräftigen.

Die ständige Schwächung der Staaten hat diese seit der Mitte der achtziger Jahre schneller als in den ersten Jahrzehnten der Marktgemeinschaft zugetrieben, bis hin nach Maastricht. Heute nun, da die Dynamik des europäischen Marktes, voll geöffnet wie ausgeliefert den Weltfinanzmärkten, sich erst richtig entfaltet, haben die Staaten offensichtlich keine ausreichende Kraft mehr, ihre politische Union zu bewerkstelligen. Der Markt braucht diese Union auch nicht, nicht einmal die gemeinsame Währung. Denn das bedeutete ja, daß der Markt sich anders legitimieren müßte als durch bloße Vermehrung und Verdichtung der Marktbeziehungen; und daß er auf Ressourcen angewiesen wäre, für die er Gegenleistungen - zumal in der Garantie sozialer Stabilität - aus eigener Kraft erbringen müßte. Das aber steht nicht in Aussicht. Die Bestände an Staatlichkeit, also an Kraft zur inneren Zwingung, an Legitimität, an Rechtsgewalt, scheinen noch immer so groß, daß der Markt von ihnen zehren kann, ohne viel wiedergeben zu müssen.

Das stärkste Indiz dafür ist, daß das sogenannte soziale Europa noch lange nicht ins ernsthafte politische Kalkül gezogen werden muß. Das bedeutete eine gemeinsame Rechtsordnung, die an erster Stelle den Konflikt zwischen Arbeit und Kapital europäisch regulierte, also Gewerkschaften und Unternehmer in kompatible Schlachtordnungen rangierte. Dazu gehörte unvermeidlich eine Harmonisierung, später eine Europäisierung der sozialen Sicherungssysteme und in der Folge auch der Sozialpolitiken. Hier im Sozialstaat liegt, neben der Bewahrung des inneren Gewaltmonopols und der Rechtsorganisation, weiterhin der Kernbezirk der Staaten. An ihm nagen immer hartnäckiger die Marktkräfte, die eine Deregulierung der Sozialpakte fordern (in Deutschland der Tarifautonomie und der Mitbestimmungsordnung) und die hohe Verrechtlichung der Arbeitsbeziehungen und der Garantien für die soziale Sicherheit reduziert sehen möchten. Ihre eindrucksvollen Drohmittel - Investitionsverzicht, Standortflucht und dergleichen - können jedoch die Staaten nicht dazu veranlassen, sich durch Zusammenschluß und Solidarität innerhalb einer europäischen Ordnung zu wehren. Und alle werden doch, festgehalten in ihrer schwerfälligen Sozialstaatlichkeit, gegeneinander ausgespielt, müssen sich zum Wettlauf um Vorteile durch schnelle Deregulation treiben lassen. Dabei sind die Angebote, die die Marktkräfte den Staaten für die Deregulierung der sozialstaatlichen Institutionen machen können, heute gar nicht mehr so verlockend. Denn für das wichtigste Legitimationsbrot, die Garantie von Arbeitsplätzen, können sie eben nicht einstehen.

Freilich liegt in den sozialstaatlichen Ordnungen auch die Besonderheit der Staaten, sie sind ein unentbehrliches Element ihrer Individualität. Vor allem die Regeln und die rechtlichen Hegungen des sozialen Konflikts gehorchen so unterschiedlichen Organisationsprinzipien der jeweiligen Staaten, daß an ihre Harmonisierung in einem Sozialeuropa schwerlich zu denken ist. Die korporatistisch eingebundenen Gewerkschaften Deutschlands und Österreichs werden sich kaum mit den noch immer politischen und systemkritischen Gewerkschaften Frankreichs oder Großbritanniens in einem gemeinsamen Gefüge zusammenfinden können, um den Konflikt mit der nicht minder diffusen und heterogenen Unternehmerschaft ihrer Länder zu organisieren. Und kann der industrielle Konflikt nicht europäisch institutionalisiert werden, dann auch nicht die Sozialpolitiken der Staaten. Ist aber das Sozialeuropa nicht zu errichten, dann ist auch die Klage um das Demokratiedefizit größtenteils gegenstandslos, solange damit ein repräsentatives parlamentarisches System gemeint ist. Denn wie sollten sich politische, das heißt entzweiungsfähige Formationen herausbilden, wenn ihnen der Konflikt zwischen Marktinteressen und Sozialstaat entzogen bleibt? Alles übrige, von den Bildungs- bis zu den Gesundheitssystemen, hängt letzten Endes daran, läßt sich auf parlamentarische Weise nicht politisieren, wenn der soziale Konflikt mit Hilfe Markt-Europas immer mehr entpolitisiert wird.

Es gibt einstweilen keinen noch so weit entfernten Punkt in der Zukunft, für den sich heute auf ein politisch organisiertes Europa und eine politische Gesellschaft der Europäer hoffen ließe. Das verlangte, daß die verwelkenden Staatlichkeiten der Nationen in eine erneuerte demokratische, also herrschaftliche Ordnung überführt, in ihr aufgehoben werden könnten. Daran mag, kann aber auch niemand denken. So werden die Staaten weiter zusehen, wie sie mit ihrer politischen Legitimität die ständige Erweiterung des Marktes alimentieren und damit das Schrumpfen der eigenen Substanz. Dieser Prozeß ist offensichtlich unumkehrbar, daran ändern auch gelegentliche nationale Rebellionen, Verweigerungen und Stillstellungen der marktpolitischen Prozesse der Gemeinschaft nichts. Es könnte sich ja auch kein Land vorübergehend vom Markt entfernen und für sich die weitere Integration anhalten, um so besser seine inneren Angelegenheiten zu ordnen, etwa sozialpolitische Reformen oder die energische Modernisierung von Teilsystemen, zum Beispiel des Gesundheitswesens, zu betreiben. Selbst wenn die Europa-Legalität dies zuließe: Allen Staaten mangelt seit langem die Kraft, an ihren Institutionen noch Veränderungen vorzunehmen, die sich als Reform bezeichnen ließen. Und selbst im hypothetischen Fall, daß eine Regierung zu einer beträchtlichen Modernisierung, etwa auf dem Gebiet der Bildung oder des Umweltschutzes, den Mut fände, den größeren Gewinn daraus würde schon auf mittlere Frist der Markt erzielen, den kleineren der nationale Staat. Alle heute denkbaren Modernisierungen und Reformen sind Rationalisierungen, die zwangsläufig auf den internationalen Markt gerichtet sind. Nur tritt eben die Versuchung zur Reform nationaler Institutionen schon nicht mehr auf - aus denselben Gründen, die eine wahrhaft politische Politische Union Europas verhindern.

Europa selber ist zur Fatalität geworden. Ein Denken, das auf europäische Weise politisch sein wollte, kann sich mit ihm konstruktiv nicht beschäftigen. Deswegen wird es auch mehr und mehr unterlassen. Diejenigen, die es trotzdem versuchen, kommen nicht um den Selbstvorwurf umhin, sie unterstützten noch den um sich greifenden Defätismus.

Die Blockierung des politischen Europas durch die für alle so nutzbringende Marktorganisation mögen die Deutschen zur Erklärung ihres Zauderns anführen - wenn sie nur darauf kämen! Entlasten könnten sie sich damit freilich nur in ihrer Unentschiedenheit zu Europa, nicht entschuldigen könnten sie sich in ihrer Unentschiedenheit zu sich selbst. Im Gemeinsamen Markt unter dem alten Weltregime machte es nicht viel aus, daß sie die großen politischen Toren Europas bleiben wollten. Das erlaubte ja auch den übrigen Europäern, sich aus den eigenen nationalen Borniertheiten herauszuarbeiten, indem die Deutschen nicht mehr dazu taugten, dauerhafte Ressentiments an ihnen wachzuhalten. Aber das ist nun abgeschlossen, und die Deutschen können nicht länger in ihrer Unschuldsrolle verharren.

Die neue Lage mutet den Deutschen sogar etwas zu, was sonst niemand in Europa leisten kann: Nicht wie die anderen in einer nationalen Vergangenheit befangen und einem demokratischen Nationalmythos verpflichtet, können die Geschichts- und Mythoslosen deutlicher als alle anderen aussprechen, was ist. Niemand könnte so überzeugend klarmachen wie die Deutschen, was alle Nationen zu verlieren haben und mit Sicherheit verlieren werden, wenn sie sich dem Staat Europa länger verweigern. Von nationaler Identität nachhaltig befreit und unverdächtig, können sie vor Augen führen, daß das Festhalten am Nationalen im Sinne des 19. Jahrhunderts nur die Drift in den Provinzialismus beschleunigt, die zum Fetisch gewordene Identität erst recht nicht retten kann und der kulturellen Amerikanisierung vollends die Wege öffnet. Und Amerikanisierung heißt umgekehrt, da sie unter dem Gesetz des internationalisierten Kapitals stattfindet, unweigerlich Provinzialisierung. Also das Gegenprinzip zum Universalismus der europäischen Demokratie, die nur im Staat lebendig sein kann. Der Zumutung, dies zu begreifen, werden die Deutschen vermutlich nicht gewachsen sein.

Konrad Seitz

Deutschland und Europa in der Weltwirtschaft von morgen

Partner in der Triade oder Kolonie?

»Amerika hat sich der Globalisierung des Wettbewerbs angepaßt. Europa wird zu dieser Anpassung voraussichtlich nicht fähig sein, es hat seine Zukunft hinter sich. Amerika muß sich endlich dahin orientieren, wo die Zukunft ist: Asien.«
Vizefinanzminister Roger Altman auf dem Treffen des United States Business Council, Oktober 1993 in Williamsburg

Krisenzeichen in den achtziger Jahren

Westmoreland/Pennsylvania, 14. Juli 1988: Im Volkswagenwerk der amerikanischen Kleinstadt lief der letzte in den USA gebaute Golf vom Band. Ein ruhmreiches Kapitel deutscher Industriegeschichte ging zu Ende. Bereits Anfang der fünfziger Jahre war Volkswagen als erster ausländischer Automobilhersteller in den für uneinnehmbar gehaltenen amerikanischen Markt vorgestoßen. Der Käfer führte den Kleinwagen als neuen Autotyp in Amerika ein und etablierte den Ruf der deutschen Industrie für verläßliche Qualität. In seinen Glanzzeiten, den späten sechziger Jahren, exportierte Volkswagen 500000 Autos in die USA und hatte einen Anteil von 5 Prozent am US-Markt und von zwei Dritteln an den Autoimporten. Volkswagen wurde zum Symbol des deutschen Wirtschaftswunders. 1978 gründete Volkswagen dann das Werk in Westmoreland, das auf dem Höhepunkt über 200000 Rabbits (wie der Golf in Amerika hieß) produzierte. Jetzt schloß es still seine Tore. Nach Renault verließ der letzte europäische Automobilhersteller Amerika – geschlagen von den Japanern. Volkswagen wollte den amerikanischen Markt künftig von Deutschland, Mexiko und Brasilien aus beliefern. Doch mit Exporten läßt sich ein Markt gegen die an Ort und Stelle produzierenden Japaner nicht halten. Hatte Volkswagen 1987 noch einen Anteil von 4,5 Prozent am US-Markt, so war dieser Anteil bis 1993 auf 0,5 Prozent gesunken. Volkswagen exportierte gerade noch 50000 Autos in die USA. Das einst bekannteste ausländische Auto in Amerika war zum Exoten abgesunken.

Präsent in Amerika waren Ende der achtziger Jahre nur noch deutsche Automarken der Ober- und Luxusklasse. Doch auch hier waren die Japaner längst im Angriff. Schon Ende 1985 führte Honda seine Oberklassemodelle der Acura-Reihe auf dem US-Markt ein, und bereits 1989 setzten die Acura-Händler mit 150000 Wagen fast ebensoviele Autos ab wie Mercedes, BMW und Audi zusammengenommen. Der Acura verdrängte Mercedes von der Spitzenposition in der Qualitätsliste. Honda setzte darauf Großanzeigen in die Zeitungen: »Honda begrüßt den Gewinner des zweiten Platzes.« Auf dem Markt der Sportwagen führte der Vorstoß der Honda-, Toyota- und Nissanmodelle zu einem wahren Zusammenbruch der Porscheverkäufe. Hatte Porsche in den USA, seinem Hauptmarkt, 1986 noch 30000 Wagen abgesetzt, so waren es 1990 nurmehr 9000 und 1991 5000. Der Absatz drohte auf ein Niveau zu fallen, bei dem sich ein Händlernetz nicht mehr aufrechterhalten läßt.

Jedoch der eigentliche japanische Angriff kam erst. Im Herbst 1989 führten Toyota mit dem Lexus und Nissan mit dem Infiniti Modelle ein, die direkt auf die Luxusklasse von Mercedes und BMW zielten. Bereits 1991, wenig mehr als ein Jahr später, war der Lexus der meistverkaufte ausländische Luxuswagen in Nordamerika. Der Absatz von Mercedes und BMW in den USA ging steil zurück. Pessimistische Prognosen prophezeiten, daß nach Verdrängung der europäischen Massenhersteller aus Nordamerika nun auch die Luxuswagenhersteller in die Nische der superteuren Modelle zurückgedrängt würden.

Die Krise der deutschen Automobilhersteller in den USA war symptomatisch für den Niedergang der Wettbewerbsfähigkeit der deutschen Industrie insgesamt. Für zwei Jahrzehnte, von Mitte der fünfziger bis Mitte der siebziger Jahre, hatte die deutsche Industrie die Märkte der Welt beherrscht. Hohe Handels- und Leistungsbilanzüberschüsse legten davon Zeugnis ab. Doch dann ging die Party zu Ende. Die deutsche Industrie trat weltweit vor den anstürmenden Japanern den Rückzug an, zuerst in Asien, dann in Nordamerika. Anfang der achtziger Jahre erlitt die Bundesrepublik die ersten Leistungsbilanzdefizite seit dem wirtschaftlichen Wiederaufbau. In der zweiten Hälfte der achtziger Jahre kam es dann noch einmal zu einer trügerischen Erholung. Die starke Aufwertung und Überbewertung des Dollar (im Frühjahr 1985 stieg der Dollar bis auf 3,40 DM) und der Wachstumsschub in Europa, den die Ankündigung des Einheitlichen Marktes auslöste, ließen die deutschen Exportüberschüsse steil ansteigen. Die Deutschen überholten sogar die Amerikaner im Weltexport und feierten sich als »Exportweltmeister«. Doch 72 Prozent der Exporte gingen in den westeuropäischen Binnenmarkt und weitere 5 Prozent nach Osteuropa und in die Sowjetunion. In den USA, dem größten Markt der Welt, setzte die deutsche Industrie nur gut 7 Prozent und im pazifischen Asien, dem neuen Wachstumszentrum der Welt, nur gut 6 Prozent ab. Deutschland war eine Wirtschaftsmacht in Europa, aber nicht eine *globale* Handels- und Investitionsmacht.

Zu Beginn der neunziger Jahre ist die deutsche Leistungsbilanz nun wieder in Defizite zurückgesunken, und dieses Mal wahrscheinlich für längere Dauer. Der deutsche Anteil an den Weltexporten fiel zwischen 1990 und 1993 von 12 Prozent auf 9,7 Prozent zurück. 1991 überholten uns die Amerikaner, 1993 die Japaner, wenn auch mit winzigem Vorsprung.[1]

---

[1] Zahlen nach IMF, Stand Juli 1994. Das deutsche Statistische Bundesamt dürfte allerdings die deutschen Exportzahlen für 1993 noch nach oben korrigieren, dann würde Deutschland wieder vor Japan rücken.

1993: Die Rezession

In Deutschland selbst fanden die Einbrüche der Industrie auf den Weltmärkten zunächst kaum Beachtung. Der Wiedervereinigungsboom überdeckte alle Krisensymptome. Seit Mitte 1992 aber geriet auch die deutsche Wirtschaft, wie vor ihr die Wirtschaft der USA und des übrigen Westeuropas, in eine Rezession. Und nun brachen die Probleme mit voller Wucht auf.

Der Volkswagenkonzern meldete für 1993 einen Verlust von über 1,9 Milliarden DM. Der Daimler-Konzern konnte zwar in der nach deutschem Recht aufgestellten Bilanz noch einen kleinen Jahresüberschuß ausweisen, das nach amerikanischen Regeln berechnete Jahresergebnis dagegen war mit über 1,8 Milliarden nicht minder in den roten Zahlen. Daimler kündigte für den Zeitraum 1992 - 1995 einen Stellenabbau von 20 Prozent an, Volkswagen hielt die Reduzierung der Arbeitsplätze - vorerst - geringer, indem es eine Vier-Tage-Woche einführte; die Belegschaft trägt die Hälfte der Kosten durch eine Senkung der Jahreseinkommen. Die Automobilhersteller zogen die Zulieferindustrie mit sich in die Krise. In der Kugellager-Stadt Schweinfurt ging 1993 jeder sechste Industriearbeitsplatz verloren, die Arbeitslosigkeit in der fränkischen Kleinstadt kletterte auf 20 Prozent.

Der Maschinenbau, die deutsche Paradebranche, verlor in den drei Jahren 1991 bis 1993 ein Fünftel seines Umsatzes. In Westdeutschland gingen 200 000 Arbeitsplätze, in Ostdeutschland 400 000 verloren.

Besonders hart wurde der Werkzeugmaschinenbau, die »Industrie der Industrie«, getroffen. Die Produktion brach hier regelrecht zusammen und fiel um 40 Prozent von 16,5 Milliarden DM im Jahre 1990 auf 10 Milliarden DM 1993. Die beiden großen Standardmaschinen-Hersteller Maho und Deckel suchten sich durch Fusion zu retten. Im Juni 1994 ging die Deckel-Maho AG in Konkurs, der gemeinsame Umsatz, der 1990 1,35 Milliarden DM betragen hatte, war im Geschäftsjahr 1993/94 auf 340 Millionen geschrumpft, der Verlust betrug 150 Millionen. Der dritte große Volumen-Hersteller, die Bielefelder Firma Gildemeister, selbst aufs schwerste angeschlagen, versucht die Produktion weiterzuführen.

Auch wenn die Krise der japanischen Werkzeugmaschinenhersteller wegen des starken Einbruchs des nationalen Marktes kaum weniger groß war, so stießen doch die Japaner auf den Weltmärkten weiter vor - und dies trotz einer Aufwertung des Yen um 50 Prozent gegenüber der DM. 1993 verlor der deutsche Werkzeugmaschinenbau seinen Spitzenplatz im Weltexport. Während die Japaner ihren Anteil an den Weltexporten um 5 Prozent auf 25 Prozent steigerten, ging der deutsche Anteil um 4 Prozent auf 23 Prozent zurück. Hier rächte sich die Eurozentriertheit der Deutschen, die 87 Prozent ihres Umsatzes in Europa erzielen.

»Wir schreiben das Jahr 2000: die Japaner beherrschen den Weltmarkt für Werkzeugmaschinen, die deutschen Anwender-Industrien, von der Autoindustrie bis zum Flugzeugbau, müssen ihre Neuentwicklungen mit den japanischen Werkzeugmaschinenbauern absprechen« - so lautete das Schreckensszenario, das der Verein Deutscher Werkzeugmaschinenfabriken (VDW) 1993 warnend an die Wand malte.

Die Rezession erfaßte auch die dritte große deutsche Industrie, die Elektrotechnik, und brachte hier das Aus für einen der ehemals ruhmreichsten deutschen Konzerne: die AEG. Noch zu Beginn der siebziger Jahre war die AEG Rivale von Siemens. Anfang der achtziger Jahre mußte sie dann Vergleich anmelden und wurde einige Zeit später vom Daimler-Konzern übernommen. Doch auch mit den Milliarden von Daimler gelang die Sanierung nicht. Um die Verlustlöcher zu stopfen, verkaufte die AEG, oft zu Schleuderpreisen, einen Unternehmensteil nach dem anderen. Nun, Ende 1993, wurde die Rest-AEG als »Unternehmensbereich AEG Daimler-Benz Industrie« in den Daimler-Konzern eingegliedert. Schon vorher, 1992, war die AEG-Tochter Olympia untergegangen, deren Schreibmaschinen einst weltbekannt gewesen waren; sie hatte niemals den Übergang von der mechanischen Bürotechnik in die Elektronik gemeistert.

In eine existenzgefährdende Krise geriet auch Grundig, lange eine der erfolgreichsten Firmen der Nachkriegszeit. Inzwischen von der holländischen Philips kontrolliert, wies sie für 1992 und 1993 Verluste von insgesamt 600 Millionen DM aus. Führende Marke auf dem deutschen Unterhaltungselektronikmarkt war längst Sony.

Ernste Schwächen deckte die Rezession schließlich auch bei der deutschen Chemieindustrie auf, die die größte Chemieindustrie der Welt ist und als einzige deutsche Industrie eine globale Präsenz hat. Doch auch hier ist die Preiswettbewerbsfähigkeit auf den Weltmärkten gefährdet. Viele Basisprodukte lassen sich am Produktionsstandort Deutschland nicht mehr zu wettbewerbsfähigen Kosten herstellen.

Die Standortdiskussion beginnt

Dies, so wurde den Deutschen bewußt, war nicht eine normale zyklische Rezession, bei der alles wieder ins Lot kommt, sobald der Wiederaufschwung da ist. In dieser Rezession kam vielmehr eine Strukturkrise auch der westdeutschen Wirtschaft an die Oberfläche, deren Ursachen weit in die Vergangenheit zurückreichten. Seit zwanzig Jahren war die Arbeitslosigkeit von Zyklus zu Zyklus angestiegen; das Wirtschaftswunder, das an der Oberfläche weiterzulaufen schien, hatte aufgehört, Vollbeschäftigung zu schaffen.

Registrierte Arbeitslose in Westdeutschland
Millionen Personen

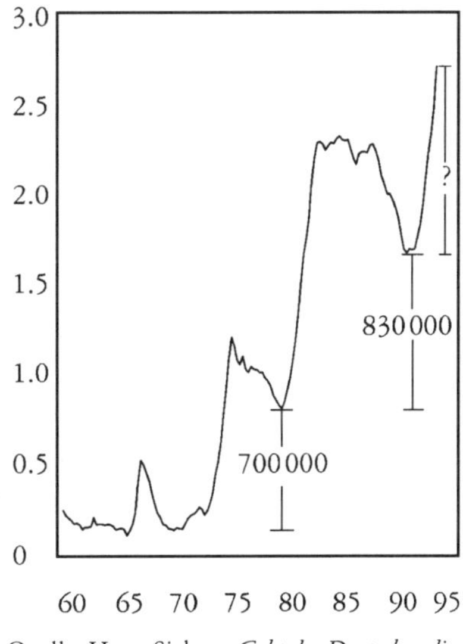

Quelle: Horst Siebert, *Geht den Deutschen die Arbeit aus?* München: Bertelsmann 1994.

Zu Beginn 1994 waren in Westdeutschland laut amtlicher Statistik 2,7 Millionen Menschen arbeitslos – gegenüber 150 000 im Jahr 1970. Doch selbst diese Zahl schönte noch die Wirklichkeit. Denn zu den registrierten Arbeitslosen müßte man die verdeckt Arbeitslosen hinzurechnen: die Beschäftigten in Arbeitsbeschaffungsmaßnahmen, die Teilnehmer an Qualifizierungskursen, die Umschüler und nicht zuletzt die vorzeitig in den Ruhestand Geschickten.

Und weiter: Die Arbeitslosigkeit ist ein Problem, das es so nur in Deutschland (und Westeuropa) gibt. Wenn die sieben Wirtschaftsmächte auf dem Gipfeltreffen in Neapel im Juli 1994 die Arbeitslosigkeit zu ihrem gemeinsamen Problem erklärten, so war dies eine Gefälligkeit der Japaner und Nordamerikaner gegenüber den vier europäischen Regierungen. In Japan liegt die Arbeitslosigkeit auf Vollbeschäftigungsniveau, sie schwankt langfristig zwischen 2 und 3 Prozent. In den USA, wo die Arbeitslosigkeit in den siebziger Jahren noch höher war als in Europa, ist sie seither auf 6 Prozent gesunken, was unter den amerikanischen Verhältnissen ebenfalls dem Vollbeschäftigungsniveau nahekommt.

Die Lohnkosten sind es nicht allein

Eine Strukturkrise also – doch wo liegt der Strukturfehler? Unternehmer und Regierung sind sich einig: Ursache allen Übels sind die hohen Belastungen der Unternehmen – die hohen Arbeitskosten, die hohen Steuern und Abgaben und die jede Initiative erdrosselnde staatliche Überreglementierung der Wirtschaft. Die Deutschen, so kann man den Kern der Standortdiskussion zusammenfassen, leisten sich die höchsten Löhne und haben dafür die kürzesten Arbeitszeiten; sie zahlen die höchsten Unternehmenssteuern und tragen die schärfsten Umweltauflagen; sie haben die kürzesten Maschinenlaufzeiten und die längsten Genehmigungsverfahren. All dies ist richtig. Doch ist es schon die ganze Wahrheit? Blicken wir, für eine erste Antwort auf diese Frage, auf die folgende Tabelle.

Leistungsvergleich zwischen Autoherstellern in Japan, Nordamerika, Westeuropa
Großserien-Hersteller 1989 (Durchschnitt der Fabriken je Region)

	japanische Werke in Japan	japanische Werke in Nordamerika	amerikanische Werke in Nordamerika	europäische Werke
Produktivität (Stunden/Auto)	16,8	21,2	25,1	36,2
Qualität (Defekte/ 100 Autos)	60,0	65,0	82,3	97,0
Arbeitsmoral (Abwesenheit in %)	5,0	4,8	11,7	12,1

Quelle: *The Machine That Changed the World*

Die Tabelle ist enthalten in einem Buch, das mittlerweile zur Bibel der europäischen Manager geworden ist. Es beschreibt das System der »schlanken Produktion«, mit dem die Japaner das bis dahin gültige Fordsche Massenproduktionssystem revolutionierten.[2] Von Toyota in den fünfziger und sechziger Jahren entwickelt, breitete es sich in Japan auf die gesamte verarbeitende Industrie aus und wurde zur Grundlage des phänomenalen japanischen Wirtschaftsaufstiegs.

Die Tabelle zeigt, daß die durchschnittliche europäische Autofabrik für die Montage eines Autos mehr als doppelt so viele Arbeitsstunden aufwendet wie die durchschnittliche japanische Fabrik. Die europäischen Autos haben darüber hinaus um 60 Prozent mehr Defekte als die japanischen.

Das Buch gibt Durchschnittszahlen nur für die europäischen Volumen-Hersteller zusammen, es nennt keine einzelnen Firmen. Dennoch bleibt es kein Geheimnis, daß deutsche Hersteller an der Spitze der »Unproduktivität« stehen. Von einem deutschen Hersteller der Luxusklasse heißt es an anderer Stelle in dem Buch, er erreiche als einziger Europäer japanische Qualität. Aber er erreiche sie nur durch einen ungeheuren Arbeitsaufwand: Ein Drittel der gesamten Montagezeit entfalle auf die Nachbesserung, also die Reparatur der Fehler, die bei der Montage am Band entstanden sind. Der Hersteller brauche so mehr Arbeitsstunden zur Beseitigung der Fehler als Toyota braucht, um sein Luxusmodell, den Lexus, fehlerfrei zu montieren.

Die Erklärung für die krassen Produktivitäts- und Qualitätsunterschiede liegt in einer anderen Organisation der Arbeit. Im Toyotasystem stehen, anders als in der Fordschen Massenproduktion, am Fließband nicht ungelernte, demotivierte Arbeiter, sondern vielseitig ausgebildete, hochmotivierte Teams, die einen ganzen Satz von Montageschritten übernehmen und ihre Arbeit eigenverantwortlich organisieren. Dies macht die Heerscharen von indirekten Arbeitern, die im Massenproduktionssystem üblich sind, überflüssig: die Nachbesserer (denn das Toyotasystem produziert fast fehlerfrei), die Springer, die für abwesende Arbeiter einspringen, die Vorarbeiter, die die Bandarbeiter überwachen, die Reparateure, die die Werkzeuge warten, usw. Die Managementkunst besteht darin, solche hochmotivierten Teams, die sich mit dem Unternehmen identifizieren, zu schaffen. Grundlage ist eine völlige Neugestaltung des Verhältnisses Management-Arbeiterschaft. Womack und seine Mitautoren haben dem Toyotasystem den Namen »schlanke Produktion« gegeben, weil es von allem weniger braucht. Wollte man das System nach seinem Wesen beschreiben, könnte man von »engagiertem Produzieren« sprechen.

Die schlanke, engagierte Produktion ist der europäischen Massenproduktion haushoch überlegen. Sie ist ferner auch Voraussetzung, um Roboter effizient einzusetzen und flexibel automatisierte Fertigungssysteme aufbauen zu

---

2 James Womack/Daniel Jones/Daniel Roos, *The Machine That Changed the World.* New York: Rawson Associates 1990. In Deutschland ist das Buch 1991 bei Campus in Frankfurt erschienen unter dem Titel *Die Zweite Revolution in der Autoindustrie;* dieser Titel macht nicht deutlich, daß das neue Produktionssystem nicht nur die Autoindustrie, sondern die Industrie insgesamt revolutioniert.

können. Auch hier liegt Japan deshalb allen westlichen Ländern weit voraus. 1993 standen in japanischen Fabriken 370000 Roboter, in den USA 52000, in Deutschland 43 700. Von dieser Roboterlücke ist in Deutschland nicht die Rede. Und doch zeigt sie an, wie Japan mittlerweile einen Industrieapparat und ein Produktionssystem geschaffen hat, das demjenigen Deutschlands und Amerikas an Modernität um Jahre voraus ist. Die Leichtigkeit, mit der Japan 1986 mit der dramatischen Aufwertung des Yen gegenüber dem Dollar um fast 100 Prozent fertig wurde, und die derzeitige Erfahrung, daß auch eine erneute steile Aufwertung, die den Dollar unter die Parität von 100 Yen sinken ließ, die japanischen Exporte kaum zu drücken vermag, läßt etwas ahnen von der Überlegenheit des japanischen Produktionssystems.

Mit diesen Überlegungen aber kommen wir in eine ganz andere Sphäre als diejenige, in der sich die deutsche Standortdiskussion seit zwei Jahren bewegt. Daß wir mit den Lohnkosten maßhalten, daß wir vor allem die Arbeitszeiten und die Maschinenlaufzeiten flexibilisieren und den Wust an staatlichen Gesetzen und Verordnungen reduzieren müssen – all dies ist richtig und wichtig. Vielleicht würde es sogar ausreichen, wenn unsere Wettbewerber nur die anderen Westeuropäer wären. Gegen Japan und Amerika aber und zunehmend auch gegen die neuen Industrieländer Asiens kommen wir so nicht an. Hier muß sehr viel mehr geschehen. Und das erste, was geschehen muß, ist eine Neugestaltung unseres Produktionssystems. Jedoch auch dies genügt noch nicht, denn da ist ein zweites und noch einschneidenderes Strukturdefizit der deutschen und europäischen Wirtschaft.

Eine neue industrielle Revolution – doch wo bleiben die Deutschen?

Amerika und Japan sind in den achtziger Jahren in eine neue industrielle Revolution eingetreten, die sich seit dem Zweiten Weltkrieg mit den Kerninnovationen des Computers (1946: ENIAC) und des Transistors (1947) und dann der Gentechnik (siebziger Jahre) in Amerika vorbereitet hatte. Insgesamt treiben heute fünf neue Großtechnologien eine zweite industrielle Revolution voran: die Informationstechnik, die neue Biotechnik, die neue Werkstofftechnik, die neue Energietechnik, die Raumfahrttechnik. Eine sechste neue Schlüsseltechnik ist die Umwelttechnik. Bei ihr handelt es sich nicht eigentlich um eine Technologie, sondern um die Anwendung alter und neuer Technologien auf einen neuen Zweck: die umweltfreundliche Produktion, die Beseitigung der Abfälle und die Heilung eingetretener Umweltschäden. Aus diesem neuen Zweck entsteht mit der Umweltindustrie eine der weiteren Großindustrien des 21. Jahrhunderts.

Zusammen führen diese Technologien und Industrien in eine radikal neuartige Zukunft. Der Wandel in Wirtschaft, Gesellschaft, Politik und im täglichen Leben jedes einzelnen, den die zweite industrielle Revolution bringt, wird eher noch tiefgreifender sein als der Wandel, den die erste industrielle Revolution brachte. Die erste Revolution ging vor 200 Jahren von England aus. Doch wo bleiben heute die Europäer? Mustern wir die sechs Schlüsselindustrien durch, von denen die neue Revolution vorangetragen wird.

Erstens: Die informationstechnische Industrie ist bereits in voller Entfaltung und schon jetzt mit einem Hardware-Umsatz von über 1000 Milliarden Dollar die größte Industrie der Welt. Wir unterscheiden derzeit noch einzelne Teilindustrien: Halbleiter, Computer, Telekommunikation, Konsumelektronik, Industrieautomatisierung, Autoelektronik, Medizinelektronik. Aber diese Unterscheidung macht immer weniger Sinn. In allen Bereichen geht es um dieselben Grundfunktionen: die Verarbeitung, Speicherung und Übertragung von Information sowie ihre Darstellung auf einem Bildschirm. Überall also geht es um dieselben Basistechnologien: Halbleiter, Computer-Algorithmen, Glasfasern und Optoelektronik, Flachbildschirme, Micro-Manufacturing.

Weltklasse sind die Deutschen und Europäer nur in den vier zuletzt genannten Teilindustrien: in den kleineren, aber schnell wachsenden Feldern der Autoelektronik und Medizintechnik, in der Industrieautomatisierung und schließlich im wichtigsten Teilbereich der Telekommunikations-Hardware: der öffentlichen Nachrichtentechnik. Weit zurück liegen die Europäer dagegen in den drei zuerst genannten Teilindustrien: Bei integrierten Schaltkreisen haben die europäischen Hersteller selbst auf ihrem Heimmarkt nur einen Anteil von einem Drittel. Auf den Weltmärkten spielen sie mit 6 Prozent der Weltproduktion keine Rolle und sind bereits von Südkorea überholt. Bei Computern sind die Europäer nicht nur auf den Märkten abgeschlagen, sondern auch technologisch. »Die Europäer«, so stellen die amerikanischen Computerexperten Ferguson und Morris fest, »haben in keiner einzigen Computertechnologie eine Führungsposition. Sie sind zum größten Teil Vertriebsagenten für japanische oder amerikanische Unternehmen und gelegentlich, unter dem Deckmantel von ›Partnerschaften‹ mit Digital Equipment oder IBM, Subkontraktoren in der Fertigung.«[3] Dasselbe gilt für die neue Unterhaltungselektronik. Hier dominiert, ja monopolisiert Japan den Weltmarkt.

Die neuen ultraintegrierten Halbleiter-Bauelemente, die Computertechnologien, die optoelektronischen Elemente und die Flachbildschirme jedoch sind die leistungsbestimmenden Schlüsselkomponenten auch der Telekommunikation, der Industrieautomatisierung, der Autoelektronik und der Medizintechnik. Ein Europa, das hier nicht mithält, läuft Gefahr, auf Dauer auch jene Teilindustrien der Informationstechnik zu verlieren, in denen es jetzt noch stark ist. Andrew Grove, der Präsident von Intel, der innovativsten Halbleiterfirma der Welt, sagte bereits in den siebziger Jahren: »Die Halbleitertechnik ist die Technik, die zu anderen Techniken befähigt ... Das Risiko einzugehen, das 21. Jahrhundert mit einer zweitrangigen Halbleiterindustrie zu betreten, ist reine Narrheit.« Nun, die Europäer gehen nicht nur dieses Risiko ein; sie geben gleich auch noch die anderen Basistechnologien drein: die Computertechnik und die optoelektronischen Techniken der neuen Unterhaltungselektronik.

Folgenschwerer noch als der Rückstand in der Hardware-Produktion ist

[3] Charles Ferguson/Charles Morris, *Computer Wars*. New York: Random House 1993.

das Zurückbleiben in der Nutzung der Informationstechnik und der Produktion und dem Angebot an neuen Informationsdienstleistungen: Kommunikations-Mehrwertdienste, Datenbanken, Videospiele, Nutzung von Computer-Netzwerken, Multimedia und virtuelle Realität. Deutschland fällt auf dem Weg in die Informationsgesellschaft immer weiter hinter die USA und Japan zurück.

Zweitens: Während die Welle der Informationstechnik in steilem Anstieg ist, wird hinter ihr bereits eine zweite große Welle sichtbar: die neue Biotechnik. In ihrem Zentrum steht die Gentechnik, die »Informationstechnik des Lebens«. Auch sie ist eine Querschnittstechnik, die weite Bereiche der Wirtschaft und des Lebens verwandelt. Sie schafft eine neue Medizin und eine neue Pharmaindustrie. Sie schafft eine neue, höchst produktive Landwirtschaft. Sie transformiert die chemische Industrie in eine »sanfte« Industrie, die chemische Verbindungen nicht mit hohem Druck und hoher Temperatur erzwingt, sondern mit Hilfe von Mikroben oder von Enzymen, die als Biokatalysatoren wirken. Sie ist nicht zuletzt von kaum zu überschätzender Bedeutung für die neue Umweltindustrie. Die neue Biotechnik ist in Amerika entstanden und wird von Amerika dominiert. In Deutschland hat die Angst vor der Gentechnik das Entstehen einer biotechnischen Industrie bisher verhindert. Wo die Deutschen und die Europäer gentechnisch produzieren, da tun sie es in Amerika oder in Japan.

Drittens: Die neue Werkstofftechnik bedeutet, daß der Mensch nicht mehr von den Rohstoffen ausgeht, wie er sie in der Natur findet, sondern, gestützt auf das Verständnis der Atomstruktur der Materie, seine Werkstoffe selbst konstruiert. Schon jetzt sind diese »maßgeschneiderten« Werkstoffe oft Voraussetzung für die Entwicklung neuer Produkte. Wie die Gentechnik-Industrie ist auch die Industrie der neuen Werkstoffe erst am Beginn des Take-off. Sie hinterläßt also derzeit noch kaum Spuren in der Sozialproduktsrechnung. Doch dies wird sich ändern. Eine starke traditionelle Chemieindustrie sollte Deutschland eigentlich eine gute Ausgangsbasis in den neuen Werkstoffen geben. Doch dies ist nur zu einem Teil der Fall. Aus wichtigen Gruppen der neuen Werkstoffe zieht sich die deutsche Chemie sogar zurück: 1993 gab die BASF die Produktion von Kohlenstoffaser-Verbundwerkstoffen auf, und Hoechst reduzierte sein Engagement in den Hochleistungskeramiken. Es fehlt die Nachfrage, die Industrien, die die neuen Werkstoffe verwenden, sind – dies ist die bittere Realität – oft nicht in europäischer Hand.

Viertens: Neue Energietechnik. Wie die erste, so bringt auch die zweite industrielle Revolution den Übergang zu einem neuen Energiesystem. Von den fossilen Energien und der durch Atomspaltung gewonnenen Kernenergie geht es weiter zu neuen und erneuerbaren Energien: Sonnenenergie, Biomasse, Windkraft, Wellenenergie, geothermische Energie, Brennstoffzellen, Atomfusion. Deutschland ist in der Entwicklung und in der Produktion von Solarsilizium-Scheiben dank Siemens und Bayer Solar mit an der Spitze in der Welt, aber auch hier scheinen die Japaner in der Anwendung mit größerer Entschlossenheit voranzugehen und damit die Heimbasis zu schaffen für eine Eroberung der Weltmärkte.

Fünftens: In der Raumfahrt liegt Europa noch vor Japan – wenn auch weit hinter Amerika. Nun aber fehlen die Mittel, diesen Vorsprung zu halten.

Sechstens: Mit an der Spitze der Welt steht Deutschland in der Umwelttechnik, dank des Umweltbewußtseins von Öffentlichkeit und Politik und der strengen Umweltauflagen. Diese Auflagen allerdings sind ein zweischneidiges Schwert. Sie treiben die Umwelttechnologien voran und geben Deutschland eine führende Stellung. Aber wir können in der Umweltpolitik andererseits den übrigen Industrienationen nicht zu weit voraneilen, ohne unsere chemische Industrie und andere Industrien in ihrer Wettbewerbsfähigkeit zu gefährden.

Deutschland, so könnte man zusammenfassen, macht die zweite industrielle Revolution nur unzureichend mit. Der Amerikaner Bruce Nussbaum wies darauf schon 1983 hin: »Die Deutschen mögen es noch nicht wissen, aber ihre industrielle Basis ist im Zerfall begriffen. Deutschland errichtete über das letzte Jahrhundert hin die fortgeschrittensten Industrien in der Chemie, in der Elektrotechnik, im Automobilbau und im Maschinenbau. Aber heute ist es eine Nation, die den Wechsel von der Mechanik zur Elektronik, von der Chemie zur Biotechnik nicht schafft.«[4]

Von der Restrukturierung der klassischen Industrien in die soziale Krise?

Die deutsche (und europäische) Volkswirtschaft ist einem Unternehmen vergleichbar, das in seiner Angebotspalette auslaufende und reife Produkte hat, aber zu wenig Zukunftsprodukte, die das weitere Wachstum tragen könnten. Auslaufende Industrien sind: Kohle, Massenstahl, Standardschiffbau, Massentextilien. Sie sind seit Jahren in einem Schrumpfungsprozeß, der sich 1993 teilweise dramatisch beschleunigt hat.

Die reifen Industrien sind: Maschinenbau, Automobile, Elektrotechnik (nicht: Elektronik!), Chemie. Diese vier Industrien haben nach dem Krieg das Wachstum Deutschlands getragen und den deutschen Lebensstandard zu einem der höchsten in der Welt gemacht. Nun aber haben sie – am Produktionsstandort Deutschland – ihren Höhepunkt überschritten. An der Schwelle des 21. Jahrhunderts müßten jetzt neue Industrien die Stafette übernehmen. Doch sie fehlen, oder genauer: Sie sind auf vielen Feldern zu schwach, um gegen die übermächtige Konkurrenz der globalen amerikanischen und japanischen Unternehmen aufzukommen.

Die Rezession 1993 deckte die Strukturkrise der deutschen Wirtschaft erbarmungslos auf. Mit Verspätung wurden die Deutschen gewahr, daß sie nicht nur auf den Weltmärkten, sondern auf ihrem Heimmarkt selbst vor einer grundlegend veränderten Wettbewerbssituation stehen:

Bis in die siebziger Jahre hinein waren die USA und Westeuropa in den Industriegüterausfuhren praktisch unter sich. Amerika konzentrierte sich auf

---

[4] Bruce Nussbaum, *The World After Oil.* New York: Simon & Schuster 1983. Die deutsche Ausgabe ist 1984 bei Kindler in München unter dem Titel *Das Ende unserer Zukunft* erschienen.

die neuen Hochtechnologieindustrien, Europa baute die klassischen Industrien aus. Seit Mitte der Dekade begann dann die Konkurrenz der Japaner ernsthaft spürbar zu werden.

In den achtziger Jahren tauchten neue Industrieländer auf, in Asien und Lateinamerika. Die Japaner begannen, sich auf die Produkte in den oberen Preissegmenten zu konzentrieren: auf Automobile der Ober- und Luxusklasse und auf anspruchsvolle Investitionsgüter. Die deutsche Industrie sah sich in ihren bisherigen Domänen einem frontalen Angriff gegenüber. Die neuen Industrieländer Asiens und Lateinamerikas andererseits drangen in die Märkte der Standardprodukte des Maschinenbaus, der Elektrotechnik, des Automobilbaus und der Chemie ein. Diese Entwicklung steht erst am Anfang. Der Konkurrenzdruck aus diesen Ländern mit ihren im Vergleich zu Deutschland niedrigen Löhnen wird ständig und beschleunigt zunehmen. Korea ist bereits heute der fünftgrößte Automobilproduzent der Welt, aber auch Mexiko, Brasilien, Malaysia, Indien haben begonnen, billige Automobile zu exportieren.

In den neunziger Jahren entstehen nun mit der Öffnung der mittel- und osteuropäischen Staaten neue industrielle Standorte direkt vor Deutschlands Haustür. Ihre Trümpfe im Wettbewerb sind: niedrige Lohnkosten, gutausgebildete, motivierte und flexible Arbeitskräfte, Nähe zum westeuropäischen Markt. Der Aufbau moderner Fabriken in diesen Ländern, vielfach durch die Deutschen selbst, ändert die Wettbewerbsbedingungen für den Standort Deutschland erneut auf einschneidende Weise.

Die deutsche Industrie reagiert auf die neue Wettbewerbssituation mit einer massiven Umstrukturierung, ganz so wie es die amerikanische Industrie in den achtziger Jahren unter dem Druck des japanischen Wettbewerbs getan hatte: Die Unternehmen gehen vom Massenproduktionssystem auf das japanische System der »schlanken Produktion« über. Sie verlagern, in einer zweiten Aktion der Kostensenkung, arbeitsintensive Produktionen nach Osteuropa und Asien. Und sie überwinden ihre Eurozentriertheit und bauen mit Fabriken in Nordamerika und Ostasien eine globale Präsenz auf. Die Gewerkschaften stimmen Lohnabschlüssen zu, die auf Einfrieren oder sogar auf Senkung der realen Nettoeinkommen der Arbeitnehmer hinauslaufen. Die Wirtschaftspolitik der Regierung schreibt Deregulierung, Privatisierung, schlanke Verwaltung auf ihre Fahne, auch wenn den Worten die Taten bisher nur langsam folgen.

Die Resultate der Restrukturierung der klassischen Industrien sind dramatisch, viele Unternehmen melden Produktivitätssprünge von zwanzig, dreißig Prozent und mehr. Nur zu deutlich ist jedoch auch die Kehrseite: der massive Abbau von Arbeitsplätzen. Ein McKinsey-Team hat eine hypothetische Rechnung angestellt: Unter der Annahme, daß die deutschen Unternehmen jeweils die Produktivität der weltweit besten Fabriken erreichen, könnte der Maschinenbau sein heutiges Produktionsvolumen mit 40 Prozent weniger Beschäftigten erzeugen, der Automobilbau sogar mit 45 Prozent weniger, die Chemie mit 30 Prozent weniger. Insgesamt könnte die deutsche Wirtschaft ihr gegenwärtiges Produktionsvolumen mit 24 Millionen Beschäftigten erzeugen, dies entspräche einer Arbeitslosenquote von 38 Prozent.

Der gleiche Prozeß der Restrukturierung, der Rücknahme sozialer Leistungen, der Deregulierung und Privatisierung spielt sich heute in allen Ländern Westeuropas ab. Es gibt wenig Zweifel, daß dieser Erneuerungsprozeß die Preis-Wettbewerbsfähigkeit der europäischen Industrie wiederherstellen wird. Was die technologische Wettbewerbsfähigkeit betrifft, gibt es in den klassischen Industrien ohnehin keine Probleme. Westeuropa ist hier nach wie vor führend in der Welt. Keine andere Region hat eine vergleichbar große Produktpalette. Diese ist nicht zuletzt den kleinen und mittleren Unternehmen, insbesondere Deutschlands und Italiens, zu verdanken, die mit hochentwickelten und auf den Kunden zugeschnittenen Produkten weltweit Nischenmärkte besetzen.

Jedoch, die Deutschen und Westeuropäer überwinden die Krise der klassischen Industrien, indem sie eine andere Krise heraufbeschwören: eine Krise der Arbeitslosigkeit, die sich ständig weiter zu verschärfen droht und am Ende zur Gefahr für die soziale und politische Stabilität werden müßte. Neue Arbeitsplätze zu schaffen, wird damit zu einer Überlebensaufgabe.

Wo sind sie zu finden? Es gibt kein Patentrezept, man muß an vielen Stellen suchen. Aber sicher scheint, daß sich die Arbeitslosigkeit nicht überwinden läßt, ohne daß die deutsche und westeuropäische Wirtschaft massiv in die neuen Hochtechnologie-Industrien und insbesondere in die neuen Multimedia-Dienstleistungen aufbricht. In Amerika wie in Japan sind diese Industrien die großen Wachstumsindustrien, in denen Arbeitsplätze mit hoher Wertschöpfung und hoher Bezahlung entstehen. In Deutschland und Westeuropa finden dagegen junge Halbleiter- und Computeringenieure und junge Molekularbiologen immer häufiger keine Anstellung, weil diese Industrien sich bei uns nur schwach entwickeln oder sogar schrumpfen.

Hoffnungszeichen 1994

Die Krise hat die deutschen Unternehmen aus ihrer Selbstgefälligkeit und Eurozentriertheit herausgeschüttelt. Neue Unternehmensführer sind am Werk: Heinrich von Pierer und Hermann Franz bei Siemens (der jetzige Aufsichtsratsvorsitzende Franz hatte schon in den achtziger Jahren noch zusammen mit dem damaligen Vorstandsvorsitzenden Wolfgang Kaske begonnen, Siemens von dem behäbigen Hoflieferanten der Bundespost in ein aggressives Weltunternehmen zu verwandeln); Ferdinand Piëch und José Ignacio Lopez bei Volkswagen; Jürgen Schrempp und Helmut Werner bei Daimler. Die deutsche Industrie befindet sich heute weithin in einem massiven Prozeß der inneren Umstrukturierung, der Verlagerung arbeitsintensiver Fertigung nach Osteuropa und der Globalisierung durch den Aufbau von Produktionsstätten in Nordamerika und Asien.

Ein Glücksfall kommt zu Hilfe: die starke Aufwertung und Überbewertung des Yen gegenüber der DM, die bewirkt, daß die japanischen Unternehmen heute mit einem schweren Handicap in den Wettbewerb gehen müssen.

Der Lexus, der 1989 zu 35 000 Dollar auf dem US-Markt eingeführt wurde, kostet heute 52 000 Dollar. Mercedes und BMW gewinnen in Nordamerika Marktanteile zurück. Dazu kommt, daß auch die japanischen Unternehmen durch eine Rezession gehen, bei der sich nun die gigantischen Investitionen während des Heisei-Booms (1986 bis 1991) als Überinvestitionen herausstellen. Honda mußte den britischen Autohersteller Rover, der bereits auf dem Weg war, der fünfte Japaner in England zu werden, dem Rivalen BMW überlassen; es fehlte das Geld zum Kauf.

Die Restrukturierung der deutschen Industrie also ist voll im Gang. Doch wie steht es mit der Restrukturierung der deutschen Volkswirtschaft, dem Umbau der Wirtschaftsstruktur hin zu den neuen Wachstumsindustrien der Informationsgesellschaft? Auch hier gibt es Zeichen der Hoffnung. Die Politik nimmt sich endlich des Themas an, auch wenn die Widerstände ordoliberaler Dogmatiker noch groß sind, die unsere Wirtschaftsordnung der Marktwirtschaft so auslegen, daß die Informationsgesellschaft allein aus dem Markt heraus entstehen muß und der Staat damit nichts zu tun hat. Bundeskanzler Helmut Kohl hat die Wettbewerbsfähigkeit Deutschlands zu einem Leitthema seiner Politik gemacht.[5] 1994 berief er einen hochrangigen Gesprächskreis für Technologiefragen. Nicht anders sprechen der FDP-Vorsitzende Klaus Kinkel und der SPD-Vorsitzende Rudolf Scharping. Peter Glotz und Uwe Thomas rufen in ihrem gerade erschienenen Buch zum Aufbruch in *Das dritte Wirtschaftswunder* auf.

Am entschlossensten gehen einige der Länderregierungen voran, an ihrer Spitze der Ministerpräsident Baden-Württembergs Erwin Teufel. Er wirbt über Baden-Württemberg hinaus für einen nationalen Technologierat, der – ähnlich aufgebaut wie der bestehende Sachverständigenrat für makroökonomische Fragen – die zukünftigen Entwicklungslinien für Schlüsseltechnologien aufzeigen und daraus alternative Zukunftsszenarien und Empfehlungen für Wirtschaft und Politik ableiten soll.[6]

All dies sind neue Töne. Zugleich verwandelt sich die in den siebziger und achtziger Jahren von den Weltuntergangspropheten in die Bevölkerung hinein verbreitete Technologieangst in eine ausgewogenere Haltung, die die Risiken der technischen Entwicklung nicht unterschätzt, aber zuerst ihre Chancen erkennt und diese Chancen, unter Vorbeugung gegen die Risiken, nutzen will. Ausdruck dieses Stimmungswandels ist die Novellierung des Gentechnikgesetzes im Bundestag, die Deutschland endlich zu einem Standort macht, an dem sich eine gentechnische Produktion aufbauen läßt.

Während all dessen meldet die Industrie selbst wichtige Durchbrüche in neuen Technologien. Einige Beispiele seien genannt: Bei Halbleitern sah es

---

5 Vgl. etwa seine Rede vor der Jahresversammlung des DIHT am 17. Februar 1993 in Bonn.

6 Vgl. etwa Teufels Beitrag *Die Kräfte der Modernisierung bündeln* in der *FAZ* vom 21. Juli 1993. Struktur und Aufgaben eines nationalen Technologierats sind ausführlich beschrieben in dem Bericht der Zukunftskommission Wirtschaft 2000 *Aufbruch aus der Krise,* der im Auftrag der Landesregierung von Baden-Württemberg erstellt und Ministerpräsident Teufel und Bundeskanzler Kohl im August 1993 übergeben wurde.

1992 noch so aus, daß es keine Fabrik eines europäischen Herstellers geben würde, die die zukünftigen Chipstrukturen von 0,35 Mikron und darunter herstellen könnte, wie sie für die ultraintegrierten Schaltkreise in den Breitband-Kommunikationssystemen und Multimedia-Endgeräten nötig sein werden. Heute ist die Gefahr gebannt. Siemens baut in Dresden, die französische SGS-Thomson in Crolles bei Grenoble eine solche Fabrik. Der 1994 sich entfaltende Halbleiterboom hat im übrigen beide europäische Hersteller nach Jahren der Verluste in die Gewinnzone gebracht.

GSM (Global System for Mobil Communication): Noch zu Beginn der neunziger Jahre war Deutschland und das ganze Kontinentaleuropa in der neuentstehenden Mobilkommunikation eine unterentwickelte Region. Autotelefone waren eine Seltenheit, mobile Handtelefone gab es gar nicht. Wieder einmal schien die europäische Industrie einen riesigen Zukunftsmarkt zu versäumen. Doch dann entwickelten die europäischen Telekommunikationshersteller eine neue Technologie, die die analogen Systeme durch ein digitales System ersetzt. Die Europäer einigten sich auf einen gemeinsamen Standard. Die GSM-Kommunikation boomt inzwischen in Deutschland und anderen europäischen Ländern. Europa hat sich an die Spitze gesetzt und hat die Chance, seinen Standard, außerhalb Japans und der USA, zum Weltstandard zu machen. Das Beispiel zeigt, was Europa vermag, wenn es einig ist.

Im Juli 1994 gingen die ersten Exemplare der neuen Siemens-Steuerung 840 D an die deutsche Werkzeugmaschinenindustrie. Mit dieser Steuerung hat Siemens den japanischen Weltmarktführer Fanuc (50 Prozent Marktanteile) technologisch eingeholt und in der Software überholt. Siemens will mit dieser Steuerung über den europäischen Markt hinaus auf den amerikanischen und die asiatischen Märkte vordringen und gibt den deutschen Werkzeugmaschinenbauern die Chance, mit überlegenen deutschen Steuerungen in die japanischen Marktdomänen in Asien und Amerika einzubrechen. Mit an der Spitze ist Deutschland auch bei den Industrielasern, die in Werkzeugmaschinen zur Werkstückbearbeitung eingesetzt werden.

1995 wird Europa den Startschuß für das digitale Satelliten-Fernsehen geben. Europa liegt damit fast gleichauf mit Amerika und hat Japan überholt. Digitales Fernsehen verzehnfacht die Kapazität der Satellitenkanäle (oder Kabelkanäle) und senkt damit die Kosten für die Übertragung von Programmen drastisch. Damit werden Spartenprogramme aller Art möglich. Dem Zeitschriftenkiosk mit seiner Unzahl von Magazinen für jegliches Interesse folgt der »Fernsehkiosk«. Die Europäer haben sich 1994 auf gemeinsame Standards für die digitale Satelliten- und Kabelübertragung geeinigt. Der Standard für die terrestrische Übertragung soll folgen, ein Standard für hochauflösendes digitales Fernsehen bis 1997 ausgearbeitet sein. Wie der GSM-Standard für die Mobilkommunikation könnte der gemeinsame europäische Standard für das digitale Fernsehen zum Ausgangspunkt einer neuen Erfolgsgeschichte der europäischen Industrie werden.

So eindrucksvoll diese Erfolge sind, so dürfen wir uns doch von ihnen nicht täuschen lassen – und dies gerade jetzt nicht, wo die Rezession überwunden scheint und die Industrie sich erholt. Noch ist Europa erst am Beginn des großen Aufbruchs in die Informations- und Hochtechnologiegesellschaft. Noch findet der Aufbruch auf einzelnen Feldern statt, ist kein umfassender Aufbruch von Wirtschaft, Staat und Gesellschaft. Noch ist die deutsche Gesellschaft nicht zukunftsorientiert, noch dominiert eine Status-quo-Mentalität, die ihre Energien darauf richtet, Veränderungen zu blockieren. Noch starren viele Intellektuelle auf die Probleme des zu Ende gehenden Industriezeitalters und merken nicht, daß wir die ungeheure Möglichkeit haben, die Krise der Industriegesellschaft zu überwinden und ein neues Zeitalter zu gestalten.

Die Folge ist, daß der Aufbruch Europas in die neue Zeit sehr viel langsamer vor sich geht als in den zukunftsorientierten Gesellschaften Amerikas und Japans/Ostasiens. Deutlich wird dies bei dem großen Thema der neunziger Jahre: der Multimedia-Kommunikation. Der Begriff bedeutet, daß die Kommunikation von Ton und gesprochenem Wort (Telefon, Radio), von Schrift und Grafik (Computer) und von Bild (Fernsehen) in einem einzigen Verbundsystem zusammenfließen. Alle drei Kommunikationsformen werden in einem einzigen Breitband-Glasfasernetz übertragen. Und der Benutzer wird sie mit Hilfe eines einzigen Multimedia-Endgeräts empfangen können, ob dies nun ein Fernsehgerät mit einem Multimedia-Vorsatzgerät ist oder ein Multimedia-Personalcomputer – oder beides. Die Multimedia-Kommunikation ist interaktiv, das heißt: der Teilnehmer kann nicht nur jede Information empfangen, sondern ebenso an jeden anderen Teilnehmer senden (beziehungsweise ihm anbieten).

Im einzelnen ist vieles noch unklar. Aber sicher ist, daß hier ein riesiger Markt im Entstehen ist, der Millionen von neuen Arbeitsplätzen schaffen wird. Diese Arbeitsplätze entstehen in der Industrie, die die Multimedia-Hardware und die Software-Betriebssysteme herstellt, und sie entstehen vor allem in den Tausenden und Abertausenden von neuen Unternehmen, die die Programme für die neue Multimedia-Kommunikation machen: Unterhaltungsprogramme von Videospielen bis zu Spielfilmen, Lernprogramme, Home-Shopping-Angebote, Museumsbesuche auf dem Bildschirm, virtuelles Tiefseetauchen usw.

Mit Multimedia tritt die Informationsgesellschaft in den Take-off ein. In Amerika wie in Japan ist Multimedia heute schon ein zentrales Thema. Präsident Clinton hat den *Information Superhighway* zu einem Kernprogramm seiner Wirtschafts- und Technologiepolitik gemacht. Vizepräsident Al Gore verkündet in seinen Reden, Woche für Woche, das Ziel der Multimedia-Gesellschaft. Der Kongreß arbeitet mit höchster Energie daran, um noch in diesem Jahr die rechtlichen Regeln für die neue Kommunikationswelt aufzustellen. In der amerikanischen Industrie selbst ist bereits an allen Fronten der Kampf um den künftigen Riesenmarkt entbrannt: der Kampf darum, wer die künftigen Multimedia-Endgeräte beherrscht, und nicht anders der Kampf darum, wer die künftigen Multimedia-Programme verbreitet. Wall Street ist im Multimedia-Fieber: Kabelfernsehgesellschaften und Telefongesellschaften, Computer- und Telekommunikationsgeräte-Hersteller, Software-Unternehmen wie Microsoft und schließlich die Programmlieferanten

– die Medienkonzerne und Hollywood-Studios, die Home-Shopping Unternehmen usw. – fusionieren in Milliarden-Transaktionen oder schließen sich zu Riesenallianzen zusammen. Ziel all der Hektik ist, die integrierten Multimedia-Konzerne des Informationszeitalters zu schaffen.

Man vergleiche diesen machtvollen Aufbruch mit dem, was in Deutschland geschieht. Die Deutsche Bundespost ist noch mit einer Aufgabe beschäftigt, die in Amerika durch die Aufspaltung von AT&T und in Großbritannien durch die Privatisierung von British Telecom schon in den achtziger Jahren gelöst wurde: die Umwandlung eines bürokratisierten Monopol- beziehungsweise Staatsbetriebs in ein dynamisches, am Weltmarkt wettbewerbsfähiges Unternehmen. Die Deutsche Bundespost Telekom ist sich zwar der Herausforderung der kommenden Multimedia-Kommunikation voll bewußt, doch für sie ist es eine Herausforderung neben vielen anderen. Einige dieser anderen Herausforderungen sind akuter, so der drohende Verlust des Geschäfts mit den großen Firmenkunden, die von den amerikanischen Telekommunikationsgesellschaften und von British Telecom mit billigeren Tarifen abgeworben werden.

Die Hardware und die Betriebssoftware für die künftigen Multimedia-Fernsehgeräte und Multimedia-Computer entsteht so derzeit gänzlich in Amerika und Japan. Aber auch bei den künftigen Multimedia-Programmen, wo Europa dank seines intellektuellen und kulturellen Reichtums mit an der Spitze stehen sollte, tut sich wenig. Was die Filmemacher betrifft, so prophezeite jüngst Wim Wenders, Europa werde – von Hollywood überschwemmt – auch noch die bescheidenen Reste seiner Filmindustrie verlieren, wenn dieser Sektor nicht durch Handelsbarrieren geschützt werde.

Die Europäische Kommission legte im Juli 1993 dem Europäischen Rat in Kopenhagen ein Weißbuch vor: *Wachstum, Wettbewerbsfähigkeit, Beschäftigung – Herausforderungen der Gegenwart und Wege ins 21. Jahrhundert.* Kernpunkt des Delors-Plans sind die transeuropäischen Netze für Verkehr, Energieversorgung und vor allem: für die Breitband-Kommunikation. Der Plan für das Kommunikationsnetz entspricht den amerikanischen und japanischen Projekten für *Information Highways.* Doch die europäischen Regierungen behandeln die Kommissionsvorschläge mit Gemächlichkeit. Auf dem Gipfeltreffen im Dezember 1994 in Essen soll darüber entschieden werden – eineinhalb Jahre nach Vorlage des Delors-Weißbuchs. Soviel Zeit hat Europa nicht, wenn es noch als ein gleichberechtigter Partner am amerikanisch-japanischen Aufbruch in die Multimediawelt teilnehmen will. Gelingt dies nicht, ist schwer vorstellbar, wie Europa im 21. Jahrhundert wirtschaftlich und kulturell noch eine erstrangige Macht bleiben könnte.

Ein amerikanisch-japanisches Hochtechnologie-Duopol?

Während Europa sich mit unsicheren Schritten langsam vorwärts bewegt, sind Amerikaner und Japaner in vollem Lauf. Beide Nationen traten zu Beginn der achtziger Jahre in einen Kampf um die Vorherrschaft in der Informationstechnik ein. Japan griff an. Es zerstörte die einst so mächtige amerikanische Unterhaltungselektronikindustrie, es eroberte den Großteil des US-Markts für computergesteuerte Werkzeugmaschinen und Roboter, es drang tief in den amerikanischen Automobilmarkt ein und brachte, in der Rezession 1980 - 1982, Chrysler und Ford und, Ende der achtziger Jahre, sogar General Motors nahe an den Zusammenbruch. Mitte der achtziger Jahre stieß Japan dann in das Zentrum der amerikanischen Hochtechnologiemacht vor: die Halbleiter- und Computerindustrie.

1985 ging der Halbleitermarkt in eine Rezession, die das Signal gab für die Entscheidungsschlacht um das Hauptprodukt der Speicherschaltkreise: die DRAMs. Mit welchen Methoden Japan angriff, zeigt eine später bekannt gewordene Anweisung von Hitachi an seine Verkaufsagenten. Sie lautete: »Nenne einen Preis, der 10 Prozent unter dem der Konkurrenten liegt. Steigen sie in diesen Preis ein, dann setze ihn um weitere 10 Prozent herab. Die Angebotsrunde ist zu Ende, wenn der Auftrag bei Hitachi ist. 25 Prozent Provision garantiert.« Als der Staub der Schlacht sich legte, da zählten die japanischen Halbleiterhersteller vier Milliarden Dollar Verluste. Doch es gab so gut wie keinen amerikanischen DRAM-Produzenten mehr. Am 9. Oktober 1985 schied Intel, das die DRAMs erfunden hatte, aus dem Markt aus. »Dieser Tag«, so Intel-Vizepräsident George Schneer, »sitzt in meinem Gedächtnis fest wie Pearl Harbour.«

An den DRAMs wird die Fertigungstechnologie für alle integrierten Schaltkreise entwickelt. Wer den DRAM-Markt beherrscht, droht auf Dauer die Materialien und Fertigungsgeräte für Chips zu beherrschen und schließlich den gesamten Halbleitermarkt. Doch nun reagierte Amerika und setzte zu einer umfassenden Gegenoffensive an.

Präsident Reagan erzwang das Halbleiterabkommen von 1986. Seine entscheidende Bestimmung war die Verpflichtung der Japaner, »ausländischen« und das heißt de facto: amerikanischen Herstellern einen Anteil von 20 Prozent am japanischen Halbleitermarkt einzuräumen. Weitere bilaterale Marktöffnungsabkommen für Supercomputer, Telekommunikationsausrüstungen, Satelliten usw. folgten. Amerika ging zum »managed trade« mit Japan über und trug damit der strukturellen Geschlossenheit des japanischen Wirtschaftssystems Rechnung.

Zugleich ging das US-Verteidigungsministerium dazu über, zivile Schlüsseltechnologien mit der Begründung des »dual use« zu fördern. Das erste große Projekt war Sematech (Semiconductor Manufacturing Technology), ein von Industrie und Pentagon gemeinsam finanziertes Forschungs- und Entwicklungskonsortium, mit dem man bei den Halbleiterfertigungs- und Testgeräten zu den Japanern aufholen und sie dann überholen wollte.

Vor allem aber mobilisierte nun die Industrie selbst ihre Kräfte in einem gewaltigen Aufbruch. Sie ging zum japanischen System der schlanken Produktion und zu japanischen Strategien über, sie unternahm massive Modernisierungsinvestitionen, und sie trieb den Globalisierungsprozeß voran.

Heute ist Amerika auf allen Fronten der Informationstechnik wieder an der Spitze. Die US-Halbleiterindustrie hat einen Anteil von 20 Prozent am japanischen Markt erreicht und hat bei Mikroprozessoren fast ein Weltmonopol. Wie als Bestätigung der neugewonnenen amerikanischen Stärke nimmt seit 1992 mit Intel wieder ein amerikanischer Hersteller den Spitzenplatz unter den Halbleiterunternehmen der Welt ein. Bei Computern ging von Silicon Valley eine neue Revolution aus, die die Großcomputer durch Netzwerke von Personalcomputern ablöst. In dieser neuen Entwicklung führen die Amerikaner souverän. Sie haben alle Standards und Architekturen und alle Software-Betriebssysteme in der Hand. Selbst in Unterhaltungselektronik bahnt sich ein Umschwung an. Sah es Ende der achtziger Jahre so aus, als würden die Japaner die sicheren Sieger im Wettrennen um das Hochauflösende Fernsehen sein, so haben die Amerikaner jetzt einen digitalen Übertragungsstandard entwickelt, der den analogen japanischen Standard über Nacht obsolet machte. Das Hochauflösende Fernsehen mündet damit in die Computerwelt, die künftigen interaktiven Fernsehgeräte werden Multimedia-Computer sein. Damit erhält die amerikanische Industrie die unverhoffte Chance, in die Unterhaltungselektronik zurückzukehren.

Wichtiger noch als die Erfolge der amerikanischen Industrie auf den Halbleiter- und Computermärkten ist der weite Vorsprung der Amerikaner in der Nutzung der Informations- und Kommunikationstechnik. So ist es nur natürlich, daß die Multimediawelt des 21. Jahrhunderts in Amerika entsteht. Freilich, die Hardware der Multimediawelt kommt zumeist von japanischen Fabriken: die Flachbildschirme, die CD-ROM-Laufwerke, die optoelektronischen Komponenten, die miniaturisierten Notizbuch- und Palmtop-Computer, die Drucker usw. Das amerikanisch-japanische Hochtechnologie-Ringen geht also weiter. Amerikanische Software-Dominanz steht gegen japanische Hardware-Dominanz, amerikanische Überlegenheit in der Produktinnovation gegen japanische Überlegenheit in der Prozeßinnovation.

Doch der Kampf könnte einen Ausgang nehmen, an den heute wenige denken: die Einigung der Rivalen auf ein Patt und die weitere Einigung, die Hochtechnologiewelt des 21. Jahrhunderts gemeinsam aufzubauen. Ungeachtet jedenfalls aller politischen Spannungen wegen der unverminderten japanischen Handelsbilanzüberschüsse gehen auf der Ebene der Unternehmen die Allianzbildungen in vollem Tempo weiter. So wachsen – mit Ausnahme der Mikroprozessoren – die amerikanischen und japanischen Halbleiterhersteller geradezu zu einer gemeinsamen Industrie zusammen. Es konkurrieren nicht mehr einzelne japanische und amerikanische Hersteller gegeneinander, sondern japanisch-amerikanische Entwicklungs- und Produktionsallianzen. Drei Allianzen entwickeln gegenwärtig die übernächste Speicherchipgeneration der 256-Megabit-DRAMs: Hitachi-Texas Instruments; IBM-Toshiba-Siemens; NEC-AT&T. Fünf Allianzen stehen gegeneinander bei den Flash-Memories, einer neuen zukunftsreichen Art von Speicherchips, die Daten dauerhaft, also unabhängig von Stromzufuhr speichern: Intel-Sharp; Fujitsu-AMD; Toshiba-IBM; Sanyo-SST (Silicon Storage Technology); NEC-Sun Disk.

Vielfältig integriert sind die Japaner auch in den jetzt entstehenden flächendeckenden Multimedia-Allianzen. Sony und Matsushita besitzen mit

Columbia Pictures (jetzt Sony Pictures) und MCA zwei der größten Hollywoodkonzerne Amerikas. Toshiba ist an dem größten Medienkonzern der Welt, Time-Warner, beteiligt. Bei den neuen 64-Bit-Konsolen für Videospiele konkurrieren drei japanisch-amerikanische Allianzen: Nintendo-Silicon Graphics; Sega-Microsoft; Matsushita-3DO Company; usw.

Als Mitte der achtziger Jahre die ersten dieser neuartigen Unternehmensallianzen entstanden, bei denen sich Konkurrenten miteinander verbündeten, da waren auf beiden Seiten die Motive verschieden. Für die Amerikaner waren diese Allianzen Teil einer Abwehrstrategie: »if you can't beat them, join them«; für die Japaner waren sie Teil einer auf Sieg zielenden Strategie, die auf dem Weg zum Sieg den Konflikt mit Amerika unter Kontrolle halten sollte. Seither jedoch sind sich Amerikaner und Japaner der Komplementarität ihrer Stärken bewußt geworden. Die Allianzbildung erwies sich darüber hinaus als wirksamer Weg, um neue Produkte und Standards weltweit durchzusetzen. Für Amerikaner wie Japaner sind deshalb heute Allianzen zu einem zentralen Teil der Unternehmensstrategien geworden, und dies über die ganze Breite der Hochtechnologien hin: von der Informationstechnik zur Biotechnik, von den neuen Werkstoffen zur Luft- und Raumfahrt.

Daniel Burstein, einst einer der großen Warner vor der japanischen Hochtechnologie-Hegemonie, schreibt in seinem neuesten Buch: »Die Zeit, als Amerikaner hofften, ihr Land würde die japanischen Strategien nachahmen und in einem frontalen Wettbewerb gewinnen, ist vorbei, da dieses Ziel weder erstrebenswert noch bei dem heutigen Zustand der amerikanischen Gesellschaft erreichbar ist. Gleicherweise ist die Zeit zu Ende, wo die Vorstellung herrschte, Japan würde ohne Unterbrechung auf seiner Bahn der wirtschaftlichen Expansion voranschreiten.«[7] Burstein schlägt vor, eine transpazifische Wirtschaftsgemeinschaft zwischen Amerika und Japan zu gründen. De facto sei diese Gemeinschaft bereits im Entstehen, es sei nun erforderlich, sie politisch zu organisieren.

Die amerikanische Politik geht in der Tat diesen Weg, so sehr auch immer wieder die Spannungen über den japanischen Handelsüberschuß aufbrechen. Vom 18. bis zum 20. November 1993 fand in Seattle das erste Gipfeltreffen des 1989 gegründeten Asia Pacific Economic Cooperation Forum (APEC) statt. Die Konferenz vereinigte siebzehn Anrainerländer des Pazifiks, die zusammen 40 Prozent der Weltbevölkerung und 50 Prozent des Weltsozialprodukts auf sich vereinen. Amerika wendet sich nach Asien. Für Europa aber zeigt sich am Horizont die Gefahr eines amerikanisch-japanisch/ostasiatischen Hochtechnologie-Duopols in der Welt.[8]

---

7 Daniel Burstein, *Turning the Tables.* New York: Simon & Schuster 1993.

8 Der Kampf zwischen Amerika und Japan um die Führung in der zweiten industriellen Revolution und die parallel laufende Tendenz zu Firmenallianzen ist dargestellt in Konrad Seitz, *Die japanisch-amerikanische Herausforderung,* München: Verlag Aktuell 1990. In einem Nachwort zur sechsten Auflage (1994) sind die wichtigsten Entwicklungen seit Ende 1990 dargestellt.

Ein neuer Aufbruch Europas?

Schon bisher war immer wieder von »deutscher *und* europäischer« Industrie die Rede. In diesem Schlußteil richtet sich der Blick nun endgültig auf Europa als Ganzes. Denn es ist evident: Deutschland, selbst das heutige »größere Deutschland« hätte allein auf sich gestellt keine Chance, die amerikanisch-japanische Herausforderung zu bestehen. Dies kann nur ein Europa, das gemeinsam die Herausforderung annimmt.

Timothy Garton Ash hat in *Foreign Affairs* (Juli 1994) vier mögliche Optionen der deutschen Außenpolitik zur Debatte gestellt: ein karolingisches Europa; ein erweitertes Europa; eine prioritäre Zusammenarbeit mit Rußland; das Streben nach dem Status einer Weltmacht. Es sollte unmittelbar einleuchten, daß schon von der wirtschaftlichen und technologischen Kraft Deutschlands her gesehen, die Optionen drei und vier rein theoretisch sind. Garton Ash selbst entscheidet sich für die zweite Option: die Erweiterung der Europäischen Union nach Osten. Doch mir scheint, auch die zweite Option wird der Wirklichkeit nicht gerecht, die ein sofortiges Handeln fordert und damit also ein sofort handlungsfähiges Europa. Indes schon das Europa der Zwölf ist nicht mehr wirklich handlungsfähig, und dies wird noch stärker gelten für das Europa der Sechzehn. Eine zusätzliche Erweiterung nach Osten auf ein Europa der Zwanzig und mehr würde die Europäische Union auf eine Freihandelszone reduzieren, deren Überleben im übrigen ungewiß erscheinen müßte.

Handlungsfähig kann ein erweitertes Europa nur sein, wenn es einen harten, integrierten Kern hat. Parallel zu einem länger sich hinziehenden Erweiterungsprozeß gilt es also, sofort den harten Kern zu schaffen: das karolingische Europa der sechs Gründungsmitglieder. Also: sofortige Errichtung der Währungsunion, gemeinsame Verteidigungspolitik, Gründung einer gemeinsamen humanitären Eingreiftruppe und eines gemeinsamen Einsatzstabes. In der Währungsunion müßte Italien vorerst im Wartestand bleiben und ohne Stimme mit am Tisch sitzen. Italien ist gegenwärtig mitten in einem politischen Umbruch, der riskant, aber chancenreich ist. Nach der wirtschaftlichen Modernisierung und dem Aufstieg zum fünftgrößten Industrieland der Welt geht es nun um die politische Modernisierung und die Schaffung eines effizienten Staats.

Um das karolingische Europa herum liegen als zweiter Kreis jene Mitgliedsländer, die dem harten Kern nicht beitreten wollen – wie Großbritannien – oder noch nicht können. Auf lange Sicht werden sich wohl die meisten oder alle Länder der jetzigen europäischen Union mit dem harten Kern vereinen. Den dritten Kreis von Ländern schließlich bilden die Staaten Ostmittel- und Südosteuropas, die in einem graduellen Prozeß an die Europäische Union herangeführt würden.

Vom karolingischen Europa muß der große Aufbruch in die neuen Industrien ausgehen, in dem Europa sich die Fähigkeit zu gleichberechtigter Kooperation in der Hochtechnologietriade – Nordamerika, Japan/Ostasien, Europa – erkämpft. Europa braucht ein visionäres Projekt, das die Jugend begeistern kann. Der Aufbau der Informationsgesellschaft, die ihrem Wesen nach ja zugleich eine ökologische Gesellschaft ist, könnte dieses visionäre Projekt sein. Eine Blaupause liegt bereit im Weißbuch der Europäischen Kommission, dessen Kernvorschlag der Bau eines transeuropäischen Glasfasernetzes ist: der Informations-Schnellstraße für die multimediale Kommunikation. Wie die USA und Japan würde Europa also den Bau des *Information Superhighway* und das heißt der Infrastruktur der Informationsgesellschaft in den Mittelpunkt seiner Wirtschafts- und Technologiepolitik stellen. Dies bedeutet nicht, daß die Breitband-Netze vom Staat finanziert werden sollen. Es bedeutet vielmehr, daß die Europäische Kommission und die Mitgliedstaaten mit aller Schnelligkeit die gesetzlichen Rahmenbedingungen für das Breitband-Netz und seine Nutzung schaffen. Kommission und Einzelstaaten würden ferner Forschungs- und Entwicklungskonsortien zusammenführen und finanziell unterstützen, und sie würden staatliche Forschungsinstitute und Universitäten durch superschnelle Glasfasernetze miteinander verbinden und so Pilotprojekte schaffen, in denen die Technologien der Hochgeschwindigkeitscomputer und der Hochgeschwindigkeitskommunikation erprobt werden können.

Ein massiver Vorstoß in die neuen Industrien: in Informationstechnik, Biotechnik, neue Werkstoffe, neue Energien, Raumfahrt und Umwelttechnik, würde es Westeuropa zugleich ermöglichen, in den alten Industrien Platz zu machen für die Exporte Osteuropas. Das Entscheidende, das Osteuropa von Westeuropa braucht, ist ein sich öffnender Markt für seine Agrarprodukte und ein offener Markt für seine Industrieprodukte: Kohle, Massenstahl, Textilien, Standardmaschinen, kleinere Autos usw. Ein Osteuropa, das für seine Industrieprodukte einen zuverlässig offenen Markt in Westeuropa hat, würde Direktinvestitionen und Know-how-Transfer ganz von allein anlocken. Umgekehrt würde ein schnell wachsendes Osteuropa den Investitionsgüter- und Hochtechnologieexporten Westeuropas einen neuen, dynamischen Markt bieten. Nur ein Westeuropa also, das entschlossen in die neuen Hochtechnologien vorstößt, kann die große Chance »Osteuropa« nutzen. Es kann seinen Wirtschaftsraum zu einem kontinentalen Raum vom Atlantik bis zum Ural erweitern und einen Markt und Produktionsraum schaffen, in dem 750 Millionen gutausgebildeter Menschen zu Hause sind. Dies kann weder Amerika noch Japan.

Der Asea-Brown-Boveri-Konzern bietet Kraftwerke in Asien an, bei denen Osteuropa und Rußland bis zu 60 Prozent an Teilen und Ingenieurleistungen zuliefern. Nur dank dieser Zulieferungen kann ABB die Konkurrenz gegen Mitsubishi gewinnen, das seinerseits 60 Prozent Zulieferungen aus China und Südostasien bezieht. Europäischer Produktionsverbund also gegen asiatischen Produktionsverbund! Das Beispiel zeigt, wie Europa seine globale Konkurrenzfähigkeit steigert, wenn es die Chance »Osteuropa« nutzt. Voraussetzung jedoch, diese Chance nutzen zu können – es sei noch einmal betont –, ist, daß Westeuropa selbst seine Wirtschaft in die neuen Industrien hineinschiebt, um so Platz für die Kooperation mit Osteuropa zu machen.

Die Europäische Union kann ihre Zukunft nur sichern durch eine Politik, die den Blick fest auf die Zukunft richtet und mutig die Prioritäten setzt. Auf keine Nation wird es dabei mehr ankommen als auf Deutschland. Stefano Silvestri, einer der bekannten außenpolitischen Kommentatoren Italiens, hat vor einiger Zeit geschrieben, Deutschland stehe heute vor einer Wahl: Es könne die Führung im Einigungsprozeß Europas übernehmen; oder es könne sich ausschließlich auf den Aufbau Ostdeutschlands und die Wirtschaftsinteressen in Osteuropa konzentrieren, dann jedoch würde es wie vor 1914 zu Koalitionen der anderen Europäer gegen ein übermächtiges Deutschland kommen. Und, so möchte man hinzusetzen: Dann würde sich Europa endgültig selbst zerstören. Was Stefano Silvestri wohl richtig sieht: Die kontinentaleuropäischen Nationen würden eine deutsche Führungsrolle im Schulterschluß mit Frankreich akzeptieren, ja sie wünschen sie, *wenn* es die Führungsrolle eines europäischen Deutschlands für ein geeintes Europa ist, das seinen Platz in der Welt des 21. Jahrhunderts behaupten will.

Robert Picht

Europa – aber was versteht man darunter?

Aufforderung zur Überprüfung der Denkmuster

»Europa«, das galt in Deutschland bis vor kurzem in diffuser Unbestimmtheit als selbstverständlich Gutes. Anders als in Frankreich und Großbritannien fanden ernsthafte Europadebatten kaum statt. Europa war ein Thema für Sonntagsreden, eine in den Jahrzehnten der Stabilität und im politischen Alltagsgeschäft verwaschene, aber ungeprüfte Utopie.

»Europa« – für die Nachkriegsgeneration hieß das Verbrennen der Grenzpfähle, Wiederaufnahme in die Gemeinschaft der freien Völker, Freundschaften über die Grenzen hinweg. Im Ost-West-Konflikt waren die Westdeutschen endlich auf der richtigen Seite. Sie waren – wie Ludwig Erhard termingerecht zum Sieg in der Fußballweltmeisterschaft 1954 erklärt hatte – »wieder wer«, ohne isoliert sein zu müssen und dafür getadelt zu werden.

»Europa« – das gab der Westintegration historische Weihe weit über die restaurativen Träume vom christlichen Abendland hinaus. Europa verhieß Liberalität, bürgerliche Demokratie und Weltoffenheit. Europäer sein, damit erträumten sich viele Deutsche eine neue Identität jenseits der bedrohlichen Enge des Nationalen. Europa befreite vom Trauma der deutschen Geschichte.

»Europa« – das war auch die Veränderung der Lebens-, Konsum- und Reisegewohnheiten als Abglanz anhaltenden, aus den Exportmöglichkeiten des Gemeinsamen Marktes gespeisten Wirtschaftswachstums in die Kleinwelt des Alltags. Nach den ersten vulgären Aufbrüchen des frühen Wirtschaftswunders in die Freß- und Reisewelle entwickelten breite Bevölkerungskreise einen Lebensstil, der in den Anti-Berlin-Argumenten der »Toscana-Fraktion« seine mythische Überhöhung fand.

Dieses Europabild der Westdeutschen war offensichtlich eine Projektion ihrer eigenen Sehnsüchte und Ängste, nicht zuletzt der Angst vor sich selbst. Es war das Gegenbild zum rituell mit viel Selbstmitleid beklagten »schwierigen Vaterland«. Das Europa der Westdeutschen war deshalb in einem sehr viel mehr als geopolitischen Sinne ein Traumbild von Westeuropa. Es sollte sich möglichst im Einklang mit den USA befinden: keineswegs nur aus rationalen sicherheitspolitischen Gründen durfte der amerikanische Traum nicht in zu arges Mißverhältnis zur neuen europäischen Identität geraten.

Angenehm war es für dieses Identifikationsmuster, daß der Osten abgeschirmt hinter Mauer und Stacheldraht bestenfalls nostalgischen Wert besaß. Krakau, Prag und Budapest ließen sich so mit einem Flair von Alteuropa umgeben. Die gewiß nicht idyllische Bukowina wurde zum Traumland schöpferischer Interkulturalität. Verbrechen, Trümmer und die Schande der Zerstörung ließen sich durch das Feindbild des Kommunismus überdecken.

Verdrängung und die mit ihr verbundenen Projektionen aller Art waren leichtgemacht.

Seit 1989 haben die Einbrüche der Realität auch dieses Europabild und seine identifikatorischen Funktionen erheblich durcheinandergebracht. Um so stärker ist der Drang, es zu bewahren. Mit besonderer Inbrunst zitieren viele Deutsche deshalb den Spruch Thomas Manns aus dem Jahr 1945: »Wir wollen ein europäisches Deutschland, kein deutsches Europa.« »Einbindung«, die von Helmut Kohl mit beachtlicher Konsequenz vorangetriebene Verbindung von Vereinigungs- und Europapolitik soll dazu dienen, die alten Dämonen ebenso zu bannen wie die neuen Ungewißheiten.

Nur, welche Einbindung wohin? Die Frage muß doppelt gestellt werden: Wie groß ist die tatsächliche Konsistenz der in Maastricht weiterentwickelten Europäischen Union, wie groß zugleich die innere Konsistenz des Nationalstaats Vereinigtes Deutschland? Was soll es bedeuten, wenn der bayerische Ministerpräsident Stoiber (jene Taschenausgabe des gewaltigen französischen Maastricht-Gegners Philippe Séguin) und die mehr oder minder finsteren Kritiker der »Westbindung« Nationalbewußtsein oder regionale Eigenheiten gegen ein Schreckbild von europäischer Gleichmacherei in Stellung bringen? Weshalb greift im deutschen Sprachgebrauch die verdächtig automatische Verknüpfung des Begriffes »Nationalgefühl« mit »gesund« derart rasch um sich?

Beide Fragen haben inzwischen auch die seriöse Europaliteratur erreicht. Es mag weiterhelfen, diese auf ihre Grundvorstellungen hin zu betrachten. Finden wir hier Orientierungen für unser fadenscheinig gewordenes Weltbild?

Überprüfung von Maastricht

Wissenschaftliche Generalstabsarbeit im Umkreis des Kanzlers leistet die von Werner Weidenfeld und der Bertelsmann-Stiftung geschaffene Forschungsgruppe Europa, die seit 1988 im Rahmen des Projektes »Strategien und Optionen für die Zukunft Europas« eine ganze Serie beachtlicher Analysen und Vorschläge vorgelegt hat. Die Forschungsgruppe arbeitet interdisziplinär und international unter Heranziehung von Experten und Respektabilitäten aller Art zum Kreis der Mainzer Integrationsforscher. 1994 veröffentlichte sie zwei Studien, die sich in Form präziser Gutachten mit wichtigen Aspekten der Krise Europas und der auf Europa bezogenen identitären Zuordnungen befassen: *Europa '96. Reformprogramm für die Europäische Union* und *Das europäische Einwanderungskonzept.*[1]

Europa '96 sucht Auswege aus den Widersprüchlichkeiten des Vertrags von Maastricht. Nach dem gängigen deutschen Europabild sollte er die

1 *Europa '96. Reformprogramm für die Europäische Union* und *Das europäische Einwanderungskonzept*, herausgegeben von Werner Weidenfeld, sind 1994 im Verlag Bertelsmann Stiftung in Gütersloh erschienen.

Europäische Union stiften, einen föderalistisch-demokratischen Bundesstaat nach (idealiter) dem Muster der so erfolgreichen Bundesrepublik Deutschland, rechtsstaatlich geregelt in einem soliden Integrationsgefüge, verpflichtet den Prinzipien der sozialen Marktwirtschaft – also vielleicht doch ein »deutsches Europa«, nicht im Sinne nationalen Machtstrebens, sondern der Ordnungsvorstellungen seiner besten Nachkriegstradition?

Herausgekommen ist unter englischem, dänischem, aber auch französischem Druck etwas ganz anderes: eine höchst widersprüchliche Gemengelage sich überlagernder Zuständigkeiten integrierter Gemeinschaftsorgane, zwischenstaatlicher Abstimmung zwischen den nationalen Regierungen und regionalen Vorbehalten nach dem zu vielem nutzbaren Subsidiaritätsprinzip. Zudem bestehen nach den verschiedenen Aufgabenbereichen unterschiedliche Konstellationen von beteiligten Ländergruppen: das Europa der geplanten Währungsunion, das der Ansätze zu einer gemeinsamen Außen- und Sicherheitspolitik, das der sozialen Verpflichtungen sind keineswegs deckungsgleich, nur in ferner Zukunft können sie den Rahmen der sich erweiternden Zwölfergemeinschaft ausfüllen.

Bei näherer Betrachtung erweist sich der Vertrag über die Europäische Union also als Vertrag über die »variable Geometrie«, jene postmoderne Formel zur Verbindung unterschiedlicher Aktionsfelder und Verfahrensweisen, die der gescheite Europaminister Giscards Jean-François Deniau schon Ende der siebziger Jahre in die Diskussion gebracht hatte. Dieses Konzept hat den Vorzug, realistisch zu sein, ist aber unordentlich und politisch heikel. In der offiziellen Europapolitik ist es deshalb weiterhin tabu, wird deshalb auch im Mainzer Gutachten nicht in Erwägung gezogen.

Um ein Ordnungsprinzip für die Maastrichter Gemengelage zu finden, schildern Weidenfelds Integrationsforscher sie als »Mehrebenensystem« supranationaler, nationaler und regionaler Zuständigkeiten und Beziehungen. Wo aus politischen Gründen kein geregelter Bundesstaat zustande kommen kann, bleibt nur der Appell an das Prinzip der »Unionstreue«: »Die europäische und die nationale Ebene sind im Mehrebenensystem Europäische Union aufeinander angewiesen. Das Gesamtsystem kann sich daher nur weiterentwickeln, wenn sowohl die Politik der Union als auch die ihrer Mitgliedstaaten dem doppelten Kriterium der Schonung nationalstaatlicher Autonomie und der Gemeinschaftsverträglichkeit nationaler Politik entsprechen. Einem solchen Grunderfordernis trägt beispielsweise die Auslegungsnorm des ›bundesfreundlichen Verhaltens‹ Rechnung, wie sie in der Rechtsprechung des deutschen Bundesverfassungsgerichtes zum Ausdruck kommt und die als ›Unionstreue‹ auf die europäische Ebene übertragen werden kann.« Der Versuch zur Schaffung verbindlicher rechtlicher Bindungen ist bei diesem Konzept eng mit moralischen Appellen verknüpft: »Um dem Prinzip der Unionstreue nach beiden Seiten hin eine verbindliche Rechtswirkung zu geben, sollten jedoch Union und Mitgliedstaaten gegenseitig zur loyalen Zusammenarbeit verpflichtet werden. Die Union ist ferner vertraglich darauf festzulegen, bei der Wahrnehmung ihrer Befugnisse auf die inneren Strukturen der Mitgliedstaaten Rücksicht zu nehmen.«

Wie schwierige politische Fragen dabei auf dem Spiel stehen, zeigt das Gutachten *Das europäische Einwanderungskonzept.* Sobald es um Sachfragen geht, wird deutlich, wie prekär die abstrakten Ordnungsprinzipien der Subsidiarität dort sind, wo die Verflechtung unaufhaltsam voranschreitet: »Die Europäische Union und ihre Mitgliedstaaten wissen keine Antwort auf die Frage, wie die mit der Massenmigration nach Europa entstehenden Probleme zu lösen sind. In mehreren EU-Staaten sind die Zugangs- oder Asylverfahren verschärft worden - dennoch ist die Zahl der Zuwanderer in den vergangenen Jahren erheblich angestiegen: Mehr als eine Million Menschen sind 1992 in die Mitgliedsländer der Europäischen Union gekommen. Diese unkalkulierbare Situation hat ihren Anteil bei der Entstehung von Ausländerfeindlichkeit und Bedrohungsängsten ... Die Grenzen zwischen den europäischen Kulturen werden fließend. Nicht nur aus dem Osten, auch aus dem Süden nehmen die Wanderungsbewegungen zu. Zwangsläufig verschieben sich damit auch Prioritäten im Koordinatensystem der Europapolitik. Jede nationalstaatliche Regelung in der Asyl-, Einwanderungs- und Ausländerpolitik hat künftig direkte Rückwirkungen auf die Partnerstaaten. Daher wächst in einer Europäischen Union ohne Grenzkontrollen der Bedarf für ein gemeinsames Vorgehen in diesen Bereichen.«

Innergesellschaftliche Entwicklungen und die Außenbeziehungen der Union sind nicht voneinander trennbar: »Durch die sinkende Geburtenrate in fast allen Staaten der Europäischen Union wird diese im nächsten Jahrzehnt auf die Anwesenheit von Einwanderern angewiesen sein. Anderenfalls würden ihre Wettbewerbsfähigkeit sinken und der Zusammenbruch der Sozialsysteme drohen. Um den sozialen Frieden zu erhalten, darf es in den Gesellschaften der Aufnahmeländer zu keiner Überforderung kommen. Dieser komplexen, in sich verschachtelten Problematik kann nur durch eine umfassende Konzeption begegnet werden, die sowohl die Einwanderung planbarer macht als auch deren Folgefragen abfedert. Administrative Einzelmaßnahmen greifen dagegen zu kurz.«

So ist es in der Tat, doch woher soll die politische Kraft zur europaweiten Entwicklung und Durchsetzung eines Gesamtkonzeptes kommen? Das Maastricht-Gutachten sieht die Frage demokratisch verankerter europäischer Handlungsfähigkeit zu Recht als Legitimationsproblem: »Demokratieregeln wirken nur dann legitimationsstiftend, wenn konsensuale, von einer gemeinsamen Identitätswahrnehmung getragene Zustimmungen vorausgegangen sind. Eine belastbare Identität der Europäer als Europäer hat sich aber bisher nur in Ansätzen ausgebildet. Das partielle Fehlen konsensualer Erfahrung in Europa hat seine Ursachen neben der räumlichen Distanz vor allem in der Vielsprachigkeit und den unterschiedlichen Mentalitäten seiner Menschen. Wesentliche politische Erfahrungen werden von den Europäern nach wie vor sowohl in einem nationalstaatlichen, nationalgeschichtlichen als auch in einem regionalen und lokalen Bedeutungskontext interpretiert. Die Legitimationsbeschaffung innerhalb der Europäischen Union wird hierdurch deutlich erschwert, Legitimität strukturbedingt zu einer knappen Ressource.«

Auch unter diesem Gesichtspunkt mißt Weidenfeld den Nationalstaaten im »Mehrstufenmodell« weiterhin große Bedeutung zu. Sie sollen leisten, wozu die Union nicht in der Lage zu sein scheint: »Vor diesem Hintergrund wird deutlich, daß auch künftig ein erheblicher Teil der Legitimationslast von den Mitgliedstaaten getragen werden muß ... Nur in einem System doppelter Repräsentanz, in dem sich europäische und nationale - und damit auch regionale - Legitimationsressourcen in einem Gesamtsystem sinnvoll ergänzen, verfügt die Union über eine ausreichende Legitimationsbasis. Als unterschiedliche Quellen politischer Legitimation müssen daher mitgliedsstaatliche Legitimation, vermittelt über die nationalen Parlamente, und europäische Formen der direkten Legitimation zusammenwirken.«

Dies scheint realistisch und wird in eine Fülle vernünftiger Vorschläge zur unausweichlichen Reform einer sich erweiternden Gemeinschaft umgesetzt. Nur, ist ein derartiges Konzept nicht insofern unpolitisch und damit enttäuschungs- und delegitimierungsträchtig, als es der Widersprüchlichkeit und Brüchigkeit der europäischen Gesellschaften und insbesondere auch der deutschen kaum Rechnung trägt? Die Legitimationskrise hat alle Ebenen erfaßt, auch die regionale und lokale. Selbst in Bayern ist die heile Welt identitärer Selbstbehauptung weithin Fiktion.

»*Vereinigte Staaten von Europa wird es* nicht *geben*«

Der Züricher Philosoph Hermann Lübbe, der an der Mainzer Gutachtergruppe beteiligt war, schlägt in seinem parallel erschienenen eigenen Europabuch ganz anders zu. Sein Titel könnte von Stoiber sein: *Abschied vom Superstaat. Vereinigte Staaten von Europa wird es* nicht *geben.*[2] Mit der ihm eigenen Prägnanz räumt Lübbe mit europäischem Sonntagsgerede auf: »Von Europa-Begeisterung kann freilich auch in Deutschland heute nicht mehr die Rede sein. Das ist nicht schlimm, vielmehr normal ... Der europapolitische Alltag ist common-sense-fern ... Dem Ziel, das man erreichen möchte, fehlt es an Deutlichkeit, ja einem auf Anhieb überzeugenden Sinn.« Provokativ beruft sich Lübbe auf England - ist er ein Adept Margaret Thatchers? »Die Zurückweisung der Idee, die in Maastricht projektierte Gründung einer Europäischen Union könne sich nach dem Muster der USA vollziehen, bekundet überdies pragmatischen Sinn für tatsächlich gegebene europapolitische Möglichkeiten. Man scheint in England besser als auf dem Kontinent die Zwecke und institutionellen Erfordernisse europäischer politischer Kooperation einzuschätzen und auch die Kräfte und Antriebe zu kennen, die unsere europapolitischen Handlungsmöglichkeiten bestimmen und begrenzen.«

Heftig wendet Lübbe sich auch gegen den auf Habermas aufbauenden, in intellektuellen Kreisen beliebten Ausweg des Postnationalismus und Verfassungspatriotismus: »Es wäre also eine neue Form deutscher politischer Selbstbornierung, die nationalen Orientierungen zu historischen Relikten zu

---

2 Hermann Lübbe, *Abschied vom Superstaat. Vereinigte Staaten von Europa wird es* nicht *geben.* Berlin: Siedler 1994.

erklären, von denen man sich, nämlich in Deutschland, als von Schlacken nationalsozialistischer Vergangenheit, endlich freizumachen habe. Am postnational gewordenen deutschen Wesen wird die Welt nicht genesen. In der Außenperspektive erscheint gerade der beflissen bekundete deutsche Postnationalismus als spezifisch deutsch.«

Dennoch erweist sich bei näherem Zusehen Lübbes Argumentation im Fortgang ihrer Konkretisierung keineswegs als Plädoyer für nationale Abgrenzung gegen den wirtschaftlich und politisch weit fortgeschrittenen Einigungsprozeß. Lübbe kennt die Kräfte globaler, im Binnenmarkt sich europäisch verdichtender Verflechtung. Diese sind wirtschaftlich und kulturell zugleich: »Gesellschaftliche Modernisierungsprozesse machen uns über immer größere regionale und soziale Räume hinweg voneinander abhängig – technisch und ökonomisch, kulturell und politisch. Mit der zivilisatorischen Modernität wächst der Anteil der Lebensvoraussetzungen, die uns grenzüberschreitend und herkunftsindifferent allen gemeinsam sind ... Die sogenannte Weltgesellschaft ist keine Fiktion, vielmehr in wichtigen Hinsichten faktisch wie normativ eine Realität, und die Menge der Menschen wächst ständig, die bereits von jener Verhaltenskultur mitgeprägt sind, die in Wissenschaft und Technik, in Wirtschaft und Politik Menschen interkulturell kooperationsfähig macht.«

Lübbe weiß, daß die geradezu epidemisch um sich greifenden Beschwörungen von Identitäten aller Art Reaktionen auf entgrenzende Modernisierungsprozesse darstellen: »In Wahrheit entwickelt sich der Regionalismus auf der Frontlinie des Zivilisationsprozesses ... Modernisierungsprozesse wirken identitätsgefährdend. Eben das erzwingt die kulturelle und politische Thematisierung bedrohter Identität.« Lübbe hat den vorstellbaren Beifall von der falschen (regressiv neonationalen) Seite aber keineswegs verdient. Sein Plädoyer ist doppelt: gegen falsche Vorstellungen von gesamteuropäischer Staatlichkeit nach dem Muster des überkommenen Nationalstaats oder der Vereinigten Staaten von Amerika, aber für die pragmatische Weiterentwicklung der nur gemeinsam zu lösenden europäischen Aufgaben in Wirtschaft, Umwelt, Außenpolitik und Kultur.

Doch auch die übliche Berufung auf gemeinsame kulturelle Wurzeln bedarf der kritischen Überprüfung: »Von der unbestreitbaren kulturellen Identität Europas zur künftigen Europäischen Union führt kein gangbarer Weg. Wieso nicht? Herkunftseinheit, die zwischen den historisch längst ausdifferenzierten europäischen Nationalkulturen tatsächlich besteht, stiftet Verwandtschaftsverhältnisse der entfernteren Art. Es ist nicht erkennbar, wieso aus der Vergegenwärtigung solcher historischer Großfamilienbeziehungen ein Impuls entstehen sollte, die Angehörigen dieser Großfamilie nach Art des Zusammenhalts einer Kleinfamilie zusammenzubinden ... Die kulturelle Balance von Herkunft und Zukunft würde in Europa zu Lasten der Zukunft verlorengehen, wenn die Europäer den globalen Folgen ihrer eigenen Geschichte sich nicht mehr so recht gewachsen zeigten.«

Die Europäische Union muß und kann nur an ihren Aufgaben wachsen. Dieses sollte – überraschend nach Lübbes Eingangsdeklarationen – sogar zu weiteren Schritten institutioneller Integration führen: »Die Evidenz der Vorzüge europäischer Einigung, ohne die diese Einigung politisch nicht erfolgreich sein kann, ist die Evidenz der Zweckmäßigkeit, die es hat, die Kooperation der Nationen Europas über Netze multilateraler Verträge hinaus auf die Grundlage von gebietskörperschaftsanalogen Institutionen von europaweiten Zuständigkeiten zu stellen.«

Was Lübbe eigentlich will, ist, den Sinn für die Neuartigkeit dieses Prozesses zu schärfen: »Zusammenfassend gesagt heißt das: Die künftige Europäische Union ist ein staatsrechtlich noch gar nicht identifiziertes, historisch niemals zuvor existent gewesenes Gebilde.« So erweist sich das zu Beginn so lärmend europakritisch auftretende Pamphlet im Ergebnis als Plädoyer für eine realistische Fortführung des Integrationsprozesses als langfristiges Zukunftsprojekt: »Wir sind Geschichtszeugen des Vorgangs, daß die staatliche Souveränität, die doch bisher als unteilbar und unveräußerlich galt, tatsächlich geteilt und zu gewissen, und sei es bescheidenen, Anteilen veräußert wird. Das wird, in langen Fristen gedacht, auch neue politische Zugehörigkeitserfahrungen prägen – in großen wie in kleinen Dimensionen. Es könnte sich zeigen, daß auch unsere Staatsnationen keineswegs auf ewig unteilbare Gebilde sind, und in einer institutionell gefestigten europäischen Gemeinschaft wäre das nicht einmal schlimm.«

Internationale Herausforderungen

Wie sehr aber die Zeit drängt, zeigt sich, wenn man den Blick nicht auf die europäischen Binnenprobleme beschränkt, sondern Europas Lage in globalem Maßstab sieht. Hierzu geben der Freiburger Politologe Ludger Kühnhardt und der Europaparlamentarier Hans-Gert Pöttering in ihrem gemeinsamen Buch *Weltpartner Europäische Union* einen informativen Überblick.[3] Auch sie sehen »Maastricht« nur als Zwischenstufe. In ihren institutionellen Forderungen halten sie sich an die üblichen Denkmuster deutscher Europapolitik: »Wir müssen realistisch feststellen, daß mit dem Vertrag von Maastricht diese Herausforderungen nicht zu bewältigen sind. Denn mit ›Maastricht‹ kommt die europäische Einigungspolitik nicht zum Abschluß, sie ist noch lange nicht am Ziel. ›Maastricht‹ ist (nur) eine, wenn auch wichtige Zwischenstufe auf dem Weg zu einer wirklich handlungsfähigen föderalen, demokratischen und bürgernahen Europäischen Union. Die Vollendung der Europäischen Union führt weit über Maastricht hinaus.«

Am Problem des UNO-Sicherheitsrates zeigen sie – wie an allen anderen Beispielen, wie weit der Weg zur außenpolitischen Handlungsfähigkeit der Union ist: »In der Europäischen Union sind dafür die notwendigen Voraussetzungen noch keineswegs ausreichend getroffen. Dazu gehören vor allem die Frage eines Ausgleichs mit Frankreich und Großbritannien; die Festlegung von Mehrheitsentscheidungsregelungen innerhalb der Europäischen

[3] Ludger Kühnhardt/Hans-Gert Pöttering, *Weltpartner Europäische Union.* Zürich: Edition Interfrom 1994.

Union; die Erteilung eines vollumfänglichen Mandats der Mitgliedstaaten für eine weltpolitische Rolle der Europäischen Union. Die internationale Präsenz der Europäischen Union hängt primär von ihrer inneren Entwicklung ab.«

Innere Entwicklung, dies ist nicht nur eine Frage der Ausrichtung der politischen Apparate und ihres Verhaltens, sondern vor allem eine Frage des Zustandes der sie tragenden, sie auch lähmenden Gesellschaften. Am transatlantischen Beispiel zeigen Kühnhardt und Pöttering das ganze Ausmaß der Herausforderung: »Wenn die Analyse des Historikers Erdmann zutrifft, daß die Welt der nördlichen Hemisphäre durch eine zweite Welle der Atlantischen Revolution der Freiheit geht, so verlangt dies von den stabilen Führungsfaktoren dieser atlantischen Welt große Kraftanstrengungen. Sie werden die Attraktivität ihres Freiheitsmodells nur bewahren können, wenn sie die innere Stärke und Ausstrahlungskraft ihrer eigenen Gesellschaften immer wieder mit neuem Leben füllen. Derzeit gewinnt man den Eindruck, als seien die Freiheits- und Wohlstandszonen des transatlantischen Raumes versteinerte Burgen einer unbeweglichen Selbstzufriedenheit. Ein Zustand ›unglücklichen Glücklichseins‹ scheint die westliche Welt zu lähmen: Ermattete Behaglichkeit, Gruppenegoismus, Immobilität und Verdrußsymptome machen sich breit. Dies ist nicht der Geist, aus dem die transatlantische Verbindung Strahlkraft und Schwung entfalten kann. Der Neuaufbruch unter Präsident Bill Clinton ist bisher weithin ein rhetorischer geblieben. Der Westen braucht seine eigene ›Perestroika‹, um die Fundamente von Demokratie und Rechtsstaat, Marktwirtschaft und Sozialverantwortung wieder zu stärken und neue innere Dynamik zu entfalten. Selbstverständlich handelt es sich dabei nicht um den Sturz der politischen und ökonomischen Systeme, sondern um ihre Vitalisierung.« Wie dies in transnationaler Verflechtung zu erreichen ist, wissen allerdings auch Kühnhardt und Pöttering nicht zu sagen.

Auf dem Weg in eine europäische Gesellschaft?

Eines jedenfalls wird evident: mit fortschreitender Verflechtung wird »Europa« von einem außenpolitischen und außenwirtschaftlichen zu einem gesellschaftlichen Problem eigener Art. Es ist anders gelagert als das im nationalen Rahmen gewohnte Verhältnis von Innen- und Außenpolitik. Wie wenig diese Dimension bisher wahrgenommen wurde, zeigt sich auch daran, daß sich die deutsche Soziologie dieser Fragen kaum angenommen hat. Nur der Sozialhistoriker Hartmut Kaelble hat im Jahrhundertvergleich 1880–1980 zu zeigen versucht, daß die europäischen Nationen sich auf dem Weg in eine homogene europäische Gesellschaft befinden.[4] Inwieweit größere Ähnlichkeit auch die Fähigkeit zu mehr Gemeinsamkeit schafft, bleibt bei Kaelble offen.

[4] Hartmut Kaelble, *Auf dem Weg zu einer europäischen Gesellschaft. Eine Sozialgeschichte Westeuropas 1880–1980.* München: Beck 1987.

Hier setzt das neue Buch des Düsseldorfer Soziologen Richard Münch an: *Das Projekt Europa. Zwischen Nationalstaat, regionaler Autonomie und Weltgesellschaft.*[5] In welchem Ausmaß das Gewicht der europäischen Dimension wächst, zeigt sich ganz erst im globalen Maßstab: »Die ganze Welt bildet jetzt ein einheitliches, auf wirtschaftliches Wachstum nach westlichem Muster ausgerichtetes System. In diesem globalen System des Wettbewerbs und der Kooperation rückt Europa immer mehr als eine Einheit mit einer eigenen Identität in den Mittelpunkt unseres Lebens und drängt die alten nationalstaatlichen Identitäten in den Hintergrund, die sich allerdings auch dagegen wehren und die Entwicklung um so spannungsreicher gestalten.«

Münch deutet diese Entwicklung als weiteren Schritt der Modernisierung, als europa- und weltweite Verwirklichung des Projektes der Aufklärung: »Ebenso entstehen weiterreichende Gefüge der Zusammenarbeit und Solidarität über die ursprünglichen nationalstaatlichen Grenzen hinweg ... Schließlich gelangt jetzt die moderne Kultur mit ihrem spezifischen Rationalismus, ihrer aktiven Weltbeherrschung und ihrer Garantie individueller Freiheits- und Entfaltungsrechte sowie universeller Gleichheitsrechte zu einem weiteren Durchbruch und zu breiterer Geltung ... Die europaweite und globale Geltung von Grundrechten im Rahmen einer universellen Kultur trägt Gegensätze ab und erleichtert die gegenseitige Verständigung. Das Projekt der Aufklärung steuert auf eine neue Stufe des Fortschritts zu.«

Damit ist der analytische Rahmen gesetzt, an dem sich Münchs keineswegs blind fortschrittsoptimistische Darstellung orientiert. Aufklärung ist bekanntlich immer mit der Dialektik der Aufklärung verbunden: »Wie der Fortschritt der Menschheit überhaupt nicht gleichbedeutend ist mit der uneingeschränkten Steigerung des menschlichen Glücks, sondern Neues aufbaut, indem Altes zerstört wird, von alten Zwängen befreit, um neue zu errichten, Ungleichheiten beseitigt, um neue an ihre Stelle zu setzen, Leid vertreibt, um neues Leid zu schaffen, Ungerechtigkeit abbaut, um neue zu erzeugen, Rationalität zum Sieg verhilft, um neue Irrationalitäten hervorzubringen, so ist es auch mit dem Fortschritt der Einigung Europas im Rahmen des Weltsystems.«

Aus solcher Dialektik entwickelt Münch ein Spannungsmodell, das er an den Themenfeldern Identität, Ökonomie, Politik, Solidarität und Kultur mit einer Fülle aufschlußreichen empirischen Materials demonstriert. Durch das unterschiedliche Tempo der Entwicklung in den verschiedenen Bereichen ist dieses Spannungsmodell einer Vielfalt von Zerreißproben ausgesetzt: »Politisches, solidarisches und kulturelles Nachwachsen braucht jedoch viel mehr Zeit als die vorauseilende ökonomische Dynamik, vielleicht zu viel Zeit. Europa könnte auch daran scheitern, daß es ökonomisch zu schnell davonzieht, ohne rechtzeitig mit den notwendigen begleitenden Institutionen nachzukommen.«

Dies ist um so gefährlicher, als die wirtschaftliche Entwicklung ihre eige-

---

[5] Richard Münch, *Das Projekt Europa. Zwischen Nationalstaat, regionaler Autonomie und Weltgesellschaft.* Frankfurt: Suhrkamp 1993.

nen Grundlagen aufzuzehren droht: »Ökonomisches Wachstum wird auf Kosten von Einbußen des ökonomischen Wohlergehens, des ökologischen Gleichgewichts, der politischen Regierungsfähigkeit, der Solidarität und der kulturellen Artenvielfalt erzielt.« Dieser Nivellierungsprozeß vollzieht sich auch im Bereich der Kultur selbst: »Kultur wird außerdem immer mehr von den Gesetzmäßigkeiten eines europaweiten und darüber hinaus globalen Kulturmarktes bestimmt. Wir leben schließlich zunehmend in einer multikulturellen Gesellschaft, dies jedoch unter der Vorherrschaft einer universalistischen Einheitskultur.«

Zu welchen internationalen Spannungen eine solche Entwicklung führen muß, zeigt sich an den (auch von Kühnhardt und Pöttering festgestellten) Tendenzen zu einer Abschirmung in der »Festung Europa«: »Die gemeinsame Abschließung nach außen könnte unter den Europäern soviel Zusammengehörigkeitsgefühl schaffen, daß dadurch die innereuropäische Pluralisierung des gesellschaftlichen Zusammenlebens erleichtert und stabilisiert wird. Die Europäer werden angesichts der Gefahr von außen enger zusammenrücken. Im weiteren Verlauf werden die reichen Industriezentren und die armen Peripherien miteinander verkettet werden wie Kapital und Arbeit in der bisherigen Geschichte der industriellen Zivilisation ... Das Projekt der modernen westlichen Zivilisation hat heute eine Stufe der Entwicklung erklommen, auf der es Herausforderungen ausgesetzt ist, an denen es durchaus scheitern könnte.«

Eine besonders paradoxe Form der Ungleichzeitigkeit zwischen realer Verflechtung, aus ihr folgenden Abhängigkeiten, unzureichender Entwicklung der politischen Strukturen und fortschreitender Desintegration der traditionellen gesellschaftlichen Verhältnisse ist das fast völlige Fehlen einer transnationalen europäischen Öffentlichkeit, die in der Lage wäre, die Entwicklung angemessen zu reflektieren und gemeinsame Antworten auf neue Fragen zu finden. Dies wäre eine vordringliche Aufgabe der Intellektuellen. Aber: »Den europäischen Intellektuellen suchen wir vergeblich ... Im Verhältnis zu den inneren nationalen Diskursen sind die grenzüberschreitenden Diskurse äußerst spärlich ausgeprägt. Es findet erst seit ein paar Jahren ein vorsichtiges Abtasten in grenzüberschreitenden Konferenzen statt. Wenn wir an die Rolle der Intellektuellen als Führungselite bei der Formulierung kollektiver Identitäten denken, dann fällt auf, wie wenig sie an der Herausbildung einer kollektiven Identität der Europäischen Gemeinschaft beteiligt sind ... Es gibt mehr nationale Unterschiede in den Antworten auf die Fragen von Wirtschaftswachstum, Umweltschutz, Technikentwicklung, Bürgerrechten und Menschenrechten als Einheitlichkeiten im Vergleich zu den nichteuropäischen Staaten. Weltsichten haben ihre Wurzeln in philosophischen Traditionen und werden durch intellektuelle Trägerschichten fortentwickelt. Die philosophischen Traditionen differenzieren sich jedoch nach wie vor stark nach nationalen Grenzen, und sie werden von national relativ abgeschlossenen Intellektuellengruppen in national abgegrenzten Diskursen weitergeführt. Von daher betrachtet, ist es noch ein weiter Weg zu einer europäischen Kultureinheit und Kulturidentität.«

Das Ergebnis dieser kollektiven Blindheit ist beunruhigend; Europa droht das Syndrom der Unregierbarkeit: »Die Europäische Gemeinschaft ist ein Wirtschafsriese noch ohne ausreichende politische Handlungsfähigkeit, innere Solidarität und kollektive Identität. Die innereuropäischen politischen, gemeinschaftlichen und kulturellen Differenzen werden durch den Prozeß des ökonomischen Zusammenwachsens sogar noch schärfer artikuliert. Aufgrund der wachsenden politischen Handlungszwänge werden sie um so härter aufeinanderprallen ... Eine Alternative zu dem begangenen Weg scheint es indessen nicht zu geben, weil der von Europa ausgegangene Entwicklungsprozeß weltweit einen Sog entwickelt hat, dem sich auch das neue Europa nicht entziehen kann. Alles Widerstreben könnte Niedergang bedeuten und noch mehr Konflikte heraufbeschwören. Der Weg zurück zu den einfacheren und überschaubareren Verhältnissen ist versperrt.«

Er ist es auch deshalb, weil die nationalen politischen Systeme nur noch einen schwachen Rückhalt bilden können: »So erodieren die eingefahrenen nationalen Institutionen der politischen Willensbildung ohnehin. Sie werden verdrängt von einer hohen Fluktuation von Mitgliedschaften, Interessenlagen und Koalitionen. Die politische Willensbildung hat demgemäß auch auf nationaler Ebene nicht mehr die gewohnte Stabilität und Berechenbarkeit. Ihre schrittweise Verlagerung nach Brüssel fügt dieser Unübersichtlichkeit nur eine weitere hinzu.« Die Erwartungen an Politik zur Lösung der Probleme dürfen deshalb nicht zu hoch sein: »Wer Demokratie und Selbstbestimmung bewahren will, wird wohl mit erheblichen Mängeln der politischen Entscheidungsfähigkeit leben müssen. Man wird sich damit abfinden müssen, daß allzu oft keine Entscheidungen getroffen oder faule Kompromisse geschlossen werden, wo mutige Entscheidungen gefordert wären. Wir werden lernen müssen, defizitäre Politik als Normalzustand zu ertragen.«

Münchs Prognose ist deshalb finster: »Auf EG-Ebene werden wir eine Kombination des französischen Modells eines in der Luft hängenden Etatismus mit dem britischen Modell des Beharrens von Einzelstaaten, Regionen und Gruppen auf ihren angestammten Rechten mit dem US-amerikanischen Modell des ubiquitären Konkurrenzkampfes einer zunehmend mobileren und heterogeneren Gesellschaft bekommen, während das deutsche Synthesemodell schon auf seinem heimischen Boden in der Auflösung begriffen ist.«

Es ist deshalb Vorsicht im Übergang von nationalen zu europäischen Zuständigkeiten geboten, eben jenes Achten auf »Verträglichkeit«, das auch die Verfassungsrechtler des Weidenfeld-Teams anmahnen. Europäische Institutionen können sich nur soweit gedeihlich entwickeln, wie auch eine europäische Zivilgesellschaft heranwächst – zugleich aber kann diese sich, wie schon Jean Monnet betonte, nur insofern bilden, wie sie sich auf Institutionen beziehen kann: »Die Tendenzen zur Entwertung von politischer Macht und Recht warnen vor einem überhasteten und unausgewogenen Ausbau Europas. Der Ausbau kann nur so schnell vorangehen, wie der politische Überbau durch einen mit den politischen Organen zusammenarbeitenden Unterbau von Verbänden und Vereinigungen und deren europaweiter Zusammenarbeit gestützt wird.«

Die Orientierung jedenfalls wird schwieriger: »In der zusammenwachsenden Welt werden wir uns daran gewöhnen müssen, in gesellschaftlichen Einheiten zu leben, die keinesfalls über die Geschlossenheit, die stabile Identität sowie den assoziativen, demokratischen und kommunikativen Unterbau verfügen wie die Nationalstaaten, aber dennoch unser Handeln organisieren.«

Münchs Spannungsmodell hat gegenüber den an den Ordnungsprinzipien ihrer jeweiligen Disziplinen orientierten ökonomischen, juristischen oder politikwissenschaftlichen Darstellungen des europäischen Integrationsprozesses den Vorzug, die fortschreitende Interaktion zwischen den verschiedenen Bereichen auch in ihrem zeitlichen Ablauf deutlicher zu thematisieren. Er konstruiert sein Modell nach den Mustern soziologischer Begriffsbildung und ihrer dialektischen Verknüpfung. Sie erlaubt es, Widersprüche herauszuarbeiten und sie zu dramatisieren. Diese Verfahrensweise hat hohen heuristischen Wert, solange sie als solche durchschaut und reflektiert wird. Münch versucht dies ausdrücklich unter Berufung auf die Klassiker und eine Fülle aktueller Literatur.

Dennoch bleiben zentrale kulturanthropologische, historische und systemanalytische Fragen offen. Wie steht es mit der Anpassungsfähigkeit von Individuen, Gruppen, Institutionen, wirtschaftlichen und politischen Strukturen an sich verändernde, für die Betroffenen immer nur zum Teil durchschaubare Verhältnisse? Entstehen in der Verbindung von Innovation mit der fortschreitenden Umsetzung von Traditionen nicht möglicherweise ganz neue Konstellationen, die auch Ungleichzeitigkeiten zu überbrücken vermögen? Ist die Koexistenz von ungeklärten Widersprüchen nicht geradezu konstitutiv für menschliche Sozietäten aller Art? Wo ist bei einem so komplexen Gebilde wie der Europäischen Union und ihren Außenbeziehungen Ordnung unerläßlich, wo Unordnung unvermeidlich? Wie ist im Zustand transnational verflochtener Unordnung die Gewichtung zwischen formeller und informeller Politik, zwischen öffentlichem, halböffentlichem und privatem Bereich? In Bewegung geraten, wie Münch zeigt, sind nicht nur die Beziehungen zwischen wirtschaftlicher Verflechtung, sozialer und politischer Organisation, sondern auch zwischen den Individuen und den verschiedenen Ebenen gesellschaftlicher Einbindung.

Vexierbegriff Identität

Eines der Schlüsselkonzepte, um das auch Münchs Spannungsmodell kreist, ist deshalb der Begriff der Identität. Philosophisch, psychologisch und politisch ist er voller Fallstricke, viel Unheil ist in seinem Namen angerichtet worden.

Der Identitätsbegriff ist auch das Leitthema eines mehr philosophischen Buches, das Nicole Dewandre und Jacques Lenoble herausgegeben haben. Es heißt *Projekt Europa. Postnationale Identität: Grundlage für eine europäische*

Demokratie?[6] Dieser Tagungsband ist das Ergebnis einer gezielten »geistespolitischen« (um den hier zutreffenden gräßlichen Begriff zu gebrauchen) Aktion. Im Vorfeld des Vertrages von Maastricht hatte der Planungsstab der Europäischen Kommission zwei Gruppen zusammengebracht: Jürgen Habermas und einige seiner wichtigsten europäischen Vermittler wie Jean-Marc Ferry einerseits und die am Thomismus geschulten Rechtsphilosophen der katholischen Universität Louvain andererseits. Gemeinsam sollten sie prüfen, wie europäische Identität auf Vernunft zu begründen sei: Gegenprogramm gegen regressiven Irrationalismus einerseits und kurzsichtigen Utilitarismus andererseits. Sollte hier der Glaube an die Vernunft zur säkularisierten Staatsreligion der Europäischen Union erhoben werden? Diese Vermutung wäre sicherlich übertrieben, auch zeigte sich bei der Konferenz rasch, daß beide Traditionen nicht ohne weiteres kompatibel waren.

Die Fragestellung des Planungsstabes war die gleiche, die auch dem Maastricht-Vertrag zugrunde liegt: Wie lassen sich Union und nationale Vielfalt verbinden? Gibt es so etwas wie ein Subsidiaritätsprinzip der Identitäten? Kann »postnationale Identität« als Zauberformel das Problem lösen? »Wie lassen sich die Herausbildung einer für die politische Union in Zukunft unumgänglichen europäischen Identität einerseits und die Förderung der kulturellen Vielfalt andererseits, die ja gerade den Reichtum Europas ausmacht, miteinander in Einklang bringen? Aus diesem scheinbar unlösbaren Dilemma schält sich das Konzept der postnationalen Identität heraus ... weil es die Dinge zueinander in eine Perspektive stellt. Nach diesem Konzept sollte zwischen dem kulturellen Raum und dem politischen Raum unterschieden werden. Eine gemeinsame politische Identität entsteht aus dem gemeinsamen Bekenntnis zu Prinzipien, die für eine demokratische politische Kultur kennzeichnend sind, und weniger aus der Erinnerung an eine gemeinsame kulturelle Vergangenheit.«

Jürgen Habermas versucht, das Konzept des »Verfassungspatriotismus« europäisch auszuweiten: »Eine liberale politische Kultur bildet nur dann den gemeinsamen Nenner eines Verfassungspatriotismus, wenn sie gleichzeitig den Sinn für die Vielfalt und die Integrität der verschiedenen koexistierenden Lebensformen einer multikulturellen Gesellschaft schärft. Auch in einem künftigen europäischen Bundesstaat müssen dieselben Rechtsprinzipien aus der Perspektive verschiedener nationaler Überlieferungen, verschiedener nationaler Geschichten interpretiert werden. Die eigene Tradition muß jeweils aus einer an den Perspektiven der Anderen relativierten Sicht so angeeignet werden, daß sie in eine übernational geteilte westeuropäische Verfassungskultur eingebracht werden kann ... Die demokratische Staatsbürgerschaft braucht nicht in der nationalen Identität eines Volkes verwurzelt zu sein; unangesehen der Vielfalt verschiedener kultureller Lebensformen verlangt sie aber die Sozialisation aller Staatsbürger in einer gemeinsamen politischen Kultur.«

---

[6] Nicole Dewandre / Jacques Lenoble (Hrsg.), *Projekt Europa. Postnationale Identität: Grundlage für eine europäische Demokratie?* Berlin: Schelzky & Jeep 1994.

Prüfstein für die Verbindlichkeit einer sich auf universale Geltung von Demokratie und Menschenrechten berufenden politischen Kultur Europas ist der Umgang mit dem Problem der Immigration. Nach Habermas ist sie eine Zwischenstufe zum Weltbürgertum: »Die europäischen Staaten sollten sich auf eine liberale Immigrationspolitik einigen. Sie dürfen sich nicht in der Wagenburg des Wohlstandschauvinismus gegen den Andrang von Immigrationswilligen und Asylsuchenden verschanzen. Das demokratische Recht auf Selbstbestimmung schließt gewiß das Recht auf Bewahrung einer eigenen politischen Kultur ein, die für die Staatsbürgerrechte einen konkreten Kontext bildet; es schließt aber nicht das Recht auf die Selbstbehauptung einer privilegierten kulturellen Lebensform ein. Im Rahmen der Verfassung eines demokratischen Rechtsstaates können vielfältige Lebensformen gleichberechtigt koexistieren. Diese müssen sich allerdings in einer gemeinsamen politischen Kultur überlappen, welche wiederum für Anstöße von seiten neuer Lebensformen offen ist. Allein eine demokratische Staatsbürgerschaft, die sich nicht partikularistisch abschließt, kann im übrigen den Weg bereiten für einen Weltbürgerstatus, der heute schon in weltweiten politischen Kommunikationen Gestalt annimmt.«

Bei der Suche nach einer solchen postnationalen Identität und politischen Kultur stoßen die Einstellungen und Konzepte eines tendenziell universalistischen Rationalismus und eines herkunftsbezogenen Kommunitarismus und die ihnen entsprechenden argumentativen beziehungsweise narrativen Diskursformen aufeinander. Der Konflikt zwischen beiden geht – wie Jean-Marc Ferry zeigt – an die Wurzeln der Identität: »Diese Grenze bilden die wesentlichen Forderungen einer demokratischen politischen Kultur, zu der nicht jede kulturelle Lebensform unbedingt bereit ist. Denn bei der Wahl zwischen den beiden Diskursformen der Erzählung und der Argumentation ist die Entscheidung für einen dominierenden Stil politisch nicht neutral; damit verbunden ist ein bestimmtes Verständnis der Beziehung zu sich selbst und zum Anderen, d.h. eine bestimmte Art von Identität.«

Wie instabil aber dieses Identitätskonzept ist, zeigt aus psychologischer Sicht André Berten. Bei näherem Zusehen gibt es nicht eine, sondern miteinander verkettete, in großen Widersprüchen miteinander koexistierende Mehrfachidentitäten: »So wie zu wenig zwischen individueller und kollektiver Identität unterschieden wird, so neigt man auch zu stark zu der Annahme, daß der einzelne nur eine einzige Identität habe, oder daß zumindest das anzustrebende Ideal eine eindeutige, beständige, kohärente und leicht zu definierende Identität sei. Psychologische Forschungen dagegen zeigen, daß es sich um eine Mehrfachidentität handelt, allerdings mit variablen Überdeterminationen, deren Entstehungsprozeß verstanden sein will. Diese Behauptung impliziert jedoch weder einen Relativismus noch eine Philosophie der Differenz, der zufolge alle Identitätsformen gleichwertig sind. Es gibt dominante Identitäten, die aus der persönlichen Geschichte des einzelnen und aus seinen ›Fixierungen‹ herrühren oder durch historische Ereignisse und momentane Verhältnisse bedingt sind ... Die Herausbildung einer Identität ist nämlich mit dem dialektischen Spannungsverhältnis zwischen Vergangenheit und Zukunft verknüpft. Erinnerung entsteht durch aufeinanderfolgende Ablagerungen von Informationen in komplexen Systemen und wird ständig durch hinzukommende Informationen neu strukturiert. Das Verständnis von dem, was wir sind, ändert sich im Zuge dieser Umstrukturierungen. Ebenso ist das, was wir sind, an das, was wir sein wollen und an unsere Projekte gekoppelt, diese wiederum sind abhängig von dem Bild, das wir von uns selbst, von der Welt, vom anderen und von der Gesellschaft haben.«

Vorsicht ist deshalb mit Überforderung durch diskursive Rationalität geboten: »Wir könnten zwar Elemente rationalen Kalküls, argumentativer Diskussion, logischen Denkens usw. in unser alltägliches Verhalten einfließen lassen, jedoch wäre dies ein in erster Linie instrumenteller Bezug zur Vernunft und für die Bildung unserer Identität völlig unbedeutend. Wenn jedoch der Bezug zu unserer Identität die Grundmotivation unseres Verhaltens bildet, müssen wir zugeben, daß es nur in sekundären Bereichen von rationalen Zwängen bestimmt ist. Mehr noch, wir müßten zugeben, daß der Preis jeglicher Rationalisierung der Existenz die Gefahr einer Regression zu den verlorenen Imaginationen und einer grundlegenden Verwundbarkeit durch irrationale Schübe wäre.«

Dennoch neigt Berten gerade aufgrund seines differenzierten Identitätskonzepts keineswegs zu kommunitaristischer oder nationalistischer Resignation: »Dieses sollte ausreichen, um das ›Natürliche‹ und damit die Unüberwindbarkeit der nationalen Identität in Frage zu stellen. Im Gegenteil, wir glauben, daß es auf Grund einer sorgfältigen Untersuchung der Prozesse der Identitätsbildung möglich sein sollte, einen institutionellen Rahmen zumindest potentiell zu entwerfen, in dem rational definierte und ethisch vertretbare Projekte gefördert werden könnten. In dieser Hinsicht bildet die europäische Einigung eine entscheidende Erfahrung.«

Joachim Aguiar, ein Berater des portugiesischen Präsidenten, weist auf die prekäre Rolle von Politik in diesem Prozeß hin: »Aber bevor dieses Endziel stabiler Legitimationsverfahren für die europäischen Institutionen erreicht ist, wird vieles von der Haltung der heutigen nationalen politischen Führer abhängen. Sie werden gebraucht, um die Stege zu bauen, auf denen die Gesellschaften von ihren bestehenden Gewohnheiten, Perspektiven und Institutionen zu neuen Arten strategischer Rationalisierung, zu einer neuen Einstellung zur Modernisierung und zu einer neuen institutionellen Architektur gelangen können. Diese besondere Rolle der Politiker, von deren Vermögen zu viel abhängt, bestätigt lediglich, daß es noch kein brauchbares Konzept für die Zukunft gibt und der Grad der Veränderung den Grad ihrer politischen Bewältigung durch die Europäer übersteigt.«

Der katholische Rechtsphilosoph Jacques Lenoble sucht in seiner Zusammenfassung eine Synthese zwischen argumentativem und narrativem Diskurs: »Die Entstehung einer gemeinsamen politischen Kultur ist also mehr als das abstrakte Bekenntnis zu kosmopolitischen Grundsätzen ... Sie ist auch Aneignung einer Identität begründenden Erzählung, in der eine historische Identität gewebt wird, und deshalb ist sie eine Option in und dank dieser Erzählung. Es bleibt jedoch dabei, daß, wenn man es so formuliert, diese Erzählung eine universalisierende Macht und durch die Forderung des Verfahrens ein unerschöpfliches Potential an Reflexivität entwickelt. Zu den deutlichsten Auswirkungen dieser paradoxen Identität zählt sicherlich das diffuse Gefühl der Entwurzelung, das der Europäer des ausgehenden 20. Jahrhunderts so tief in sich spürt.« In anschaulicher Form schildert er den offenen Prozeß der Suche nach gemeinsamer europäischer Vernunft: »Ein demokratisches Gemeinwesen entsteht um einen Kern von geteilten Wertvorstellungen herum, die von Identität begründenden Erzählungen getragen werden. Das unversiegbare Gemurmel des kollektiven Gedächtnisses, das jede unserer politischen Entscheidungen begleitet und uns eine Treuepflicht auferlegt, läßt sich nicht ersticken. Es muß im Gegenteil explizit werden, klar und vernehmlich ausgesprochen werden, damit es mit einfließen kann und nicht an den Rand eines an zu großer Künstlichkeit krankenden Projektes gedrängt wird.« Wieweit allerdings Habermas' und Lenobles Vernunftbegriff konvergieren können, bleibt in diesem Band offen.

Was ist die Zwischenbilanz solcher Versuche, »Europa zu denken«, wie Edgar Morin die Anstrengung der Überprüfung des alten Orientierungsmusters nennt? Alle führen auf ihre Weise weit über die Vorstellungen hinaus, an denen sich die übliche deutsche Europadiskussion orientiert:

Europa, das heißt die immer engere wirtschaftliche, ökologische, politische und gesellschaftliche Verflechtung zwischen den Ländern der Europäischen Union im Rahmen über sie hinausgehender kontinentaler und globaler Verflechtungszusammenhänge reicht schon heute weiter und tiefer als den Kritikern, aber auch den Anhängern der Europäischen Union Maastrichter Zuschnitts bewußt ist. Europa, das ist die hochgradig komplexe Realität grenzübergreifender Abhängigkeiten unterschiedlichen Verdichtungsgrades, in der wir uns zu bewegen haben.

Aus dieser Realität führt kein Weg zurück. Wirtschaftlich ist sie die Grundlage des Wohlstandes, auf den unsere Gesellschaften nicht verzichten wollen, politisch die Voraussetzung der relativen Stabilität, der wir uns (noch) erfreuen. Nationalismen und Provinzialismen sind verständlich und entwickeln gerade im Rahmen des Vertrages von Maastricht hohe Blockierungskraft, stellen aber keine praktikable Alternative dar.

Dies liegt nicht nur daran, daß die europäischen Nationalstaaten und ihre Regionen ökonomisch, politisch und sozial durch Verflechtung ihre Autonomie in einem Ausmaß verloren haben, daß dies abstrakte Vorstellungen von Subsidiarität fraglich machen muß. Es ändern sich auch im Zuge rascher technischer und kultureller Entwicklungen die Zuordnungsmuster der Gesellschaften und der Individuen mehr, als ihnen selbst bewußt sein kann. Die Identitäten aller Betroffenen sind komplex, widersprüchlich und instabil; partielle Bemühungen um Rationalität sind deshalb stets von Regressionen bedroht. Postnationale Identitäten lassen sich ebensowenig dekretieren wie nationale oder regionale restaurieren.

Es ist zugleich zutreffend und irreführend, diesen Prozeß vorwiegend in den Kategorien der Modernisierung zu beschreiben. Die Möglichkeiten und die Verwirrungen, die er auslöst, sind so vielgestaltig, daß die Kategorien »alt« und »neu« und selbst die Wechselschritte einer Dialektik der Aufklärung zu einfach verlaufen. Wir sollten lernen, uns auf die Unordnung sich überlagernder Schichten von Tradition und Umbruch einzustellen, ohne den esoterischen Verlockungen der Chaostheorie anheimzufallen.

Der Riese Europa ist nur sehr eingeschränkt wahrnehmungs- und handlungsfähig. Ganz blind ist er nicht, aber orientierungs- und verhaltensgestört. Gleiches gilt für die politischen Systeme der Nationalstaaten, der Regionen und damit auch für ihr mehr oder minder subsidiäres Zusammenwirken. Die konventionellen Vorstellungen von Politik werden deshalb nicht ausreichen, um auch nur die dringlichsten Probleme zu lösen. Die Bürger selbst sind darauf angewiesen, so gut es geht ihre Lebensformen und ihr Umfeld zu gestalten.

Die Krise der Systeme sozialer Sicherung zeigt ebenso wie eine genauere Analyse der Identitätsbildung und der Entwicklung der ihr zugrunde liegenden Sozialisationsinstanzen, daß diese Aufgabe vor allen technischen und administrativen Einzelschritten eine kulturelle ist: Nach welchen Werten und in welchen Formen wollen und können die Europäer in Zukunft leben? Was bedeuten diese für die Gestaltung der politischen, wirtschaftlichen und sozialen Rahmenbedingungen? Wie kann sich zu solchen Fragen eine angesichts der Verflechtung notwendige transnationale Verständigung herausbilden?

An dieser Stelle ertönt der Ruf nach der erst in Ansätzen bestehenden europäischen Öffentlichkeit und einer sie tragenden europäischen Zivilgesellschaft. Sie existiert als abgehoben metanationale in den kleinen Zirkeln der professionellen Europäer. Sie besteht massiv, aber meist nur an kurzfristigen Interessen orientiert, in der grenzübergreifend verflochtenen Wirtschaft. Beide Bereiche sind aber zu isoliert, um in die Völker zurückzuwirken. Die notwendige gemeinsame Kulturarbeit kann nicht alleine von oben geleistet werden, sie erfordert den tausendfachen Dialog zwischen den gewachsenen Kulturen Europas.

Axel Honneth

Universalismus als moralische Falle?

Bedingungen und Grenzen einer Politik der Menschenrechte

Vor fünf Jahren, als in einer Welle von friedlichen Umstürzen der sowjetische Machtblock wie ein Kartenhaus in sich zusammenbrach, war die internationale Welt dem Kantischen Projekt eines ewigen Friedens offenbar ein erhebliches Stück näher gerückt; mit dem Ende des Ost-West-Konflikts schien der Augenblick erreicht, an dem die Staaten gemeinsam den Naturzustand verlassen und in den gesellschaftlichen Zustand einer moralisch geregelten Kooperation eintreten konnten. Unter den Bedingungen der militärischen Konfrontation zwischen den beiden Supermächten hatte als das adäquate Paradigma der internationalen Beziehungen beinahe wie selbstverständlich die Hobbessche Lehre des Naturzustands gegolten: So wie darin die Individuen, so sollten sich auch die Staaten in einem Verhältnis des potentiellen Krieges aller gegen alle gegenüberstehen, weil sie in Unkenntnis der Absichten des jeweils anderen ihre Selbsterhaltung nur sichern können, wenn sie durch präventive Machtsteigerung ihre Überlegenheit im Ernstfall zu garantieren wissen.[1] Mit dem Ende des Ost-West-Konflikts aber war scheinbar die Bedingung entfallen, die Hobbes hatte voraussetzen müssen, um die permanente Konfliktbereitschaft aller einzelnen überhaupt erklären zu können: die Unmöglichkeit der elementaren Vertrauensbildung zwischen den Individuen oder eben den Einzelstaaten. Einer Anwendung des Kantischen Paradigmas der internationalen Beziehungen auf die weltpolitische Situation schien daher kein Hindernis mehr im Wege zu stehen: die Staaten sollten dazu in der Lage sein, »aus dem gesetzlosen Zustand, der lauter Krieg enthält, herauszukommen«, indem sie, »ebenso wie einzelne Menschen, ihre wilde (gesetzlose) Freiheit aufgeben, sich zu öffentlichen Zwangsgesetzen bequemen, und so einen (freilich immer wachsenden) Völkerstaat ... bilden« *(Zum ewigen Frieden).* Kant, der aus politisch-praktischen Gründen der Natur gerne die Absicht einer moralischen Besserung des Menschen unterstellen wollte, hätte in den dramatischen Vorgängen der späten achtziger Jahre unschwer ihr pädagogisches Meisterstück erblicken können: Der langwierige, oft gefährliche Ost-West-Konflikt wäre von ihr gleichsam nur inszeniert worden, um an dessen abruptem Ende alle beteiligten Regierungen definitiv wissen zu lassen, daß allein die moralisch geregelte Kooperation internationale Sicherheit und gesellschaftlichen Wohlstand schaffen kann.

Den weitgesetzten Hoffnungen, die sich mit der Erinnerung an die Kantische Friedensschrift verknüpften, folgten schnell auch die ersten Schritte praktischer Taten: Nach 45 Jahren der internen Stagnation und Blockierung

[1] Zur Entgegensetzung eines Hobbesschen und eines Kantischen Modells der internationalen Beziehungen siehe Janna Thompson, *Justice and World Order. A Philosophical Inquiry.* London: Routledge 1992.

übernahm der Sicherheitsrat der Vereinten Nationen zum ersten Mal aktiv die Rolle, die ihm ursprünglich zugedacht worden war, als er im Jahre 1945 als ein internationales Organ der Sicherung des Friedens und des Schutzes der Menschenrechte eingerichtet wurde. Die Genehmigung des Gewalteinsatzes gegen den Irak bildete den Auftakt zu einer Phase, in der die UNO mit stets überwältigender Mehrheit eine Vielzahl von humanitären oder friedenssichernden Maßnahmen beschloß; deren Summe übersteigt mittlerweile bereits diejenige all der Eingriffe, die in den vorangegangenen Jahrzehnten vereinbart worden waren. Je größer freilich die Menge internationaler Schutzmaßnahmen wurde, desto massiver schien sich die weltpolitische Situation gerade in die entgegengesetzte Richtung zu verwandeln; jeder Eingriff an einem Konfliktherd löste offenbar wie in einer Kettenreaktion eine Reihe neuer Bürgerkriege und Gewaltausbrüche aus, jede humanitäre Hilfsaktion wurde begleitet von schockierenden Informationen über Hungerkatastrophen und Gemetzel an anderen Orten der Welt. Statt friedlicher Kooperation im Geiste eines wiederbelebten Völkerrechts breitete sich schnell Krieg und Schrecken zwischen den Völkern aus. Inzwischen bestimmen die Bilder von bewaffneten Banden, von ethnischen Säuberungen und fundamentalistischen Terroraktionen, von Flüchtlingsströmen und Hungerleidenden so sehr den Blick auf die internationale Situation, daß die bloße Erinnerung an das Kantische Projekt für viele wie bloßer Zynismus klingen muß; fünf Jahre, nachdem sich den Staaten die Chance eines Eintritts in den Gesellschaftszustand eröffnete, scheinen sie nur um so tiefer und aussichtsloser in den Naturzustand verstrickt.

Nicht wenige sehen in dieser neuen Lage der Weltpolitik genügend Gründe angelegt, um für die Rückkehr zu einer modifizierten Form der Realpolitik zu plädieren; diesmal soll die Orientierung am Hobbesschen Paradigma nicht die militärische Aufrüstung, sondern die Abkehr vom Universalismus der Menschenrechte legitimieren. Sicherheitspolitik nach innen, moralische Abschottung nach außen, so läßt sich in einer Formel die Schlußfolgerung derer zusammenfassen, die angesichts der Vervielfältigung und Brutalisierung sozialer Konflikte jeden Rückgriff auf das Kantische Modell für puren Idealismus halten. Demgegenüber verweisen diejenigen, die auch weiterhin entschieden am Projekt einer Moralisierung der Weltpolitik festhalten wollen, auf die gewachsenen Einflußchancen eines »demokratischen Internationalismus«[2]: Weil durch das Ende des Ost-West-Konflikts die Möglichkeiten einer internationalen Konsensbildung stark zugenommen haben, weil sich weltweit neue, demokratische Bewegungen herausgebildet haben und somit eine Vielzahl ziviler Akteure das weltpolitische Geschehen mitbestimmen, bieten sich erst heute einer Politik der Menschenrechte die lange vermißten Handlungsspielräume an; also Außenpolitik als aktive Friedenssicherung durch internationale Durchsetzung von Menschenrechten. Zwischen den beiden Lagern ist somit vor allem umstritten, in welchem Umfang gegen-

---

2 Vgl. dazu Alan Gilbert, *Must Global Politics Constrain Democracy? Realism, Regimes, and Democratic Internationalism.* In: *Political Theory,* Nr. 1, 1992.

wärtig die Menschenrechte zu einem operativen Bezugspunkt der Außenpolitik werden sollen; eine Entscheidung zugunsten einer der streitenden Parteien fällt aber schon deswegen nicht leicht, weil bereits Uneinigkeit darüber herrscht, wie die weltpolitische Situation unserer Tage angemessen bestimmt werden soll.

I

In seinen *Reflexionen zur Klassentheorie,* die in den Jahren der Arbeit an der *Dialektik der Aufklärung* entstanden, stellt Adorno Vermutungen über die Zukunft des sozialen Konflikts im hochentwickelten Kapitalismus an; seine Überlegungen münden in der These, daß es unter dem Druck der ökonomischen Barbarisierung am Ende nicht mehr soziale Klassen sein werden, die sich im Kampf gegenüberstehen, sondern »Gangs und Rackets«. Die Geschichte der Klassenkämpfe wird in Zukunft zu dem, so Adornos wie immer dialektische Schlußfolgerung, was sie von Anfang an war, nämliche eine »Geschichte von Bandenkämpfen«. Als habe er sich von dieser spekulativen Prognose inspirieren lassen, eröffnet Hans Magnus Enzensberger seine Streitschrift gegen den Universalismus der Menschenrechte mit dem Schrekkensbild »marodierender Banden«: Überall auf der Welt, so lautet die Quintessenz seiner Interpretation der aktuellen Lage, befinden sich heute Banditengruppen und Verbrechercliquen in einem Krieg, dessen alleiniges Mittel die rohe Gewalt und dessen einziges Ziel »Raub, Mord und Plünderung« sind.[3] Zur Entgrenzung einer solchen neuen Form des Bürgerkrieges ist es gekommen, weil der Zerfall der bipolaren Weltordnung zwangsläufig zu einer Entmoralisierung der sozialen Beziehungen hat führen müssen: solange nämlich die Ost-West-Konfrontation noch dafür Sorge trug, daß lokale Konflikte stets in ein ideologisches Deutungsschema übertragbar blieben und dadurch schnell auf einer internationalen Ebene politisch bearbeitbar wurden, konnte ein bestimmtes Maß an menschlicher Aggression dauerhaft unter staatlicher Kontrolle gehalten werden; mit dem Zusammenbruch der Sowjetunion aber ist diese ideologische Einhegung des Bürgerkrieges gleichsam über Nacht verlorengegangen, so daß sich die lange unterdrückten Motive des Hasses und der Wut explosionsartig Ausdruck verschaffen konnten. Die neuen Formen enthemmter Brutalität sind für Enzensberger so wenig an bestimmte Konfliktanlässe gebunden, daß er keine Mühe hat, auch in der Zunahme von direkter Gewalt in den westlichen Metropolen noch ihre Spuren wiederzuentdecken: ob Drogengangs oder Neonazis, ob Hooligans oder Amokläufer, stets handelt es sich für ihn um die Äußerung einer Aggression, die mangels ideologischer Bindung gleichsam zweckfrei und ziellos geworden ist. So entsteht zunächst einmal ein weltpolitisches Horrorszenarium, dessen Suggestionskraft sich einer Darstellung verdankt, in der die Fernsehbilder aus Somalia oder Bosnien-Herzegowina mit grellen Fetzen aus amerikanischen Science-fiction-Filmen unmerklich zu verschwimmen beginnen:

---

3 Hans Magnus Enzensberger, *Aussichten auf den Bürgerkrieg.* Frankfurt: Suhrkamp 1993.

Durch die Trümmerlandschaften amerikanischer Großstädte oder über die Hügelketten der afrikanischen Wüste ziehen versprengte Gruppen von schwerbewaffneten Rambos, die nur nach der nächsten Möglichkeit suchen, um den ehemaligen Nachbarn oder die vormaligen Stammesgenossen auszurauben und zu ermorden.

Eine große Nähe zu solchen Bildern weisen auch die Eindrücke auf, die Michael Ignatieff auf seinen Reisen an die Fronten der internationalen Konfliktzonen gesammelt hat.[4] Mit Enzensberger teilt er die Überzeugung, daß durch den Zerfall der Sowjetunion eine neue Epoche von Bürgerkriegen eingeleitet worden ist, deren zentrale Eigenschaft ein bisher unbekanntes Maß an moralisch ungebremster Aggression ausmacht; und beide sind sich darüber hinaus in der Beobachtung einig, daß in den kriegführenden Banden und Cliquen ein Typ des jugendlichen Gewalttäters die Führungsrolle innehat, der in der Geschichte des modernen Europa ohne jedes Vorbild ist. Enzensberger stützt sich auf die Totalitarismusanalyse von Hannah Arendt, um die Eigenschaften zu umreißen, durch die die neuen Kriegsherren charakterisiert sein sollen: Ohne jeden Halt in einer politisch-moralischen Überzeugung sind sie in ihren haßerfüllten Aktionen so weit autistisch, daß sie zwischen Zerstörung und Selbstzerstörung nicht mehr zu unterscheiden vermögen. Bei Ignatieff ist es hingegen der mittelalterliche »warlord«, der als historisches Muster für den Persönlichkeitstyp herhalten muß, den er in den Bandenchefs und Kriegsherren unserer Tage anzutreffen glaubt: »Sie erscheinen überall dort, wo Nationalstaaten zerfallen: im Libanon, in Somalia, im Norden Indiens, in Armenien, Georgien, Ossetien, Kambodscha, im ehemaligen Jugoslawien. Mit ihren Autotelefonen, Faxgeräten und exquisiten Waffen scheinen sie der Postmoderne anzugehören, in Wirklichkeit aber leben sie im frühen Mittelalter.«

Aus Beobachtungen solcher Art ziehen die Autoren nun theoretische Schlüsse, die den Strukturwandel der Weltpolitik im ganzen betreffen; dabei scheuen beide nicht, Enzensberger noch weniger als Ignatieff, vor anthropologischen Spekulationen zurück, die durch ihre deskriptiv gehaltenen Analysen in nichts gedeckt sein können. In den Bürgerkriegen der jüngsten Zeit, so wird suggeriert, tritt etwas von der rohen Natur des Menschen in Erscheinung, die Hobbes geahnt haben mag, als er sich an die hypothetische Konstruktion des Naturzustandes machte; darin kommt nämlich zum Ausdruck, daß die sozialen Beziehungen in dem Augenblick die Form einer aggressiven Feindschaft zwischen benachbarten Gruppen annehmen müssen, in dem sie nicht länger in ein übergreifendes Ordnungssystem eingebunden sind, das ihnen Halt und klare Orientierungen verleiht. Hier soll dahingestellt bleiben, ob diese Interpretation des Naturzustandes tatsächlich mit den Absichten von Hobbes in Übereinstimmung gebracht werden kann; von Bedeutung ist allein, daß weder Enzensberger noch Ignatieff zögern, in den ethnischen Konflikten und Stammeskriegen unserer Tage einen weltpolitischen Zustand zu erblicken, in dem sich die aggressive Natur des Menschen auf un-

[4] Michael Ignatieff, *Reisen in den neuen Nationalismus.* Frankfurt: Insel 1994.

kontrollierbare, ja archaische Weise ihr Recht verschafft. Eine solche Form des geradezu mythologisch gewendeten Hobbesianismus muß natürlich dazu verleiten, an den lokalen Kämpfen und Kriegen nicht mehr die Vorgeschichte sozialer Spannungen wahrzunehmen, sondern nur noch den Atavismus einer Wiederkehr vorgeschichtlicher Gewalten; als habe es keine weit zurückreichende Vergangenheit von religiösen und ethnischen Konflikten gegeben, die durch die ideologische Ordnungsfunktion der beiden Supermächte zwar unter Kontrolle gehalten, aber nicht aufgelöst werden konnten, wird die Nachkriegsgeschichte auf ein einziges Ereignis zusammengedrängt: Mit dem Untergang des Sowjetimperiums bricht in Gestalt der hochgerüsteten Kriegsherren und Bandenchefs in die zivile Ordnung der Welt wieder der heillose Zustand eines Krieges aller gegen alle ein. An den Bürgerkriegen, die seither weltweit herrschen, sollen wir lernen, was wir längst hätten wissen müssen: daß der Mensch seiner ganzen Anlage nach auf eine zerstörerische Aggression hin angelegt ist, die nur dann unschädlich gemacht werden kann, wenn sie ideologisch auf Bilder räumlich weit entfernter Feinde fixiert wird.[5]

In einem gänzlich anderen Licht erscheinen die weltpolitischen Umbrüche der letzten Jahre hingegen, wenn sie nicht im anthropologischen Sinn eines kruden Hobbesianismus als Folgen einer späten Wiederkehr des Naturzustands, sondern im hypothetischen Sinn der Kantischen Geschichtsphilosophie als Schritte im mühsamen Prozeß der Etablierung menschlicher Freiheit gedeutet werden. Den Versuch der empirischen Rechtfertigung einer solchen Perspektive hat in jüngster Zeit, wenn auch ohne Verweis auf das Kantische Unternehmen, Ernst-Otto Czempiel unternommen.[6] Selbstverständlich will auch Czempiel nicht leugnen, daß wir es heute in einigen Regionen der Welt mit einer erschreckenden Zunahme an ethnisch oder religiös bedingten Konflikten zu tun haben, die in einem ursächlichen Zusammenhang mit dem Wegfall der Ordnungsfunktion der Sowjetunion zu stehen scheinen; aber er kann diesem Zerfallsprozeß doch einen ganz anderen Stellenwert beimessen, weil er den Blick auf eine Reihe von historisch-politischen Vorgängen lenkt, die weder Enzensberger noch Ignatieff überhaupt zur Kenntnis nehmen. Schon die Herauskehrung allein der destabilisierenden Folgen, die mit dem Ende des Ost-West-Konfliktes einhergegangen sind, enthält ja eine Einseitigkeit, die angesichts der historischen Ereignisse in keiner Weise gerechtfertigt ist: Zum Untergang der Sowjetunion ist es gekommen, wie Czempiel noch einmal deutlich macht, weil in den meisten Ländern Osteuropas der demokratische Widerstand gegen die Unterdrükkung und Fremdherrschaft so stark wurde, daß sich kaum eines der kommunistischen Regime am Ende noch halten konnte. Was in der von Hobbes inspirierten Deutung bloß als Zerfall eines politisch-ideologischen Ordnungsrahmens in Erscheinung tritt, bildet für Czempiel daher zunächst den histo-

[5] Vgl. auch Andreas Kuhlmann, *Saddam Hussein ist überall.* In: Hans-Martin Lohmann (Hrsg.), *Extremismus der Mitte.* Frankfurt: Fischer 1994.

[6] Ernst-Otto Czempiel, *Weltpolitik im Umbruch. Das internationale System nach dem Ende des Ost-West-Konflikts.* München: Beck 1993.

rischen Auftakt für einen welthistorisch beinahe einzigartigen Demokratisierungsprozeß. In kürzester Zeit hat sich im Herrschaftsbereich der ehemaligen Sowjetunion ein dramatischer Strukturwandel vollzogen, der der Bevölkerung im ganzen zu einem enormen Zugewinn an liberalen Freiheiten und politischen Rechten verhalf: allein »in der ersten Hälfte des Jahres 1990 fanden in der Sowjetunion in dreizehn der insgesamt fünfzehn Republiken Wahlen statt ... In Ungarn, der Tschechoslowakei und Polen – etwas weniger stark ausgeprägt in Bulgarien und Rumänien – wurden ebenfalls im ersten Halbjahr 1990 Wahlen abgehalten, die zumindest in der Tschechoslowakei und in Ungarn, aber auch in Polen, frei gewählte Regierungen an die Macht brachten. Der Bund der Kommunisten Jugoslawiens gab im Januar 1990 seine Führungsrolle auf; der sich anschließende Zerfallsprozeß muß – der Wirren und Opfer ungeachtet – als elementarer Ausfluß von Selbstbestimmungs- und Mitbestimmungsprozessen gedeutet werden. Selbst Albaniens KP erlaubte im Dezember 1990 die Zulassung unabhängiger Parteien.«

Mit diesen innerhalb von nur einem Jahr vollzogenen Transformationsprozessen haben sich die Länder eines politischen Kontinents, in dem bislang weder Rechtsstaatlichkeit noch Partizipationschancen vorhanden waren, auf den schwierigen Weg der Etablierung liberaler Demokratien gemacht; sie sind dabei, dem Kreis derjenigen politischen Gemeinwesen beizutreten, die John Rawls als »well-ordered liberal democracies« bezeichnet hat.[7] Daß ein solcher, von innen heraus vollzogener Prozeß, gerade weil er die zivilen Kräfte eines Landes freisetzt und damit allen Interessen und Meinungen politische Artikulationsmöglichkeiten verschafft, zu sozialen Spannungen, ja Bürgerkriegen führen kann, ist aus der Geschichte der Herausbildung der westlichen Demokratien bekannt; insofern mag die Brutalisierung sozialer Beziehungen im osteuropäischen Bereich, so mitleidslos das auch klingen muß, der Preis nicht für den Zerfall der Ordnungsmacht, sondern für den Aufbau von demokratischen Institutionen sein.

Derselbe Zusammenhang zwischen einer Freisetzung der zivilen Öffentlichkeit und der Zunahme von gesellschaftlichen Konflikten läßt sich auch für jene Regionen der Dritten Welt beobachten, auf die die Demokratisierung Osteuropas eine Art von Signalwirkung ausgeübt hat. Vor allem in den Entwicklungsländern Afrikas gingen von dem Umsturz der Sowjetunion insofern befreiende Effekte aus, als für die herrschenden Cliquen nunmehr die Chance entfiel, zu Legitimationszwecken auf den diktatorischen Charakter jener Macht zu verweisen, die die Existenz eines antikapitalistischen Lagers zu garantieren schien; kaum war dieser Weg der ideologischen Rechtfertigung versperrt, setzte auch hier eine Welle der Ausweitung politischer Mitbestimmungsmöglichkeiten ein, die bis heute nicht zum Stillstand gekommen ist. Allein innerhalb des Jahres 1990 stieg, wie Czempiel überzeugend belegt, »die Zahl der Staaten Schwarzafrikas, die sich auf die Demokratie zu-

[7] John Rawls, *The Law of People.* In: Stephen Shute/Susan Hurley (Hrsg.), *On Human Rights.* New York: Basic Books 1993.

bewegten oder Tendenzen dahin deutlich erkennen lassen, von vier auf über zwanzig«. Nicht anders als in einigen Regionen Osteuropas ging auch in einer Reihe von Ländern des afrikanischen Kontinents mit der Demokratisierung schnell der Ausbruch von brutalen Bürgerkriegen einher; die Öffnung der politischen Institutionen für die Partizipation der Bevölkerung setzte Stammesfehden oder religiöse Konflikte frei, die häufig deswegen in kürzester Zeit eskalierten, weil sie über Jahrzehnte hinweg von den autokratischen Machthabern unterdrückt worden waren. Aber wie im Herrschaftsbereich der ehemaligen Sowjetunion ist auch hier der kausale Zusammenhang ein anderer, als das Bild vom Rückfall in den Naturzustand suggeriert: nicht der plötzliche Verfall vormals stabiler Ordnungsmächte war es, der zum Ausbruch sozialer Kämpfe führte, sondern die Einbeziehung der zivilen Öffentlichkeit in den Prozeß der politischen Willensbildung.

Wenn sich auch nicht in allen Regionen der Welt in diesem Zeitraum ein vergleichbarer Strukturwandel vollzogen hat, so machen vermehrte Demonstrationen und Proteste zugunsten von Demokratie und Menschenrechten doch kenntlich, daß auch dort die Signale von Osteuropa nicht unerhört geblieben sind; in Südkorea oder Taiwan etwa gehören derartige Kundgebungen inzwischen zur Tagesordnung, in der Volksrepublik China oder jüngst in Kuba werden sie mit Mitteln der Gewalt nur mühsam unterdrückt. Aus all dem zieht Czempiel nun den Schluß, daß das Jahr 1989 einen weltpolitischen Umbruch markiert, der zunächst und vor allem in einem globalen Machtzuwachs der zivilen Gesellschaft gegenüber der staatlichen Herrschaftsgewalt besteht: In Folge der demokratischen Revolutionen in Osteuropa haben sich international gesellschaftliche Kräfte, ob es nun Bürgerbewegungen, religiöse Gruppierungen, Umweltschutzorganisationen oder Kirchenverbände sind, so weit von den Zwängen staatlicher Ordnung befreit, daß sie zunehmend als eigenständige Akteure auf der weltpolitischen Bühne aufzutreten vermögen und hier ihre Interessen zur Geltung bringen können. Als Ursachen für diesen Prozeß einer Demokratisierung der Weltpolitik sieht Czempiel zwei kulturelle Entwicklungen an, die epochalen Charakter besitzen: Mit der Internationalisierung der gesellschaftlichen Kommunikation durch die Massenmedien, vor allem dem Radio, hat sich einerseits die Chance drastisch erhöht, daß die im Westen vorherrschenden Praktiken der demokratischen Willensbildung selbst an den entferntesten Orten der Welt zur Kenntnis gelangen können; durch den internationalen Anstieg des Bildungsniveaus andererseits erwirbt eine stetig wachsende Zahl von Individuen die Möglichkeit, die entsprechenden Informationen zu verarbeiten und auf die politische Situation des eigenen Landes anzuwenden; einen weiteren Beitrag mag auch, so läßt sich hinzufügen, der Massentourismus erfüllen, durch den weltumspannend auf unauffällige Weise eine wechselseitige Aufklärung über Regierungsformen und Herrschaftspraktiken geleistet wird.

Wird eine solche Interpretationsperspektive gewählt, in der ein historisch beispielloser Demokratisierungsschub im Vordergrund steht, so erhalten die weltpolitischen Ereignisse der letzten fünf Jahre eine vollkommen andere

Bedeutung als in dem von Enzensberger und Ignatieff vertretenen Deutungsansatz: Der massive Anstieg von Bürgerkriegen und gewaltsamen Spannungen in vielen Regionen der Welt ist dann nicht das historische Zeichen eines Rückfalls in den menschlichen Naturzustand, sondern die soziale Folge der Wertkonflikte und Interessengegensätze, die heute mit dem rapiden Machtzuwachs der zivilen Gesellschaft zum ersten Mal überhaupt in Erscheinung treten können. Gegenüber dem Versuch, die neuen Formen der Gewalt auf die brutale Natur des Menschen zurückzuführen, ist diese zweite Interpretationsperspektive wesentlich sparsamer, ja geradezu bescheiden im Erklärungsziel; denn zwischen dem Anwachsen von physischer Gewalt in den westlichen Metropolen und den entsetzlichen Massakern in Bosnien-Herzegowina kann sie keine plausible Verbindung herstellen, weil ihr der vermittelnde Glaube an anthropologische Konstanten fehlt. Aber sie hat nicht nur eine Reihe von empirischen Indikatoren auf ihrer Seite, die deutlich einen weltweiten Prozeß der Demokratisierung belegen, der in das eindimensionale Bild einer plötzlichen Barbarisierung der Weltpolitik gar nicht paßt. Was vor allem für sie spricht, ist der Vorteil einer politischen Orientierung, den sie mit dem Kantischen Projekt einer Geschichtsphilosophie in praktischer Absicht teilt: Wird nämlich die weltpolitische Entwicklung in all ihrer Ambivalenz an dem hypothetischen Leitfaden rekonstruiert, den die Idee eines Fortschritts in der Autonomie des Menschen bereitstellt, so eröffnen sich dadurch politisch eine Reihe von freiheitserweiternden Handlungsmöglichkeiten, die anderenfalls unentdeckt oder verschlossen bleiben müßten. Was sich daraus für die gegenwärtige Lage ergibt, läßt sich an den unterschiedlichen Konsequenzen überprüfen, die mit den beiden konkurrierenden Deutungsansätzen in Hinblick auf die Frage der Menschenrechte verknüpft sind.

II

Mit einer Hobbesianischen Auffassung der internationalen Beziehungen war intern stets die Vorstellung verbunden, daß die Politik eines Staates vernünftigerweise auf die präventive Sicherung seiner militärisch-strategischen Überlegenheit gerichtet sein muß; über viele Jahre hinweg hat diese Doktrin daher auch den beiden Supermächten der USA und der Sowjetunion als Legitimationsgrundlage gedient, um die Durchführung militärischer Interventionen zu rechtfertigen, mit denen die Loyalität geopolitisch wichtiger Staaten entweder vorbeugend garantiert oder nachträglich wiederhergestellt werden sollte. Von einem solchen Konzept der aggressiven Sicherheitspolitik ist Enzensberger, obwohl er ja eine Art von weltpolitischem Hobbesianismus vertritt, denkbar weit entfernt; sein Plädoyer gilt vielmehr einer Form der Außenpolitik, die auf die Beeinflussung anderer Staaten nicht nur zugunsten der eigenen Interessenlagen, sondern auch zugunsten einer Durchsetzung von Menschenrechten gänzlich Verzicht leisten soll. Der Unterschied zum klassischen Hobbesianismus, der den ersten Teil dieser Empfehlung erklärt, ergibt sich schon aus dem andersartigen Bild, das Enzensberger vom weltpolitischen Naturzustand offeriert hatte: Weil sich nach dem Ende des Ost-West-Konfliktes der weltumspannende Krieg aller gegen alle weitgehend zwischen kollektiven Akteuren vollzieht, die sich wie die mafiosen Banden oder die fundamentalistischen Bewegungen bereits jeder staatlichen Kontrolle entzogen haben, muß auch die Außenpolitik der Regierungen nicht mehr vordringlich am Ziel der militärischen Überlegenheit gegenüber anderen Staaten orientiert sein; was die entwickelten Länder des Westens hingegen benötigen, sind sicherheitspolitische Maßnahmen, die die nationalen Grenzen gegenüber dem internationalen Banditentum auf effektive Weise abzuriegeln vermögen. Im Gegensatz zu dieser Schlußfolgerung ergibt sich der zweite Teil der Empfehlung von Enzensberger, also der Vorschlag eines Verzichts auf jede Form von Menschenrechtspolitik, nicht mehr ohne weiteres aus dem neuartigen Bild des weltpolitischen Naturzustandes; denn warum sollte es nicht etwa sinnvoll sein, die elementaren Rechte von Minderheiten in einem bestimmten Land durch diplomatischen und ökonomischen Druck zu stärken, um der Ausweitung des internationalen Terrorismus gezielt vorzubeugen? Um zu begründen, daß eine solche Form des »sanften« Interventionismus unter gegenwärtigen Bedingungen falsch ist, muß Enzensberger daher Argumente mobilisieren, die durch seine empirische Ausgangshypothese gar nicht hinreichend gedeckt sind; er stützt sich zu diesem Zweck auf eine Kritik am menschenrechtlichen Universalismus, die zwar zum antiquierten Erbe der Gegenaufklärung gehört, heute aber wieder in wachsendem Maße Parteigänger findet.

Die Idee, daß allen Menschen eine Reihe von »unveräußerlichen« oder elementaren Rechten zukommt, die unabhängig von der positiven Rechtsordnung eines Gemeinwesens universale Gültigkeit besitzen soll, geht auf die Tradition des christlichen Humanismus zurück; darin wurde auf der Basis der Überzeugung, daß jedes menschliche Wesen Gott ebenbildlich sei, dem einzelnen eine spezifische Würde verliehen, die ihn mit einem vorstaatlichen Anspruch auf Respektierung seiner Person versah.[8] Schon an dieser frühen Stelle, an der es um die religiösen Wurzeln des Universalismus der Menschenrechte geht, setzt ein erster Vorbehalt von Enzensberger ein, der freilich nur als grobes Mißverständnis gedeutet werden kann. Der begründende Rückgriff auf die Gottebenbildlichkeit, so merkt Enzensberger an, enthalte bereits indirekt einen Hinweis darauf, welche Überforderung für das einzelne Individuum mit der Idee der Menschenrechte verknüpft sei; denn von jedem zu verlangen, »für alle verantwortlich« zu sein, kann nur unter der maßlosen Aufforderung als sinnvoll erscheinen, »Gott ähnlich« werden zu sollen. Im christlichen Humanismus aber verläuft die Begründung des moralischen Universalismus natürlich in die genau entgegengesetzte Richtung, als von Enzensberger unterstellt: Weil alle Menschen unabhängig von besonderen Merkmalen Gott ebenbildlich sein sollen, kommen jedem von ihnen unveräußerliche Rechte zu, denen individuelle Pflichten nur soweit korrespondie-

[8] Vgl. beispielsweise den Artikel »Menschenrechte/Menschenwürde« von Wolfgang Huber in Band XXII der *Theologischen Realenzyklopädie* (Berlin: de Gruyter 1992).

ren, wie sie in die zumutbaren Möglichkeiten des einzelnen fallen. Aus der religiösen Voraussetzung einer Ähnlichkeit mit Gott wurden also, vermittelt durch den Gedanken einer allgemeinen Menschenwürde, zunächst rechtliche Befugnisse oder Ansprüche jedes einzelnen Individuums abgeleitet, während die Frage nach dem primären Subjekt der Verantwortung noch weitgehend im unklaren gelassen wurde.

Das änderte sich erst, als mit der Idee des Naturrechts eine neue, nachreligiöse Form der Begründung von Menschenrechten entstand, die den Inhalt der universellen Rechtsansprüche im Sinne des aufkommenden Liberalismus präzisierte, auch wenn sie ihrerseits nun weitere Unklarheiten aufwarf. An die Stelle des begründenden Konzepts einer Gottebenbildlichkeit trat jetzt die Vorstellung, daß jeder Mensch von Natur aus mit bestimmten Rechten ausgestattet sei, die ihn vor staatlichen Eingriffen in seinen individuellen Freiheitsspielraum zu schützen hatten; diesen individuellen Abwehrrechten korrespondierte mithin klarerweise eine Pflicht des Staates, dafür Sorge zu tragen, daß der einzelne in seiner Handlungsautonomie ungestört bleiben konnte. Abgesehen von der Frage, ob den subjektiven Grundrechten nicht auch entsprechende Pflichten der Individuen entsprechen sollten, ließ die neue Konzeption vor allem unbeantwortet, wie die Quelle der rechtlichen Ausstattung des Menschen zu denken sei; denn es ergab doch offenbar nur wenig Sinn, die Natur selbst als eine Größe vorzustellen, die nicht anders als zuvor die Person Gottes allen Individuen eine Reihe von unveräußerlichen Rechten verliehen haben sollte.

Es war der Druck dieser ungeklärten Probleme, der auch nach dem Abebben des Naturrechtsgedankens die Versuche einer Begründung der Menschenrechte nicht mehr abbrechen ließ. Vom Vernunftrecht der Aufklärung über die Wiederkehr theologischer Ansätze bis hin zum moralischen Universalismus unserer Tage verlief der Prozeß, in dem der Sinn der Behauptung weiter aufgehellt werden sollte, daß dem Menschen unabhängig von jeder institutionalisierten Rechtsordnung eine bestimmte Menge von elementaren Rechten zukommen muß; zugleich mit dem Einblick in den Umfang, den solche universellen Rechtsansprüche des Menschen besitzen sollen, wuchs im Zuge dieser Denkgeschichte auch das Bewußtsein darum, welche Rolle sie im Gesamt der moralischen Praxis zu übernehmen haben.[9] Heute werden unter Menschenrechten im allgemeinen diejenigen Ansprüche verstanden, die die menschlichen Subjekte sich wechselseitig einräumen, um einander ein Leben zu garantieren, das notwendigen Bedingungen der »Würde« oder der Achtung entspricht; der leitende Gesichtspunkt dabei ist, daß es zu den minimalen Anforderungen an eine Moral des gesellschaftlichen Zusammenlebens gehört, jeden anderen gleichermaßen in die Lage zu versetzen, eine menschliche Existenz zu führen. Wie immer auch die weitere Begründung im einzelnen beschaffen ist, ob auf die Notwendigkeit der Selbstachtung, die

---

9 Ich stütze mich im folgenden auf Hugo A. Bedau, *International Human Rights.* In: T. Regan/ D. van de Veer (Hrsg.), *And Justice for All.* Totowa 1982. Außerdem Ernst Tugendhat, *Vorlesungen über Ethik.* Frankfurt: Suhrkamp 1993.

Struktur der wechselseitigen Anerkennung oder das Resultat eines fiktiven Vertrages verwiesen wird, fast immer steht mittlerweile außer Frage, daß es nicht mehr des Bezuges auf die legitimierende Instanz eines Gottes, der Natur oder der Vernunft bedarf; vielmehr wird den Menschen selbst die Fähigkeit unterstellt, sich wechselseitig jene universellen Rechte zu verleihen, die ihnen den Vollzug eines menschenwürdigen Lebens garantieren sollen. Welche Rechte es nun sind, die diese moralische Schutz- oder Garantiefunktion übernehmen sollen, hängt natürlich auch von der Beschaffenheit der jeweiligen Begründung ab; unstrittig zwischen den verschiedenen Ansätzen aber ist inzwischen wohl, daß zumindest die liberalen Freiheitsrechte, darüber hinaus gewisse Rechte auf politische Partizipation und schließlich die sogenannten Sozialrechte dazugehören müssen. Je nachdem, welcher Typ von Menschenrechten nun gemeint ist, verändert sich auch der primäre Träger der komplementären Verpflichtung; zwar sind alle diese Rechte so zu verstehen, daß sie aufgrund ihres intersubjektiven Charakters gegenüber allen anderen Menschen bestehen und also dementsprechend individuelle Pflichten nach sich ziehen; aber deren Erfüllung ist in den meisten Fällen nur zu leisten, wenn sie auf das gemeinsam konstituierte Organ des Staates übertragen werden. Mithin müssen als die primären Adressaten, an die die Ansprüche ergehen, die aus den Menschenrechten erwachsen, wohl vor allem die einzelstaatlichen Regierungen angesehen werden.

Schon dieser knappe Überblick gibt zu erkennen, daß Enzensberger sich durch seine polemische Deutung der Idee der Gottebenbildlichkeit auf die falsche Fährte bringen läßt; denn in Verlängerung der Einwände, die er bereits gegen den christlichen Humanismus vorgebracht hatte, lautet sein erstes Argument gegen den moralischen Universalismus der Menschenrechte nun, daß durch ihn das einzelne Subjekt in seinen Handlungsmöglichkeiten restlos überfordert werde. Nicht originell oder gar neu ist der Vorwurf, denn er findet sich in ähnlicher Form schon bei Arnold Gehlen; in seinem Buch *Moral und Hypermoral* hatte dieser in einem Ton, der in vielem Enzensbergers Kritik vorwegnimmt, von der anthropologischen Überforderung des Menschen durch die »Tyrannei der Moralhypertrophie« gesprochen. Wie in bloßer Aktualisierung solcher Polemik spricht auch Enzensberger davon, daß der Glaube an den universalistischen Gehalt der Menschenrechte diejenigen überlastet, die die täglich ausgestrahlten Fernsehbilder von Massakern oder Hungerkatastrophen über sich ergehen lassen müssen: »Wen der Terror der Bilder nicht zum Terroristen macht, den macht er zum Voyeur. Jeder von uns sieht sich auf diese Weise einer permanenten Erpressung ausgesetzt. Denn nur wer zum Augenzeugen gemacht wird, taugt als Adressat der vorwurfsvollen Frage, was er denn gegen das, was ihm gezeigt wird, unternehme. So erhebt sich das korrupteste aller Medien, das Fernsehen, zur moralischen Instanz.« Nun ist es zwar richtig, daß die ununterbrochene Wahrnehmung der medial übermittelten Kriegsszenarien beim normal sensiblen Zuschauer nicht etwa zur Abstumpfung führt, sondern stets wieder aufs neue ein schwer erträgliches Gefühl des Mitleids oder der Empörung auslöst, das nach direktem, persönlichen Einsatz verlangt; solche spontanen Gefühlsreaktionen, wie sie in unverstellter Weise vor allem bei Kindern auftreten, die von Menschenrechten ja noch gar keine Kenntnis besitzen können, mögen sogar ein Indikator dafür sein, daß unsere Empfindungsnatur den Forderungen des moralischen Universalismus ihrerseits entgegenkommt. Wer sich aber auch nach Überdenken seiner ersten Reaktionen weiterhin als den Adressaten der stummen Aufforderungen begreift, die von den Gesichtern der Kriegsopfer, Hungerleidenden oder Entrechteten ausgehen, versteht schlicht den Sinn der Institution der Menschenrechte falsch; denn diese verpflichten keinesfalls das einzelne Individuum zum moralischen Engagement vor Ort, sondern fordern es als Bürger oder Bürgerin eines Staatswesens auf, bei der eigenen Regierung gemäß individueller Möglichkeiten für praktische Abhilfe einzutreten. Freilich setzt eine solche Form der »normativen Arbeitsteilung« (Thomas Nagel), wie sie angesichts des eingeschränkten Könnens der Individuen gefordert ist, die Orientierung an einer der weiteren Prämissen voraus, die Enzensberger in seiner Kritik gerade anzuzweifeln versucht: daß nämlich wenn nicht primär die einzelnen Subjekte, so doch die Staaten gemeinsam die Verpflichtung tragen, die Menschenrechte weltweit zu schützen und gegebenenfalls auch durchzusetzen.

Bis zu dem historischen Augenblick, an dem in Verarbeitung der Erfahrungen vor allem mit dem deutschen Faschismus die Vereinten Nationen gegründet wurden, lag es allein in den moralischen Möglichkeiten der Einzelstaaten, sich außenpolitisch für die Erhaltung der Menschenrechte einzusetzen. Zwar hatten die liberalen Demokratien des Westens die Substanz der Menschenrechte schon weitgehend im Grundrechtskatalog ihrer Verfassungen aufgenommen, so daß sie nach innen zu ihrer Einhaltung verpflichtet waren; aber jenseits der nationalstaatlichen Grenzen gab es schon wegen des völkerrechtlichen Verbots, in die Souveränitätssphäre anderer Staaten einzugreifen, keine rechtlichen Mittel und Wege, gegen offensichtliche Verletzungen der Menschenrechte vorzugehen. Mit der gemeinsamen Erklärung der Menschenrechte durch die Generalversammlung der Vereinten Nationen im Jahre 1948 änderte sich diese Situation insofern erheblich, als nun den einzelstaatlich kodifizierten Grundrechten eine Ebene der völkerrechtlich kodifizierten Verbote und Gebote übergeordnet wurde; der Prozeß, der damit in Gang gekommen war, besteht in dem bis heute nicht abgerissenen Versuch, den universellen Rechten des Menschen dadurch den Status legaler Rechte zu verleihen, daß international anerkannte Instrumentarien der Beschwerde, Kontrolle und Sanktion geschaffen werden.[10] Daß dieses schwierige Unternehmen einer schrittweisen Legalisierung der Menschenrechte als Umsetzung der weitgesetzten Erwartungen zu verstehen ist, die von Anfang an mit ihnen verbunden waren, läßt sich schon an der bahnbrechenden Entscheidung erkennen, die menschliche Einzelperson als Subjekt des Völkerrechts anzuerkennen: Der rechtlich garantierte Weg der Beschwerde oder Klage soll der Idee nach allen Individuen offenstehen, weil sie als Träger ent-

10 Vgl. Rüdiger Wolfrum (Hrsg.), *Handbuch Vereinte Nationen.* München: Beck 1991; außerdem Karl Josef Partsch, *Hoffen auf Menschenrechte.* Zürich: Edition Interfrom 1994.

sprechender Rechte gelten, während als Adressaten der komplementären Verpflichtungen weiterhin die Einzelstaaten angesehen werden. Heute stehen natürlich jene Probleme, die mit dem Universalitätsanspruch der völkerrechtlich fixierten Menschenrechte zusammenhängen, im Zentrum der internationalen Aufmerksamkeit; nicht nur von seiten der Entwicklungsländer oder anderer, nichtwestlicher Rechtstraditionen, sondern in jüngster Zeit auch von der Frauenbewegung werden mit guten Gründen Einwände vorgebracht, die darauf hinweisen sollen, daß nicht alle Interessenlagen in gleicher Weise Berücksichtigung gefunden haben.[11] Aber es sind nicht interne Probleme dieser Art, die Enzensberger im zweiten Schritt seiner Kritik an den Menschenrechten vor Augen hat; er scheint überhaupt zu bezweifeln, daß eine internationale Verantwortung für Rechtsverletzungen an verschiedensten Orten der Welt gegenwärtig sinnvoll ist.

Wieder vermischen sich in dieser Kritik, nicht anders als schon bei Gehlen, wilde Polemik und sachhaltige Einwände bis zur Unkenntlichkeit. Der »ethische Universalismus«, womit hier die Idee der universellen Menschenrechte gemeint ist, wird für die heillose Überlastung verantwortlich gemacht, der sich die internationale Staatengemeinschaft heute angesichts immer neuer Interventionsforderungen gegenübersieht; jeder Einsatz an einem Ort der extremen Notlage zieht wie in einer Spirale den nächsten nach sich, weil alle betroffenen Gruppen im Glauben an die ihnen aufoktroyierte Doktrin der Gleichbehandlung ebenfalls einen Anspruch auf Hilfeleistung geltend machen. Schon dieser erste Gedanke verrät freilich, daß Enzensberger in seiner Argumentation nur den einen Typ des internationalen Eingriffs vor Augen hat, der dem Schutz und der Rettung von durch Tod oder Leid bedrohten Bevölkerungsgruppen dient; solche humanitären Interventionen, deren grenzüberschreitender Charakter völkerrechtlich bislang umstritten war, heute aber durch eine extensive Auslegung des Kapitels VII der UN-Charta weitgehend gerechtfertigt wird[12], haben inzwischen tatsächlich ein Ausmaß angenommen, das Fragen der legitimen Verteilung oder Abstufung aufwirft. Die Ursachen für den rapide gewachsenen Interventionsbedarf sind aber nicht allein in den sich ausweitenden Bürgerkriegen noch etwa im ideologischen Einfluß des Universalismus zu suchen, sondern in der veränderten Form der moralischen Beziehung zwischen Staaten und zivilen Akteuren: Die Welt ist durch die dichter gewordenen Kommunikationsbeziehungen nun so sehr zu einer moralischen Gemeinschaft zusammengewachsen, daß es nach dem Ende des Ost-West-Konflikts für die Regierungen der reichen Länder keinen legitimen Grund mehr gibt, dem Hilferuf einer bedrohten Bevölkerungsgruppe an irgendeinem Ort der Welt nicht durch gemeinsame Anstrengungen nachzukommen.

---

[11] Vgl. Wolfgang Schmale (Hrsg.), *Human Rights and Cultural Diversity.* Goldbach: Keip 1993; Karen Engle, *International Human Rights and Feminism.* In: *Michigan Journal of International Law,* Nr. 3, 1992.

[12] Vgl. Christopher Greenwood, *Gibt es ein Recht auf humanitäre Intervention?* In: *Europa-Archiv,* Nr. 4, 1993.

Nicht immer ist in einem solchen Fall die militärische Intervention oder die Entsendung von Friedenstruppen, wie es im Irak, in Liberia und in Somalia geschah, das angemessene Mittel des humanitären Beistandes, weil die notwendigen Kenntnisse der internen Lage ebenso fehlen wie der Kontakt mit der Zivilbevölkerung; in Zukunft wären die Vereinten Nationen daher wohl häufig besser damit beraten, von ihrer Seite aus die Kooperation mit zivilen Kräften und nichtstaatlichen Hilfsorganisationen zu suchen, um auf dem indirekten Weg der finanziellen und logistischen Unterstützung Hilfeleistung zu gewähren. Aber alle diese verschiedenen Maßnahmen setzen bereits die Anerkennung einer internationalen Verantwortung voraus, die angesichts der rapiden Verkürzung der zwischenstaatlichen Kommunikationswege nicht mehr sinnvoll nach dem Schema von räumlicher Nähe und Ferne aufzuteilen ist; wenn heute eine Bevölkerungsgruppe an einem entfernten Ort der Welt in die Situation der Bedrohung von Leib und Leben gerät, so erreicht ihr Hilfsbegehren mit derselben Dringlichkeit in kürzester Zeit die Weltöffentlichkeit, wie noch vor wenigen Jahrzehnten allein die Beistandsforderungen von gefährdeten Gruppen in den hochzivilisierten Ländern. Auch die Idee, nach Graden der Sympathie mit den Betroffenen die humanitäre Hilfe zu verteilen, führt hier nicht weiter; denn wer soll unter der Voraussetzung, daß nur international der angemessene Beistand zu erbringen ist, im Namen aller anderen Staaten die Entscheidung darüber fällen, welches Maß der affektiven Nähe zu bestimmten Bevölkerungskreisen gerade einmal vorliegen soll. So setzen im Grunde genommen selbst die Vorschläge, die Enzensberger am Ende präsentiert, um das von ihm aufgerollte Dilemma zu lösen, immer schon die Geltung der moralischen Normen voraus, deren Geltung von ihm doch gerade bestritten wird: Bei jeder Form einer geplanten Abstufung von humanitären Interventionen handelt es sich nämlich, wenn sie nicht in bloßer Willkür, sondern mit öffentlich einsehbaren Gründen erfolgen soll, um den schwierigen Versuch einer Anwendung der Menschenrechte, nicht aber um deren irgendwie geartete Aufhebung. Es ist der mit Gehlen geteilte Affekt gegen den moralischen Universalismus, der Enzensberger dazu bewegt, ein faktisches Problem der sich allmählich herausbildenden Weltgesellschaft als bloße Folge einer überspannten Orientierung an den Menschenrechten abzutun; für die Bewältigung der neuentstandenen Lage aber wird es keine Lösung geben, die nicht vorweg allen Bevölkerungsgruppen dieser Erde das elementare Recht zugesteht, im Fall der extremen Bedrohung von Leib und Leben den Beistand der internationalen Gemeinschaft zu verdienen.

Daß es sich bei diesem Umstand nicht um Allmachtsphantasien der westlichen Staaten, sondern um das Resultat eines historisch wohl unumkehrbaren Prozesses der Moralisierung der internationalen Beziehungen handelt, wäre Enzensberger wohl nicht so leicht verborgen geblieben, hätte er seinen Blick auch auf andere Formen einer Politik der Menschenrechte gerichtet; aber der Affekt gegen den moralischen Universalismus wütet in ihm so stark, daß er sich ganz in der Absicht des Nachweises einer bedrohlichen Überforderung allein auf den Fall der humanitären Intervention beschränkt. Kein

Wort findet sich in seinen Betrachtungen zu jenen internationalen Maßnahmen, die nicht die Rettung von bedrohten Gruppen, sondern die Verhinderung und Sanktion von rechtlichen Diskriminierungen bewirken sollen; keine Zeile ist bei ihm zu lesen, die sich mit den rechtlichen, diplomatischen und ökonomischen Druckmitteln beschäftigt, durch die die Anerkennung der Menschenrechte auf Wegen der Verwendung »sanfter Gewalt« erzwungen werden soll.[13] Erst die Berücksichtigung solcher Fälle hätte Enzensberger klarmachen können, daß eine Politik der Menschenrechte heute nicht nur im Sinne des moralischen Universalismus, sondern auch im Sinne einer Realpolitik wünschbar, ja mittlerweile zwingend ist.

III

Kant hat in seiner berühmten Schrift die Möglichkeit eines ewigen Friedens an die Voraussetzung der Existenz von rechtsstaatlich verfaßten Republiken geknüpft; die Tendenz der Staaten zur Anwendung militärischer Gewalt wird sich legen, so war sein zentrales Argument, sobald die Bürger an der politischen Willensbildung partizipieren können, weil sie in der Antizipation der möglichen Entbehrungen und Gefahren gegen jede Form des Krieges votieren werden. Die Erfahrung, daß die liberalen Demokratien des Westens nie gezögert haben, bei der Eroberung und Niederhaltung von Kolonien in brutaler Weise militärische Gewalt einzusetzen, hat dieser Erwartung Kants von Anfang an Hohn gesprochen; daher konnte seine Schrift stets mit großer Zustimmung als ein Produkt des weltpolitischen Idealismus bezeichnet werden. Nach dem Ende des kolonialistischen Zeitalters fällt eine Bilanz der Prognose Kants freilich um einiges günstiger aus: Zwischen demokratisch verfaßten Staaten ist seit ihrem Bestehen keine irgendwie geartete Form des militärischen Krieges ausgebrochen[14]; darüber hinaus sind in dem politischen Gravitationszentrum der Welt inzwischen multilaterale Sicherheitsbündnisse entstanden, in denen die »Erwartungsverläßlichkeit« der rechtsstaatlichen Demokratien dafür Sorge trägt, daß die Androhung oder Anwendung von Gewalt undenkbar geworden ist.[15]

Für diejenigen Staaten, die dieser relativ zivilisierten Region der Weltpolitik angehören, stellt die seit fünf Jahren anhaltende Demokratisierungswelle eine gänzlich neue Herausforderung dar: Nach dem Zusammenbruch der Sowjetunion ist eine Reihe von weiteren Staaten dem Kreis der liberalen Demokratien beigetreten und damit Anwärter für eine Erweiterung der friedensstiftenden Bündniszusammenhänge geworden; mit der Ausweitung von Demokratisierungsprozessen auch in den peripheren Weltregionen sind zivile Kräfte freigesetzt worden, die von nun an auf der Bühne der internationalen Politik eine zunehmend eigenständige Rolle spielen werden; und mit der

---

[13] Vgl. Joseph S. Nye, Jr., *Soft Power.* In: *Foreign Policy,* Nr. 80, 1990.

[14] Vgl. Michael W. Doyle, *Kant, Liberal Legacies, and Foreign Affairs.* In: *Philosophy and Public Affairs,* Nr. 3 und 4, 1983.

[15] Vgl. Dieter Senghaas, *Internationale Gerechtigkeit.* In: Karl Graf Ballestrem/Bernhard Sutor (Hrsg.), *Probleme der Internationalen Gerechtigkeit.* München: Oldenbourg 1993.

Entstaatlichung von bislang autoritär regierten Räumen werden nicht zuletzt neue Formen des Bürgerkriegs ins Leben gerufen, die die weltpolitische Situation auf Jahre hin mitprägen werden. In dieser komplizierten und vielschichtigen Lage stellt eine aktive Politik der Menschenrechte das einzige Mittel dar, mit dem die westlichen Demokratien in ihrem eigenen Interesse versuchen können, das von Kant anvisierte Projekt einer Zivilisierung der Weltpolitik fortzusetzen; denn ganz im Gegensatz zu dem, was Enzensberger im Geiste seines neuen Realismus behauptet, wird nur eine breit angelegte, aber gewaltfreie Intervention zugunsten der Durchsetzung von elementaren Rechten den geographischen Radius der politischen Zivilität so zu erweitern vermögen, daß die Entstehungsherde der neuen Gewalt durch international vernetzte Aktivitäten eingedämmt und bekämpft werden können. Freilich wird eine solche, ihrerseits »realistisch« orientierte Politik der Menschenrechte allein dann erfolgreich sein, wenn sie dem moralischen Strukturwandel gerecht wird, durch den gegenwärtig die Weltpolitik gekennzeichnet ist.

Schon immer hat eine wohlverstandene Politik der Menschenrechte nicht von außen auf die rechtlichen Verhältnisse in einem anderen Land einzuwirken versucht, sondern ist dem Ziel einer Kooperation mit internen Kräften der politischen und sozialen Reform gefolgt. Dem kam bereits seit Jahren der Umstand entgegen, daß die Ideen des moralischen Universalismus durch die Intensivierung des intellektuellen Austauschs auch auf fremde Kulturen auszustrahlen vermochten und hier im wachsenden Maße politische Fürsprecher gefunden haben; kaum eine Region ist heute auf der Welt noch zu finden, in der nicht organisierte Gruppen, kirchliche Verbände oder einzelne Intellektuelle politische Unterstützung von außen fordern, um bei dem Kampf um Menschenrechte behilflich zu sein. Mit den weltpolitischen Umbrüchen seit 1989 hat sich diese Situation insofern aber noch zugespitzt, als der rapide Verfall staatlicher Machtzentren in vielen Regionen die zivilen Kräfte mit einem Legitimationspotential ausgestattet hat, das sie zu Verhandlungen auf internationaler Basis in die Lage versetzt; waren die Vorläufer einer solchen Entwicklung die Solidarność-Bewegung in Polen oder die Partei des ANC in Südafrika, so sind in den letzten fünf Jahren weltweit eine Reihe von weiteren Organisationen oder Bewegungen entstanden, die sich über nationalstaatliche Grenzen hinweg mit großem Rückhalt in der Zivilbevölkerung für eine Verwirklichung der Menschenrechte einsetzen. Dieser Emanzipation der zivilen Gesellschaft gegenüber dem internationalen Staatensystem, wie Czempiel es nennt, hat die Außenpolitik der westlichen Demokratien Rechnung zu tragen, indem sie ihr Interaktionsfeld und ihre Operationsbasis erheblich erweitert: Nicht mehr nur durch diplomatische Einflußnahme oder ökonomischen Druck auf bestimmte Staaten, sondern in direkter Kooperation mit den international agierenden Zivilbewegungen läßt sich heute das Ziel verfolgen, einer weltweiten Anerkennung der Menschenrechte mit gewaltlosen Mitteln den Weg zu bereiten. Die Weigerung, den Dalai-Lama offiziell durch die Regierung zu empfangen, ist der krasseste Fehler, der einer solchen neuen Form von Außenpolitik unterlaufen kann.

Der Einbeziehung von zivilen Kräften in das Aktionsfeld der Außenpolitik muß umgekehrt natürlich der Vorsatz entsprechen, jenen hier beheimateten Organisationen ein größeres Gewicht beizumessen, die sich ohne staatliche Macht für eine Verwirklichung der Menschenrechte einsetzen. Wie die gesellschaftlichen Bewegungen in den peripheren Weltregionen, so besitzen auch diese nichtstaatlichen Organisationen des Westens häufig die besseren Kenntnisse über die interne Situation eines Landes, genießen ein weitaus größeres Vertrauen bei der Zivilbevölkerung und verfügen über flexiblere Strategien der politisch-diplomatischen Einflußnahme; daher gibt es heute keinen Grund mehr, sie nicht kooperativ in die Arbeit der Vereinten Nationen oder die Gestaltung der staatlichen Außenpolitik mit einzubeziehen. Die Aufgabe einer solchen Erweiterung der internationalen Kooperation wäre es, schrittweise stabile Zonen der politischen Zivilisiertheit herauszubilden, die langfristig zu den Knotenpunkten eines weltumspannenden Netzes von multilateralen Sicherheitsbündnissen werden könnten; nur ein derartig dichtes, sowohl Staaten als auch gesellschaftliche Organisationen einschließendes System von Bündnissen wäre wohl dazu in der Lage, die ethnisch oder religiös motivierte Gewalt effektiv einzudämmen, die heute die Kehrseite der weltweiten Demokratisierungsprozesse zu sein scheint. Der Zusammenhang, der zwischen diesen sicherheitspolitischen Erwägungen und einer aktiven Politik der Menschenrechte besteht, ergibt sich aus einer späten Rechtfertigung jener Kantischen Prognose, die Dieter Senghaas in einem einzigen Satz aktualisiert hat: Nur solche politische Gemeinwesen, die sich als demokratische Rechtsstaaten verstehen, bieten gegenwärtig eine gewisse Gewähr dafür, daß Konflikte auf einem friedlichen Weg geregelt werden.

Von einer so umrissenen Form der Politik der Menschenrechte ist die Bundesrepublik, wie schon der Erfolg des Essays von Enzensberger zeigt, weiter entfernt als jedes andere Mitglied der westlichen Demokratien. Nie hat sich hier eine politische Kultur herausgebildet, deren moralische Sensibilität für das Schicksal anderer Völker oder Länder so stark gewesen wäre, daß die internationale Lage der Menschenrechte zum öffentlichen Thema hätte werden können; weder der Kampf gegen die Apartheid in Südafrika, der täglich ganze Seiten der Zeitungen in England füllte, noch der Kampf von Solidarność in Polen, der in Frankreich große Teile der Bevölkerung in Atem hielt, haben bei uns je stärkere Aufmerksamkeit erregt. Was heute überhaupt an öffentlichen Überlegungen auf die Verteidigung der Menschenrechte verwandt wird, bleibt auf die Frage der Legitimität von Bundeswehr-Einsätzen beschränkt; noch immer ist die politische Phantasie im normativen Horizont eines Hobbesianismus befangen, der durch einen unbefragten Vorrang des Militärischen gekennzeichnet ist.[16] Eine andere, bessere Form der Normalisierung der vereinigten Bundesrepublik wäre es daher, sie würde jene Lektion über die internationale Bedeutung der Menschenrechte nachzuholen versuchen, die in anderen Demokratien des Westens längst fruchtbare Wurzeln geschlagen hat.

---

16 Vgl. Ulrich Albrecht, *Weltordnung und Vereinte Nationen.* In: *Prokla,* Nr. 2, 1994.

Helmut Dubiel

Über moralische Souveränität, Erinnerung und Nation

Wenn wir in wenigen Jahren die Akte über dieses Jahrhundert schließen, dann wird aller Voraussicht nach ein sehr ambivalentes Gefühl unser rückblickendes Urteil bestimmen. Da ist vor allem das unstillbare Entsetzen über totalitäre politische Ordnungen, in deren Namen unzählige Menschen geschunden und ermordet wurden. Aber da ist auch die vorsichtige Hoffnung auf die Ausdehnung und Festigung von demokratischen Ordnungen, von Ordnungen, in denen Bürger sich als Gleiche wechselseitig anerkennen. Beides, dieser äußerste Schrecken wie diese schwache Hoffnung, entspringt der Erfahrung eines Jahrhunderts, das unaufhaltsam modern darin geworden ist, daß keine Transzendenz und Tradition der Politik mehr ihre Grenzen vorzeichnen.

Daß diese politische Ambivalenz der Moderne im gegenwärtigen Deutschland in besonderer Schärfe empfunden wird, ist nicht selbstverständlich. In der unmittelbaren Nachkriegszeit standen die totalitäre Gewaltherrschaft und die Demokratie als historische Ereignisse im Bewußtsein der Deutschen unverbunden nebeneinander. Erst im Verlauf der weiteren Geschichte der Bundesrepublik traten die öffentliche Erinnerung des nationalsozialistischen Terrors und die allmähliche Demokratisierung der Gesellschaft in ein Verhältnis zueinander. Einige Aspekte dieses widersprüchlichen, konfliktreichen und historisch offenen Verhältnisses werden im folgenden beschrieben.

Moralische Souveränität

Im Winter 1959/60, ein Jahrzehnt nach Gründung der Bundesrepublik, kommt es in Köln, Bonn, München und Frankfurt zu einer Welle von Hakenkreuzschmierereien und zu Schändungen jüdischer Friedhöfe. Diese Häufung antisemitischer Vorfälle erregt nicht nur die Aufmerksamkeit des Auslands, sie führt auch innerhalb der Bundesrepublik zu einer grundsätzlichen Debatte über die politisch-kulturelle Festigkeit der neuen Demokratie. Am 18. Februar 1960 gibt die Bundesregierung eine Erklärung ab. Im Anschluß an diese von Innenminister Schröder vorgetragene Erklärung debattiert das Parlament über mögliche Zusammenhänge zwischen der demokratischen Reife der Deutschen und ihren Schwierigkeiten, mit einer schuldbelasteten Vergangenheit umzugehen. Es war nicht die erste Debatte dieser Art im Bundestag, und zahllose andere werden ihr folgen. Aber in nur wenigen wurden die kontroversen Argumente, die sich im übrigen in vier Jahrzehnten kaum gewandelt haben, derartig prägnant zugespitzt.

Der Innenminister kommt nach einer Dokumentation der Vorfälle rasch zu seiner Diagnose und zu den Ansätzen einer daraus folgenden Therapie.

Sofern er überhaupt politische Ursachen für diese Vorfälle zu erkennen glaubt, sieht er sie im »Fehlen eines allgemeingültigen deutschen Geschichtsbildes«, eines »allgemeinen verbindlichen pädagogischen Leitbilds« und einer »angesichts der scheinbaren ideologischen Überlegenheit des Ostens« vielleicht nötigen »Gegenideologie«.

Das von Schröder angesprochene Desiderat einer weltanschaulichen Halt gebenden »Gegenideologie« prägt auch seinen Therapievorschlag. Letztlich lokalisiert er die Ursache für die Vorfälle nicht etwa in der Fortdauer eines latenten Antisemitismus, sondern in der historisch-moralischen »Unausgeglichenheit« im deutschen Bewußtsein, die durch den ungeheuerlichen Vorgang der fabrikmäßigen Vernichtung der europäischen Juden entstanden ist: »Vom 30. Januar 1933 trennen uns nunmehr 27 Jahre. Vom Zeitpunkt des Zusammenbruchs beinahe 15 Jahre. 15 Jahre, das sind bereits drei Jahre mehr, als das ganze sogenannte tausendjährige Reich gedauert hat. Es ist, wie mir scheint, an der Zeit, daß wir nun endlich ein ausgeglicheneres Verhältnis zu unserer Vergangenheit gewinnen.« Das Ziel, dessentwegen die Deutschen ihr Verhältnis zu ihrer nationalsozialistischen Erblast in eine »ausgeglichenere« Form bringen sollen, ist das der Stabilität der neuen Demokratie. Der Abgeordnete Kurt Georg Kiesinger hatte schon sechs Jahre zuvor das später dann im Parlament immer wieder zitierte Primat der »innerdeutschen Integration« formuliert. Dieses Programm einer Aussöhnung der Deutschen mit sich selber implizierte eine Zurückhaltung in der öffentlichen Kritik an den zahlreichen nationalsozialistisch belasteten Bürgern und auch eine demonstrative Zurückhaltung im öffentlichen Lob der Gegner und Opfer des Nationalsozialismus. An diese Argumentationsfigur knüpft der Innenminister an, wenn er sagt: »Wir brauchen Versöhnung und Toleranz nicht nur in unserem Verhältnis mit unseren jüdischen Mitbürgern, sondern innerhalb des gesamten Volkes.«

Der Sprecher der SPD, Dr. Carlo Schmid aus Tübingen, entwickelt in seiner Gegenrede eine direkt entgegengesetzte Position. Er glaubt nicht, daß die westdeutsche Demokratie an Stabilität gewänne, wenn die öffentliche Diskussion über den Nationalsozialismus eingeschränkt würde. Er rechnet die im Parlament unstrittige Labilität der westdeutschen Demokratie eben der unterbliebenen fundamentalen Auseinandersetzung mit dem Dritten Reich zu. Freilich wird in seiner Definition von Demokratie deutlich, daß er andere Maßstäbe für ihre Stabilität anlegt. Er bemißt sie an dem Grundsatz der ungeteilten Gewährung von Grundrechten für *alle* Bürger. Und es ist eben dieses Prinzip, das Carlo Schmid durch die antisemitischen Vorfälle gefährdet sieht: »Demokratie heißt ... jenseits aller Fragen nach der besten Technik der Willensbildung im Staate davon überzeugt sein, daß jedem Bewohner unseres Landes das gleiche Recht auf Achtung und Würde zusteht wie jedem anderen und daß diese Würde nur gewahrt ist, wenn ihm unverzichtbare Werte nicht nur formal zustehen, sondern auch in der gesellschaftlichen Umwelt, in der er lebt, zu Wirklichkeiten werden.« Und in Reaktion auf ihm zugeschickte Briefe und Artikel, die sich zwar von der Vernichtung der Juden distanzieren, aber doch deren »Andersheit« betonen, spitzt er seine Definition – unter allgemeinem Beifall des Parlaments – noch einmal zu: »Demokrat ist man dann, wenn man gerade dem, der als ›Anderer‹ empfunden wird, den Raum mitschaffen will, in dem er sich nach seinen Vorstellungen von sich selber frei entfalten kann.«

Das konservative Projekt einer »innerdeutschen Integration« wird von Schmid nicht unmittelbar kritisiert. Die von kommunistischen Abgeordneten in der ersten Legislaturperiode häufig vorgetragene Forderung nach einer radikalen Entnazifizierung, der Entfernung aller NS-Belasteten aus öffentlichen Ämtern und die Übertragung des Wiederaufbaus der Republik an Widerstandskämpfer, wird von ihm nicht aufgegriffen. Schmid will die ehemaligen Parteigänger des Dritten Reiches von der Zugehörigkeit zur neuen Demokratie nicht von vornherein ausschließen. Nur soll diese Integration der totalitären Vergangenheit in die demokratische Gegenwart nicht in der – den Konservativen vorschwebenden – Gestalt einer gnädigen Diskretion der Demokraten gegenüber den ehemaligen Nazis vollzogen werden, sondern dadurch, »daß einer öffentlich zum Ausdruck bringt: er ist sich bewußt, daß er durch sein Denken, sein Tun und Reden objektiv die Drachensaat mitgesät hat; und er muß durch die Tat beweisen – das Bekennen ist auch eine Tat –, daß er heute als ein Gewandelter mithilft, in diesem Staat und durch diesen Staat zu verwirklichen, was die Würde des Menschen ausmacht.«

Doch mit der öffentlichen Sühne der ehemaligen Parteigänger des Nationalsozialismus ist für Schmid das gestörte Verhältnis der westdeutschen Gesellschaft zur eigenen Vergangenheit noch nicht wieder in Ordnung gebracht. Hinzukommen müßte die kritische Selbstprüfung der gegenwärtigen Demokraten. Die ihm vorschwebende Utopie einer tatsächlich »bewältigten« deutschen Vergangenheit umreißt er mit einem Zitat, das er Eva Reichmanns Buch *Flucht in den Haß* entnommen hat: »Wir waren bequem und gleichgültig. Der Wille zur Freiheit lebte nicht in uns, und wir wußten nicht mehr, was Recht ist. Wir fühlen, daß unser Leben verarmt ist, weil wir unsere jüdischen Mitbürger entbehren: wir vermissen sie als Anreger im Geistigen und Wirtschaftlichen, als Menschen, die schon dadurch, daß sie wie wir und doch andersartig waren, uns eine ständige Mahnung hätten bedeuten sollen zum Fortschritt in der Gestaltung menschlicher Beziehungen, zur Rechtlichkeit und Menschlichkeit. Wir haben die Mahnung damals nicht gehört zu unserer Schande und zu unserem Schaden. Daß wir sie nicht mehr in unserer Mitte hören dürfen, beklagen wir als schmerzlichen Verlust.« Und diesem Zitat fügt Carlo Schmid dann noch hinzu: »Der Tag, an dem in solchen Aussagen die Gedanken der Mehrheit aller Deutschen zutreffend wiedergegeben werden, würde die Zuversicht begründen, daß sie von der Krankheit des Hasses genesen sind. (Lebhafter Beifall).«

Für Carlo Schmid gibt es also einen Zusammenhang zwischen der demokratischen Unreife der (West-)Deutschen und ihrer Unfähigkeit, *moralisch* nachzuvollziehen, was ihr Staat in einem politisch-rechtlichen Sinne längst getan hatte, nämlich die Verantwortung für das Erbe des Nationalsozialismus zu übernehmen. Es sollte noch gut ein Jahrzehnt dauern, bis Willy Brandt vor dem Mahnmal des Warschauer Gettos niederkniete. Sein Kniefall war freilich eine stumme Geste. Jeder Deutsche mochte in diese Geste hineindeuten, was er wollte. Erst 25 Jahre später wurde es möglich, daß Bundespräsident Weizsäcker – zur vierzigsten Wiederkehr des Tages der deutschen Kapitulation – mit der Autorität seines Amtes die Schuld der Deutschen stellvertretend annahm.

Wenn ich eine Schuld annehme, rechne ich die schuldhafte Handlung mir als Subjekt zu. Sie abzulehnen, läuft darauf hinaus, mich selbst als Zurechnungssubjekt zu leugnen. Die Berufung auf den Befehlsnotstand oder die im Parlament sehr häufige anonymisierend-existentialisierende Rede vom »Schicksal, in das man verwickelt gewesen« sei, sind gute Beispiele für diesen inneren Zusammenhang von Schuldabwehr und Subjektverleugnung. Nicht nur in der Wahrnehmung ihrer Mitsubjekte, sondern auch in der Wahrnehmung ihrer selbst ist eine Person nur in dem Maße imstande, autonom in die Zukunft hinein zu handeln, wie sie die aktuellen Folgen früherer Handlungen verantwortungsvoll übernimmt.[1] Dieser elementare Zusammenhang von Schuldverleugnung und Autonomieverlust ist in prägnanter Weise in der Anerkennungsphilosophie des frühen Hegel und in Freuds Theorie der Psychoanalyse reflektiert worden. Bei Hegel wird durch die verbrecherische Tat nicht nur der sittliche Zusammenhang der Gemeinschaft zerrissen. Weil die schuldig gewordene Person sich zu einer mündigen nur durch die Teilhabe an dieser Sittlichkeit überhaupt erst gebildet hat, weil sie diese sozusagen in sich selbst nachbildet, hat sie durch die Tat auch sich selbst zerrissen. In Freuds Modell des psychischen Apparates steht das Ich im Spannungsfeld zwischen Triebnatur und den einsozialisierten Ansprüchen des Gewissens. Handlungsfähig ist das Ich in dem Maße, wie es ihm gelingt, diese konkurrierenden Ansprüche souverän zu vermitteln. Im Fall einer schweren Schuld gerät das Ich so sehr unter den Druck des strafenden Überichs, daß seine Handlungssouveränität beeinträchtigt wird.

Die kollektive Identität der Nachkriegsdeutschen war durch ihre Unfähigkeit zur Schuldakzeptanz oder auch durch die objektive Schwierigkeit, eine so große Schuld anzunehmen, nachhaltig gestört. Doch weil die Nachkriegsdeutschen und ihre politischen Repräsentanten nicht umhin konnten, in schwierigen Situationen der weiterlaufenden Geschichte auf das orientierende Potential irgendeiner kollektiven Identität zurückzugreifen, bedienten sie sich eines widersprüchlichen Musters erborgter Identitäten. Wer unter dieser Perspektive die die Nazivergangenheit Deutschlands betreffenden Bundestagsdebatten der fünfziger bis siebziger Jahre durchliest, ist immer wieder verblüfft von der anscheinend unübersteigbaren Schwierigkeit, in der ersten Person Plural (»wir haben das getan«) von den »im deutschen Namen« begangenen Menschheitsverbrechen zu sprechen. Weil die Nachkriegsdeutschen außerstande waren, sich als Täter, das heißt als verantwortliches Subjekt ihrer eigenen Geschichte, zu begreifen, identifizierten sie sich in der öffentlichen Reflexion dieser Vergangenheit geradezu zwanghaft ent-

---

1 Vgl. dazu Lutz Wingert, *Haben wir moralische Verpflichtungen gegenüber früheren Generationen?* In: *Babylon,* Nr. 9, November 1991.

weder mit den Siegern oder den Opfern des Krieges. Dieses Muster der heteronomen Identifizierung finden wir sowohl bei soziologisch befragten wie bei klinisch untersuchten Individuen. Am ersten Jahrestag der Eröffnung des Bundestags spricht Adenauer zum Beispiel von Deutschland ausschließlich in Opferkategorien: »Deutschland ist zerstampft«, »es liegt am Boden«, es war »in einen tiefen Abgrund gestürzt«. In diesen Jahren entsteht ein rhetorisch-rituelles Muster, das bis in unsere Tage reicht. Noch in der Gestaltung des Mahnmals an der Neuen Wache in Berlin im Winter 1993 finden wir das obsessive Bemühen wieder, die Täter in einer vorgeblichen existentiellen Gemeinsamkeit mit ihren Opfern verschwinden zu lassen. Nicht weniger verbreitet ist das Muster, sich in die Position der Sieger des Krieges zu versetzen. Die Figuren des westdeutschen Antitotalitarismus und des ostdeutschen Antifaschismus prägten über vier Jahrzehnte lang das Bewußtsein ganzer Generationen: Ost und West gemeinsam war das Muster einer heteronomen Selbstidentifikation als »siegreicher Verlierer«.

Es kann nicht zufällig sein, daß dieses eigentümliche Muster der heteronomen Selbstidentifikation der Deutschen als »Opfer« und als »siegreiche Verlierer« erst nach dem Ende der deutschen Teilung, besonders in den Tagen des zweiten Golfkrieges reflexiv greifbar wurde.[2] Obwohl die Deutschen gar nicht unmittelbar in den Krieg verwickelt waren, schlugen die Wogen der öffentlichen Erregung höher als sogar im unmittelbar bedrohten Israel. Vielen Diagnostikern ist sofort aufgefallen, daß die Ereignisse am Golf den Deutschen eine äußere Leinwand oder eine Bühne für ein Drama boten, das sich in ihrer Seele offenbar schon seit Jahrzehnten abspielte. Dies wurde offenkundig in den zahllosen und fast immer abwegigen Parallelen, die zwischen dem Zweiten Weltkrieg und dem Golfkrieg gezogen wurden. Der genannte Typus der heteronomen Opferidentifikation dominierte das Bewußtsein der Pazifisten: Feministinnen weigerten sich öffentlich, »wieder Trümmerfrauen« zu sein, das *Neue Deutschland* berichtete ganz im Stil des *Völkischen Beobachters* von »angloamerikanischen Bombergeschwadern, die ihre tödliche Last abladen«; auf zahllosen von Jugendlichen hoch gehaltenen Schildern wurde »Bagdad« zu »Dresden«. Das Bewußtsein der Bellizisten hingegen war vielfach okkupiert von der heteronomen Identifikation mit den »Siegern« des Zweiten Weltkrieges. Hans Magnus Enzensbergers suggestive Parallele zwischen Saddam Hussein und Hitler bot vielen die Chance, ein längst bereitliegendes und nur im Kontext der eigenen Geschichte verständliches Reaktionsmuster auf ein Ereignis zu projizieren, das sachlich damit wenig zu tun hatte.

Jene mit Hegel und Freud skizzierte Selbstlähmung eines individuellen Subjekts, das seine Schuld nicht anzunehmen vermag, äußerte sich bei den Deutschen in Gestalt einer moralischen Souveränitätseinbuße. Die in den Parlamentsakten gut dokumentierte Unfähigkeit ihrer politischen Repräsentanten zur stellvertretenden Schuldübernahme beeinträchtigte zugleich

---

2 Vgl. Karsten Stephan, *Die Deutschen und der Golfkrieg.* In: Gerda Lederer/Peter Schmidt (Hrsg.), *Autoritarismus und Gesellschaft.* Opladen: Leske + Budrich 1994.

ihre demokratische Kultur. Gerade in den ersten Jahrzehnten unterentwickelt war jene von Carlo Schmid angesprochene Tugend einer inklusiven Demokratie, die darin besteht, das Bürgerrecht des Anderen im politischen Raum zu ertragen. Die von den Besatzungsmächten verfügte politische Souveränitätsbeschränkung hatte somit ihr Gegenstück in einem moralischen Souveränitätsmangel der Deutschen und ihrer repräsentativen politischen Elite. Die historische Parallelität beider Souveränitätsbeschränkungen kam mit der deutschen Vereinigung an ihr Ende. Während die staatsrechtlichen Beschränkungen der Bundesrepublik Deutschland aufgehoben wurden, dauert der moralische Souveränitätsmangel – in einer historisch veränderten Form – fort. Und diese Ungleichzeitigkeit ist das Schlüsselproblem bei der Neuorientierung deutscher Politik nach der Vereinigung. Alle Kontroversen über die neue Rolle Deutschlands in der Welt, etwa in der Frage der Einsätze »out of area« oder der Neujustierung der Außenpolitik, lassen sich in ihrem normativen Kern auf das Schema eines alternativen Umgangs mit dieser Ungleichzeitigkeit bringen. Während die einen nach der Wiedergewinnung der politischen Souveränität nicht mehr den Sinn von spezifisch deutschen Skrupeln im Gebrauch dieser Souveränität einsehen, verlangen die anderen – im Namen des noch fortdauernden moralischen Souveränitätsmangels – eine freiwillig erbrachte Selbstbeschränkung in der Außen- und Militärpolitik.

Die Feststellung dieses Zusammenhangs zwischen der Unreife der demokratischen Kultur der Deutschen und ihrer Unfähigkeit eines angemessenen öffentlichen Umgangs mit der Schuld an Menschheitsverbrechen schließt Ralph Giordanos These von der »zweiten Schuld« nicht ein. Ich frage mich, ob es den politischen Repräsentanten in den fünfziger oder sechziger Jahren überhaupt in einer authentischen Weise möglich gewesen wäre, die kollektive Schuld anzunehmen. Anders gefragt: Könnte man sich die Weizsäcker-Rede schon am 8. Mai 1955 vorstellen? Die Psychoanalyse lehrt uns, daß dem schuldbeladenen Subjekt die moralische Akzeptanz der Schuld nicht einfach zu Gebote steht. Die Fähigkeit zur Schuldannahme wird begrenzt durch die Größe der Schuld und durch den Zeitraum, der für eine angemessene Sühne veranschlagt wird. Warum hätte die Schuld, und sei es nur die indirekte Mitschuld an der ungeheuerlichen Tat der fabrikmäßigen Vernichtung unzähliger Menschen schon innerhalb weniger Jahre Gegenstand eines *bewußten* subjektiven Schuldgefühls sein können? Woher hätten bei denen, die selbst biographisch der Tätergeneration angehörten, die authentischen Motive zur Schuldannahme kommen sollen und die symbolischen Formen ihrer öffentlichen Artikulation? Zugänglich wird die Schuld erst den nachkommenden Generationen, die sich zwar familialer und nationaler Herkunft nach der Tätergeneration verwandt fühlen, aber zugleich keinen biographisch zu verantwortenden Anteil an deren Schuldzusammenhang mehr haben. Nur so würde auch die paradoxe Dynamik der öffentlichen Beschäftigung mit den Hypotheken der nationalsozialistischen Vergangenheit verstehbar. Nicht nur an den hier zu Rate gezogenen Protokollen des Bundestages, sondern auch anhand anderer Dokumente der Zeitgeschichte, besonders psychoanalytischer Berichte, gewinnt man den Eindruck, daß die öffentliche Aufmerksamkeit für das, was in Auschwitz geschah, mit zunehmendem zeitlichen Abstand zu-, statt abnimmt. Offenkundig ist das Projekt einer solchen Schuldannahme einzig in der Form einer äußerst konflikthaften Kooperation mehrerer Generationen möglich.

Niemand freilich hätte die diagnostische Kompetenz und moralische Autorität festzustellen, wann jener von Eva Reichmann visionär antizipierte Zeitpunkt einer gelungenen Schuldübernahme überhaupt eintritt. Heute jedenfalls wäre es völlig absurd, den bei weiten Kreisen der Bevölkerung in Gang gekommenen Prozeß des Wachstums an moralischer Souveränität gegenüber der nationalsozialistischen Vergangenheit unter Hinweis auf die wiedergewonnene staatliche Souveränität für überflüssig zu erklären. Wenn die konservativen Politiker der frühen Nachkriegszeit Angst davor hatten, die öffentliche Schuldreflexion zu forcieren, hatten sie immerhin ein empirisches Argument auf ihrer Seite. Sie standen vor der paradoxen Aufgabe, im Rahmen eines politischen Systems, das als demokratisches von den Mentalitäten seiner Bürger nicht vollends abstrahieren konnte, eine Bevölkerung zu integrieren, die in ihrer großen Mehrheit ein antidemokratisches System gestützt hatte. Weil die Tätergeneration allmählich ausstirbt und die mentale Verankerung der Demokratie bei nachwachsenden Generationen hoch ist, vermag ich das neuerdings vor allem von Wolfgang Schäuble beschworene Risiko des Zukunftsverlustes bei der öffentlichen Vergegenwärtigung der deutschen Schuld nicht zu erkennen.

Erinnerung

Die skizzierte Dynamik einer erst nach Generationen einsetzenden, vielfach unbewußten Auseinandersetzung mit der Schuld der Deutschen heißt nun überhaupt nicht, daß die nachfaschistische Politikergeneration die ihr vorausgehende Epoche schlicht verschwiegen hätte. Dies gilt schon gar nicht für die politischen Eliten der DDR. Für sie war die öffentliche Erinnerung der Opfer des kommunistischen Widerstandes die Grundlage einer staatlich gepflegten antifaschistischen Zivilreligion. Und in einem zwar schwächeren Sinne und zu einem späteren Zeitpunkt gehörte auch für die politischen Eliten Westdeutschlands die kritische Bezugnahme auf die nationalsozialistische Vergangenheit zum festen Repertoir der politischen Rhetorik. Zunächst war es nur der stumme Zwang des Kalenders. Der 30. Januar, der 8. Mai, der 17. Juni, der 20. Juli boten die zeitlichen Vorgaben für eine kommemorative Liturgie, der sich die Parlamentarier im Laufe der Jahre immer deutlicher unterwarfen. Aber die objektive Nötigung, sich diesem Kalenderzwang zu beugen, hatte sich ergeben aus der Rechtsnachfolgerschaft, in die die Bundesrepublik gegenüber dem Deutschen Reich eingetreten war. Nicht nur bei den großen Debatten im Bundestag anläßlich der Wiedergutmachung für Israel, der Entschädigung für Widerstandskämpfer gegen den Nationalsozialismus, der Aufhebung der Verjährungsfrist für NS-Mörder, sondern auch bei den eher ephemeren Anlässen wie der Neufassung des bundesdeutschen

Ordensrechts oder des Streits um das niedersächsische Schulrecht ließ sich die Diskussion kaum auf die rechtstechnische Dimension der jeweiligen legislativen Entscheidungsmaterie beschränken. Diese Debatten wurden – meist gegen den Widerstand vieler Abgeordneter – auch zu Auslösern grundsätzlicher politisch-moralischer Diskurse, deren Dynamik sich im Laufe der Jahre immer weniger auf das Parlament beschränken ließ.

Das Problem war also nicht die schlichte Ignoranz der NS-Vergangenheit, sondern der Umstand, daß ihre öffentliche Erinnerung in der DDR und der Bundesrepublik immer schon durch das Prisma der ideologischen Konkurrenz beider Staaten gebrochen war. Beide stritten sich im Kern darum, wer aus der Erfahrung des Nationalsozialismus die richtige Konsequenz gezogen hatte. Die Erinnerung an diese Epoche sollte zwar wachgehalten werden, aber vornehmlich zu dem Zweck, die historische Verantwortung für die deutschen Verbrechen – genauer: für die Fortdauer ihrer Ermöglichungsbedingungen – der jeweils anderen Seite aufzubürden.

Der westdeutschen Strategie, das Erbe des Nationalsozialismus durch eine antitotalitäre »freiheitlich-demokratische Grundordnung« zu bewältigen, setzte die politische Führung der früheren DDR das Konzept einer antifaschistischen Präventivdiktatur entgegen. Für das marxistisch-leninistisch geprägte Selbstverständnis dieser Führungseliten der SED bot die unterstellte historische Kausalbeziehung zwischen Kapitalismus und Nationalsozialismus ein Deutungsschema, das es erlaubte, die historische Verantwortung für die deutschen Menschheitsverbrechen pauschal abzulehnen und sie dem kapitalistisch gebliebenen deutschen Teilstaat aufzubürden. Mit der sozialistischen Transformation war nach diesem Deutungsschema dem Nationalsozialismus die Basis entzogen.

Im Fall der Bundesrepublik vollzog sich die öffentliche Anrufung der nationalsozialistischen Vorgeschichte durchweg im Rahmen einer für politische Kampfzwecke umgeschmiedeten Totalitarismustheorie. Schon in den allerersten Debatten des Bundestags taucht das Argument auf, das dann für fast 25 Jahre zu einem alles erklärender Topos werden sollte. In seiner Sitzung am 23. Februar 1950 diskutiert der Bundestag ein von der FDP eingebrachtes Gesetz zur Beendigung der Entnazifizierung. Schon in dieser frühen Phase findet sich in großer Prägnanz das »antitotalitäre« Argument, womit die politische Klasse der Bundesrepublik sich eine historische Legitimitätskonstruktion zurechtzimmerte: Die »Abwehr des Bolschewismus« erlaubte es, sowohl die Westbindung der neuen Republik zu betonen als auch die historische Kontinuität zur vordemokratischen Kommunismusfeindschaft, war doch der Antikommunismus ein zentrales Element der deutschen Ideologie *unter* aber auch *nach* Hitler. Dies erlaubte vielen Konservativen, die Illusion zu nähren, die Deutschen hätten bereits zur westlichen Allianz gehört, als sie Hitlers Kampf gegen Rußland unterstützten. Mit großer Emphase betont der freidemokratische Abgeordnete Euler: »was uns am Herzen liegt, das ist, diese Beendigung der Entnazifizierung zu einer Grundlage des Weststaates werden zu lassen, durch die die neue Demokratie um so besser legitimiert wird, den Kampf gegen jede Art von Totalitarismus in der Zukunft aufzunehmen.« Ein eigentümliches Argument: Durch den Abbruch einer Beschäftigung mit dem eigenen totalitären Erbe soll die deutsche Bevölkerung instand gesetzt werden, »totalitären Bestrebungen jeder Art mit Entschiedenheit entgegenzutreten«. Bis in die siebziger Jahre konnte man kaum einen konservativen oder liberalen Politiker finden, der das Wort »Nationalsozialismus« oder gar »Faschismus« überhaupt in den Mund nahm. Die außerordentlich verbreitete vage Rede von der »totalitären Herrschaft« war letztlich eine nicht ungeschickte semantische Operation: Die eigene nationalsozialistische Vergangenheit wurde hinter dieser deklamatorischen Abkehr vom Totalitarismus abgeschattet, und die gesamte Aufmerksamkeit konzentrierte sich auf die noch gegenwärtige Form des Totalitarismus in Gestalt des Systems jenseits des Eisernen Vorhangs.

Die auf den Nationalsozialismus und Stalinismus bezogene klassische Theorie des Totalitarismus hat nach der Erosion des kommunistischen Imperiums ihre Realitätsgrundlage verloren. Schon für die »liberalisierten« Varianten nachstalinistischer Regimes war die empirische Triftigkeit dieser Theorie angezweifelt worden. Und völlig unbestritten ist, daß jene Theorie zur Entschlüsselung des nachtotalitären Szenarios nichts mehr beizutragen hat. Der Plausibilitätsschwund dieser alten, letztlich antikommunistisch geeichten Totalitarismustheorie betrifft freilich nur seine erklärende Kapazität. Auf fatale Weise fort wirkt die ideologische Funktion, die sie im Rahmen des antikommunistischen Bewußtsein übernommen hatte. Eben weil die deutsche Haftung für den Nationalsozialismus hinter der generalisierenden Formel des Totalitarismus verschwunden war, eben weil man im antikommunistischen Kampf Sühnearbeit für die eigenen Kollektivverbrechen zu leisten behauptete, glaubten jetzt manche mit dem kommunistischen Imperium sei auch die NS-Vergangenheit endgültig zur Geschichte geworden.

Der Antifaschismus des ehemaligen SED-Staates hinterläßt eine ähnliche Hypothek. Die darin ursprünglich angelegte strategische Selektivität der Erinnerung, besonders in Gestalt der Monopolisierung des Opferstatus für den kommunistischen Widerstand, wird in der historischen Dialektik nach der deutschen Vereinigung ihrerseits zum Vehikel des Vergessens. Weil der kommunistische Antifaschismus das Erinnern monopolisiert hatte, könnte er in seinem Sturz das Gedenken an die Opfer des Nationalsozialismus mit sich in die Tiefe reißen. Wenn heute in der ehemaligen DDR Aufforderungen zum Gedenken an die Opfer des Naziterrors gelegentlich als SED-Propaganda abgewehrt werden, zeigen sich noch einmal die Spätfolgen dieser infamen Instrumentalisierung einer nur zum Teil erzählten Geschichte.

Hannah Arendt hat das Gebot eines nichtinstrumentellen Umgangs mit der Geschichte der Shoah in eindrucksvoller Schlichtheit formuliert: »Das Höchste, was man erreichen kann, ist zu wissen und auszuhalten, daß es so und nicht anders gewesen ist, und dann zu sehen und abzuwarten, was sich daraus ergibt.« *(Von der Menschlichkeit in finsteren Zeiten)* Das Gebot einer solchen nichtselektiven, abwartenden und politisch offenen Erinnerung ist durch die Legitimationsfiguren des Antifaschismus und Antitotalitarismus prägnant verletzt worden. Die moralischen Kosten dieser Instrumentalisierung einer grauenvollen Vergangenheit bestanden zum einen in der nur selektiven Kenntnisnahme der Vergangenheit. Sie bestanden darüber hinaus politisch darin, daß die antifaschistischen beziehungsweise antitotalitären Legitimationsmuster verknüpft waren mit spezifischen innerstaatlichen Feinderklärungen. Im Fall der DDR ist die innerstaatliche Abgrenzung vom nichtkommunistischen Lager in derartiger Schärfe praktiziert worden, daß eine Demokratie nicht einmal in Ansätzen entstehen konnte. Aber auch die Bundesrepublik, die sich zwar ohne Zweifel zu einer Demokratie westlichen Typus hat entwickeln können, war in den ersten Jahrzehnten ihrer Existenz mehr mit der Abwehr erfundener Feinde als mit der Öffnung gegenüber möglichen Freunden beschäftigt. Die westdeutsche Demokratie war eben nicht – wie das Modell Nordamerika, an dem sie sich orientierte – die Frucht einer demokratischen Gründung aller Bürger. Auf den Weg kam sie mit den Krücken eines primär antikommunistisch gemeinten Antitotalitarismus. Daraus sind ihr spezifische Haltungsschäden erwachsen. Der penetrante Antikommunismus der Nachkriegszeit hat das demokratische Bewußtsein vieler Linker zugleich mit geschädigt. Die großen politischen Auseinandersetzungen in der alten Bundesrepublik waren in ihrer Tendenz oft wechselseitige symbolische Ausbürgerungsversuche. Konservative Zweifel an der Verfassungstreue linker Kritiker beantworteten diese mit dem Faschismusverdacht. Das konservative Konzept einer »wehrhaften Demokratie«, dem auf linker Seite die defensive Vorstellung von Demokratie als eines bedrohten Bollwerks entsprach, steht in krassem Widerspruch zu einem modernen Demokratieverständnis. Dieses Verständnis hatte Carlo Schmid in seiner zitierte Rede schon 1960 auf den Begriff gebracht, nämlich daß man Demokrat nur dann ist, wenn man den Bürgern, deren Interessen und Meinungen nicht den eigenen entsprechen, den politischen Raum mitschafft, in dem sie sich nach ihren Vorstellungen entfalten können.

Nation

In seinem berühmten Versuch, den Patriotismus zu rehabilitieren, definiert der Moralphilosoph Alasdair MacIntyre diesen zunächst in provozierender Schlichtheit als »Loyalität gegenüber einer Nation«. Diese Loyalität hat nach MacIntyre notwendig partikularistische Züge. Denn nur die Bürger, die eben diese bestimmte Nationalität innehaben, können dieser Nation gegenüber loyal sein. Damit ergibt sich sofort die Frage nach den Grenzen einer solchen Loyalität. Um dem naheliegenden Verdacht des »right or wrong, my country« zu entgehen, führt MacIntyre eine interessante Unterscheidung an. Er sagt, daß der Patriotismus, der ihm vorschwebt, nicht der jeweiligen Regierung gilt oder dem historisch-politischen Status quo einer Nation, sondern »der Nation, verstanden als ein Projekt«. Der Patriot fühlt sich also nicht der puren Tatsächlichkeit einer Nation verpflichtet, sondern ihrer »Idee« – ähnlich wie man vielleicht seine Liebe zu einer Person an den Vorbehalt bindet, daß diese dem Bild entspreche, das man sich in einer wohlwollenden Einstellung von ihr macht.

Diese Trennung zwischen Nation als historischer Faktizität und Nation als Projekt, so plausibel sie auch als Ausweg aus den Antinomien eines radikalen Kommunitarismus sein mag, ist gleichwohl aus deutscher Sicht schwer zu akzeptieren. Sie erscheint als naiv vor dem Hintergrund der Erfahrung des Totalitarismus. Der Totalitarismus ist definierbar als der Versuch, mit terroristischen Mitteln eine unmittelbare Einheit der Gesellschaft mit sich selbst herzustellen. Nationalsozialismus und Stalinismus unterschieden sich von konkurrierenden Ideologien nicht nur durch ihre spezifische Aggressivität. *Totalitär* waren sie, weil sie sich die Gesellschaft unterwarfen, um sie gemäß ihrem »Projekt« zu formen. Der totalitäre Gehalt der nationalsozialistischen Ideologie bestand eben darin, daß sie jeglichen Unterschied zwischen der deutschen Nation als Projekt und als Faktizität einebnete.

In keinem anderen historisch vergleichbaren Fall waren Nation und Regime so eng miteinander verschränkt wie im nationalsozialistischen Deutschland.[3] Regime und Nation waren nicht nur in der Propaganda, sondern auch im Bewußtsein des größten Teils der Bevölkerung ununterscheidbar, und deshalb wäre der Widerstand von 1944 auch dann ein Mißerfolg geworden, wenn er militärisch zunächst Erfolg gehabt hätte. Im Unterschied zum deutschen war der italienische Widerstand gegen den Faschismus vor allem deshalb erfolgreich, weil er imstande war, *nationale* Werte gegen das Regime Mussolinis zu mobilisieren. In dem Gründungsmythos der »Resistenza«, der zivilen Religion der zweiten italienischen Republik, wurde der Faschismus als Verrat an der Nation stilisiert. Vergleichbares wäre in der unmittelbaren Nachkriegszeit Deutschlands nicht möglich gewesen. Der Nationalsozialismus hatte das Projekt der deutschen Nation so geprägt, daß im Bewußtsein der historisch Beteiligten das eine vom anderen nicht ablösbar war.

Um das Muster dieser Prägung besser zu verstehen, muß der Kern der nationalsozialistischen Ideologie benannt werden: die Trennung von biologisch definierten »Volksgenossen« und fremdvölkischen Reichsfeinden. Das NS-Regime fand seine Opfer entweder außerhalb der Reichsgrenzen, oder es grenzte sie von Geburt an aus. Die besondere Qualität des nationalsozialistischen Terrors, der in Auschwitz kulminierte, war nicht nur der kriminellen Energie seiner Führungsfiguren und der autoritären Folgebereitschaft der Bevölkerung geschuldet, sondern auch einer politischen Kultur, die durch eine extrem exklusive ethnische Definition nationaler Zugehörigkeit geprägt war. Diese ethnische Selbstdefinition der Deutschen hat sich historisch erst relativ spät durchgesetzt, nämlich im Staatsangehörigkeitsrecht von 1913.[4] Die dort vorgenommene Definition des deutschen Volkes als einer vorstaatlichen (»völkischen«) Totalität ist seinerzeit gegen den Widerstand der Sozialdemokraten, der Liberalen und des Zentrums beschlossen worden. Ihre theoretische Verdichtung fand sie in der Weimarer Republik in der

3 Vgl. Dan Diner, *Die Juden und Europa.* In: *Babylon,* Nr. 7, September 1990.

4 Vgl. Brun-Otto Bryde, *Die bundesrepublikanische Volksdemokratie als Irrweg der Demokratietheorie.* In: *Staatswissenschaften und Staatspraxis,* Heft 3, 1994.

Staatsrechtslehre Carl Schmitts, die noch heute das Bewußtsein einflußreicher Staatsrechtler der Bundesrepublik prägt. Die in der »Ausscheidung des Nicht-Gleichartigen« konstituierte Nation begründet sich in ihrer puren Faktizität als unentrinnbare Schicksalsgemeinschaft. Wenn nur noch das »Blut« oder eine primordial verstandene Herkunft die Nation definieren, kann es die Spannung von »Projekt« und »Faktizität«, von der MacIntyre spricht, nicht mehr geben. Aufrechterhalten läßt sich diese Chance, die eigene nationale Zugehörigkeit im Lichte ihrer eigenen Idee zu kritisieren, nur in dem Maße, wie in den rechtlich-praktisch wirksamen Begriff der Nation universalistische, sozusagen menschheitliche Momente eingegangen sind. Die gegenwärtige deutsche Staatsrechtslehre, die mit ihren Kommentaren zur Auslegung des Grundgesetzes, zur Ausländergesetzgebung und zur rechtlichen Ausgestaltung der europäischen Einigung mehr praktisch-politischen Einfluß ausübt als jede andere wissenschaftliche Disziplin, hat mit jener »völkischen« Tradition deutscher Selbstdefinition niemals deutlich gebrochen.

Über eine neue Einwanderungspolitik, in der Fragen des politischen Asyls, der Einbürgerung, der Rechtsstellung der hier lebenden Ausländer umfassend geregelt würden, wird zur Zeit viel diskutiert.[5] Mit guten Argumenten wird darauf hingewiesen, daß eine neue Einwanderungspolitik den Fakten einer längst existierenden multikulturellen Gesellschaft und den Realitäten der erst noch kommenden armutsbedingten Wanderungsbewegungen Rechnung tragen würde. Und an eine solche neue Politik knüpft sich auch die skeptische Hoffnung auf eine Eindämmung der Ausländerfeindlichkeit. Das ist alles richtig. Aber die Dringlichkeit einer neuen Einwanderungspolitik ergibt sich vor allem aus der Notwendigkeit eines demonstrativen Bruchs mit einer Tradition nationaler Selbstdefinition, die eine (von vielen) Voraussetzungen für den von Deutschen zu verantwortenden Völkermord gewesen ist.

Jenseits der Nation

Viele antifaschistische Intellektuelle der unmittelbaren Nachkriegszeit teilten den Gedanken, die destruktiven Tendenzen der Moderne hätten im Phänomen des deutschen Faschismus eine solche Verdichtung gefunden, daß dieser geradezu als negatives Modell einer guten Gesellschaft tauge. Adorno hat diese Ansicht einmal in der eindrucksvollen Formulierung zusammengefaßt, daß in die Erfahrung von Auschwitz die Spiegelschrift des guten Lebens eingeschrieben sei. Dies freilich ist im Laufe des vergangenen halben Jahrhunderts fragwürdig geworden: die Vorstellung einer aus der Anschauung des nationalsozialistischen Grauens sich unmittelbar ergebenden politischen Evidenz. Viele Jahre mußten vergehen, um der Versuchung zu widerstehen, die faschistische Epoche zum Anlaß einer negativen Sinngebung zu nehmen.

---

5 Vgl. beispielsweise Werner Weidenfeld, *Zwischen Einwanderungsdruck und Zuwanderungsbedarf.* In: *Merkur,* Nr. 536, November 1993.

Vielleicht läßt sich erst heute der Gedanke denken und aushalten, daß der Faschismus so falsch war, daß nicht einmal sein Gegenteil richtig ist.

Es ist ganz im Sinne dieser Tradition, wenn wir heute angesichts neuer Formen des deutschen Nationalismus – sei es des inszenierten Lobs des Vaterlandes, der wahlkampfstrategischen Instrumentalisierung nationaler Ressentiments und des besoffenen Rufs »Deutschland den Deutschen« – fast in der Form eines bedingten Reflexes nicht umhin können, einen radikal universalistischen Antinationalismus und ein abstraktes Weltbürgertum dagegenzusetzen. Die Pathologie des Nationalismus, für die es nicht nur in der deutschen Geschichte, sondern auch in unserer unmittelbaren Gegenwart viel Anschauungsunterricht gibt, läßt vielfach die nüchterne Frage gar nicht erst aufkommen, welch eine symbolische Funktion die Nation in modernen Gesellschaften haben und ob es für das Festhalten an ihr überhaupt eine sachliche Rechtfertigung geben könnte.

Ich habe den Eindruck, daß die artikulierten nationalistischen Einstellungen auch gar nicht das Problem sind. Im praktischen-politischen Effekt viel wichtiger sind jene eher latenten, auf die Bewohner meines nationalstaatlich umgrenzten Territoriums gerichteten Einstellungen, die es mir zum Beispiel als selbstverständlich erscheinen lassen, daß mein steuerlicher Lohnabzug zur Bewältigung von Flurschäden in der Lausitz und nicht zur Hilfe in einem Hungergebiet im Südsudan ausgegeben wird. Die Frankfurter Kulturdezernentin, die 1990 durch ihr Bekenntnis, daß ihr Mailand näher liege als Leipzig, einen Sturm der Entrüstung entfachte, hatte eben jene Ebene latenter Solidarität getroffen, die auch von Leuten geteilt wird, die sich selbst keineswegs als Nationalisten bezeichnen würden. Die Nation als ein symbolischer Mechanismus der Eingrenzung des Adressatenkreises meiner Solidaritätsbereitschaft nimmt auch jeder gewerkschaftlich organisierte Arbeiter selbstverständlich in Anspruch, ist doch die nationalstaatliche Schließung des Arbeitsmarktes eine unerläßliche Bedingung für das Tarifsystem. Daß sozial erträgliche Arbeitsmärkte nur in territorialer Einfriedung funktionieren können und daß ein auf dem Versicherungsprinzip aufgebautes Sozialsystem ohne eine symbolische Begrenzung des Kreises der Anspruchsberechtigten nicht funktionieren kann, mag uns darüber belehren, daß keine moderne Gesellschaft ohne ein solches solidaritätsgenerierendes und zugleich -schließendes Symbolsystem auskommt. Wer deshalb im Namen eines radikalen Antinationalismus für die kriterienlose Öffnung der Grenzen plädiert, muß zwangsläufig auch die Zwangsbewirtschaftung des Wohnraumes, die Deregulierung des Arbeitsmarktes und die drastische Reduzierung, wenn nicht den Zusammenbruch, des Sozialsystems hinnehmen. Kurzum: Der radikale antinationale Universalismus ist – vom Problem seiner demokratischen Akzeptanz einmal ganz abgesehen – normativ so sympathisch wie politisch-praktisch naiv.

Nun ist die nationale Imprägnierung von Solidarität in den Funktionssystemen moderner Gesellschaften nur die eine Hälfte der Wahrheit. Zunächst richtet sich intensive Solidaritätsbereitschaft auf subnationale Zugehörigkeitsbereiche, auf die unmittelbare lokale Nachbarschaft, die Kommune, die

Region. Und zugleich finden wir ein erstaunlich wachsendes Maß an transnationaler Solidarität – zum Beispiel in der Spendenbereitschaft für internationale Hilfsaktionen, in der politischen Unterstützung von Entwicklungspolitik, in der Hinnahme von budgetären Maßnahmen zum Reichtumsausgleich innerhalb der Europäischen Union, in der Aufmerksamkeit für transnational agierende Organisationen wie Amnesty International, Greenpeace und Terre des hommes. Es gibt also durchaus politisch wirksame moralische Motivkomplexe von Bürgern, die schon auf gleicher Augenhöhe mit den realen Verflechtungen der Weltgesellschaft sind. Und es sind eben diese infrastrukturellen Verflechtungen der Weltgesellschaft, die letztlich die Hoffnung nähren, daß eine auf der Fiktion ethnischer Unterschiede basierende nationale Selbstdefinition und Solidaritätslenkung, die von den Deutschen in diesem Jahrhundert auf ihre äußerste, nämlich exterministische Spitze getrieben wurde, ihre motivierende Kraft verlieren könnte.

Ein philosophisch wie politisch gerade erst angedachtes Problem in den multikulturellen Gesellschaften wird sein, für das längst praktizierte widersprüchliche Muster von Exklusion und Inklusion neue und ethisch verantwortbare Formen zu finden. Ethisch zu rechtfertigen werden Formen der Schließung nur in dem Maße sein, wie die Interessen der jeweils Ausgeschlossenen in der sich abschließenden Einheit selbst eine virtuelle Repräsentanz finden. Praktisch vorgebildet sind solche schwierigen Überlegungen in dem politischen Räsonnement von Einwanderungsgesellschaften, die sich immer wieder neu überlegen müssen, welche Kontingente der Weltbevölkerung sie nach welchen Kriterien hereinlassen. Vorgegeben sind solche Kriterien zunächst in der eingeschätzten Funktionsfähigkeit von Sozialsystemen und Arbeitsmärkten, in dem Maß der Anerkennung der politischen Minimalprinzipien, das Neubürgern abverlangt werden soll. Ein weiteres Set von Kriterien ergibt sich aus der Antizipierung besonderer Notlagen von Gruppen, ob sie nun unmittelbar an Leib und Leben gefährdet sind oder in der Integrität ihrer Kultur, oder ob sie unter unerträglicher Armut leiden.

Die Praxis einer solchen reflexiv kontrollierten Inklusion könnte in ferner Zukunft zum Entwicklungsmedium einer Weltgesellschaft werden, die den überkommenen Konnex von Demokratie und Nationalstaat endgültig aufgesprengt hätte. Erst eine solche demokratische Weltgesellschaft wäre die Erfüllung jenes utopischen Anspruchs, der in den menschenrechtlichen Passagen nationaler demokratischer Verfassungen auch angelegt war – des Anspruchs nämlich, sich nicht abzuschließen gegenüber denen, die jetzt noch keine Stimme haben.

Peter Bender

Deutsche Legenden

Historische Legenden sind meistens stärker als die historische Wahrheit. Legenden sind einfach, die Wahrheit ist fast immer kompliziert. Legenden handeln von Helden und Schurken, die Wahrheit zeigt im allgemeinen Menschen mit ebenso vielen Stärken wie Schwächen, Menschen, die vom Mittelmaß nur in Ausnahmefällen stark abweichen. Legenden sind allemal interessanter als die Wahrheit, vor allem sind sie moralischer. Darin finden sich die Leute selbst wieder, in ihrem Zwang, sich zu rechtfertigen, in ihrem Drang, andere verantwortlich zu machen, in ihrem Bedürfnis nach Bestätigung und Anerkennung.

Der Kampf der Historiker gegen Legenden gleicht in manchen Zeiten dem Kampf gegen eine Hydra, einem abgeschlagenen Kopf wachsen gleich drei neue nach – der Bedarf ist so groß. Er ist es besonders nach großen Umwälzungen mit einer Umwertung aller Werte. So erscheint es ganz unvermeidlich, daß wir es seit der »Wende« von 1989/90 mit einer kräftigen Legendenbildung zu tun haben, es kann gar nicht anders sein. Denn alle haben sich geirrt, fast niemand hat mit dem gerechnet, was kam. Nun müssen alle ihre alten Vorstellungen mit der neuen Wirklichkeit in Einklang bringen, und das geht meist nicht ohne Gewaltsamkeiten, man muß schon etwas zurechtbiegen, entweder die Reden von früher oder die Realität von heute. Jedermann redet zwar von wissenschaftlicher Aufarbeitung der vergangenen fünfzig Jahre, aber viel wichtiger ist für die meisten, die eigene Vergangenheit teils zu verdunkeln und teils neu zu beleuchten.

Die Legenden, von denen hier die Rede sein soll, sind größtenteils nach Ende 1989 entstanden, ihre Wurzeln aber sind meist älter. Die erste Legende ist keine deutsche Erfindung. Als die Präsidenten Bush und Gorbatschow Ende der achtziger Jahre die Abrüstung weit vorantrieben und ein neues Verhältnis begründeten, behaupteten sie, den Kalten Krieg beendet zu haben. Man fragte sich: Ging erst damals der Kalte Krieg zu Ende? Ein Deutscher fragte sich: War etwa Honeckers Besuch in der Bundesrepublik im Jahre 1987 ein Akt des Kalten Krieges?

Politiker berühmen sich, das gehört zum Geschäft. Aber die Jahre 1989/90 als Ende des Kalten Krieges – das findet man fast täglich in fast jeder Zeitung und auch in wissenschaftlichen Zeitschriften. Ein außenpolitischer Kommentator schrieb zum Beispiel, die KSZE sei im Kalten Krieg geboren. Herrschte Anfang der siebziger Jahre Kalter Krieg? Schon die grobe Erinnerung sagt, daß damals die Entspannung ihren Höhepunkt erreicht hatte: Nixon traf sich mit Breschnew, die Rüstungsbegrenzung zwischen Washington und Moskau (SALT I) erhielt erstmals Vertragsform, Brandt begann mit seiner Ostpolitik. Es war gerade umgekehrt: Der Kalte Krieg mußte zu Ende sein, damit die KSZE zur Welt kommen konnte.

Beim Aufräumen fiel mir eine alte Schrift in die Hände, eine Beilage zum *Parlament* vom Februar 1964 mit dem Titel »Ist der Kalte Krieg zu Ende?«. Louis J. Halle schrieb darin eine »Rückschau auf den Kalten Krieg«. Ende der siebziger Jahre ging die Frage um, ob die Entspannung am Ende sei, und Anfang der Achtziger entstand die Sorge, ob ein zweiter Kalter Krieg heraufziehe – Afghanistan, das polnische Kriegsrecht und die Mittelstreckenraketen gaben den Anlaß. Natürlich ist Kalter Krieg eine Metapher und kein klarer Begriff, aber jeder, der ihn erlebte, verbindet damit klare Vorstellungen. Kalter Krieg war ein Kampf, in dem alles erlaubt und üblich war – außer Militäraktionen. Der Kalte Krieg wurde von beiden Seiten geführt, von der östlichen aber mit noch größerer Hemmungslosigkeit; alte Berliner wissen noch, was »Menschenraub« war, die gewaltsame Entführung von Exkommunisten oder scharfen Antikommunisten. Der Kalte Krieg war ein Glaubenskrieg, in dem es keine Kompromisse zu geben schien, sondern nur Sieg oder Untergang. Der Kalte Krieg erlaubte nur Atempausen, aber keinen Frieden. Die Welt, so meinte man auf beiden Seiten, werde am Ende kommunistisch werden oder demokratisch, ein Drittes gab es nicht. Neutrale wurden Neutralisten genannt und waren beiden Seiten verdächtig und verächtlich.

Wer für die letzten 25 bis 30 Jahre vom Kalten Krieg redet, der weiß nicht, wovon er redet, oder erliegt einem optischen Irrtum. Der Irrtum ist allerdings verständlich. Das Jahr 1989 bildet unbestreitbar den tiefsten Einschnitt in der europäischen Nachkriegsgeschichte, eine Epoche ging zu Ende und eine neue begann. Da liegt es nahe, den ganzen Zeitraum davor als eine Einheit zu betrachten. Doch was ist die Konsequenz? Wer nur die Markierungen 1947 und 1989 ins Auge faßt, muß die Unterschiede innerhalb dieser Zeit, die Entwicklungen und Veränderungen darin, gering achten. Kalter Krieg vom Ende der vierziger bis zum Ende der achtziger Jahre – das wird zur Einebnung alles dessen, was dazwischen geschah. Die Anerkennung der Oder-Neiße-Grenze erfolgte danach durch die Regierung Kohl, und der Warschauer Vertrag der Regierung Brandt erscheint als bloße Vorstufe. Formal stimmt das, sachlich nicht, denn der große Schritt, die Folgen des Hitler-Krieges als historisches Erbe anzunehmen, wurde 1970 getan und nicht 1990.

Nur wenige, die den Kalten Krieg bis 1989 weitergehen lassen, beabsichtigen damit, die Fortschritte der Zwischenzeit zu entwerten. Doch diese Datierung paßt haargenau in einen Trend, der seit der großen »Wende« die öffentliche Meinung bestimmt, sie entspricht einer neuen historischen Betrachtung der Nachkriegszeit.

Die zweite Legende ist ein Ergebnis dieser Betrachtung; sie besagt, die DDR sei von Anfang bis Ende stalinistisch und totalitär gewesen. So heißt die Enquête-Kommission, die der Bundestag eingesetzt hat, »Aufarbeitung von Geschichte und Folgen der SED-Diktatur in Deutschland«. Nicht die Geschichte der DDR oder der beiden deutschen Staaten soll aufgearbeitet werden, sondern nur die »SED-Diktatur«.

Kein ernsthafter Mensch bestreitet, daß die SED-Führung diktatorisch in der DDR geherrscht hat und daß dies üble, zum Teil verheerende Folgen hatte. Aber das war nicht alles. Die DDR war nicht nur ein Stasi-Staat, wie die Überbetonung des Themas Stasi den Eindruck erweckt. Vor allem geht, wenn der Blick nur auf die Diktatur gerichtet ist, verloren, daß die DDR eine Geschichte hat. In den fünfziger Jahren ging es dort erheblich anders zu als in den Achtzigern – »die Fünfziger«, so sagte in den Achtzigern ein DDR-Diplomat, »das war unser Mittelalter«.

Wie der Kalte Krieg ist auch der Stalinismus kein wissenschaftlich definierter Begriff; aber wer ihn erlebt hat, weiß genau, was er erlebt hat. Stalinismus hieß in der Sowjetunion Massenmord, Massendeportation und Massenlager, es hieß Schauprozesse mit Todesurteilen und Geheimpolizei mit der Macht über Leben und Tod. Stalinismus hieß in der DDR Terror, Erpressung und Willkürjustiz – alles von Staats wegen, weil der Staat als Instrument galt, um die Ziele der Parteiführung durchzusetzen: Um den »Klassenkampf« zu führen, um Bürgerliche, Sozialdemokraten und unliebsame Kommunisten hinter Gitter zu bringen. Um Bauern, Handwerker, Hausbesitzer zu enteignen. Um Dichter, Künstler und Gelehrte von eigenen Gedanken abzuschrecken. Stalinismus hieß Parteidisziplin bis zur Lächerlichkeit und Dogmatismus bis zur Verblödung. Es hieß völlige Rechtlosigkeit und gänzliche Schutzlosigkeit, Stalinismus bezeichnete einen Zustand, in dem auf nichts Verlaß und alles möglich war.

Wer behauptet, die DDR sei in ihren letzten zwei bis drei Jahrzehnten stalinistisch gewesen, dem wäre eine Zeitmaschine zu wünschen, die ihn für ein Jahr in den Klassenkampf der fünfziger Jahre versetzt. Er wüßte dann den Totalitarismus dieser Zeit von der autoritären Langeweile der Achtziger zu unterscheiden. Er würde die drastische Erweiterung der Stasi nicht als noch größeren Zugriff des Staates auf seine Bürger verstehen, sondern als die Reaktion des Staates auf die Bürger, die sich dem Zugriff entzogen und beunruhigend selbstbewußt wurden.

All das ist überhaupt nicht neu. Schon bevor die Bundesrepublik die DDR anerkannte, hatte sich das Bild von der DDR differenziert. Manche versuchten, den anderen deutschen Staat aus dessen Selbstverständnis zu begreifen, und manche verloren dabei sogar die Maßstäbe, und die DDR geriet ihnen zu schön: ein fast normaler Staat mit kleinen Fehlern. Doch seit es die DDR nicht mehr gibt und sie als politische Größe nicht mehr respektiert werden muß, kehrt die schreckliche Vereinfachung wieder, die das Bild in den ersten beiden Jahrzehnten bestimmte. Es gibt allerdings einen Unterschied: Damals herrschte in der Bundesrepublik eine Heidenangst vor den fanatischen, angeblich zu allem fähigen »Berufsrevolutionären«; heute herrschen Hochmut und Verachtung für einen Gegner, den man Gott sei Dank nicht mehr zu fürchten braucht. Es entwickelt sich etwas ziemlich Groteskes: ein Antikommunismus ohne Kommunisten.

Die Legende von der geschichtlos stalinistischen DDR verlangte eine westdeutsche Entsprechung: Wenn der ostdeutsche Staat rein gar nichts taugte und verdientermaßen unterging, dann fragt sich, weshalb demokratische Politiker sich mit diesem miesen Gebilde überhaupt eingelassen haben. Daraus folgen zwei weitere Fragen: Wer hat sich am meisten mit ihm eingelassen, und wer hat immer den nötigen Abstand gehalten? Die Antworten führen in das politische Gerangel zwischen den Parteien und Prominenten, das wir nicht zuletzt in der Enquête-Kommission dauernd erlebten. Doch während die Sozialdemokraten meist in der Defensive steckenbleiben, entwickelt sich bei den Unionsparteien eine Legende: Die CDU/CSU ist immer und unbeirrbar für die deutsche Einheit eingetreten und hat nie an ihrer Erreichbarkeit gezweifelt; mit den Kommunisten hat sie nur verhandelt, wie man mit Geiselnehmern eben verhandeln muß; und Honecker hat sie nur eingeladen, weil das dafür nötig war. Die anderen hingegen, Sozialdemokraten und Linke, haben die Einheit aufgegeben und unerfüllbaren Forderungen der SED nachgegeben; und wenn nicht Helmut Kohl regiert hätte, wären Grundsatzpositionen verlorengegangen.

Ich will mich nicht in die unerfreuliche Diskussion begeben, wer aus Bonn oder München mit wem in Ost-Berlin zu intim geworden ist – wesentlich erscheint nur, daß sich die Rhetorik der Parteien zwar unterschied, und das ist nicht ganz unwichtig, aber in der Sache dachten und taten alle das gleiche.

Schon in seiner ersten Regierungserklärung am 30. Oktober 1969 vermied Bundeskanzler Brandt das Wort »Wiedervereinigung«. Als ihm die Opposition das vorhielt, entgegnete er: »Wir haben, was die deutschen Dinge angeht, in der Tat keine Antwort zu geben versucht. Wir haben uns das nicht zugetraut; dies bekenne ich. Wir haben keine Antwort darauf gegeben, in welcher Form die Deutschen eines Tages im Rahmen einer europäischen Friedensordnung sich wieder begegnen, miteinander leben und an ihrer gemeinsamen Zukunft arbeiten werden. Diese Frage haben wir in der Tat nicht beantwortet. Wir haben statt dessen gesagt, was die Regierung in dieser Legislaturperiode in der Deutschlandpolitik zu bewegen versuchen will.«

Bundeskanzler Schmidt, ebenfalls nach der Wiedervereinigung befragt, erklärte am 30. August 1979 im ZDF: »Ich gebrauche dieses Wort nicht so gerne, weil es im Grundgesetz so nicht heißt. Im Grundgesetz, in der Präambel, ist die Rede von der Vollendung der Einheit«. Immerhin meinte Schmidt dann: »Die Deutschen werden eines Tages, das glaube ich schon, in einer vielleicht bisher nicht vorgestellten Form unter ein gemeinsames Dach kommen. Vielleicht ist es ein gemeinsames europäisches Dach.« Denn die Entspannungspolitik sei noch jung: »Da ist noch sehr vieles im Laufe der nächsten Jahrzehnte und Generationen positiv vorstellbar.« Später, nicht mehr als Kanzler, verdeutlichte er: »Von den theoretischen Möglichkeiten, die Deutschen wieder zusammenzubringen, ist die Einheit in einem gemeinsamen deutschen Nationalstaat heute die unwahrscheinlichste Lösung. Eher wahrscheinlich erscheinen Lösungen, welche die Deutschen unter einem viel weiter gespannten Dach zusammenbringen.« (Bundestagsprotokoll vom 10. September 1986)

Schmidts Folgerung, als Vermächtnis an Kohl ausgesprochen in seiner letzten Kanzlerrede vor dem Bundestag am 1. Oktober 1982, lautete: »Der Sinn unserer Deutschlandpolitik, der innerste Kern, ist die Erhaltung der Einheit der Nation ... Deutschlandpolitik muß auch in Zukunft durch die sprichwörtlichen kleinen Schritte dazu helfen, daß Deutsche sich treffen können, daß sie miteinander reden können und daß sie sich praktisch als Angehörige ein und desselben Volkes erleben.«

Bundeskanzler Kohl gab am 27. Februar 1983, wenige Monate nach seiner Wahl zum Kanzler, dem Deutschlandfunk ein langes Interview. Darin sprach auch er nicht von Wiedervereinigung oder Vereinigung, auch nicht von staatlicher Einheit, sondern nur von der Einheit der Nation. Auch aus der Präambel des Grundgesetzes las er lediglich den »Anspruch auf die Einheit der Nation« heraus und überging, daß dort auch der »Willen« bekundet wird, die »staatliche Einheit zu wahren«. Nur an einer Stelle äußerte sich der Kanzler des Jahres 1983 über das, was sonst Wiedervereinigung hieß, es ist eine Schlüsselpassage, die im vollen Wortlaut zitiert werden muß: »Es hat gar keinen Sinn, darum herum zu reden: Was man als deutsche Einheit im Sinne der Wiederherstellung der früheren Verhältnisse betrachtet – ich rede jetzt nicht von der staatsrechtlichen Situation, sondern von der politischen Entwicklung in der Zukunft; natürlich gilt staatsrechtlich der Friedensvertragsvorbehalt, das Urteil des Bundesverfassungsgerichts, das ist alles ganz selbstverständlich; aber ich denke jetzt eben auf eine weitere Zukunft voraus, ich versuche das, soweit man dies tun kann –, so glaube ich nicht, daß man in Ost und West für ein Zusammenfügen der Bundesrepublik und beispielsweise der DDR mit dann weit über achtzig Millionen Einwohnern und der ganzen Wirtschaftskraft viel Sympathie findet. Es hat gar keinen Sinn, darum herum zu reden. Deswegen müssen wir jetzt auf Lösungen sinnen, die den Menschen dienen.«

Kohl respektierte in einer Parenthese zwar die formale Rechtslage, doch politisch dachte er, wie fast alle bis 1989 dachten: Eine nationalstaatliche Vereinigung Deutschlands hat keine Chance, weil nicht nur der Osten sie nicht wünscht, sondern auch der verbündete Westen. So beschränkte sich Kohl auf das vage Ziel, daß »die Deutschen zueinander kommen«, und auch das hielt er nur für möglich als Ergebnis europäischen Zusammenschlusses, und das könne »Generationen dauern«. Kohl erweist sich auch hier als ein überzeugend überzeugter Europäer: Wenn die Europäer bei ihrem nationalstaatlichen Denken blieben, würden sie in der Welt des Jahres 2000 nicht »noch etwas zu bestellen haben«. Nur wenn die »Vereinigten Staaten von Europa« erreichbar würden, sah er eine Chance für die Deutschen. So beschrieb er seine Politik für Deutschland realistisch und vorsichtig: »Alles, was ich tun kann in der mir geschenkten Zeit, in der mir zugemessenen Zeit, ist, einen Beitrag zu leisten, daß Menschen in Deutschland zueinander kommen. Denn die Voraussetzung für die Einheit der Nation ist, daß die Menschen einander kennen, etwas voneinander wissen, daß sie nicht mehr nur die gleiche Sprache sprechen, sondern sich auch die Inhalte der Sprache nicht so verändern, daß sich die Menschen auseinanderleben. Das ist, wenn Sie so wollen, auf einen knappen Nenner gebracht, das Ziel meiner Politik in Deutschland.«

Kohl sprach ebenso unpräzise und setzte sein Ziel ebenso bescheiden wie seine beiden Vorgänger. Alle drei Kanzler beschränkten sich auf das Nächstliegende und Mögliche, alle mieden das Wort »Wiedervereinigung« und zweifelten an der Möglichkeit, einen deutschen Nationalstaat wiederherzustellen. Alle drei begnügten sich mit unbestimmten Andeutungen über eine unerkennbare Zukunft, in der sich die Deutschen hoffentlich »wieder begegnen« (Brandt), in »bisher nicht vorgestellter Form unter ein gemeinsames Dach kommen« (Schmidt) oder »wieder zusammenkommen« (Kohl). Alle drei meinten, auch das werde Jahrzehnte oder Generationen dauern und könne nur gelingen als Ergebnis großer Veränderungen in Europa.

Es kam dann gerade umgekehrt. Der Zusammenbruch der Sowjetunion ermöglichte eine Vereinigung der Deutschen ohne eine europäische Friedensordnung, ohne gesamteuropäische Regelungen, ohne Vereinigte Staaten von Europa. Alle haben sich geirrt, aber Brandt und Kohl haben früher als die meisten die Gelegenheit erkannt, die sich für Deutschland ergab; und Kohl hat als Kanzler die Gelegenheit genutzt, das ist sein Verdienst und wird es bleiben. Die Legende beginnt, wenn Kohl behauptet, er habe vom ersten Tage seines politischen Denkens an die deutsche Einigung angestrebt. Und wenn er behauptet, er habe immer daran geglaubt, »daß die Mauer fällt, daß die Einheit unseres Vaterlandes kommt« (Bundestagsprotokoll vom 12. März 1992).

Doch Kohls Äußerungen sind der Wahrheit noch ziemlich nahe, denn dieser Kanzler war immer nationalbewußt. Die Legenden schießen ins Kraut, seit das Gegenteil dessen, was war, zum Maßstab erhoben wird: Nachdem wir vereinigt sind, zählt nur noch, wer immer an die Vereinigung glaubte und immer dafür tätig war. Die riesige Mehrheit, die weder das eine noch das andere tat, muß sich rechtfertigen und versucht es oft auch. Wenn das so weitergeht, bekommen wir im Westteil Deutschlands bald ein ganzes Volk von entschlossenen Wiedervereinigern, wie wir im Ostteil ein Volk von unerschütterlichen Widerstandskämpfern haben werden.

An einer Stelle hat die Legende schon begonnen, Gestalt anzunehmen; in der Renaissance des Deutschlandpolitikers Adenauer. Immer, so heißt es, habe er auf die Stärke des Westens gesetzt und auf eine künftige Schwäche und Einsicht in Moskau gehofft, und so sei schließlich alles gekommen, wie er es gewollt und vorausgesagt habe: Ganz Deutschland ist nun demokratisch vereint und Mitglied der europäischen wie der atlantischen Gemeinschaft. Hätten wir also, wäre zu fragen, nur konsequent Adenauers Politik fortsetzen müssen? Den Westen stärken und im übrigen die Nerven behalten, bis der Kommunismus samt der DDR zusammenbrach?

Die Gegenfrage lautet: Zwischen Adenauers Erwartung und deren Erfüllung liegen dreißig Jahre – wie wäre Deutschland ohne die Entspannungspolitik von Brandt bis Kohl durch die Zeit gekommen? Wie hätte das Deutschland Ende der achtziger Jahre ausgesehen ohne ein geregeltes, teilweise sogar gutes Verhältnis der Westdeutschen zum Osten? Ohne ein Berlin-Abkommen, mit dem die Inselstadt innerlich überleben konnte? Ohne Anerkennung der Zweistaatlichkeit Deutschlands und eine zunehmende Kooperation zwischen beiden Staaten? Ohne die Wiederherstellung von Verbindungen zwischen den Staatsbürgern – zwischen West- und Ost-Berlin konnte man nicht einmal telefonieren? Ohne die »Durchlöcherung« der Grenzen, die den Deutschen beider Seiten ermöglichte, einander wieder kennenzulernen, bei vielen war es ein erstes Kennenlernen? Schon heute wissen wir nicht, wie und wann wir die innere Einheit der Deutschen zustande bringen – nochmal zwanzig Jahre weiterer Trennung, was hätten wir dann überhaupt noch zum Vereinigen? Und schließlich: Hätte Gorbatschow ganz Deutschland in die Nato entlassen können, wenn Moskau nicht schon zwanzig Jahre lang ein überzeugend »friedliebendes« Westdeutschland kennengelernt hätte?

Natürlich sind das rhetorische Fragen. Kein sachverständiger Politiker oder Betrachter meint noch, Brandts Ostpolitik sei vermeidbar gewesen, und Kohl hat sie dann auch getreulich fortgesetzt. Aber wenn diese Politik nötig war für die Einheit der Nation und dann auch für die Vereinigung der Staaten, dann darf man Adenauer nicht als den Einheitskanzler feiern. Denn er hat diese Politik zwar teilweise vorausgedacht, aber nicht den Mut gehabt, sie zu beginnen.

Doch seit der Vereinigung weht ein neuer Zeitgeist. Er hat die Legende vom Wiedervereiniger Adenauer ins Leben gerufen; er will glauben machen, alle aufrechten deutschen Politiker hätten nur auf die Vereinigung hingearbeitet; er bagatellisiert die DDR zum Saisonstaat und behauptet, in der ganzen Teilungszeit habe Kalter Krieg geherrscht. All das paßt zusammen und fügt sich zu einer großen Legende zusammen: Ende der vierziger Jahre wurde die Weltordnung gestört, und 1990 wurde sie wiederhergestellt. Was dazwischen lag, war eine böse Abirrung von der Normalität, aber die Staatsmänner der alten Bundesrepublik haben die Nicht-Normalität nach Kräften bekämpft und am Ende den Sieg davongetragen.

Es ist der klassische Fall einer Geschichtsbetrachtung ex eventu. Vom Ausgang her werden die Ereignisse so zurechtgerückt, daß sie allesamt zum Ausgang hinführen. Was dabei stört, wird an den Rand gedrängt oder umgedeutet. So gerieten die Entspannungspolitiker sämtlich auf die Anklagebank, selbst Helmut Kohl muß sich verteidigen, weil er früher getan hat, was früher allein möglich war. Es scheint, als entstünden auch hier schon Legenden: Ohne die Milliardenkredite von Kohl und Strauß wäre die DDR bereits Anfang der Achtziger zusammengebrochen – als ob ein Klientelstaat Moskaus zusammenbrechen konnte, bevor Moskau ihn zusammenbrechen ließ. In ihrer milderen Form lautet die Legende, die ständigen Zahlungen an die DDR, die Einladung Honeckers und das Ideologie-Papier zwischen SPD und SED hätten das Regime unnötig gestärkt – als ob nicht die gesamte Politik zwischen Bonn und Ost-Berlin ein Geben und Nehmen gewesen wäre, keiner bekam etwas umsonst. Bonn mußte mit D-Mark und Ehrenbezeigungen zahlen, Ost-Berlin mußte die DDR nach Westen öffnen. Im Jahr des Honekker-Besuchs 1987 verzwanzigfachten sich, verglichen mit 1985, die Westreisen von DDR-Bürgern, die noch nicht Rentner waren. Fraglich bei dieser Art von Interessenausgleich war nur, wer auf längere Sicht mehr gewann. Vielleicht sollte man das Urteil einem engagierten Kenner überlassen, dem sowjetischen Diplomaten Julij Kwizinskij: Der erfand in seinen Erinnerungen

Vor dem Sturm das Bild vom »goldenen Angelhaken«, an dem die DDR hing und »von dem sie dann nicht mehr loskam«.

Aber wenn von Moskaus Sorgen wegen Honecker die Rede ist, dann hört man nur vom sturen Widerstand des SED-Patriarchen gegen Glasnost und Perestroika; beinahe niemand spricht von dem Dauerkonflikt, in dem Honecker mit dem Kreml lebte, weil er sich hemmungslos in der Bundesrepublik verschuldete und die DDR der Bundesrepublik annäherte. Eben das hatte Breschnew ihm schon 1970 ausdrücklich verboten; auch später versuchte Moskau, Honecker zu bremsen und warnte ihn, sich in Abhängigkeit von Bonn zu begeben – vergeblich. Doch das ist heute kein Thema, denn daß Honecker – aus welchen Gründen auch immer – der deutschen Vereinigung zugearbeitet hat, paßt nicht ins Bild.

Legenden, besonders die Legenden vermeintlicher Sieger, blockieren die Fragen der Historiker. War die deutsche Vereinigung so zwangsläufig, wie heute allgemein angenommen wird? Beim Versuch einer Antwort kollidieren zwei Überlegungen. Die erste besteht in dem Zweifel, ob die Deutschen noch ein halbes Jahrhundert Teilung, Trennung und Entfremdung als Nation überstanden hätten. Andererseits reichte die Kraft der Sowjetunion offenkundig nicht aus, ihr mitteleuropäisches Imperium und damit auch die DDR noch ein halbes Jahrhundert zu bewahren. Die Folgerung aus beidem wäre, daß wir die Vereinigung weniger der deutschen Stärke verdanken als der sowjetischen Schwäche.

Aber Legenden entstanden nicht nur im Westen, sondern auch im Osten Deutschlands. Es wäre ein Wunder, wenn es nicht so wäre. Die Westdeutschen spüren zwar allmählich die Folgen der Vereinigung, doch es geht nicht an ihre Existenz; für die Ostdeutschen aber hat sich, wie eine thüringische Politikerin sagte, alles geändert außer der Uhrzeit und den Jahreszeiten. Für den Normalbürger, der die DDR weniger getragen als ertragen hat, ergaben sich viele Vorteile, die viele Nachteile ausgleichen können oder sogar überwiegen. Doch für alle, die dem Staat innerlich oder äußerlich verbunden waren, bedeutete 1989/90 mehr als eine »Wende«, es war das Ende ihrer Hoffnungen, ihrer sozialen Positionen und Lebensaussichten. Es war die Infragestellung alles dessen, was sie bis dahin geglaubt, gesagt und getan hatten. In solcher Lage müssen Rechtfertigungslegenden entstehen.

Die erste lautet: Der Anfang der DDR war gut, er kam aus dem Geist des Antifaschismus, Humanismus und Sozialismus im besten Sinne des Wortes. Aber irgendwann wurden die Weichen falsch gestellt, das Gefährt DDR geriet aufs falsche Gleis. Und man fragt sich, wann man es hätte zurücklenken können auf eine demokratisch-sozialistische Bahn. 1953 mit Herrnstadt und Zaisser? 1956/57 mit Schirdewan und Wollweber? Nach 1961 im Schutze der Mauer? Nach 1972 in der Sicherheit der internationalen Anerkennung der DDR? 1985 mit Gorbatschow im Rücken?

Doch das ist alles Theorie. Bis zu Gorbatschow war eine wirkliche Wandlung zu einem demokratischen Sozialismus nicht möglich, die Erinnerung an Prag 1968 und an Polen 1981 genügt. Im Grenzland zur NATO, in der durch die Bundesrepublik national bedrohten DDR, haben die herrschenden

Moskauer und die besorgten Verbündeten noch ängstlicher darauf geachtet, daß nicht Demokratie den demokratischen Zentralismus gefährdete.

Wäre mit Gorbatschow ein Modrow oder Gysi in die SED-Führung gelangt – vermutlich wären nicht so viele Leute davongelaufen, Ost-Berlin hätte eine stärkere Verhandlungsposition gegenüber Bonn gehabt, und die DDR wäre nicht so würdelos untergegangen. Aber untergegangen wäre sie. Ein Blick auf ihre Nachbarländer in gleicher Lage zeigt: Keinem Reformkommunisten ist eine Reform des Kommunismus gelungen, weder Jaruzelski und Rakowski noch Pozsgay und Németh, und Gorbatschow schließlich auch nicht. Sie alle haben praktische Erleichterungen und Verbesserungen durchgesetzt, aber das System haben sie nicht funktionsfähig gemacht, sondern langsam, ohne es zu wollen, demontiert. Alle endeten, wo sie nicht enden wollten, bei der kapitalistischen Marktwirtschaft und der parlamentarischen Demokratie. Wie und warum hätte es in der DDR anders ausgehen sollen, zumal in der unmittelbaren Nachbarschaft zur Bundesrepublik?

Eine zweite Version dieser Legende besagt, der Kalte Krieg, der ständige westdeutsche Druck auf die DDR habe sie zu ständiger Verteidigung gezwungen und den Sozialismus deformiert. Daran ist richtig, daß der Kalte Bürgerkrieg zwischen den deutschen Staaten die Großmächte-Teilung Deutschlands noch erheblich verschlimmert hat. Wer diese Zeit auf der Westseite erlebt hat, behält trübe Erinnerungen, wie die Demokratie in der Bundesrepublik damals litt: Durch agitatorische Dämonisierung des Kommunismus und die Angst vor ihm; durch Überantwortung dessen, was die Politik zu leisten hatte, an Polizei, Staatsanwaltschaft und Verfassungsgericht; durch beschämenden Mangel an demokratischem Selbstbewußtsein und Toleranz. In der DDR, einem Staat, der seiner Bürger nicht sicher war, sie teilweise sogar zu Gegnern hatte, müssen der permanente Kampf und die Furcht vor dem Feind noch stärker gewirkt haben, nicht zuletzt deshalb, weil der Feind nicht nur drohte, sondern auch lockte. Man braucht nur alte Ulbricht-Reden zu lesen, um zu wissen, daß nicht ein »Blitzkrieg« der Bundeswehr als Hauptgefahr empfunden wurde, sondern die »Aggression auf Filzlatschen«. Da entwickelte sich – trotz aller ideologischen Selbst- und Zukunftsgewißheit – ein Festungsdenken, nicht nur in der DDR, sondern im ganzen Osten.

Aber damit ist weder erklärt noch entschuldigt, daß die DDR von ihrer Entstehung an ein diktatorischer Staat war, dessen demokratische Verfassung nie die Wirklichkeit wiedergab. Die SED ist durch Manipulation, Gewalt und Rückhalt an der Besatzungsmacht zur regierenden Partei geworden und hat ihre Herrschaft durch ein leninistisches Gottesgnadentum gerechtfertigt, nie sich aber dem Volk zur Entscheidung gestellt. Wer die Diktatur in der DDR weitgehend auf den Kalten Krieg zurückführt, der verschiebt die Proportionen in unvertretbarem Maß.

Das gleiche gilt für die fast zum Glaubensbekenntnis gewordene Überzeugung, Adenauer sei es gewesen, der Deutschland gespalten hat. Viele Ostdeutsche meinen das bis heute. Das gleiche ist Adenauer bekanntlich auch in der Bundesrepublik vorgeworfen worden; durch die ganzen fünfziger Jahre ging der Kampf um »Wiedervereinigung oder Westintegration«; und der Streit, ob und was 1952 bei den Stalin-Noten verpaßt wurde, hat nie aufgehört. Aber wer Adenauer verurteilt, muß wenigstens seine Motive kennen. Mancher PDS-Mann würde sich in dem Alten wiederfinden, wenn er wüßte, daß die Angst vor neuem deutschem Größenwahn, vor Militarismus und Expansionslust einer der Hauptbeweggründe war. Adenauer wollte Tatsachen schaffen, die kein Nachfolger mehr beseitigen könnte; in »fest vorgezeichneten Bahnen« sollten sie gehen müssen, um nicht wieder in deutschnationale Abenteuer zu geraten.

Aber auch wer Adenauer ein Höchstmaß an Schuld für die deutsche Teilung gibt – die Schuld der SED wird damit nicht geringer. Sie hat »Deutsche an einen Tisch« gerufen, aber immer den Rückzug angetreten, wenn die Westdeutschen sich dem Tisch näherten. Sie hat eine deutsche Konföderation propagiert, aber die Verbindungen zwischen den Deutschen zerschnitten, eine nach der anderen, von den Telefonkabeln bis zu den Besuchsmöglichkeiten. Sie hat sich auf Entspannung nur eingelassen, indem sie »Abgrenzung« zur Bundesrepublik als Notwendigkeit proklamierte. Und schließlich: War der Mauerbau ein Schritt zur deutschen Einheit oder zur Erhaltung des Teilstaats DDR? Honecker hat in Moabit die Antwort gegeben: Die Mauer nicht zu bauen, hätte bedeutet, die DDR schon 1961 aufzugeben.

Auch die Westdeutschen haben an der Mauer mitgebaut, durch Ostangst, Egoismus und Gleichgültigkeit gegenüber dem Schicksal ihrer Landsleute. Die Verantwortung Bonns für die Spaltung wie für die Vertiefung der Spaltung bleibt ein Thema, das historischer Untersuchung dringend bedarf – aber sie taugt nicht als Stoff für eine Entlastungslegende der SED.

Noch eine weitere Variante ähnlicher Art kann sich zur Legende entwikkeln. Was einst die größte DDR aller Zeiten war, wird dabei ganz klein, ein winziger Staat, über den Moskau alles bestimmte. In den ersten Jahren war das wirklich so, am 17. Juni wurde das ganze Politbüro ins Vorzimmer von Semjonow zitiert, und Ulbricht hatte zu warten, was Moskau beschloß. Aber schon der Mauerbau läßt sich nicht damit begründen, daß der Warschauer Pakt ihn beschlossen habe. Man weiß schließlich, wie unwillig die Verbündeten der DDR zustimmten, weil ihnen klar war, daß der ganze Ost-Sozialismus damit blamiert würde. Und obwohl Chruschtschow persönlich die Verantwortung übernahm, gab er zu, daß Ulbricht ihn dazu gedrängt hat.

Im Laufe der Jahrzehnte hat sich das Verhältnis zwischen Moskau und Ost-Berlin stark verändert. Ulbricht wie Honecker reagierten auf die Herrschaft Moskaus über ihren Staat, wie die Regenten abhängiger Staaten meist reagieren: Sie versuchten, sich mehr Spielraum zu schaffen und selbständiger zu werden. Die Ostdeutschen hatten davon Vor- und Nachteile; allzu massive Ansprüche der Sowjetunion, besonders wirtschaftliche, wurden abgewehrt; aber Systemlockerungen, wie Chruschtschow und Gorbatschow sie einführten, wurden ferngehalten. Wie fast alle Oststaaten hat auch die DDR sich allmählich und in bestimmten Grenzen von Moskau emanzipiert; für den immer weiter gewachsenen Bereich, in dem Ost-Berlin entscheiden konnte und entschied, trägt es die Verantwortung. Der Kreml taugt als Alibi nur für manches.

Beachtenswert erscheint schließlich eine prinzipielle Begründung, weshalb die DDR historisch nötig gewesen sei. Einmal, so meinen sogar einige Linke in der alten Bundesrepublik, mußte das große Experiment, ob Sozialismus möglich ist, gemacht werden. Der Versuch sei gescheitert, aber auch sein Scheitern gebe eine Lehre von allgemeiner Bedeutung. Das nächste Mal müsse dann ein anderer Weg eingeschlagen werden, um das Menschheitsideal zu erreichen.

Doch das Experiment war in Wahrheit keines, denn die Grenzen dessen, was Sozialismus sei, wurden in Moskau gezogen; sie lagen genau dort, wo die Machtfrage begann. Den deutschen Sozialisten und Kommunisten fehlte daher die Voraussetzung jeden Experiments: die Freiheit zu experimentieren. Der entscheidende Einwand ist ebenfalls prinzipieller Art: Was ist das für ein Weltbild, einen Staat als Experiment und dessen Bürger als Versuchskaninchen zu betrachten? Die Vorstellung, die Menschen zu ihrem Glück zwingen zu dürfen oder gar zu müssen, entspringt einer Anmaßung, die unmenschlich ist – weder human noch humanistisch noch sozialistisch, sondern totalitär.

Aber auch die Gegner der SED sind in Gefahr, Legenden zu schaffen. Wenn man manchem Bürgerrechtler aus der DDR glauben will, bekommt man ein schematisches Bild der Ostdeutschen: Hier die Widerständler, dort die Anpasser, hier die Oppositionellen, dort die Opportunisten und Karrieristen. Die Wirklichkeit war anders, mit Dafür und Dagegen erfaßte man sie schon vor dreißig Jahren nicht; und je länger die DDR dauerte, desto weniger.

Dieses allzu einfache Bild fördert die Legendenbildung, weil es der einfachen Vorstellung vieler Westdeutscher entspricht, die wenig von der DDR wissen und in den letzten Jahren vor allem von dem großen Kraken Stasi hörten. Doch eine Legende entsteht auch, weil hier die Opposition unversehens zum Maßstab wird – und der ist falsch. Er ist falsch nicht deshalb, weil die Opposition falsch war, sondern weil sie immer die Ausnahme war. Diese Ausnahme, repräsentiert von einer kleinen mutigen Minderheit, verdient höchsten Respekt, aber ihre Haltung zur Norm erheben hieße, 99 Prozent der DDR-Bürger als normwidrig betrachten. Die Ostdeutschen würden zu einem Volk von moralischen Schwächlingen, und es gibt beiderseits der Elbe selbstgerechte Fanatiker, die das behaupten. Zur Kollektivschuld ist es dann nur noch ein Schritt.

Natürlich wäre es ebenso falsch, Grundsatzlosigkeit zur Norm zu erklären, denn dabei würden die Bürgerrechtler zu Sektierern, was die meisten nicht waren. Außerdem erschiene es dann schon völlig gleich, ob jemand seinerzeit Ja oder Nein gesagt hat, als die Stasi ihn lockte oder bedrohte. Und das war nicht gleich. Aber die Geschichte der DDR als die Geschichte ihrer Helden zu schreiben, wäre ebenso irreführend wie das alte SED-Gemälde, auf dem das »Volk der DDR« kühn und geschlossen die lichten Höhe des Sozialismus ersteigt.

Die Legende der Opposition erscheint mächtiger als die Legenden der DDR-Nostalgiker, weil sie demokratisch-moralisch ist. Nirgendwo ist der Streit so bitter wie beim Kampf um die Verteidigung der persönlichen Vergangenheit. Die Bürgerrechtler, nicht alle, erscheinen immer verzweifelter und daher böser, weil sie sich jetzt fast ebenso an den Rand gedrängt sehen, wie sie es in der DDR waren; auch ein Sitz im Bundestag ändert daran wenig. Die anderen wiederum fühlen sich dauernd zur Rechtfertigung genötigt, warum sie nicht offen Widerstand geleistet haben. Am schlimmsten steht es zwischen den gegangenen und den gebliebenen Schriftstellern; wo jeder glaubt, sein Leben verteidigen zu müssen, zerbrechen die ältesten Freundschaften. Enttäuschung, Schuldgefühle und Feindschaften lassen unendlich viele persönliche Legenden sprießen, denen gemeinsam ist, daß sie zu existenzsichernden Wahrheiten werden. Da die verschiedenen Wahrheiten einander ausschließen, gibt es keine Verständigung mehr.

Die Legenden im Osten und die Legenden im Westen unterscheiden sich, weil sie unterschiedlichen Bedürfnissen entspringen; doch manche entsprechen sich, wenn man näher hinsieht. Sie sind mit- und gegeneinander entstanden.

Hier der Stasi-Staat, wo jedermann Tag und Nacht unter Kontrolle und in Gefahr für Freiheit und Leben stand – dort der Fürsorgestaat, wo jeder bescheiden, aber auskömmlich lebte und seiner Arbeit und Zukunft sicher war. Hier die Diktatur, die nichts anderes tat, als die Menschen zu unterdrücken, dort das Menschheitsexperiment, das nur leider schiefgegangen ist. Hier die Wiederherstellung der Weltordnung, dort die Rettung der Utopie. Hier die Erfüllung deutscher Politik durch Wiedervereinigung, dort die Verteidigung eines Lebens, das nicht sinnlos werden soll. Hier Adenauer, der Vater der Wiedervereinigung, dort Adenauer, der Spalter Deutschlands. Hier die Bundesrepublik ohne Fehl und Tadel, dort der Unrechtsstaat DDR. Und schließlich die Wurzel aller Legenden: Hier die Gewinner und dort die Gescheiterten. Wir müssen, so scheint es, auch auf unsere Legenden achten, wenn es uns mit der Vereinigung der Deutschen ernst ist.

Ansichten zur Außenpolitik

Ein Lektürebericht

Von Jörg Lau

Diesem ehemaligen Offizier bin ich schon einmal in anderem Zusammenhang begegnet. Vielleicht, ich weiß es nicht mehr so genau, habe ich sogar einmal bei einer dieser großen Demonstrationen damals einen seiner zahlreichen Auftritte beklatscht. Alfred Mechtersheimer war seinerzeit sehr begehrt. Als Überläufer war er für uns besonders wertvoll – er hatte an der Hochschule der Bundeswehr in München unterrichtet und war wegen seiner Kritik der NATO-Nachrüstungspläne aus der CSU ausgeschlossen worden. Es war die hohe Zeit der Friedensbewegung, es ging darum, die Stationierung von Cruise Missiles und Pershing-II-Raketen in der Folge des NATO-Doppelbeschlusses zu verhindern. Die apokalyptischen Ängste, die damals die rationalen Motive der Friedensbewegten überschwemmten und Hunderttausende zu Massendemos wie der im Bonner Hofgarten trieben, kommen vielen Beteiligten heute schon wie ein wenig peinliche Regungen aus einem anderen Leben vor.

In Alfred Mechtersheimers neuem Buch *Friedensmacht Deutschland* kann man einem tragenden Motiv aus jenen meist glücklich vergessenen Tagen wiederbegegnen – der Feind steht immer noch im Westen: »Der Gewaltbereitschaft nach außen«, heißt es im Kapitel über »Das Negativmodell USA«, »entspricht die Gewalt im Innern und die Impertinenz gegen Mensch und Umwelt. Die USA sind … bei fast allen Übeln Rekordhalter oder nehmen einen der Spitzenplätze unter den Industrienationen ein: bei Mord, Drogensucht, Todesstrafe, Umweltzerstörung, Energieverschwendung, Obdachlosigkeit, bei Einkommensunterschieden, Säuglingssterblichkeit, Jugendgewalt, Vergewaltigungen, Militärausgaben, Rüstungsexport, Waffenbesitz und fehlender Entwicklungshilfe.« Mechtersheimer hat sich das Ressentiment gegen die USA in reiner, geradezu kristalliner Form erhalten. Nicht genug damit, daß die Amerikaner wie die Weltmeister ihre Frauen vergewaltigen: »Außerdem ergießen sich über alle Kulturen und Völker die Produkte der US-Kultur, die oft noch zerstörerischer sind als die Auswirkungen der amerikanischen Interventionspolitik … Entamerikanisierung der Welt, nicht nur in der internationalen Politik, wäre ein Rettungsprogramm.«[1]

Der Antiamerikanismus, Ulrich Raulff hat darauf aufmerksam gemacht, ist heute eine Integrationsfigur, die neue und überraschende Allianzen schafft. Mechtersheimer hat durch ihn schon neue Freunde gefunden – bei der sogenannten Neuen Rechten, die sich die politische und kulturelle Westbindung Deutschlands als Kampffeld auserkoren hat. So wie seinerzeit bei den Friedenskundgebungen nie versäumt wurde, Mechtersheimers CSU-Ausschluß zu erwähnen, pochen heute die jungen Rechten stolz darauf, mit ihm einen »ehemaligen Bundestagsabgeordneten der Grünen« an Land gezogen zu haben. Karlheinz Weißmann zitiert in seinem Pamphlet *Rückruf in die Geschichte* zustimmend Mechtersheimers Satz von der Notwendigkeit einer »nationalen Revolution«, die als »geistige Revolte von unten« beginnen müsse. Mehr als diese Andeutungen mag er über die kommende

[1] Alfred Mechtersheimer, *Friedensmacht Deutschland. Plädoyer für einen neuen Patriotismus.* Frankfurt: Ullstein 1993.

Revolution noch nicht verraten. Es lohnt sich, zur Quelle der Parole zurückzugehen: Der »neue Patriotismus«, heißt es bei Mechtersheimer, »steht dem staatlichen Herrschaftsanspruch entgegen. Der neue Patriotismus steht zum Staat insofern in Konkurrenz, als er zu einem Umbruch, zu einer Erneuerung führen soll, die sich vor allem gegen die handlungsunfähigen Regierungen richtet. Der Patriotismus soll die Solidarität schaffen, die von der Politik zerstört wurde, er soll dem Egoismus und der Individualisierung der Gesellschaft entgegenwirken, wozu der Staat, ohne totalitär zu werden, nicht fähig ist. Neue Normen ... müssen sich gegen die erstarrten Strukturen durchsetzen. Deshalb soll dieser Patriotismus verstanden werden als eine geistige Revolte von unten.«

Was aber sollte wohl der Inhalt eines solchen Patriotismus sein, wenn Staat und Gesellschaft mit ihren »erstarrten Strukturen« nicht in Frage kommen? Man ahnt schon, was dieser gar nicht so neuen Gesinnung am Ende übrigbleibt: der alte deutsche »Protestbegriff Volk« (Helmuth Plessner), der sich im letzten Jahrhundert als Kampfbegriff gegen den Universalismus der politischen Kultur des Westens herausgebildet hat. Was Staat und Gesellschaft vermissen lassen, soll nach Mechtersheimer wieder einmal »von unten« her wachsen. Die den Deutschen fehlende Möglichkeit, schrieb Helmuth Plessner in *Die verspätete Nation,* ihr Schicksal wie Engländer, Franzosen und Amerikaner »im Bilde eines Auftrags, einer Stellvertretung zu sehen, d. h. es nach einer Idee von Staat und Verfassung zu deuten, machte zum Ausgleich die Idee des Volkes, die staats- und verfassungspolitisch noch unbelastete Idee eines organischen Grundes für mögliche politische Formen zur politischen Idee ... In der Stunde der Ratlosigkeit konnte ihre gemüthafte Tiefe Energien wecken, die nur das entsiegelnde Wort brauchen, um eine Revolution zu entfachen.«

Mit dem Protestpatriotismus, der sich nicht nur gegen den Westen, sondern im Krisenfall auch gegen die Institutionen des eigenen Staates wendet und sich als Antidot zur zersetzenden Kraft »der Gesellschaft« empfiehlt, haben die Deutschen nach 1934, als Plessners Buch entstand, nur die schlechtesten Erfahrungen gemacht. Eben weil diese Erfahrungen aber nun einmal gemacht worden sind, braucht man das Geraune von der bevorstehenden »nationalen Revolution« auch nicht besonders ernst zu nehmen.

Der neue antiwestliche Protestpatriotismus fühlt sich durch die veränderte »geopolitische Lage« des neuen Deutschland ermutigt. Mechtersheimer begrüßt mit Genugtuung Deutschlands »Chance, einigen transatlantischen Ballast abzuwerfen und seinen Platz in der Mitte Europas zu finden.« Denn »Deutschland hat sich von EG-Europa nach Zentraleuropa bewegt. Vielleicht erscheint dies später einmal wie der Zerfall der versuchten Neuauflage des Karolingerreichs in einen west- und einen ostfränkischen Teil. Schon vor 1200 Jahren waren die Sachsen keine Westler. Die Bundesrepublik ist nicht nach Osten gerückt, sondern in die Mitte Europas; das bisherige Zentrum von EG-Europa dagegen liegt am Rande des Kontinents.« Diese Bestimmung der geopolitischen Lage krankt an der typischen Wahrnehmungsstörung der deutschen Provinz, die sich auf ihre öde Abgeschiedenheit auch noch allerhand einbildet: Sachsen als vom Westen nicht infizierte Mitte Europas (oder wenigstens des neuen »Ostfrankens«) – Paris, Brüssel, London zu Punkten am Horizont zusammengeschnurrt.

Was an diesem Provinzialismus besonders unangenehm aufstößt, ist der präpotente Ton, mit dem er seinen Platz an der Sonne einfordert. Mechtersheimer: »Wollte man für eine europäische Vormacht den günstigsten Standort bestimmen, er wäre dort zu plazieren, wo Deutschland liegt. Hier wird das europäische Gravitationszentrum entstehen, das aus allen Richtungen Energien anzieht und auf ganz Europa ausstrahlt ... Die Führungsrolle in Europa ist keine deutsche Anmaßung, sondern die Folge vorgegebener Kräftekonstellationen. Genauso verfügt Berlin über die besten Voraussetzungen, um innerhalb der großen Metropolen des Kontinents die Funktion einer informellen Hauptstadt Gesamteuropas übernehmen zu können, vor allem dann, wenn sie in einigen Jahren inmitten der modernsten Produktionsstätten der Welt liegen wird.«

Braucht man nicht vielleicht außer dem Segen der Geographie auch ein wenig Sympathie, um ohne Anwendung von Gewalt (Friedensmacht Deutschland!) »informelle Hauptstadt Gesamteuropas« zu werden? Und überhaupt: Wann war Alfred Mechtersheimer zuletzt in Berlin? Die Völker, sagt Helmuth Plessner, werben durch ihre Faulheiten, nicht durch ihren Fleiß. Mechtersheimer sieht das gerade umgekehrt, wie es schlechte deutsche Tradition ist: Wenn wir erst den Aufschwung Ost geschafft haben, dann werden sie uns endlich lieben *müssen*! Daß ein quasi natürliches, weil geopolitisches »Anrecht« auf einen Platz an der Sonne für die anderen kein Argument ist, sieht er nicht.

Den Antiamerikanismus zu kritisieren, der Mechtersheimers Koalition mit den jungen Rechten begründet, bedeutet nicht, im Gegenzug jedes Manöver der amerikanischen Interventionspolitik gutzuheißen. Man muß auf dieser Platitüde bestehen, weil zur Zeit des Golfkrieges oft auch rationale Kritik am Unternehmen »Wüstensturm« unter dem Generalverdacht antiamerikanischen Ressentiments vom Tisch gewischt wurde. Das Schlimme ist allerdings, daß ein solches Ressentiment bei weiten Teilen der Golfkriegsgegner tatsächlich ein Hauptmotiv darstellte, ganz wie schon damals bei uns, als wir Alfred Mechtersheimer auf unseren Demos feierten. Dan Diner hat diese Haltung eindringlich beschrieben. An der Amerikakritik, die sich verdeckt in Sprüchen wie »Kein Blut für Öl« äußerte, fiel ihm ein »offenkundiges Ressentiment auf, das sich vor allem an Phänomenen der Tauschgesellschaft, des Handels und des Geldes, kurz: der Zirkulationssphäre entzündet. Es sind Bilder und Metaphern, die über Entwurzelung, Entfremdung und die globalisierte Macht des Pekuniären Klage führen, Topoi also, wie sie in der antisemitischen europäischen Tradition gemeinhin mit Juden in Verbindung gebracht werden ... Die vornehmlich den Amerikanern zugeschriebenen Zirkulationsmetaphern legen jedenfalls den Eindruck nahe, es handele sich beim europäischen und vor allem deutschen Antiamerikanismus um so etwas wie einen verstellten Antisemitismus.«[2]

Dem Antisemitismus in der politisch korrekten Maske der Amerikakritik kann man zur Zeit vor allem auf der äußeren Rechten begegnen. Der Politikwissenschaftler Hans-Helmuth Knütter stellt für den von Rainer Zitelmann, Karlheinz Weißmann und Michael Großheim herausgegebenen Band *Westbindung*[3] die »Deutschfeindlichkeit im westlichen Ausland«, so der Titel seines Aufsatzes, als Effekt eines manipulativen Medienkartells dar, hinter dem sich handfeste politisch-ökonomische Interessen verbergen. »Eine Umfrage von 1958 stellte fest, daß Hunderte junger Amerikaner zwischen 14 und 19 Jahren mit dem Worte deutsch die Begriffe Nazis – Krieg – Konzentrationslager – Verfolgung – Hitler verbinden.« Wie die jungen Leute bloß auf solche haarsträubenden Assoziationen kommen? Knütter muß sich schon sehr wundern, aber er zaubert auch gleich eine Erklärung herbei: Schuld sind »die alten Kriegs- und Anti-Nazifilme, die das Fernsehen verwertet«. Hollywood steckt also dahinter; und man weiß ja, wer hinter Hollywood steckt. Die amerikanische Kulturindustrie macht keinen Unterschied zwischen Deutschen und Natio-

---

2 Dan Diner, *Der Krieg der Erinnerungen und die Ordnung der Welt.* Berlin: Rotbuch 1991.

3 Rainer Zitelmann / Karlheinz Weißmann / Michael Großheim (Hrsg.), *Westbindung. Chancen und Risiken für Deutschland.* Frankfurt: Ullstein 1993.

Zum Thema …

Liberalismus

«Die liberale Kultur liebt die morbide Vorstellung, daß sie dem Untergang geweiht ist.» Während totalitäre Staaten stets Optimismus verbreiten und bedenkenlos eine verheißungsvolle Zukunft beschwören, sehen sich Demokratien unter einer ständigen Bedrohung, die ihre Vernichtung im Schilde führt. Oder ist eine äußere Gefahr sogar notwendig für das innere Funktionieren? In beeindruckender Weise hat Jean-Christophe Rufin die Demokratien unseres Jahrhunderts in Zeiten ihrer Krisen analysiert und zeigt, wie sich die liberale Kultur unter dem ständigen Druck ihrer ‹Feinde› entfaltet.

Jean-Christophe Rufin
Die Diktatur des
Liberalismus
Deutsch von Hainer Kober
272 Seiten. Klappenbr.
DM 34,–/öS 265,–/sFr 34,–

Jean-Christophe Rufin

Foto: John Foley

Grenzen des Lebens

Abtreibung und Euthanasie beruhen auf Entscheidungen. Die weltweit heftig geführte Diskussion über Unantastbarkeit und Kreativität des Lebens, über die biologische und menschliche Schöpfung

und über den Tod, der doch mit dem Leben zu tun hat, hat Ronald Dworkin in dieser aktuellen, kompetenten und sachlichen Darstellung zusammengefaßt.

Ronald Dworkin
Die Grenzen des Lebens
Abtreibung, Euthanasie u.
persönliche Freiheit
Deutsch von S. Höbel,
C. Holfelder-von der Tann,
W. Schmaltz und
M. Überle-Pfaff
384 Seiten. Gebunden.
DM 48,–/öS 375,–/sFr 48,–

Rowohlt

nalsozialisten, schimpft Knütter, und im Eifer des Gefechts entgleitet ihm selber die Unterscheidung: »antifaschistisch« und »antideutsch« werden von ihm als Synonyme behandelt. In den verdrucksten Formulierungen seines Resümees kann man die Anstrengung spüren, das Ressentiment unter der Oberfläche zu halten: »Die politische Manipulation ... muß bekämpft werden. Jene Interessenvertreter zu entlarven, denen es darum geht, das Deutschenbild in manipulativer Absicht zu benutzen, um finanzielle Leistungen oder politisches Verhalten mit dem Mittel des psychischen Drucks und des erpresserischen Hinweises auf die deutsche Vergangenheit zu erlangen, ist eine wichtige aufklärerische Aufgabe von Wissenschaft, politischer Bildung und Publizistik.« Knütter begnügt sich mit koketten Andeutungen über »jene Interessenvertreter«. Seltsam nur: sie laufen zufällig alle auf die bekannte Hollywood-Juden-Connection hinaus.

Leute wie Knütter, die den schweren Säbel gegen den Westen schwenken, sind in den hinteren Stellungen der neurechten Truppe geduldet; vorneweg wird mit feineren Waffen gefochten. Karlheinz Weißmann, der die neue Rechte in der FAZ (22. April 1994) selber vollmundig als »das erste Meinungslager des wiedervereinigten Deutschland« vorstellte, ficht mit dem Florett der alten rechten Parlamentarismuskritik, einem Erbstück aus den zwanziger/dreißiger Jahren, der letzten heroischen Phase des deutschen Kampfes gegen den Westen.

»Wenn sich die Nation Rechenschaft ablegte über ihren Lebenslauf in diesem Jahrhundert, dann würde deutlich, daß sie – und sie allein – jede Form politischer Verfassung durchlaufen hat, die die Neuzeit bereithält: die moderne Variante der traditionellen Monarchie, die absolute Diktatur von rechts, die absolute Diktatur von links und die parlamentarische Demokratie. Es müßte eigentlich denkbar sein, aus dieser besonderen Erfahrung Konsequenzen zu ziehen und eine politische Ordnung zu schaffen, die den Anforderungen des kommenden Jahrhunderts genügt.« Das sind die Schlußsätze von Weißmanns Buch *Rückruf in die Geschichte.*[4] Man sollte sich auf der Zunge zergehen lassen, wie hier die parlamentarische Demokratie als ein bloßes Durchgangsstadium behandelt wird; bloß so eine Phase der deutschen Seele auf dem Weg zu sich selbst, wie Wilhelminismus, Nationalsozialismus und Realsozialismus. Und dieser Relativismus, der die deutsche Geschichte dieses Jahrhunderts mit der Planierraupe der »historischen Schau« traktiert, kommt auch noch im Namen des Geschichtsbewußtseins daher. Weißmann schreibt orakelnd, noch sei nicht »die Zeit der Programme«: »Allem anderen müßte die Selbstverständigung der Deutschen vorausgehen.« An anderer Stelle ist aber schon von einer wünschenswerten »Um- und Neugründung des deutschen Staates« die Rede. Eine »Neugründung«, die nach Weißmanns Geschmack den Liberalismus und die parlamentarische Demokratie überwindet, wie sähe sie wohl aus? Man erfährt es naturgemäß nicht. Noch ist nicht die Zeit der Programme.

Solche Programme, wen sollten sie wohl interessieren außerhalb jener Zirkel ängstlicher junger Männer von der neuen Rechten, die gerne als zornig gelten möchten? Wo sie von der »Gesellschaft« sprechen, häufen sich Metaphern von Zerfall, Dekadenz und Anomie. Immer noch verspricht allein der Staat Form, Ordnung, Sicherheit, Schönheit. Man fühlt sich beim Lesen wie mit einer Zeitmaschine in die Männerphantasien des Wilhelminismus zurückversetzt. Das Erstaunlichste daran ist, daß man es hier mit jungen Bundesrepublikanern zu tun hat, die an der Bundesrepublik so rein gar nichts verteidigenswert finden. Der Historiker Hagen Schulze hat die politi-

4 Karlheinz Weißmann, *Rückruf in die Geschichte. Die deutsche Herausforderung.* Frankfurt: Ullstein 1993.

schen Chancen solcher Zirkel schon vor Jahren in wünschenswerter Klarheit beschrieben: »Heute sind diejenigen, die in Deutschland den Einrichtungen wie der Kultur der westlichen parlamentarischen Demokratie fremd gegenüberstehen und politischen, kulturellen und wirtschaftlichen Sonderwegträumen nachhängen, eine politisch aussichtslose Minderheit ... Die alte Diskussion darüber, ob die Identität der Deutschen durch nationale Tradition oder durch Verfassungsbindung bestimmt sei, eine Diskussion, die sich vom Vormärz bis zum sogenannten Historikerstreit gezogen hat: diese Diskussion hat sich erledigt. Künftig ist der deutsche Nationalstaat das Gehäuse für die freiheitlichen Institutionen des Grundgesetzes. Beides – Verfassungspatriotismus und Nationalbindung – fällt von jetzt an in eins. Das erstemal in ihrer Geschichte haben sich die Deutschen nicht gegen ihre Nachbarn, sondern mit deren Zustimmung zusammengeschlossen. Deutschland wird als notwendiger Bestandteil des europäischen Systems, aber auch als künftige Großmacht akzeptiert.«[5]

Der Sinn für den historischen Schnitt in der deutschen, aber auch in der europäischen Geschichte, der damit markiert ist, ist bei den neuen Rechten völlig unterentwickelt. Vielleicht läßt er sich mit einem Autor auffrischen, den man auch in diesen Kreisen gerne liest: »Das tiefe, eisige Mißtrauen, das der Deutsche erregt, sobald er zur Macht kommt, auch jetzt wieder, – ist immer noch ein Nachschlag jenes unauslöschlichen Entsetzens, mit dem jahrhundertelang Europa dem Wüten der blonden germanischen Bestie zugesehen hat«, schrieb Friedrich Nietzsche 1887. Die Nachbarn der Deutschen hatten damals freilich viel näherliegende Gründe für ihr Mißtrauen als die Erinnerung an den Untergang des römischen Reiches. 1887 ist ein Schlüsseljahr der Bismarckschen Machtpolitik: Rüstungsanstrengungen von nie gekanntem Ausmaß, Erneuerung des Dreibundes mit Italien und Österreich-Ungarn, Rückversicherungsvertrag mit Rußland, Mittelmeerentente – das Deutsche Reich rückt in eine zentrale europäische Machtposition. Die blonde Bestie hingegen hatte, wie wir wissen, ihre besten Zeiten nicht hinter, sondern noch vor sich. Der Stolz auf deutsches Barbarentum, angefangen mit Hermann dem Cherusker, der auch bei Nietzsche noch mitschwingt, diese alte Trotzhaltung gegen den glücklicheren, nüchternen Westen ist den Deutschen über ihrem späteren Wüten gründlich vergangen.

Am 14. Juli 1994, dem französischen Nationalfeiertag, fuhren erstmals seit fünfzig Jahren wieder deutsche Panzer auf den Champs-Elysées. Die zweihundert Soldaten gehörten zum Eurokorps, einer multinationalen Truppe. Die Proteste gegen die Anwesenheit deutscher Uniformen bei dieser Feier blieben erstaunlich leise. Einige jüdische Organisationen, die Kommunistische Partei, die Gewerkschaft CGT und die Veteranen der Résistance konnten sich mit ihrem Widerwillen gegen die deutsche Teilnahme an der Parade nicht durchsetzen. Die französischen Politiker waren zwar eifrig bemüht, Verständnis zu beteuern für »alte Wunden der Erinnerung«, die nicht verheilen wollen. Es blieb jedoch bei der offiziellen Lesart, daß die Anwesenheit der Deutschen nicht die Rückkehr der blonden Bestie, sondern einen weiteren Schritt zur Normalisierung des deutsch-französischen Verhältnisses bedeute. Nach einer Umfrage des *Figaro* stimmten 58 Prozent der Franzosen mit dieser Meinung überein; 38 Prozent wollten die 24 deutschen Panzer nicht in ihrer Hauptstadt sehen.

Die Abwesenheit »tiefen, eisigen Mißtrauens« bei diesem Anlaß ist um so erstaunlicher, als das Datum der Parade

---

5 Hagen Schulze, *In der Mitte Europas: Ein normaler Nationalstaat.* In: Josef Becker (Hrsg.), *Wiedervereinigung in Mitteleuropa.* München: Vögel 1992.

mit zwei anderen Ereignissen zusammentrifft, die Munition für antideutsche Gefühle sein könnten. Zwei Tage vor dem französischen Nationalfeiertag gibt das Bundesverfassungsgericht grünes Licht für die weltweite Teilnahme der Bundeswehr bei Kampfeinsätzen der Vereinten Nationen. Ein epochaler Schnitt – die Bundeswehr als reines Instrument der Landesverteidigung hat damit aufgehört zu existieren. Am gleichen Tag erklärt Bill Clinton bei seinem Besuch in Berlin die Deutschen zum bevorzugten Partner der Vereinigten Staaten in Europa. Gérard Dupuy, stellvertretender Chefredakteur der *Libération,* stellt in seinem Kommentar vom 13. Juli 1994 fest, daß damit endgültig die Legende widerlegt sei, Deutschland sei »ökonomisch ein Riese, politisch ein Zwerg«. Clintons Auftritt, das Verfassungsgerichtsurteil und die deutschen Uniformen beim Nationalfeiertag markieren das Ende der Übergangsphase nach dem Fall der Mauer, schreibt Dupuy, und das sei weder ein Grund zur Euphorie noch zur Panik: Alles deute darauf hin, daß die neue Bundesrepublik der alten ziemlich ähneln werde. Deutschland, so sein Kernsatz, stehe nun durch sein politisches und ökonomisches Gewicht und seine geographische Lage »in vorderster Linie«. »Amüsant« daran sei die Tatsache, daß die Deutschen sich bisher nicht im geringsten für ihre neue Situation begeistern könnten.

Das stimmt allerdings nicht ganz. Arnulf Baring, Professor für Zeitgeschichte und anerkannter Experte für Fragen der deutschen Politik der Gegenwart, kennt man eigentlich nicht als Schwarmgeist. Er tritt gewöhnlich als entschiedener Realist und Pragmatiker auf. Früher rechnete man ihn in seinem Fach zu den »Atlantikern«, zu den entschlossenen Verteidigern der politisch-militärischen Westbindung der Bundesrepublik. Die Integration Westdeutschlands in die NATO war für die Atlantiker die Garantie, daß der verhängnisvolle deutsche Kampf gegen den Westen beendet war. Diese Errungenschaft galt es gegen die Anhänger der Neutralitätsidee, gegen die Utopie des »dritten Weges«, gegen die Vorstellung eines blockfreien Deutschland in einer »Mittlerrolle zwischen Ost und West« zu verteidigen.

In Barings Buch zur Lage der Nation, das vor drei Jahren einiges Aufsehen erregte, finden sich Reminiszenzen einer Reise durch Polen, deren ungewohnt frommer, romantisch-sehnsuchtsvoller Ton eine politische Wende anzeigt. An die Stelle des Atlantiks als politischer Projektionsfläche sind für Baring die Weiten des alten deutschen Ostens getreten: »Wer je die herrlichen, hohen Lindenalleen durchfahren hat, die sich um Varzin zwischen Wäldern und Feldern kilometerlang still über die sanften, menschenleeren Hügel ziehen, wird besser verstehen, weshalb Bismarck als Reichskanzler oft monatelang aus dem lauten Berlin dorthin flüchtete. Und welche Verbundenheit symbolisieren alle gotischen, backsteinernen Marienkirchen, die östlich von Lübeck die ganze Ostsee säumen! Mit Rührung sieht man in Breslau Scharen lebhafter, fröhlicher Studenten die alten Klöster und Stifte am südlichen Oderufer bevölkern; ehrfürchtig betritt man die Leopoldina, die Universitäts-Aula im früheren Jesuitenkolleg, in der noch immer, neben anderen Herrschern, das Porträt Friedrichs des Großen hängt, inmitten antiker Philosophen und der Propheten des Alten Testaments.«[6]

Arnulf Baring erschaudert nicht von ungefähr vor den Bildern der Propheten des Alten Testaments. Sein Buch ist zu weiten Teilen dem Gestus der prophetischen Rede verpflichtet. Schon der erste Satz macht dies deutlich: »Die Welt ist aus dem Geleise.« Redebeiträge, die mit dieser Beobachtung beginnen, sind dem Genre »Gesellschaftskritik« zuzuord-

6 Arnulf Baring, *Deutschland, was nun?* Berlin: Siedler 1991.

nen. Der in Princeton lehrende Sozialphilosoph Michael Walzer hat in seiner kleinen Studie über *Kritik und Gemeinsinn* die Geschichte der westlichen Gesellschaftskritik bis zu den Propheten des Alten Testaments zurückverfolgt. Die Urbilder des Protests fand er in Jona und Amos: »Und ihr trinket Wein aus den Schalen und salbet euch mit Balsam, und bekümmert euch nicht um den Schaden Josephs.« (Amos 6,6)

Joseph – das ist in der Rede des Sozialkritikers Amos ein Synonym für das Volk Israel, dessen hedonistische Elite das Gemeinwohl aus den Augen verloren und sich dumpfem Genuß ergeben hat. Der Ton, den Baring anschlägt, um Schaden von Deutschland abzuwenden, kommt oft nahe an das unerreichbare Pathos der archaischen Vorbilder heran: »Aber ich will doch sagen: es kommt für uns alle darauf an, daß das Land ein anderes Bewußtsein bekommt – ernsthafter, wacher, tapferer, auch opferbereiter wird ... Diese Gesellschaft wird zugrunde gehen, wenn sie sich auf den engen heutigen, wenn auch respektablen Kanon beschränkt. Die neue Situation ist dadurch gekennzeichnet, daß mehr Verantwortung, mehr Aufgaben, mehr Pflichten – ja Pflichten! – auf die Deutschen zukommen. Denn wenn sie sagen: Das lehnen wir alles ab, wir bleiben gerne Zwerge, tief versteckt im dunklen Walde, weil das doch die einzig vernünftige und erfreuliche Haltung ist, dann werden wir, Hedoniker, die wir geworden sind, in ein Fellachendasein absinken.«

Wenn der Gesellschaftskritiker »wir« sagt, meint er immer die anderen. Sinnlos, ihm daraus einen Vorwurf zu machen. Aber vielleicht darf man darauf hinweisen, daß seine Kritik sich am Rande unfreiwilliger Ironie bewegt, wenn sie allzu selbstvergessen formuliert wird. Einem Freak, einem Drop-out im härenen Gewand, der sich von Heuschrecken ernährt, steht es zu, Risikoscheu und »Versicherungsmentalität« seiner Landsleute anzuprangern, nicht aber einem wohldotierten Professor wie Baring – bei Strafe der Lächerlichkeit. Nicht viel anders steht es übrigens mit dem Appell, wir müßten »zurück zur Würde des Dienens«.

Wer in der späten Bundesrepublik aufgewachsen ist, neigt ohnehin dazu, sich über solche Reden lustig zu machen. Während die Parole »Mut zur Erziehung« ausgegeben wurde, waren wir als Schüler gerade recht erfolgreich damit beschäftigt, in den Rückzugsräumen der Popkultur Abwehrstoffe gegen Predigten, Tugendkataloge und pädagogische Ernstdiskurse aller Art zu bilden. Soweit ich sehe, sind unsere Errungenschaften immer als Frivolität, als existentieller Unernst beschrieben worden. Später sagte man »Postmoderne« dazu und meinte immer »Beliebigkeit« mit, ein eigentlich ziemlich freundliches Wort, das hierzulande aber verdächtig negative Schwingungen auslöst. Jetzt, da die Ironie wieder in Verruf kommt und »Opfermut« (Baring) gefordert, ja eingefordert wird, wäre es vielleicht an der Zeit, das zivilisatorische Moment dieses Ironieschubs einmal herauszustellen. Ein anderes Mal.

Man müßte reichlich borniert sein, um zu verkennen, daß die Lage unterdessen wirklich ernst ist, daß sich, wie es in den Worten des Propheten Baring heißt, die Frage stellt, »wie es mit unserem Volk und seinem Staat weitergehen soll«. Michael Walzer hat bei seiner Archäologie der Gesellschaftskritik ein Grundmuster gefunden, auf das sich die prophetische Rede im alten Israel bezog. Wichtige Teile daraus lassen sich auch heute vorfinden, in Leitartikeln, Talk-Shows und natürlich in Büchern zur Lage der Nation.

»Seit dem späten Mittelalter oder der frühen Neuzeit gibt es im Westen eine charakteristische Methode, über politischen Wandel nachzudenken – ein Muster, das wir den Ereignissen in der Regel auferlegen, eine Geschichte, die wir einander weitererzählen. Die Geschichte sieht etwa folgendermaßen aus: Unterdrückung, Befreiung, Gesellschaftsvertrag, politischer Kampf, neue Gesellschaft (Gefahr der Restauration). Wir nennen den gesamten Prozeß ›revolutionär‹, obwohl die Ereignisse keinen Kreis beschreiben, wenn die Unterdrükkung am Ende nicht von neuem erscheint; den Ereignissen wird eine starke Vorwärtsbewegung verliehen. Dies ist keine Geschichte, die überall erzählt wird; sie stellt kein universelles Muster dar, sondern sie gehört dem Westen, insbesondere Juden und Christen im Westen, und ihre Quelle, ihre ursprüngliche Version, ist der Exodus Israels aus Ägypten.« [7]

In der deutschen Version der Geschichte wurde die Rolle des Volkes Israel von den DDR-Bürgern übernommen, die im Sommer 1989 zu Zehntausenden über Ungarn nach Österreich flohen. Die Rolle Ägyptens spielte natürlich das durch den Fronvogt Honecker vertretene Sowjetimperium. Unsere Version der Geschichte weicht allerdings in entscheidenden Aspekten von dem biblischen Muster ab: Uns fehlt an erster Stelle ein Mosesdarsteller, wie er etwa in der polnischen Exodus-Geschichte durch Lech Walesa und in der tschechoslowakischen durch Václav Havel vertreten war; und zweitens ist das Gelobte Land Kanaan in unserem Falle schon von westlichen Stämmen des Volkes besiedelt, die durch eine Laune der Weltgeschichte der Macht des Pharao entzogen wurden. Um den Exodus der DDR-Bürger in die Bundesrepublik zu stoppen, versprach der Kanzler gar, daß das Gelobte Land diesmal zu den Menschen kommen würde, in Form »blühender Landschaften im Osten« – eine glatte Umkehrung der biblischen Verheißung, deren Erfüllung allerdings auch noch auf sich warten läßt.

Die Motive der Exodus-Erzählung sind so stark in unserem kollektiven Gedächtnis verankert, daß sie trotz aller Abweichungen Anwendung finden: das Goldene Kalb tauchte gleich in mehreren Verwandlungen auf, und unsere Propheten gingen mit dem götzenanbetenden Volk hart ins Gericht. Otto Schily schalt das Volk, weil es die anfangs hehren Ziele der Revolution um der billigen Bananen willen fahren ließ. Jürgen Habermas prangerte den »DM-Nationalismus« an, unter dem die demokratischen Impulse der Wende zu ersticken drohten. In der Figur des Jammer-Ossis, der jahrelang durch unsere Presse geisterte, ist unschwer ein Wiedergänger des »murrenden Volkes in der Wüste« zu erkennen, das sich über seine Befreiung nicht freut, sondern beklagt. Das Volk sehnt sich zurück zu den »Fleischtöpfen« Pharaos, was wir uns getrost mit Vollbeschäftigung, niedrigen Mieten und all den anderen kleinen Kompensationen übersetzen dürfen, mit denen der Pharao dem Volk die Knechtschaft versüßt.

Die ägyptische Knechtschaft hat eine Sklavenmentalität geschaffen und den Freiheitswillen des Volkes Israels gebrochen. Nicht anders ist es den DDR-Bürgern ergangen, jedenfalls wenn man westlichen Kommentatoren vertrauen darf. Das meint auch Arnulf Baring, wenn er schreibt, der Sozialismus habe eine Wüste hinterlassen, »eine in der Tiefe verheerte Welt«. Die Wüste, die das Volk durchwandern muß, um zum Gelobten Land zu gelangen, ist natürlich ein weiteres Zitat aus der Exodus-Erzählung, und wen wundert es da noch, daß auch nach Baring die schätzungsweise für die Wüstenwanderung benötigte Zeit etwa vierzig Jahre betragen wird – genau jene Zeitspanne, zu der die Israeliten verurteilt waren. Abkürzen ließe sich die Sache, wie Baring schreibt, nur durch eine »neue Ostkolonisation«.

Man könnte die Parallelen noch weiter fortführen; das Volk Israel schließt nach der Befreiung einen Neuen Bund mit Gott; aus einer Vereinigung von Stämmen wird, wie Michael Walzer sagt, eine Nation aus willigen Mitgliedern; erst damit ist die Befreiung vollendet. In unserer Geschichte fand sich zwar keine Mehrheit für einen neuen Gesellschafts-

---

[7] Michael Walzer, *Exodus und Revolution.* Berlin: Rotbuch 1988.

vertrag; aber es gab auch gewichtige Stimmen, die im Sinne der Exodus-Politik argumentierten: Mit der Wiedervereinigung habe das Provisorium des Grundgesetzes seine Erfüllung gefunden; ein Neuer Bund, eine echte Verfassung müsse die Konstituierung des einigen und freien Volkes besiegeln.

Aber lassen wir das. Wir befinden uns wirklich in einer jener Phasen tiefgreifenden politischen Wandels, in denen sich das Bedürfnis regt, die jüngsten Ereignisse im Lichte der ältesten Erzählungen zu betrachten. Der Exodus ist nur eine von vielen, aber auch eine der anschlußfähigsten. Und sie paßt für uns besser als diejenige, die dem Politikwissenschaftler Christian Hacke einfällt. Er befürchtet, daß nicht nur die Deutschen, sondern gleich die ganze »atlantische Zivilisation nach dem Zusammenbruch des Kommunismus der eigenen Schwäche und Kraftlosigkeit zum Opfer fallen« könnte: »Geht es dem Westen wie der Römischen Republik, nachdem sie am Ende des 2. Punischen Krieges Karthago und Hannibal bezwungen hatte? Lassen, wie damals, auch heute nach jahrzehntelanger Anspannung die Kräfte nach? Ist der Wille zur Selbsterhaltung der Neigung zu Egoismus und Zerstreuung gewichen?«[8]

Bleiben wir lieber beim Exodus-Schema: Wo auch immer man lebt, kann Ägypten sein; irgendwo gibt es einen besseren Ort, ein Gelobtes Land, in dem Milch und Honig fließen; der Weg dorthin wird durch die Wüste führen. Wir können es nur erreichen, wenn wir uns zusammenschließen und uns auf den Weg machen. Im Exodus-Schema ist übrigens seine eigene Aufhebung mit angelegt. Kommt die Politik des langen Marsches nämlich erst einmal ans Ziel, dann kann eine andere politische Rhetorik attraktiv werden: der politische Messianismus. »Der Messianismus«, sagt Michael Walzer, »hat seine Ursprünge in der Enttäuschung, in all jenen Ländern Kanaan, die sich als ›fast unfruchtbar‹ erweisen.« Ein Gelobtes Land, das sich als lediglich eine weitere Wüste nach der Wüste herausstellt – es gehört nicht viel Phantasie dazu, diese archetypische Figur politischer Desillusionierung auf unsere Verhältnisse zu übertragen. Eine irgendwie bedeutende »messianische« Strömung gibt es zwar nicht in unserer Politik, aber in der PDS haben wir eine Partei, in der sich die Enttäuschten sammeln, die sich nicht damit abfinden wollen, daß das schöne Kanaan, zu dem man vor fünf Jahren aufgebrochen war, zu weiten Teilen auch wieder nur Wüstenland ist.

Auf den ersten Blick hat die PDS wenig mit den jungen Rechten um Zitelmann und Weißmann zu tun. Auf den zweiten Blick aber zeigt sich eine eigenartige Übereinstimmung in der Abneigung gegen die westliche Welt, verkörpert durch die Vereinigten Staaten von Amerika, aber auch durch das vereinigte Europa von Maastricht. Arnulf Baring, der vor 1989 Deutschlands politische Ankunft im Westen gefeiert und gegen Linke und Neutralisten verteidigt hat, ist des Antiamerikanismus gewiß nicht verdächtig. Aber im Lager der jungen Historiker und Publizisten, die sich das Etikett der neuen Rechten nicht ohne Stolz an die Brust heften, hat man mit Freude zur Kenntnis genommen, daß der prominente »Atlantiker« jetzt die politischen Himmelsrichtungen anders gewichtet: Karlheinz Weißmann spricht Barings Wende in *Deutschland, was nun?* eine »gewisse Signalwirkung« zu. Das Signal wurde so verstanden: Wenn schon Konservative vom Schlage Barings nun die Zeit für reif hielten, die politische Bindung an den Westen zu lockern, um Freiräume für eine deutsche Orientierung nach Osteuropa zu gewinnen, dann war die Stunde gekommen, an alte Tabus der Bundesrepublik zu rühren.

»Ob wir wollen oder nicht«, hatte es bei Baring geheißen, »sitzen wir plötz-

---

[8] Christian Hacke, *Weltmacht wider Willen. Die Außenpolitik der Bundesrepublik Deutschland.* Frankfurt: Ullstein 1993.

lich wieder in den alten Zwangslagen zwischen Frankreich und Großbritannien einerseits, Polen und Rußland andererseits ... Deutschland ist nach wie vor, oder wieder neu, das Bismarck-Reich, allerdings in der Form, die ihm die Adenauer-Republik gegeben hat.« Wir leben wieder »in der Mitte, unglücklich, aber nicht zu ändern, weil es uns die Geographie vorgibt. Man hat lange Zeit über diese Dinge nicht reden können, denn Geopolitik galt als nazistisch.«

Der Soziologe Heinz Bude hat eine einleuchtende Erklärung für die Rückkehr der Kategorie des Raumes in die deutsche politische Debatte gegeben. Die Bundesrepublik, meint Bude, befinde sich seit 1989 auf der Suche nach einem neuen Ordnungsschema. Nach dem Krieg haben die Westdeutschen sich als Mitglieder einer »westlichen Gesellschaft« zu sehen gelernt. Nach dem Mauerfall finden sie sich nolens volens als Angehörige einer Nation wieder: »Die Grunddifferenz ist leicht zu erkennen: In ›Gesellschaften‹ dominiert die Zeit, gegen die sich Strukturen stabilisieren, in ›Nationen‹ der Raum, in dem sich Geschichte ereignet.« (*FAZ*, 29. Januar 1994)

Es ist also ganz unvermeidlich, daß mit der Nation der Raum in den politischen Diskurs zurückkehrt. Ist es aber auch berechtigt, deshalb vom »Schicksal der Mittellage«, von »geopolitischen Gegebenheiten« zu sprechen, die der deutschen Außenpolitik neue nationale Interessen diktieren, wie es die jungen Rechten tun? Die von Adenauer betriebene Bindung der Bundesrepublik an die liberalen Demokratien des Westens erscheint ihnen als eine Fessel des neuen größeren Deutschlands auf dem Weg zu voller Souveränität, zu voller außenpolitischer Handlungsfähigkeit. Immer wieder geht es in den Beiträgen des Bandes *Westbindung* um die durch die Adenauersche Politik abgeschnittenen Chancen einer Wiedervereinigung vor 1989. Eine akademische Debatte um versäumte Gelegenheiten, von ziemlich beschränktem

Interesse für eine breitere Öffentlichkeit, könnte man meinen. Wären da nicht immer diese Nebengeräusche, die die Vermutung nahelegen, daß das Ziel des Unternehmens eine Art Geschichtspolitik ist. Hier wird nach Argumenten für eine Entkoppelung Deutschlands vom Westen gesucht. Die politische Westbindung soll am Ende wie eine zeitgebundene Notlösung unter dem Druck des Kalten Krieges aussehen. Damals, so Zitelmann und seine Mitstreiter, mußten sich die (West)Deutschen notgedrungen als Vorposten des Westens »am Rande der slawischen Welt« hergeben. Mit der neuen internationalen Kräftekonstellation nach dem Zusammenbruch des kommunistischen Imperiums ereilt sie ihre alte geopolitische Sendung, die »Mittlerrolle zwischen Ost und West«.

Es ist nicht leicht zu erkennen, was das heißen soll: »Mittlerrolle«. Die jungen Historiker und Politikwissenschaftler, die eine Debatte über »Chancen und Risiken« der Westbindung fordern, bestreiten eifrig, die »westliche Orientierung des vereinigten Deutschland in Frage stellen« zu wollen. Man darf diese Beteuerungen getrost als Lippenbekenntnisse bezeichnen. Worin soll sich die altneue Mittlerrolle manifestieren? »Mitteleuropa« oder »Zwischeneuropa«, wie es bei Hans Zehrer hieß, unter deutschem Protektorat? Dann müßten wir zuerst wohl aus der NATO austreten. Das ist aber ein absurder Wunsch; wenn wir auch wollten, man würde uns ja gar nicht lassen. Das weiß auch Zitelmann, und so spricht er etwas verkniffen das Credo der deutschen Außenpolitik nach: »Heute ist nicht zu erkennen, aus welchen Gründen Deutschland seine NATO-Mitgliedschaft zur Disposition stellen sollte. Im Gegenteil. Nach dem Ende des Ost-West-Konfliktes und bedingt durch die Unsicherheiten der Lage des vereinten Deutschlands in der Mitte Europas gewinnt die Einbindung unseres Landes in das westliche Bündnis erneut an Wichtigkeit.«

So wäre denn gar keine Hoffnung, daß die Deutschen mehr Spielraum für ein bißchen Machtpolitik im Osten gewännen? Wenig, aber Zitelmann möchte doch nicht gleich aufstecken: »Eine andere Frage ist indes, wie lange ein Bündnissystem Bestand haben kann, wenn die Bedrohungssituation, der es sein Zustandekommen verdankt, so nicht mehr existent ist.« Eben noch hat Zitelmann dem westlichen Bündnis beschieden, es sei nie so wertvoll wie heute gewesen, da will er auf dieses politische Standbein auch schon gleich ganz verzichten, damit die Deutschen ihr außenpolitisches Spielbein frei in die Weiten Mitteleuropas ausschwingen lassen können – und fällt gerechterweise auf die Schnauze.

Man darf diese Tagträume von neuem deutschem Glanz und Gloria in Osteuropa wohl auf sich beruhen lassen; Tagträume sind es, wie Barings liebstes Planspiel zeigt, in dem er sich fragt, was passieren soll, »wenn uns die polnische Regierung eines Tages bäte, deutsche Truppen nach Polen zu entsenden, dort zu stationieren, weil sich Polen von anderswoher bedroht fühle«. Deutschland müßte, bevor es sich vornehmen kann, Osteuropa aufzuräumen, ja erst einmal den Aufschwung im eigenen Osten schaffen, der bekanntlich noch der industriell potenteste Teil dieser Hemisphäre war. Und zweitens ersehnt der Osten jenseits der Oder, die Polen allen voran, nichts so sehr wie die Aufnahme in jene NATO, die Zitelmann für obsolet hält. Der Osten will Westen werden.

Was taugen geopolitische Überlegungen, die sich in solch luftiger Höhe über dem Boden der Tatsachen abspielen, auf den sie sich so gerne berufen? Sie machen aus dem Raum einen Popanz. Daß die Geschichte der Nationen sich in Abhängigkeit von räumlichen Gegebenheiten abspielt, ist eine Binsenweisheit, die man in Deutschland vielleicht wirklich erst wieder lernen muß. Die Deutschen sehen sich heute gewissermaßen, um noch einmal Heinz Bude zu paraphrasieren, aus der »Zeit« der Gesellschaft in den »Raum« der Nation geworfen. Das ist aber kein Grund, von einem Ordnungsschema ganz aufs andere umzusteigen. Ein außenpolitisches Denken, das im Stile der neuen Geopolitik-Mode alle Faktoren zu Variablen des Raumes stempelt, ist nur zum Schein realistisch. Der ständige Verweis auf das »Schicksal der deutschen Mittellage« soll die Notwendigkeit einer Entkoppelung vom Westen direkt aus den geographischen Gegebenheiten herleiten. Diese Scheinevidenzen der Geographie sind teuer erkauft; nur durch die Ausblendung all jener Interdependenzen, die keine Landkarte verzeichnet, läßt sich Deutschland als (ost)-europäische Hegemonialmacht in spe verkaufen. Besonnene außenpolitische Denker wie etwa Wilfried von Bredow und Thomas Jäger haben das längst erkannt: »Über deutsche Außenpolitik nach 1990 kann man im Rückgriff auf solche Vorstellungen zwar herumgrübeln, doch scheitern diese Bemühungen an dem Sachverhalt einer hochkomplexen Interdependenz von Industriegesellschaften. Das alte geographische Handwerkszeug politischen Denkens verhält sich zum Niveau der Interdependenz wie der Lötkolben zur Mikrochip-Produktion.«[9]

Bredow und Jäger kritisieren die rein geopolitisch begründete Vorstellung einer deutschen Sonderrolle im Osten: »Welchen Grund sollte es geben, politisch-symbolisch zur westlichen Führungskraft im osteuropäischen Transformationsprozeß zu werden? Der Versuch schon würde kontraproduktiv wirken, weil er in Osteuropa antideutsche Haltungen verstärken und in Westeuropa und den USA Dominanzverdächtigungen schüren würde. Den Prozeß selbst würde er nicht zusätzlich befördern, denn das Engagement Deutschlands steht sowieso außer Frage, und die notwendige Stabilität, die Auslandsinvestitionen verstärkt anzieht, wird in den Staaten selbst geschaffen werden müssen. Diese Aufgabe kann von außen nicht erfüllt werden, auf nationalstaatlicher Ebene schon gar nicht ... Die Vorstellung einer Brückenfunktion Deutschlands zwischen Ost und West liegt völlig quer zu den bestehenden Anforderungen.«

Es wäre also schon aus realpolitischen Gründen ein wenig mehr Vorsicht geboten bei der Übersetzung von Geographie in Politik. Darüber hinaus ist die Idee einer »Mitte Europas« neben allem anderen auch ein psychologischer Tatbestand. Man hat es hier, wie Timothy Garton Ash gezeigt hat, gewissermaßen mit seelischen Landschaften zu tun.[10] Ein Freund führte ihn bei seiner letzten Reise durch den postkommunistischen Osten zu einer Stelle nördlich von Vilnius, die nach den Berechnungen französischer Geographen das Zentrum Europas ist. Eine schwarze Granitplatte markiert diesen Punkt. Wieder zu Hause, erfährt der Reisende aus einem Brief seines Freundes, daß das »Zentrum Europas« zum Opfer des Vandalismus geworden ist. Jemand hat versucht, den Stein zu stehlen; der aber war offenbar zu schwer und liegt nun umgedreht irgendwo in der Nähe der erhabenen Stelle. Aber, so Garton Ash, es sind bereits andere Kandidaten gesichtet worden; abgesehen »von einem ganzen Land, dessen Intellektuelle es nun wieder für die Mitte Europas halten (Deutschland)«, sind dies ein Punkt in den Böhmischen Wäldern, einer in einem Stadtteil von Budapest, einer in der westlichen Ukraine und einer in Straßburg. Sie sollten sich, schlägt Garton Ash vor, zu einem Zentrum der Zentren von Europa zusammenschließen. Es hätte sicherlich großzügige Unterstützung von der EU zu erwarten. Nur über den Sitz würde es wahrscheinlich Streit geben.

---

9 Wilfried von Bredow / Thomas Jäger, *Neue deutsche Außenpolitik. Nationale Interessen in internationalen Beziehungen.* Opladen: Leske + Budrich 1993.

10 Vgl. Timothy Garton Ash, *Journey to the Post-Communist East.* In: *The New York Review of Books,* 23. Juni 1994.

Partners in leadership?

Über die deutsch-amerikanischen Beziehungen

Von Gernot Volger

1917 und 1989 sind die beiden entscheidenden Epochenjahre unseres Jahrhunderts. Wenn sie uns irgend etwas lehren, dann dies, daß Geschichte kein letztes Ergebnis hat, daß historische Tatsachen nicht unumstößlich sind. Da Geschichte zur Zukunft hin immer offen ist, gibt es stets auch die Möglichkeit der Rücknahme, der Revision. In beiden Epochenjahren sind es die gleichen Akteure, die das weltpolitische Geschehen bestimmen: die Vereinigten Staaten, Deutschland, Rußland. Weder 1917 noch 1989 war Rußland jedoch der Angelpunkt des weltpolitischen Geschehens. Noch sind wir wohl zu sehr geprägt von dem, was wir durchlebt haben, vom »welthistorischen« Gegensatz zwischen dem sowjetischen Kommunismus und den tendenziell offenen Gesellschaften des Westens. Hat dieser Antagonismus 1962 in der Kubakrise nicht hart an den Rand eines Atomkriegs geführt? Hat nicht schon Tocqueville diesen Antagonismus vorausgesehen, als er vor mehr als hundertfünfzig Jahren schrieb, daß Rußland und die Vereinigten Staaten nach einem geheimen Plan der Vorsehung berufen erscheinen, eines Tages jeweils die Geschicke der halben Welt in ihren Händen zu halten? Es scheint aber, daß wir den Kalten Krieg, gerade weil wir so sehr in ihn verwoben waren, in seiner Bedeutung deutlich übersteigern.

Die Verbindung der beiden Epochenjahre 1917 und 1989 läßt sich auch ganz anders lesen, daß nämlich das 20. Jahrhundert vor allem geprägt ist vom Konflikt zwischen Deutschland und den Vereinigten Staaten. Die Entwicklung der »Großen Politik« am Ausgang des 19. Jahrhunderts ist charakterisiert durch eine Unterordnung der wirtschaftlichen unter die politischen Erwägungen, wobei letztere von Vorstellungen über nationale Sicherheit, militärische Macht und Prestige bestimmt werden. Doch die beiden Weltkriege machen auch deutlich, daß große Kriege mehr und mehr durch den Einsatz von Technik und die Mobilisierung industrieller Ressourcen entschieden wurden: nicht nur Nationen standen sich gegenüber, sondern Volkswirtschaften. Die Vereinigten Staaten waren schon vor dem Bürgerkrieg ein wirtschaftlicher Riese, und am Vorabend des Ersten Weltkriegs waren sie, obwohl nicht Teil des europäisch bestimmten Großmachtsystems, definitiv zu einer Großmacht geworden. Die zweite dynamische und aufstrebende Volkswirtschaft um die Jahrhundertwende war Deutschland, dessen Industriepotential schon im ersten Jahrzehnt dieses Jahrhunderts das englische übertraf.

Die »deutsche Frage« war eigentlich erst 1871 mit der Reichsgründung virulent geworden (obwohl latent angelegt seit dem Westfälischen Frieden). Bismarcks Reichsgründung war, unabhängig von und vielleicht konträr zu den Intentionen ihres Schöpfers, ja keineswegs der Endpunkt einer Entwicklung zum – saturierten – Nationalstaat, sondern eher der Ausgangspunkt für Deutschlands zweimaligen »Griff nach der Weltmacht« in diesem Jahrhundert. Das hat schon vor hundert Jahren Max Weber erkannt, der im Sommer 1895 in seiner Freiburger Antrittsvorlesung *Der Nationalstaat und die Volkswirtschaftspolitik* die kommenden Auseinandersetzungen um Deutschlands Rolle in Europa und der Welt voraussah: »Wir müssen begreifen, daß die Einigung Deutschlands ein Jugendstreich war, den die Nation auf ihre alten Tage beging und seiner Kostspieligkeit halber besser unterlassen hätte, wenn sie Abschluß und nicht der Ausgangspunkt einer deutschen Weltmachtpolitik sein sollte.« Doch zweimal in diesem Jahrhundert erwies sich die wirtschaftliche Basis Deutschlands als zu schwach für eine deutsche Weltmachtpolitik mit militärischen Mitteln: lange Abnutzungskriege wie die beiden Weltkriege konnte Deutschland – insbesondere gegen den ökonomischen Giganten USA – nicht durchstehen. Erst dadurch, daß die Vereinigten Staaten zweimal in die europäischen Kriege um die weltpolitische Rolle Deutschlands eintraten und indem sie dadurch die europäischen Kriege in Weltkriege transformierten, gelang es, Deutschlands Platz in Europa und der Welt so zu definieren, daß Deutschlands Nachbarn mit dieser Großmacht leben können und daß die globale Vorherrschaft der Vereinigten Staaten nicht durch Deutschland gefährdet wird.

In der Perspektive des das ganze Säkulum umfassenden Konflikts zwischen Deutschland und den Vereinigten Staaten relativiert sich auch die Rivalität zwischen der Sowjetunion und den USA in der Zeit des Kalten Krieges, denn die auf eine globale Vormachtstellung zielende amerikanische Außen- und Militärpolitik reichte weit über den Kalten Krieg hinaus. Mit gutem Grund vertreten die Politikwissenschaftler Christopher Layne und Benjamin Schwarz die Auffassung, daß das grundsätzliche Streben der amerikanischen Außen- und Militärpolitik seit dem Zweiten Weltkrieg nicht in erster Linie dahin ging, die Sowjetunion einzudämmen. Vielmehr gelang es den Vereinigten Staaten, indem sie Deutschland und Japan im Schatten der sowjetischen Bedrohung in ein amerikanisch dominiertes kompliziertes Geflecht wirtschaftlicher und militärischer Arrangements einbanden, beide Länder militärisch zu neutralisieren und wirtschaftlich zur Anerkennung einer »offenen« Weltwirtschaft zu bewegen. Wenn manche Beobachter die »neue Weltordnung« und die globale Strategie der Vereinigten Staaten nach dem Ende des Kalten Krieges charakterisiert sehen durch einen »neuen« amerikanischen Interventionismus, wie er sich im Golfkrieg manifestiere, so zeigt diese Auffassung eher die Prägung durch den Hegemonialkonflikt zwischen den USA und der Sowjetunion an; tatsächlich ist es der alte Interventionismus, der von der Vorstellung gespeist wird, »daß Amerikas wirtschaftliches Wohlergehen von der internationalen wirtschaftlichen Interdependenz abhängt und daß die Voraussetzung für wirtschaftliche Interdependenz die geopolitische Stabilität bildet und die Gewißheit, die aus den militärpolitischen Festlegungen der Vereinigten Staaten resultiert«.[1] Es handelt sich also um die Vorstellung, daß »das wirtschaftliche Wohlergehen der Vereinigten Staaten von einer Weltordnung abhängt, die von den USA durchgesetzt wird«.

Vor dem Hintergrund solcher Überlegungen fällt auch auf die deutsche Wiedervereinigung und mit ihr auf die Rolle der Vereinigten Staaten in diesem Prozeß ein etwas verändertes Licht. Die bislang vorliegenden amerikanischen Darstellungen des Prozesses der Wiedervereinigung geben als ihren entscheidenden Grund den wirtschaftlichen Zusammenbruch der sowjetischen Volkswirtschaft seit Anfang der achtziger Jahre an, der eine Rücknahme der überdehnten globalen Militärposition der Sowjetunion und gleichermaßen grundlegende wirtschaftliche Reformen – Gorbatschows Perestroika – erzwang. Doch eine schnelle Umstrukturierung der Wirtschaft gelang nicht, denn solche Prozesse wirtschaftlicher Neuausrichtung sind von relativ langfristiger Natur. So lief, bedingt wesentlich durch das wirtschaftliche Scheitern, die politische Entwicklung

---

[1] Christopher Layne/Benjamin Schwarz, *American Hegemony – Without an Enemy.* In: *Foreign Policy,* Nr. 92, Herbst 1993, S. 5–23.

Gorbatschow schon bald aus dem Ruder. Trotz aller Transparenz – Glasnost – ging es ihm bis zuletzt um die Erhaltung der Macht der KPdSU. Auch die deutsche Wiedervereinigung stand nicht auf Gorbatschows Tagesordnung. In seinem Buch *Perestroika,* erschienen 1987, vertrat er die Auffassung, daß über die deutsche Wiedervereinigung vielleicht in hundert Jahren zu entscheiden sei. Vermutlich war Gorbatschow genauso überrascht wie jedermann sonst angesichts des schnellen Zusammenbruchs des sowjetischen Imperiums und angesichts des Verschwindens der DDR, dem Symbol und Unterpfand des unter schwersten Opfern geführten Verteidigungskrieges gegen Deutschland. Gorbatschow, der mit dem Anspruch angetreten war, das russische Imperium durch Umbau zu retten, mußte am Ende dessen Auflösung präsidieren.

Aus den amerikanischen Veröffentlichungen über die Wiedervereinigung wird auch deutlich, daß die amerikanische Regierung diesen Prozeß beinahe von Anfang an vollständig unterstützte und lenkte. Präsident Bush und Außenminister Baker überließen diese Frage nicht den großen und schwerfälligen Apparaten der Regierungsbürokratie, sondern sie schufen eine kleine Arbeitsgruppe, über die sie den diplomatischen Verhandlungsprozeß steuerten. Schon früh, kurz vor Weihnachten 1989, hatte die Bush-Regierung entschieden, den deutschen Wunsch nach Selbstbestimmung zu unterstützen (Selbstbestimmung ist eines der ideologischen Credos amerikanischer Außenpolitik), und die Vereinigten Staaten sahen sich von einem wiedervereinigten Deutschland militärisch nicht bedroht, einem Land, das zudem nicht größer als ein durchschnittlicher amerikanischer Bundesstaat ist. Für die US-Regierung war es selbstverständlich, daß die Wiedervereinigung zu amerikanischen Bedingungen erfolgen sollte, daß also die über vierzig Jahre gewachsene Einbindung der Bundesrepublik in die von den USA dominierten wirtschafts- und militärpolitischen Strukturen, wie sie nach dem Zweiten Weltkrieg entwickelt worden waren, als irreversibel und unabdingbar angesehen wurde. Die Bedingungen der Wiedervereinigung waren die amerikanischen Maximalbedingungen, und es gelang der Bush-Regierung, der sowjetischen Führung zu vermitteln, daß ihre mit der Wiedervereinigung einhergehende Positionsverschlechterung nicht von den Vereinigten Staaten ausgenutzt würde, ja daß die Sowjets »die deutsche Wiedervereinigung, mit Deutschland in der NATO, ebenfalls als in ihrem ureigensten Interesse liegend ansahen«.[2] Auch gegenüber ihren Verbündeten England und Frankreich, die sich, wie alle Länder Europas, mit der deutschen Teilung arrangiert hatten und diese Teilung als in ihrem Interesse liegend ansahen, setzte sich die Bush-Regierung durch: »Die USA erzwangen die britische und französische Kooperation, um eine einheitliche westliche Unterstützung für die deutsche Wiedervereinigung zu erreichen.«

Am Ende fiel der sowjetische Zusammenbruch mit dem deutschen Aufstieg zusammen. Doch die Wiedervereinigung ratifizierte nur die Machtverschiebung, die wirtschaftlich ohnehin schon eingetreten war. Im Gegensatz zur verquälten deutschen Diskussion haben amerikanische Analytiker keine Probleme damit, die eingetretenen Veränderungen deutlich zu benennen. Zum dritten Male innerhalb eines Jahrhunderts werde Deutschland Großmacht, schreibt Elizabeth Pond. Das erinnert an den französischen Historiker Pierre Gaxotte, der Deutschland als das Land der wunderbaren Aufschwünge und der apokalyptischen Katastrophen bezeichnete;

---

2 Elizabeth Pond, *Beyond the Wall. Germany's Road to Unification.* Washington: Brookings Institution 1993. Ähnlich auch Stephen F. Szabo, *The Diplomacy of German Unification.* New York: St. Martin's Press 1992.

mit der »Beschleunigung der Geschichte« im 20. Jahrhundert hat sich auch die Folge von Auf- und Abstieg dramatisch verkürzt. In amerikanischer Sicht ist Deutschland längst zur dominierenden Kontinentalmacht geworden. Schon im Frühjahr 1989, als noch niemand konkret an die Möglichkeit der Wiedervereinigung dachte, bot Präsident Bush den Deutschen an, »partners in leadership« zu sein, was bedeutete, daß Großbritannien nicht mehr der wichtigste Verbündete der Vereinigten Staaten in Europa war.

Das Angebot Bushs machte nur sinnfällig, was auch ohne Wiedervereinigung eingetreten war: die Bundesrepublik war wieder zur Weltmacht geworden, wenn auch – in der trefflichen Formulierung Christian Hackes – Weltmacht wider Willen. Ohne Scheu erkennen Amerikaner der alten Bundesrepublik – dem vereinten Deutschland erst recht – einen Großmachtstatus zu. In Deutschland ist der Wiederaufstieg des Landes, besonders unter vielen Intellektuellen, immer noch nicht akzeptiert, und vielleicht ist das Problem der deutschen Identität vor allem ein Problem derjenigen, die politische Debatten häufig genug mit einer moralisierenden Larmoyanz aufladen. Fixiert auf die Abwege des deutschen Nationalstaats ist die Idee des Nationalstaats in der alten Bundesrepublik als grundsätzliche Fehlkonstruktion angesehen worden, die es durch die Schaffung eines »übernationalen« Europas zu überwinden gelte. Die Pervertierung des Nationalen in der NS-Diktatur führte dazu, daß die Idee des Nationalstaats für viele deutsche Intellektuelle unakzeptabel wurde. »Die Erinnerung an die Nazizeit läßt die Deutschen zögern und macht ihnen Angst, die Position und die zugehörige Verantwortung in Europa zu akzeptieren, die sich aus der Größe und Stärke des Landes ergeben. Zu viele von ihnen geben sich dem unmöglichen Traum hin, eine zweite Schweiz zu werden«, schreibt der amerikanische Historiker und Deutschland-Spezialist Gordon A. Craig.[3] Schaut man auf die Untergründe der deutschen Debatte, begreift man schnell, warum das größere Deutschland bei manchen Angstgefühle hervorruft. Entgegen der vorherrschenden Auffassung vieler deutscher Linker ist die Zeit des Nationalstaats aber offensichtlich noch längst nicht abgelaufen.

»Wirtschaftlich, politisch und intellektuell ist Deutschland ein Land, dessen Zeit gekommen ist in einem Kontinent, dessen Zeit wieder gekommen ist«, schreibt Elizabeth Pond. Für die Amerikanerin war die intellektuelle Debatte in unserem Land, das sie aus eigenem Erleben kennt, nicht auf der Höhe der Zeit. Noch deutlicher wird der Investitionsbanker Jeffrey E. Garten, der mehrfach Regierungsämter innehatte (gegenwärtig ist er Undersecretary, also Staatssekretär, im amerikanischen Handelsministerium): »In den neunziger Jahren wird Deutschland erneut die Achse sein, um die sich alles – im Westen wie im Osten – in Europa dreht.«[4] Amerikaner sind häufig geneigt, in Vorstellungen von Wirtschaftsblöcken zu denken, also die wirtschaftlichen Asymmetrien zu berücksichtigen, die kleinere Staaten zu den größeren gravitieren läßt. Innerhalb der Europäischen Gemeinschaft war der Bundesrepublik eine Vormachtstellung zugewachsen, auch wenn alle bundesdeutschen Regierungen ihre Politik mit einer europazentrierten und Europa überhöhenden Rhetorik camouflierten – eine »Politik auf Samtpfoten« sozusagen.

Die deutsche Vormachtstellung innerhalb der Europäischen Union wird sich wohl noch deutlicher manifestieren; als

---

3 Gordon A. Craig, *United We Fall.* In: *The New York Review of Books,* 13. Januar 1994, S. 36–40.

4 Jeffrey E. Garten, *Der Kalte Frieden. Amerika, Japan und Deutschland im Wettstreit um die Hegemonie.* Frankfurt: Campus 1993.

ein wichtiges Indiz mag die Entscheidung über die europäische Zentralbank gelten, wobei deren Sitz in Frankfurt allenfalls augenfällig macht, daß die deutschen Bedingungen – Unabhängigkeit der europäischen Zentralbank, Geldwertstabilität als oberstes währungspolitisches Ziel – gegenüber den Partnern durchgesetzt wurden. »Letzten Endes wird Deutschland die gesamte EG-Politik auf seine nationalen Prioritäten abstimmen«, erwartet Garten. »Und letzten Endes wird die EG voraussichtlich auch das Vehikel zur Legitimierung der deutschen Führung in Europa werden, indem sie die Bundesrepublik in die Lage versetzt, die Gespenster des Dritten Reichs zu exorzieren.« Die Frage, die unsere Partner und Verbündeten interessiert, ist also, ob sie es zukünftig mit einem europäischen Deutschland oder einem deutschen Europa zu tun haben werden. Für manche ist diese Frage schon beantwortet: »Ihr Deutschen wollt nicht Deutschland in Europa verankern, Ihr wollt den Rest Europas in Deutschland verankern«, so Margaret Thatcher (*Spiegel,* 25. Oktober 1993). Doch wollen oder nicht: aus Größe und Stärke resultiert unausweichlich Dominanz. Timothy Garton Ash, der einer anderen Generation als Thatcher angehört und dessen Metier die politische Analyse statt des politischen Kampfs und der ihn begleitenden Rhetorik ist, schreibt in *Spectator* (30. Oktober 1993): »Es gibt ganz einfach kein anderes Land in der Welt, das wichtiger für die wirtschaftliche Zukunft Englands ist als Deutschland.«

Doch wird Deutschland zukünftig nicht nur weit stärker als bisher die Europäische Union dominieren. Für amerikanische Beobachter ist ebenso sicher, daß Ostmitteleuropa wieder eine »Einflußzone« Deutschlands wird. »Deutschland wird nach Osteuropa hineingezogen werden, ob es will oder nicht. Dieser Prozeß mag mehr ein *Zwang nach Osten* denn ein *Drang nach Osten* sein, mehr das Nachgeben gegenüber als solchen wahrgenommenen Verpflichtungen denn das Streben nach einer erträumten Mission. Die Osteuropäer werden sehen, daß sie kaum eine Alternative haben werden, als Handel mit Deutschland zu treiben und Wirtschaftshilfe von Deutschland zu bekommen«, schreibt der amerikanische Politikwissenschaftler Gregory F. Treverton.[5] Garten spricht von einem zukünftigen, doch heute schon erkennbaren »neuen deutschen Großreich«, bestehend aus der Europäischen Union und Ostmitteleuropa: »Das Übergewicht Deutschlands in Europa wird auch mit seiner zunehmenden Vorherrschaft in der EG noch ausgeprägter werden, da es eine einzigartige Rolle als Brücke zwischen Ost und West spielt, da seine spezifische Mischung aus freien Märkten und sozialer Sicherung von Lissabon bis Wladiwostok zu einem einflußreichen Modell wird, und da es den größten Einfluß in der EG ausübt, die selbst zu einem immer wichtigeren Organisator von Entwicklungshilfe und technischem Beistand wird und Außenhandelskonzessionen an den Osten erteilt.« Ungarn hat das deutsche Rechtssystem übernommen, die politischen Stiftungen der Bonner »Altparteien« sind in Ostmitteleuropa aktiv und fördern den Aufbau neuer politischer Strukturen und Mechanismen nach deutschen Vorstellungen.

Was bedeutet nun die neue Großmachtrolle Deutschlands für die Vereinigten Staaten? Für Elizabeth Pond ist ausgemacht, daß »in dem sich herausbildenden System der neunziger Jahre die zwei Mächte auf dem Kontinent die Vereinigten Staaten und eine von Deutschland gesteuerte Europäische Union« sind – sind, nicht sein werden! Zwar benutzt die Clinton-Regierung Bushs Formulierung einer Führungspartnerschaft mit den Deutschen nicht mehr, sei es, weil sie

[5] Gregory F. Treverton, *America, Germany, and the Future of Europe.* Princeton: Princeton University Press 1992.

klug genug ist, nicht immer alles auch öffentlich zu benennen, sei es, weil innenpolitische Probleme für diese Regierung wieder mehr an Bedeutung gewinnen, als das bei früheren Regierungen der Fall war. Doch während seines Deutschlandbesuchs im Juli 1994 sprach Clinton von der »Führerschaft« Deutschlands in Europa. Die Formulierung Bushs verdeckt allerdings auch, wie asymmetrisch diese Partnerschaft zwischen zwei nach wie vor sehr ungleichen Partnern ist. Ein entscheidendes Ergebnis der Wiedervereinigungsverhandlungen war ja gerade, daß die NATO in ihrer Struktur nicht verändert wird und daß das wiedervereinigte Deutschland in diese Struktur eingebunden bleibt. Nun fungierte die NATO eben nicht nur als ein Schutz der Westeuropäer vor der Sowjetunion, sondern gleichermaßen als Schutz der Europäer vor Deutschland. Die Militärdoktrin der NATO wird – bei aller Kooperation unter den Verbündeten – immer noch von der US-Regierung bestimmt. Der NATO-Oberbefehlshaber in Europa war stets ein Amerikaner, nicht ohne Berechtigung hat man ihn mit dem britischen Vizekönig in Indien verglichen. Die »integrierte« Befehlsstruktur der NATO ermöglicht die Durchsetzung der amerikanischen Militärdoktrin gegenüber den europäischen Mitgliedsländern. Kein NATO-Mitglied ist souverän im herkömmlichen Sinne des Wortes, weshalb Frankreich die militärische Struktur der NATO im Jahre 1965 verließ. Doch herkömmliche Souveränität ist für fast alle Staaten ein überholtes Konzept, denn die Asymmetrien zwischen den Staaten und Volkswirtschaften verhindern im wirtschaftlichen Bereich eine effektive Wahrnehmung von Souveränität – in der Realität gibt es allenfalls unterschiedliche Grade von Souveränität. Westeuropa hat diese Einsicht der unabweisbaren Interdependenz positiv gewendet, indem es seine wirtschaftlichen und politischen Strukturen mehr und mehr integriert, um Nutzen aus dieser Interdependenz zu ziehen. Zwar bleiben die Vereinigten

Staaten eine europäische Macht auch nach dem Abzug der russischen Truppen aus Deutschland, und die deutsch-amerikanischen Beziehungen wurden durch die vorbehaltlose amerikanische Unterstützung der Wiedervereinigung gefestigt. Doch weil das europäische Grundproblem – wie paßt ein geeintes Deutschland in Europa, ohne dessen Balance zu zerstören? – unsere Nachbarn weiterhin beunruhigt und weil der »cauchemar allemand« virulent bleibt, wird auch künftig, wie Treverton schreibt, »die amerikanische Anwesenheit in Europa eine Sicherheit *gegenüber* Deutschland und eine Sicherheit *für* Deutschland sein«.

Die deutsch-amerikanische Partnerschaft wird nicht immer harmonisch sein. Auch bislang waren die Beziehungen keineswegs immer konfliktfrei, so zum Beispiel, wenn die Vereinigten Staaten für den militärischen Schutz wirtschaftliche Zugeständnisse forderten und durchsetzten – »burden sharing« heißt das nach wie vor aktuelle Konzept. So machte in den sechziger und siebziger Jahren die US-Regierung in der Verfolgung ihrer globalen außen- und militärpolitischen Ziele auch das internationale Währungssystem ihren Interessen dienstbar. Den Golfkrieg haben die anderen reichen Industrieländer zu mehr als hundert Prozent finanziert. Solche Situationen werden zukünftig häufiger eintreten, denn die aus der Vorstellung einer universellen Mission gespeiste amerikanische Strategie globaler Vorherrschaft wird zu weiteren militärischen Interventionen in strategisch eher unwichtigen Regionen führen mit immer erneuten Versuchen, die damit verbundenen Kosten auf die anderen reichen Industrieländer abzuwälzen, auch wenn es weder in Deutschland noch in Japan ein Streben nach globaler Führerschaft gibt.

Fast niemals wird die Denkfigur, daß den Vereinigten Staaten eine weltpolitische Führungsrolle zukommt, von Amerikanern in Frage gestellt. »Für diejenigen, die die Außenpolitik der Vereinigten Staaten beeinflussen und bestimmen, ist es ein Axiom, daß die Vereinigten Staaten führen müssen«, konstatieren Layne und Schwarz. Allerdings werden die USA zukünftig die Verantwortung für die Weltwirtschaft mit Deutschland und Japan teilen müssen, und dieser Zwang zur größeren Zusammenarbeit hat das positive Nebenergebnis, daß er die Konflikte zwischen den drei Ländern nicht ausufern läßt. Nicht so in der Außenpolitik. »Einfach ausgedrückt: diejenigen, die die Außenpolitik der Vereinigten Staaten beeinflussen, wollen keine Neuverteilung internationaler Verantwortlichkeiten, weil sie eine verminderte amerikanische Führung fürchten ebenso wie ein größeres – vielleicht sogar gleich großes – Gewicht Deutschlands und Japans in den internationalen Beziehungen. Ihre Haltung ist: Besser übermäßige Kosten tragen als auf amerikanische Steuerungsmöglichkeiten verzichten« (Layne und Schwarz) – noch besser, wenn man einen Teil der Kosten auf andere Großmächte abwälzen kann.

Nun ist das keineswegs ganz neu. Doch selbst viele Amerikaner, die es eigentlich besser wissen könnten, erliegen ihrer eigenen universalistischen Rhetorik, wie das Buch Gartens erneut zeigt. Doch wer »die geschulte Rücksichtslosigkeit des Blicks in die Realitäten« (Max Weber) sich zu eigen gemacht hat, wird die universalistische Rhetorik der an der Formulierung und Durchsetzung der US-Außenpolitik Beteiligten nicht zum Nennwert nehmen. Noch immer gilt de Gaulles Charakterisierung der amerikanischen Weltpolitik: »Der Wille zur Macht, eingehüllt in den Mantel des Idealismus«.

Deutschland hat sich seit 1945 radikal verändert, die vergrößerte Bundesrepublik ist keine Neuauflage des Bismarckreichs. Deutschland ist solide in die Europäische Union und in die NATO integriert und auch sonst in ein Netz vielfältiger Abmachungen und Verträge eingebunden. Und, wohl am wichtigsten: Demokratien führen keine Kriege gegeneinander. Es scheint, daß es einfach nicht mehr die machtpolitischen und legitimatorischen Voraussetzungen gibt, die ein Wiederaufleben deutscher Hegemonialansprüche im traditionellen Sinne ermöglichen könnten.

Hat Deutschland also mit seiner Position als Juniorpartner der Vereinigten Staaten eine dauerhafte Lösung seines säkularen Konflikts gefunden? Ist damit die »deutsche Frage« ein für alle Male gelöst? Im Übergang von der Geopolitik zur Geoökonomie wird dem wirtschaftlichen Gewicht eines Staates zukünftig mehr Bedeutung zukommen als seinem militärischen Potential. Und folgt man der als »school of decline« (Paul Kennedy, David Calleo) bezeichneten intellektuellen Strömung, die sich während des vergangenen Jahrzehnts in den Vereinigten Staaten herausgebildet hat, wird die schleichende Erosion der machtpolitischen Fundamente der USA zu einer weiteren Verschiebung der Konflikte in den wirtschaftlichen Bereich führen. Auf jeden Fall wird die »Führungspartnerschaft« zwischen Deutschland und den Vereinigten Staaten durch eine stets prekäre Balance von Kooperation und Konflikt gekennzeichnet sein.

Deutsche Politik auf dem Prüfstand

Zu zwei Büchern von Gregor Schöllgen

Von Sven Papcke

»Die beste Weisheit einer Zeit«, so der Göttinger Historiker Adolf Friedrich Heinrich Schumann 1844, »bleibt immer die Erfahrung aus einer früheren«. Das war als Richtlinie für die Politik späterer Zeiten gedacht. Seither vollführte die deutsche Geschichte unglaubliche Kapriolen. Daraus ließ sich 1945, nach dem Ende in Schrecken, offenbar nurmehr die Lehre ziehen, alles ganz anders zu machen als bisher. Auf diesem »Tiefpunkt seines Schicksals« meinte Gerhard Ritter in *Europa und die deutsche Frage* (1948) davor warnen zu müssen, nun entweder in Trotz zu verfallen oder aber durch die »Preisgabe der ganzen Vergangenheit« am Ende »alles Selbstvertrauen zu verlieren«.

Die Geschichte verlief freilich anders, als es diese Reaktionsweisen auf die deutsche Misere erwarten ließen. Ritter und mit ihm die Historikerzunft jener Tage ging bei der Warnung vor einer allzu »hemmungslosen Selbstkritik« noch vom Gestaltungsspielraum eines, wenngleich gründlich reformierten, Nationalstaates aus. Bald jedoch sah man sich solcher Alternativen enthoben. Denn das Problemzentrum war zum Objekt der Weltpolitik geworden, gleichermaßen hüben wie drüben gerieten die Nachkriegsdeutschen unter die Aufsicht der Siegermächte. Wenigstens die Bundesrepublik wurde nach und nach wieder mit begrenzter Souveränität ausgestattet. Aber auch Bonn blieb trotz längerer diplomatischer Leine bis zur Wende nach 1989 ein Entscheidungsträger mit begrenztem Spielraum.

Die andauernde Kontrolle durch die Alliierten wiederum hatte laut Gregor Schöllgen eine bemerkenswerte Folge: Nach dem ersten Schock über die nationalpolitische Entmündigung gewöhnten sich die Bundesdeutschen, auch ihre Richter und Geschichtsschreiber, an die aufs Ganze gesehen durchaus bequeme Abhängigkeit.[1] Der Erlanger Historiker Schöllgen, Jahrgang 1952, geht vor allem auf die intellektuellen Folgen ein, die diese Anpassung an die Konstellation des Kalten Kriegs in seiner Zunft nach sich zog. Zwar wissen wir seit langem um die Einbindung auch der Diener Klios in den Zeitgeist. Man liest dennoch mit Erstaunen, wie innig die Pflege des Status quo negativus durch die hiesige Geschichtsschreibung war. Diese Hofierung sah sich geradewegs in den Rang eines Friedensdienstes erhoben. Dabei verkörperten die Machttatsachen jenseits von Elbe und Donau doch wahrlich einen Unterdrückungszustand allergrößten Ausmaßes, den es eigentlich zu beheben galt. Wenn schon nicht im Interesse der bevormundeten Menschen, so doch im Sinne der Herstellung eines *wirklichen* Friedens etwa nach Maßgabe der KSZE-Vorstellungen, die ja von der Selbstbestimmung der Völker ausgehen, nicht aber von der sogenannten *pax sovietica*.

Schöllgen beschreibt zudem, wie diese Verinnerlichung der obwaltenden Zustände am Ende dazu führte, daß die Historikerzunft ihre außenpolitische Optik aufgab und damit ein klassisches Arbeitsfeld räumte, weil deutsche Politik jenseits der Grenzen ohnedies nichts mehr zu suchen hätte. Diese Machtdistanz mit ihrer »verstellten Sicht« auf die Welt verrät eine Realitätsverdrängung, die gut zu der endemischen Friedens- und Angstlyrik paßt, die als neuerlicher deutscher Sonderweg in den letzten Jahrzehnten üblich wurde. Dieses problematische Verhalten hatte viele Gründe und Folgen, übrigens auch ganz andere, als der Autor sie sieht. Entsprechend breitete sich solche Lämmchen-Wahrnehmung der Außenwelt beileibe nicht nur in der Historiographie aus. Sie war vielmehr überall anzutreffen und stellte eine Art Esprit de corps der alten Bundesrepublik dar. Schöllgens Schrift schont freilich die Bonner Politik, obschon die Geschichtsschreibung doch nur unterstrich, was in den Parteien etwa mit Blick auf die Deutschlandpolitik ohnedies üblich war.

Freilich, wer an Fehler von gestern erinnert, zählte schon immer zu den Querulanten. So auch heute wieder. Und können denn alle Betreiber dieser Politik falsch gelegen haben, nachdem das offizielle Bonn den sogenannten zweiten deutschen Staat in der Person von Herrn Honecker 1987 sichtbarlich ans finanzgeschwellte Herz gedrückt hatte? Nachdem das deutschlandpolitisch zuständige Ministerium entschieden für eine Stabilisierung Pankows plädierte anstatt für einen Szenenwechsel drüben? Nachdem die Diktatur auf ostdeutschem Boden 1987 endlich von der SPD akzeptiert worden war und die hiesigen Intellektuellen fast ausnahmslos und seit langem die Teilung als gerechte Strafe rechtfertigten? Es muß sich die Geschichte wohl seit 1989 irgendwie irren, so jedenfalls klingt es gegenwärtig an.

Wir stehen erst am Anfang der Auseinandersetzung über die Deutung der Nachkriegsära. Mit Blick auf die bundesrepublikanischen Jahre droht sie freilich schon jetzt auf Grund zu laufen, weil sich Nostalgie findet, wo Betroffenheit herrschen sollte über die Unempfindlichkeiten und den bequemen Ritualismus in Sachen Einheit, Freiheit oder auch Menschenrechte. Angesichts der aktuellen Herausforderungen wirkt diese Abrechnung allerdings lästig. Das ist bedauerlich, weil die wissenssoziologischen Quellen der deutschen Selbstinfragestellung und damit auch die Gründe für unsere leidigen Identitätsstörungen verborgen bleiben könnten, und die stehen durchaus in Gefahr, eines Tages wiederum uns und unsere Nachbarn zu beunruhigen.

Immerhin stellt das Buch von Schöll-

---

1 Gregor Schöllgen, *Angst vor der Macht. Die Deutschen und ihre Außenpolitik.* Berlin: Ullstein 1993.

gen trotz einiger fraglicher Akzente einen dringend fälligen Neubeginn dar. Es muß aber darüber hinaus noch viel systematischer aufgehellt werden, was zu der Akzeptanz, ja Verinnerlichung, zuweilen gar Verherrlichung des Teilungszustandes führen konnte. Dessen Duldung widersprach nicht nur dem Grundgesetz, sondern lief auch auf eine Sanktionierung des Sowjetismus hinaus. Damit war von Anfang an der Konflikt zur politischen Ontologie der Nachkriegsepoche geworden, und erträgliche Verhältnisse blieben ein Wunschbild.

Gregor Schöllgen richtet sein Bemühen um Aufklärung im vertrackten dritten Jahr nach der Auflösung der Blöcke noch auf einen weiteren Punkt. Seine aus der Kenntnis der Quellen und Dokumente geschöpfte Studie über die außenpolitischen Schwierigkeiten Deutschlands als *Macht in der Mitte Europas* versucht, im unbefangenen Blick auf die außenpolitischen Traditionen und Schwierigkeiten zuerst Preußens, später Deutschlands, einige Dinge klarzustellen, die auch in Zukunft wieder von Bedeutung sein dürften.[2] Zum einen geht es dem Verfasser um eine Korrektur der Nachkriegsunterstellung, die deutsche Haltung sei von Friedrich dem Großen bis zu Hitler unverständlich, da böse. Ohne in Geomantik zu verfallen, zeigt Schöllgen demgegenüber die Dilemmata des staatlich-machtpolitischen Nachzüglers Deutschland im Kreis der etablierten Mächte. Durch etwas mehr Verständnis der Anrainer etwa hätten die Irrungen und Wirrungen des Neulings keineswegs so katastrophisch verlaufen müssen, wie es dann der Fall war.

Das heißt nun nicht, alle Schuld an unseren Verstiegenheiten auf andere abzuwälzen. Durch den Risikokurs Berlins war das Unheil vor allem hausgemacht. Aber es läßt sich verdeutlichen, daß das Reich in der Mitte als unvollendeter Nationalstaat ganz spezifische Reputations-

[2] Gregor Schöllgen, *Die Macht in der Mitte Europas.* München: Beck 1992.

und vor allem auch Sicherheitsnöte hatte. Und einzig ihre Anerkennung von außen hätte nach 1871 ermöglicht, innereuropäisch die Entspannung zu fördern. Und zum anderen versucht der Autor mit Blick auf die Vergangenheit seine Mitbürger davon zu überzeugen, daß sie weder so noch so aus der Geschichte aussteigen können. Vor allem jetzt nicht, nachdem uns außenpolitische Entscheidungen von keiner Vormacht mehr abgenommen werden. Zwar mögen die »Optionszwänge« der kontinentalen Mittellage, von denen Schöllgen berichtet, geringer geworden sein, weil Angst und Furcht voreinander im Rahmen der europäischen Einigungsbewegung abgeklungen scheinen. Das entläßt uns aber keinesfalls aus der inzwischen partnerschaftlichen Pflicht, nicht nur die eigenen Interessen zu definieren, sondern diese auch verantwortlich zu vertreten. Damit aber ist ein realistisches Verhältnis zur Macht als Rohstoff aller Politik angesprochen, um zusammen mit den verbündeten Demokratien heute den Schutz der Freiheit auch international zu gewährleisten.

Die Macht der Nation und die Hilflosigkeit deutscher Intellektueller

Von Gregor Schöllgen

Der Schock sitzt tief. Die revolutionären Umbrüche der ausgehenden achtziger Jahre haben nicht nur die Fundamente der Weltordnung erschüttert, sondern auch das Weltbild der Intellektuellen, vor allem der deutschen. Hilflos verfolgen sie die Renaissance von Krieg und Bürgerkrieg, die Eruptionen des Nationalismus, auch Deutschlands neue Rolle in der Weltpolitik. Da kommt mitunter Sehnsucht nach jenen Zeiten des Kalten Krieges auf, in denen der Rückzug von der harten Realität der Weltpolitik in die heimische Idylle intellektueller Fundamentalkritik unproblematisch, weil folgenlos und somit an der Tagesordnung war.

Diese Sehnsucht nach einer Zeit, in der die Bundesrepublik schon dank ihrer eingeschränkten Souveränität international kaum Stellung zu beziehen brauchte, läßt heute manchen Intellektuellen unvermittelt in eine »im buchstäblichen Sinne konservative Rolle« rutschen. So zum Beispiel Jürgen Habermas, der sich in letzter Zeit häufiger in Sachen Gegenwart zu Wort gemeldet und gelegentlich auch seine Gedanken zum Thema »Vergangenheit als Zukunft« in Buchform zusammengefaßt hat.[1]

Die »Zumutungen« seines Wechsels in die Rolle eines Konservativen überkommen Habermas im übrigen immer dann, wenn er sich »für die Fortsetzung eines in der alten Bundesrepublik eingeleiteten Prozesses der kulturellen Verwestlichung und Zivilisierung stark« macht. Als ob den jemand rückgängig machen wollte. Sieht man von vereinzelten »Rückrufern« in die Geschichte und intellektuellen Tieffliegern ab, kann es doch allen Denkenden hierzulande nur um die Fortsetzung dieses Prozesses ge-

1 Jürgen Habermas, *Vergangenheit als Zukunft. Das alte Deutschland im neuen Europa?*. München: Piper 1993.

hen, und es bleibt zu hoffen, daß die in der alten Bundesrepublik gelegten Fundamente den neuen Belastungen standhalten. Ausgemacht ist das noch nicht.

Und was heißt in diesen Tagen eigentlich »Verwestlichung«? Gibt es überhaupt einen verbindlichen Begriff westlicher Zivilisation, gibt es überhaupt »den« Westen? Gerade in einer Zeit allgemeiner Auflösung und Neuorientierung ist die politische, wirtschaftliche, kulturelle Standortbestimmung schwieriger denn je. Historisch so unterschiedlich gewachsene und kulturell so verschiedenartig angelegte Staaten wie Frankreich und die USA lassen sich schwerlich unter dem Dach eines einheitlichen Zivilisationsbegriffs zusammenbringen.

Was die Staaten des »alten« Westens, das heißt der westlichen Welt des Kalten Krieges zusammenband, waren erstens die tatsächliche oder vermeintliche Herausforderung durch den Kommunismus, zweitens das gemeinsame Fundament einer demokratischen und marktwirtschaftlichen Ordnung und drittens ihr Zusammenschluß in den europäischen und atlantischen, eben »westlichen« Gemeinschaften. So gesehen hat sich die Lage grundlegend gewandelt. Die kommunistische Herausforderung gibt es nicht mehr, jedenfalls nicht in der Form des Kalten Krieges, die meisten Staaten Ostmittel- und Südosteuropas sind entschlossen, den schwierigen und langen Weg zur demokratischen und marktwirtschaftlichen Ordnung weiterzugehen und drängen eben deshalb in die westlichen Gemeinschaften.

Diese Entwicklung muß elementare Rückwirkungen auf jenen westlichen »Zivilisationsprozeß« haben, der als solcher von manchen deutschen Intellektuellen erst jüngst entdeckt worden ist, nachdem er namentlich im Falle der Vereinigten Staaten jahrzehntelang mit Skepsis, wenn nicht Arroganz bedacht worden war. Daß sich heute alle darin einig zu sein scheinen, die westliche Tradition der Bundesrepublik fortzuschreiben, ist überraschend, in jedem Fall aber begrüßenswert.

Gelingen kann das jedoch nur, wenn man weiß, daß die westliche Welt heute grundlegend geänderten Rahmenbedingungen ausgesetzt ist, die ihrerseits den »Zivilisierungsprozeß« nachhaltig beeinflussen werden: Wenn in einem Teil des Kontinents, etwa eine Flugstunde von der deutschen Grenze entfernt, Menschen vor laufenden Kameras hingemetzelt und Frauen vor den Augen ihrer Kinder vergewaltigt werden, und wenn im anderen Teil die Voyeure dem Treiben abgestumpft zusehen, dann stimmt mit dieser vielgepriesenen Zivilisation etwas nicht, im Osten Europas nicht, und auch nicht im Westen. Wollen wir das von ihr retten, was zu retten ist, müssen wir begreifen, was sie bedroht. Das aber geht nur mit einer nüchternen und realistischen Bestandsaufnahme. »Der Intellektuelle als der strafende Spaziergänger schlechthin«, den Martin Walser in seinem Essay *Deutsche Sorgen* (*Spiegel,* 28. Juni 1993) treffend beschrieb, ist ein auslaufendes Modell. Er ist jedenfalls dieser Aufgabe eines illusionslosen Bilanzierens nicht gewachsen.

Der Blick hat sich vor allem auf die ungeahnte Renaissance der nationalen Idee wie auf ihre chauvinistische Übersteigerung und Pervertierung zu richten. Wer wie Habermas glaubt, die »Organisationsform des Nationalstaates, überhaupt der territorialen Staatsanstalt«, habe »abgewirtschaftet«, verkennt die Realitäten dieser Tage. Mit der Auflösung der Sowjetunion, Jugoslawiens und der Tschechoslowakei sind alleine in Europa 15 »Staatsanstalten« neu beziehungsweise erneut entstanden: Rußland, Estland, Lettland, Litauen, Weißrußland, die Ukraine, Moldawien, die Slowakei, Tschechien, Mazedonien, Serbien, Bosnien, Kroatien, Slowenien und eben nicht zuletzt Deutschland. Dabei sind jene Gebiete nicht einmal mitgezählt, die den Anspruch auf einen eigenen Nationalstaat erheben, wie die Regionen von Kosovo und Novi Pazar, aber völkerrechtlich nicht oder noch nicht anerkannt sind. In den Augen ihrer Bewohner haben die meisten dieser neuen Staaten namentlich eine Eigenschaft gemein: Sie sind allesamt Nationalstaaten. Ohne dieses Selbstverständnis ließen sich die meisten Auseinandersetzungen dieser Tage, Folgen eines hemmungslosen Nationalismus, kaum verstehen.

Von diesen Zuständen unterscheidet sich die Lage im Westen des Kontinents – bislang – nur graduell, nicht aber grundsätzlich. Man muß durchaus kein Gegner der europäischen Einigung sein, um zu bilanzieren: Die Ereignisse seit den ausgehenden achtziger Jahren haben doch gerade deutlich werden lassen, daß die nationale Idee nicht aufkündbar ist, daß sich der Nationalstaatsgedanke also trotz oder wegen der europäischen Integrationsbemühungen gerade nicht überlebt hat. Auch das Bundesverfassungsgericht hat ja in seinem Maastricht-Urteil vom 12. Oktober 1993 festgehalten, daß Deutschland »die Qualität eines souveränen Staates aus eigener Kraft« bewahren müsse. Die Europäische Gemeinschaft bedeutet also »nichts weniger« als das »Ende der Nationen«. Das hat jüngst selbst Jacques Delors, der Präsident ihrer Kommission, in *Das neue Europa* nachdrücklich betont.

Es bedarf keiner prophetischen Gaben, um die Prognose zu wagen, daß die Staaten der EU auch in Zukunft ihre »Nationalfahnen« hissen, ihre »Nationalmannschaften« zu »internationalen« Sportfesten und ihre Vertreter in die »Vereinten Nationen« schicken werden, und es wäre ja schön, wenn es bei diesen symbolträchtigen Bekundungen nationaler Identität bliebe. Aber es könnte auch durchaus anders kommen. So wie es jetzt aussieht, erfahren mit der nationalen Idee auch die alten, längst totgeglaubten Klischees, Vorurteile und Feindbilder eine unverkennbare Belebung. Die Meinungsumfragen unter niederländischen Jugendlichen haben ein erschreckend eindeutiges Bild ihrer deutschen Nachbarn ergeben, angesichts dessen man kaum auf den Gedanken käme, daß es je so etwas wie eine europäische Idee gegeben hat oder geben könne. Tatsächlich erfahren Europa-Gedanke und europäische Integration derzeit eine nicht unbeträchtliche Konkurrenz durch die allgemeine Renaissance des Nationalstaats in Europa. Daß beispielsweise Flamen und Wallonen, Iren oder Basken in absehbarer Zeit zu dem Schluß kommen werden, die nationale Idee seit tot, ist wenig wahrscheinlich.

Und warum sollten kleinere Völker und Nationen aus ihrer Sicht nicht dasselbe Recht haben und einklagen, das größere ganz selbstverständlich für sich beanspruchen? Immerhin stellte der französische Premierminister Edouard Baladur im September 1993 vor dem Hintergrund der festgefahrenen GATT-Verhandlungen unmißverständlich klar: »Frankreich hat wie alle anderen Länder das Recht, seine wesentlichen nationalen Interessen zu verteidigen.« Und etwa zur gleichen Zeit formulierte der britische Premierminister John Major nicht minder unzweideutig: »For us, the nation state is here to stay.«

In der Tat: Hatte nicht gerade die deutsche Vereinigung gezeigt, daß die Realisierung der nationalen Idee selbst im nahezu undenkbaren Fall offenbar doch möglich ist? Es hilft alles nichts: Mit der Vereinigung und der Erlangung voller staatlicher Souveränität nach fast einem halben Jahrhundert haben die Deutschen genau das erreicht, was ihr Grundgesetz von ihnen und sie von allen anderen forderten: ihren Nationalstaat. Daß wir uns heute mit dieser Errungenschaft in praktisch jeder Hinsicht schwertun, daß mancher die Einheit zum Teufel wünscht, daß die widerliche Renaissance von Fremdenfeindlichkeit und Antisemitismus dem jungen Nationalstaat ein Armutszeugnis ausstellt, steht auf einem anderen Blatt und ändert nichts an den Fakten: Auch die deutsche Vereinigung bestärkt den europäischen Trend hin zu einer Renationalisierung des Kontinents, und das um so stärker, je deutlicher sich abzeichnet, daß es in absehbarer Zukunft kaum zu einer Politischen Union Europas im ursprünglichen und eigentlichen Sinne des Wortes kommen wird.

Das ist kein Wunschtraum, das ist ein Befund, nicht mehr, aber auch nicht weniger. Aus ihm ergibt sich eine der großen Fragen der Zukunft: Wird es gelingen, die Renaissance des Nationalstaats auch im westlichen Europa in Einklang mit der Integration des Kontinents zu bringen? Denn die muß voranschreiten, namentlich bei der Vorbeugung und Verhinderung von Umweltkatastrophen, der Kanalisierung der Flüchtlingsströme oder auch der Bekämpfung der internationalen Kriminalität. Zu einer europäischen Lösung gibt es keine Alternative, weder in diesen Fragen noch auf den klassischen Betätigungsfeldern der Europäischen Union, allen voran dem Gemeinsamen Markt. Wie indessen die Verhandlungen zwischen den Staaten der EU und der EFTA (außer der Schweiz) über die definitive Erweiterung der EU gezeigt haben, formen partikulare nationalstaatliche Interessen nach wie vor, wenn nicht mehr denn je, das größte Hemmnis auf dem Weg hin zu einem wie immer geeinigten Europa.

Vielleicht bildet ja die bewußte Annahme der neuen Realitäten, bildet das Akzeptieren der nationalen Idee die eigentliche Voraussetzung ihrer künftigen Überwindung, auch im deutschen Fall. So gesehen ist Deutschland jetzt tatsächlich wieder ein »normaler« Nationalstaat unter anderen. Das ist keineswegs jene »aufatmend-triumphierende Feststellung«, die Jürgen Habermas unterstellt, sondern eine »schlichtweg auf gesundem Menschenverstand« basierende Bilanz, wie Timothy Garton Ash in seinem Buch *Im Namen Europas* diagnostiziert. Und die von Habermas prognostizierte »zweite Lebenslüge« der Bonner Republik würde gerade darin bestehen, diesen Sachverhalt zu ignorieren. Man kann aus einer Nation und ihrer Geschichte nicht einfach austreten »wie aus einem Verein«, sagt Martin Walser.

Und dann könnte eine Verkennung oder Verdrängung der neuen Lage jenem historischen Vergessen Vorschub leisten, das in der gegebenen Situation verheerend wäre und das zu verhindern die deutschen Intellektuellen ja dem Vernehmen nach zu ihrer vornehmsten Lebensaufgabe gemacht haben. Wer nüchtern zur Kenntnis nimmt, daß die Bundesrepublik mit der Vereinigung erneut ein Nationalstaat ist, und zwar mit erheblichem Gewicht in Europa und der Welt, wird sorgsam darauf achten, daß dieser zweite deutsche Nationalstaat nicht die Ungeschicklichkeiten, Fehler und Verbrechen des ersten verdrängt, vergißt oder gar wiederholt.

Das kann eine Gratwanderung werden, sind doch in diesen Tagen ausgerechnet die Deutschen aufgerufen, eine Verantwortung zu übernehmen, die dem Status ihres Landes als souveränem, gleichberechtigtem Nationalstaat und seiner Stärke als europäischer Großmacht entspricht. Weil Habermas mit seiner Einschätzung recht hat und sich in Europa »noch nie die Waage der Verantwortung für Anomie, Bürgerkrieg und Chaos, die sich in den Weiten des Ostens ausbreiten, so eindeutig zu Lasten Westeuropas« gesenkt hat, sind alle gefordert, insbesondere natürlich die reichen und starken Nationen. Und wenn Verantwortung zu übernehmen bedeutet, das Chaos und seine Begleiterscheinungen wie den systematischen Genozid, den tausendfachen Hungertod oder die massenhafte Vertreibung zu beenden oder doch wenigstens zu begrenzen und damit übrigens auch einem Übergreifen etwa auf andere Teile Europas vorzubeugen, dann bedarf es des Einsatzes geeigneter Mittel. Worte helfen nicht, und eine »multilateral koordinierte Weltinnenpolitik«, auf die Habermas hofft, mag ja erstrebenswert sein, ist aber ebensowenig in Sicht wie eine »Europäische Sicherheitsgemeinschaft«, deren Modell Egon Bahr 1993 vorgestellt hat.

Also bleibt es bei den bekannten, wenig befriedigenden Mitteln, von den sogenannten humanitären Maßnahmen wie technischer oder wirtschaftlicher Unterstützung bis hin zu Sanktionen und massiven Interventionen, die äußerstenfalls militärischer Natur sein können oder müssen. Daß dabei gerade Deutschland nicht nach Art der wilhelminischen Imperialisten im Alleingang operieren darf, ist eine Binsenweisheit. Kaum verbreitet ist hierzulande allerdings das Bewußtsein, daß die Bundesrepublik, wenn sie in diesem Sinne als normales Mitglied der Völkergemeinschaft tätig wird, natürlich immer schon Machtpolitik treibt, übrigens auch dann, wenn nicht ein einziger Soldat an dem Unternehmen beteiligt ist. Daß sich die deutschen Intellektuellen bislang vor der überfälligen Bestandsaufnahme drücken und das Kind nicht beim Namen nennen, hat auch damit zu tun, daß die Angst vor diesem Gedanken offenkundig gerade ihnen in den Knochen steckt.

Diese tiefsitzende Berührungsangst der Deutschen mit dem Phänomen der Macht hat ihren Grund. Sie ist das Ergebnis zweier Weltkriege einschließlich eines rassenideologischen Vernichtungsfeldzuges, wie ihn die zivilisierte Welt bis dahin nicht kannte. Einen Wiederaufstieg Deutschlands zu einer Groß- oder gar Weltmacht zu verhindern, war folglich das wichtigste Anliegen der alliierten Sieger nach 1945. Die Voraussetzung dafür lag in der Zerschlagung des deutschen Nationalstaats. In der Formulierung bestand Einigkeit, mit welchen Mitteln es erreichbar war, blieb umstritten. Der Kalte Krieg war auch Ausdruck der Uneinigkeit der Sieger in der Frage, wie dieses Deutschland kontrolliert und an einem Wiederaufstieg gehindert werden sollte. Mit seinem Ende entfiel die Kontrolle, zerbrach der Konsens in der Zielsetzung: Ein halbes Jahrhundert nach dem Zweiten Weltkrieg ist Deutschland wieder vereinigt, wieder auf dem Weg zu einem Nationalstaat und damit zu einer europäischen Großmacht. Daran haben jedenfalls die Nachbarn keinen Zweifel, und daran sollten sich die Deutschen so schnell wie möglich gewöhnen.

Hier harrt der Intellektuellen eine neue, eine wichtige Aufgabe. Es gilt zu zeigen, daß Macht nun einmal ein Faktor im Leben der Menschen, Völker und Staaten ist. Ebendeshalb birgt sie immer schon beides in sich, die Gefahr des Machtmißbrauchs, wie die Deutschen ihn vor 1945 exzessiv getrieben haben, und die Chance ihres Einsatzes für lebensrettende, friedenserhaltende Zwekke, der heute von der Bundesrepublik erwartet wird.

Gerade hier wird sich im übrigen zeigen, wie tiefgreifend und erfolgreich der von Habermas beschworene Prozeß der »kulturellen Verwestlichung und Zivilisierung« tatsächlich ist: Nicht wenn sich Deutschland als ein europäischer Nationalstaat wie Frankreich, Großbritannien oder Belgien verhielte, sondern im deutschen Abseitsstehen läge heute die Verabschiedung von den westlichen Werten. Eine Frage wie die, ob man einen Zerstörer der Bundesmarine für einen Inspektionsauftrag der UNO im Rahmen einer WEU-Aktion und als Teil eines NATO-Verbandes in eine Krisenregion entsendet, darf nicht, wie im Sommer 1992, Gegenstand einer sich über Wochen schleppenden Kontroverse sein. Die Vorstellung, daß die deutschen Besatzungen aus den AWACS-Maschinen der NATO gestiegen wären, als diese im Auftrag der Vereinten Nationen zur Durchsetzung ihrer Beschlüsse eingesetzt wurden, ist auch noch im Rückblick grotesk.

Im Verein mit anderen dafür Sorge zu tragen, daß die EU, die NATO oder die UNO nicht einen folgenschweren Gesichtsverlust erleiden, wie unter Umständen in Somalia, Haiti oder Kambodscha, oder kraß versagen, wie jedenfalls zum Teil in den Kriegsgebieten des vormaligen Jugoslawien, das gehört in diesen Tagen zu den Aufgabe einer zivilisierten Macht der westlichen Welt. Wer es wie Habermas für »vernünftig« hält, »die Autorität der Vereinten Nationen soweit zu stärken, daß den Resolutionen der Völkergemeinschaft erforderlichenfalls auch mit militärischen Mitteln Nachachtung verschafft werden kann«, der muß auch sagen, daß sich dann alle UNO-Mitglieder grundsätzlich daran zu halten und zu beteiligen haben. Denen, die ein entsprechendes Engagement auch der Bundesrepublik für unabdingbar halten, im gleichen Atemzug vorzuwerfen, sie wollten »endlich wieder deutsche Truppen an der Front sehen« und Deutschland »im dritten Anlauf die Stellung einer europäischen Vormacht in der Mitte des Kontinents« sichern, entbehrt zumindest der Logik.

Nur wenn die deutschen Intellektuellen sich auf den Boden der neuen Realitäten stellen, können sie ihren Beitrag zu jener Kontroverse über die »Rolle« der »erweiterten Republik« leisten, die nach der zutreffenden Beobachtung von Jürgen Habermas bislang verdrängt wurde und die daher jetzt »fällig« ist.

Kultur und Binnenmarkt: artfremd

Zu einer künftigen Kulturpolitik der Europäischen Union

Von Joachim Sartorius

Die deutsche Diskussion über Sinn und Notwendigkeit einer europäischen Kulturpolitik hat sich in den letzten Jahren zwischen zwei Polen bewegt. Die einen halten sie für entbehrlich, jedenfalls für nicht kompatibel mit dem Wesen der Kultur. Sie warnen vor Gleichmacherei, vor Zentralismus, vor dem großen Euro-Pudding: Kunst, Literatur, Musik dürfen nicht das Schicksal der Produkte aller kapitalistischen Märkte erleiden und als Abfallhalde enden. Viele Gegner verlieren sich aber gar nicht in solch zugespitzten Visionen. Entweder halten sie Kultur schlicht für keine Angelegenheit, oder sie folgen jener neuen Tendenz, die aus Deutschland wieder eine unabhängige mitteleuropäische Großmacht machen will. Ein Vollzug der Europäischen Union würde solch ein Projekt empfindlich konterkarieren. So hantieren Politiker wie Bayerns Ministerpräsident Stoiber gerne mit dem Schreckgespenst, letzte noch verbleibende Kompetenzen müßten an supranationale Institutionen abgegeben werden. Gerade die Kultur aber solle in der Verantwortung des Nationalstaates bleiben. Noch ganz an ihrem Beginn, befindet sich die europäische Kulturpolitik schon in einer Notwehrsituation.

Das ist die eine Seite. Doch bei anderen Bürgern und Politikern hat sich die Einsicht durchgesetzt, daß Binnenmarkt und Währungsunion, ohnehin voller Widersprüche und Probleme, nicht ausreichen, um Europa voranzubringen. Es war der Vertrag von Maastricht, der die Diskussion über die Richtigkeit und Geschwindigkeit der westeuropäischen Integration auslöste. Aufgeschreckt hat auch das zerfallende Jugoslawien: Europa, das heute in Sarajewo eine ausgebrannte Ruine ist, fühlt seine Ohnmacht.

Bei der Suche nach völkerverbindenden, identitätsstiftenden Elementen der Europapolitik fiel in den EG-Hauptstädten der Blick auf die Kultur. Hans Peter Burmeister, Leiter der Evangelischen Akademie Loccum, hat diesen Prozeß beschrieben: »Die Juristen und Wirtschaftsfachleute in den Brüsseler und Straßburger Büros … stoßen heute an die Grenzen des von ihnen Machbaren und letztlich auch politisch Durchsetzbaren. Sie wissen und ahnen es zum großen Teil, daß ihr ökonomisch und politisch sinnvolles Projekt Europa nicht gelingen kann, wenn der geistige Zusammenhang fehlt und allein kulturelle Abgrenzung das Gebot der Stunde zu sein scheint.«

Eine wahrhaft europäische Kulturpolitik, wird demzufolge argumentiert, könne der EG-Gesellschaft einen tieferen Sinn geben und auch als einigendes Band – quasi als eine »gesamteuropäische Integrationsideologie« – über die engen EU-Grenzen hinaus zu dem »übrigen« Europa fungieren.

Es steht mir nicht an, über das »Sinnstiftende« einer neu inspirierten europäischen Kultur zu spekulieren. Derlei würde die EG momentan wohl auch überfordern. Aber ausschlaggebend ist doch das folgende: Die momentane politische Schwäche Europas findet ein Gegengewicht in seinem kulturellen Zusammenhalt. Die Vorstellung einer gemeinsamen Kultur und einer starken Ähnlichkeit der kulturellen Aspirationen wird vielleicht nicht von jedem einzelnen europäischen Bürger geteilt, doch das Bedürfnis nach einem freien und kritischen Verständnis der Gegenwart wird nicht durch nationale Grenzen zurückgestutzt, noch folgt es blind den ideologischen, religiösen und militärischen Demarkationslinien, die die Karte Europas schraffieren. Der irische Dichter Seamus Heaney hatte recht, als er – lange vor dem Kollaps der marxistischen Ideologie – schrieb, daß das »government of the tongue« die dauerhafteste Alternative bietet in einer Welt, die sonst von den obskuren und naiven Reflexen der Politik kontrolliert wird. Der Weg zur Europäischen Union ist ein neuer Testfall für Heaneys Überzeugungen. Nehmen wir die Union ernst, so ist sie ohne eine eigene, eigenständige Haltung zur Kultur, ohne Elemente einer eigenen Kulturpolitik nicht denkbar. Sie wäre nichts als eine Bündelung ökonomischer Interessen, ein wirtschaftlich-technologischer Moloch.

Was daher not tut, ist der Entwurf eines pragmatischen Forderungskatalogs, der die Elemente benennt, die zu einer engagierten Kulturpolitik gehören sollten und zur Schaffung eines europäischen Bewußtseins beitragen können, und das wiederum ist unerläßlich für das Gelingen der Europäischen Union. Es geht im Grunde um die Wiederbelebung eines Erbes, das in der Zeit der Romantik entstanden ist und nach dem Ende des Ersten Weltkriegs noch einmal virulent wurde, als sich Intellektuelle und Künstler, über alle Grenzen hinweg, auf ein imaginäres Europa als eine nicht in Zweifel zu ziehende Größe bezogen. Es mag stimmen, daß es im politischen Bereich nie eine europäische »gemeinsame Idee« gegeben hat, im intellektuellen Bereich, zumal unter den Schriftstellern, aber sehr wohl. Der Zweite Weltkrieg und die Teilung des Kontinents im Kalten Krieg zerstörten diesen Kosmopolitismus. Es wird heute, will man ernsthaft das Zusammenwachsen Europas, vor allem auch darum gehen, daß jeder »Unionsbürger« künftig neben seiner nationalen noch eine zweite Identität erhält, eine europäische, die auf dem Gemeinsamen aller nationalen Kulturen beruht.

Die Ausgangslage hierfür ist alles andere als günstig. Bei den Verhandlungen zu den Römischen Verträgen wurden die kultur- und bildungspolitischen Auswirkungen einer wirtschaftlichen Integration bewußt ausgeblendet. Europa, für Stefan Zweig noch »das Pantheon unserer abendländischen Zivilisation«, wurde von der EG ausschließlich in ökonomischen Zusammenhängen definiert und interpretiert. Kultur wurde spät – und eher widerwillig – wahrgenommen, weil das entwickelte Instrumentarium im Kulturbereich nicht griff und in einer Regelung des Kulturbetriebes über das Wirtschaftsrecht einiger Zündstoff verborgen lag. In der Tat hatte es drei Jahrzehnte lang keine Kulturpolitik, nur eine Kulturwirtschaftspolitik der EG gegeben. Die EG-Bürger waren Marktbürger, wenig mehr. Das Europa der Technokraten, mit den zunehmend komplizierten, obskuren, nicht mehr durchschaubaren Verfahren, entfernte sich immer weiter von seinen Bürgern. Erst langsam, nicht weil Politiker plötzlich die Kultur entdeckt und auf ihre Fahnen geschrieben hätten, sondern weil einige prominente Rechtsfälle zur nationalen Filmförderung, zur Buchpreisbindung und zum Rechtsgüterschutz für Aufsehen sorgten, setzte sich die Einsicht durch, daß eine wünschenswerte gesellschaftspolitische Realität sich nicht durch wirtschaftliche Determinierung bestimmen läßt.

Wahrscheinlich ist der neue Artikel 128 des Maastrichter Vertrages eine späte Frucht dieser Erkenntnis. Zum ersten Mal in ihrer Geschichte wird der EG/EU kulturelle Kompetenz zugesprochen, ganz so, als wollten die Mitgliedstaaten den bisherigen eklatanten Mangel mit einer konstitutionellen Basis für künftige kulturelle »Aktionen« (wie es im EG-Jargon heißt) endlich wettmachen. Die Gelehrten streiten sich, wie dieser Artikel 128 zu bewerten ist, denn der Union werden nur ergänzende und koordinierende Funktionen zugesprochen, in Habachtstellung vor dem mächtigen Subsidiaritätsprinzip des Artikels 3b. Es ist sicher richtig, daß der Kulturartikel kaum mehr als den kleinsten gemeinsamen Nenner darstellt, auf den sich die Mitgliedstaaten mit ihren divergierenden Interessen einigen konnten. Und richtig ist auch, daß künftig jede »kulturelle Aktion« der EU der Einstimmigkeit von Kommission und Parlament und auch der Zustimmung des Komitees der Regionen bedarf. Der bisherige rechtsfreie Zustand, der der EG immerhin erlaubt habe, einige Förderprogramme und den Schutz des architektonischen und archäologischen Erbes auf den Weg zu bringen – so wird argumentiert –, sei viel besser gewesen als die jetzigen stark formalisierten Vorgaben. Man muß aber, jenseits dieser juristischen Bewertungen, sehen, daß die Union mit diesem Artikel erstmals die Überwindung der rein wirtschaftlichen Dimension der Gemeinschaft anstrebt. Hierin liegt ein enormer qualitativer Sprung. So hat auch Colette Felsch, die zuständige Generaldirektorin in Brüssel, in einem der ersten Kommentare zu Maastricht festgestellt, mit diesem Vertrag könne man endlich beginnen, »wirklich Kulturpolitik in Europa zu machen«.

Seither ist jedoch herzlich wenig geschehen. Ein neues Kulturkonzept der EU ist noch nicht in Sicht. Das Budget für Kulturförderungen ist nach wie vor skandalös niedrig – 12,3 Millionen ECU (ohne den audiovisuellen Bereich, für den 51,2 Millionen ECU ausgegeben werden). Eine signifikante Erhöhung steht nicht an. Da die vorhandenen Instrumente und die Spezifika des Kulturbereichs nach wie vor nicht zusammengehen, wird es ganz wesentlich darauf ankommen, wie sich der Absatz 4 des Artikels 128 mittelfristig auswirken wird: Danach ist der EU nunmehr explizit aufgegeben, den kulturellen Aspekten bei ihrer Tätigkeit Rechnung zu tragen (»Kulturverträglichkeitsgebot«).

Äußerst sinnfällig wurde diese Problematik bei einer Tagung, zu der der österreichische Kultur- und Bildungsminister im November 1993 nach Wien eingeladen hatte. Ziel der Tagung war, vor dem Referendum über den österreichischen EG-Beitritt Vorbehalte von Künstlern und kulturellen Institutionen zu zerstreuen, nach dem Motto: Was bringt die EU dem steirischen Bildhauer, dem Wiener Literaten? Im Verlauf der Tagung nahmen die Vorbehalte aber eher noch zu. Kreidebleiche Gesichter bei den angereisten Beobachtern aus den ebenfalls beitrittswilligen EFTA-Staaten Norwegen und Schweden löste ein Vortrag über die Beihilfeaufsicht der EG aus. Sollte das hochentwickelte österreichische Fördersystem nach dem Beitritt plötzlich notifizierungsbedürftig und von der EG gar »herunterharmonisiert« werden können? In einer hitzigen Debatte wurde klar, daß die beiden Voraussetzungen für einen EG-Eingriff – Wettbewerbsverzerrungen und grenzüberschreitende Handelsbeeinträchtigungen – so sehr Begriffe der Wirtschaftsgemeinschaft sind, daß sie nicht ohne Not (und Aufschrei!) in den Kulturbereich eingepaßt werden könnten. Die Oper in Lissabon schert sich nicht um die hohe Gage, die Wien der Sängerin X bezahlt. Die Förderung des Residenz-Verlags macht nicht unbedingt den französischen Verleger rabiat. Wenn der Artikel 128 intendiert, die Gemeinschaft endlich als kulturelle Gemeinschaft zu erkennen und die Kultur als Sonderbereich auszuweisen, dann muß er in der Tat der bisherigen Tendenz, auch den nationalen Kulturbetrieb mit seinen spezifischen Errungenschaften über das europäische Wirtschaftsrecht zu scheren, einen Riegel vorschieben. Vermutlich wird erst die Rechtsprechung des Europäischen Gerichtshofes hier für etwas mehr Klarheit sorgen. Aber können wir solange warten?

Eine kohärente Kulturpolitik tut not, will die EU ihre gegenwärtige Sinnkrise überwinden. Politiker, die sich in eine durch den Artikel 128 Absatz 4 garantierte Kulturautonomie einigeln wollen, haben nicht verstanden, daß es *genuine* grenzüberschreitende europäische Aufgaben gibt und eine positive und nichtprotektionistische Deutung der Subsidiarität – als *Bringschuld* für Regionen und Länder, in gemeinsame europäische Aktivitäten möglichst viel Eigenes einzubringen – das Gebot der Stunde ist.

In diesem Kontext sehe ich vier große Aufgabenfelder für eine künftige Kulturpolitik der EG.

Der erste und wichtigste Bereich ist die Verantwortung der EG für den *Dialog der europäischen Kulturen.* Kulturenkontakt ist häufig erzwungen oder findet erst gar nicht statt. Wenn wir Kultur als die Fähigkeit definieren, von anderen zu lernen, so heißt das Dialog, und Dialog hat mit Individuen zu tun und nicht mit Einrichtungen, Institutionen oder Blökken, auf die die EG in ihren kulturellen PR-Maßnahmen (»how to promote and to sell the product EC«) bisher ein Übergewicht gelegt hat. Das bedeutet, daß Kulturaustausch Austausch von Personen sein muß und keine Schaufenster- und Festivalkultur sein darf. Die unmittelbare Form der Begegnung ist das Basiselement europäischer Kulturpolitik. Nun gibt es eine Menge binationaler Austauschvorhaben und auch im europäischen Rahmen gut funktionierende Programme – jedoch nur für junge Akademiker und Wissenschaftler. Die Defizite der bestehenden Austauschprogramme liegen im künstlerischen Bereich. Hier müßte von der EG ein Kultur-ERASMUS-Programm gegründet werden. Das 1986 initiierte ERASMUS-Programm der EG, das die akademische Mobilität erfolgreich erhöht hat, könnte dabei mit gewissen Modifikationen auch auf den Kulturbereich übertragen werden. Durch einen solchen Kultur-ERASMUS könnten junge Komponisten, Schriftsteller, Filmemacher, bildende Künstler gefördert werden, aber auch Berufsgruppen, die mit Kunst und Literatur verbunden sind wie beispielsweise Cutter, Kameraleute, literarische Übersetzer, Dramaturgen oder Kulturmanager. Wichtig wäre, daß ein solches großangelegtes Programm nicht an den Grenzen der EG haltmacht, sondern von vornherein die Länder Mittel- und Osteuropas in diesen Künstleraustausch mit einbezieht. In diesen Ländern müßten Organisationen gegründet werden, die ein solches ERASMUS-Programm ausführen würden, denn für derart komplexe multilaterale Programme sind kompetente Partnerorganisationen notwendig.

Einzelne Institute – die Europäische Kulturstiftung, die Felix-Meritis-Foundation in Amsterdam oder auch das Künstlerprogramm des DAAD in Berlin – unternehmen bereits Anstrengungen in dieser Richtung. Es geht mir aber um ein Programm großen Stils, mit Tausenden von Stipendien, das der äußeren Europäisierung durch Binnenmarkt, Qualitätsstandards und harmonisierende Gesetzgebung eine *innere* Europäisierung, also die Beseitigung der grassierenden Ahnungslosigkeit vom anderen und die Entwicklung einer interkulturellen Sensibilität, gleichwertig an die Seite stellt.

In manchen Ohren mag das hochtrabend oder emphatisch klingen. Selbst in dem Verhältnis zwischen Frankreich und Deutschland, das die höchste Dichte an Begegnungen junger Menschen aufzuweisen hat, sitzen in der Tat die mentalen und kulturellen Differenzen nach wie vor tief. Doch wo stünden wir ohne diesen Dialog, ohne diese ganz konkreten, auf den einzelnen bezogenen Austauschprogramme? Es ist das einzige Mittel gegen Entfremdung und Abschottung. Die Erfahrung der Differenzen ist die Vorbedingung für gegenseitiges Verstehen. Und es kommt, im Hinblick auf die Europäische Union, noch etwas hinzu: Begegnungen dieser Art, der Aufenthalt über längere Zeiträume in einem anderen Land, nehmen etwas von den Gefahren, die eine solche Superorganisation Europa für die Interessen des einzelnen bedeuten könnte.

Der zweite Bereich liegt in der Förderung europaweiter Verbundsysteme. In fast allen künstlerischen Sektoren, ob Film, Theater, Musik, Poesie oder literarische Übersetzung, gibt es bereits Institutionen, die oft unter großen Schwierigkeiten und Opfern versuchen, international zu arbeiten. Es wird darauf ankommen, daraus ein Netzwerk zu machen: Verbundsysteme, die den vielbeschworenen europäischen Kulturraum, der an EG-Grenzen nicht haltmacht, erst schaffen. So könnte eine Infrastruktur für Mobilität und Austausch entstehen, die eine Europäisierung der Erfahrungen erleichtert.

Der dritte Bereich betrifft die Erhaltung und den Schutz des kulturellen Erbes von europäischer Bedeutung. Es gibt die Vorstellung, daß die einzelnen Kulturen Europas quasi abgepackt nebeneinander liegen, in einer Schachtel, die dann Europa wäre. Hieran zeigt sich symptomatisch, wie sehr – weniger bei den Künstlern und Autoren, aber im öffentlichen Bewußtsein – europäische Kultur in Vergessenheit geraten ist. Europäische Kultur ist ein übergreifender Zusammenhang, aus dem ausnahmslos sich die »nationalen« Kulturen nährten. Antike und Bibel sind keine nationalen Stoffe, ebensowenig wie Faust und Don Juan, wie Rousseau oder Shakespeare, Mozart oder Dostojewski. Ihre geistige Schärfe und Unabhängigkeit wären undenkbar ohne den geistigen Zusammenhang Europas. Hier also, bei den Fundamenten, muß eine europäische Kulturpolitik ebenfalls ansetzen. Wenn es keine breite und intensive Entwicklung von europäischem Bewußtsein gibt, werden die Menschen das Bedürfnis entwickeln, sich aufs neue abzugrenzen – auch wenn Wirtschaftsabläufe reibungslos funktionieren und die gleiche Währung materielle Werte einheitlich bezeichnet. Zur Bewußtmachung der universellen Werte der europäischen Kultur gehört gewiß die Restaurierung der Akropolis und die Hilfe für Venedig. Künftig sollte sich die EU aber auch für den Erhalt der Bibliotheken in Osteuropa einsetzen. Schließlich sollte sich die EU in Initiativen im schulischen Bereich einschalten, die der Jugend nahebringen, daß die Werte der europäischen Kultur nicht abstrakt, fremd sind. Die Erinnerung an das, was in Vergessenheit gerät, muß immer von neuem provoziert werden.

Der vierte Bereich betrifft die rechtliche, finanzielle und soziale Absicherung der im Kulturbereich Tätigen. Die europäische Einigung bietet die Chance, die jeweils besten rechtlichen Modelle zur Unterstützung und Förderung von Kultur zu verbreiten. Dazu gehören: Abbau von Zöllen für Kulturprodukte, Steuervorteile für Sponsoren, gesetzliche Erleichterungen für die Gründung von Stiftungen und andere Organisationsformen für Kultur- und Non-profit-Unternehmen; gesonderte Kulturparagraphen, um Bücherpreise oder Urheberrechte nicht unter Waren und Dienstleistungen zu subsumieren, Schutz vor staatlichen und kommerziellen Einschränkungen. Wichtig ist in diesem Zusammenhang auch die Sicherung der Partizipation der Künstler und ihrer Mitarbeiter in Kulturinitiativen. Die vorhandenen Gelder sind bisher oft in die falschen Hände geraten, an ephemere Prestigeobjekte vergeben worden und selten an die Künstler selbst gelangt. Stipendien, Mitbestimmung, Statusregelung und verbesserte Arbeitsbedingungen der kulturell Tätigen werden die Entwicklung einer lebendigen Kultur fördern.

Man kann nicht wirklich von Kultur sprechen, ohne Utopien zu entwerfen. Die von der EG bisher entwickelten Ansätze sind zu bescheiden und genügen nicht. Wir müssen hoffen, daß der Artikel 128, so vorsichtig er auch zwischen den Interessen der Mitgliedstaaten zu vermitteln sucht, dennoch Signal ist für den Anfang einer eigenen Kulturpolitik. Es wäre schade, bliebe die vielbeschworene »kulturelle Dimension« weiterhin eine Wortblase der EU-Politiker. Die skizzierten Maßnahmen hätten den Vorteil, die bisher »rein technokratische Konzeption vom Zusammenbringen des politisch und kulturell noch nicht Zusammenbringbaren« (Karl Heinz Bohrer) zu durchlöchern und Erste Hilfe zu leisten bei der langwierigen, allmählichen Überwindung der Entfremdung zwischen den repräsentativen Schichten der europäischen Länder.

Diese Maßnahmen sollten finanziert werden durch die Schaffung eines europäischen Kulturfonds, analog dem Europäischen Regionalfonds und Sozialfonds. Dieser Fonds sollte bis zum Jahre 2000 mit einem Prozent des EG-Budgets ausgestattet sein und von einem unabhängigen Expertengremium als Stiftung verwaltet werden.

Gemessen am heutigen Sachstand ist dieser Forderungskatalog unrealistisch. Es geht aber, wie oft in einer Zeit des Umbruchs und Aufbruchs, um die Annäherung von Pragmatismus und Traum.

Reinhart Koselleck,
Michael Jeismann, Hrsg.
Der politische Totenkult
Kriegerdenkmäler in der Moderne
440 Seiten mit 137 Abbildungen,
Franz. Broschur
DM 78,–/öS 609,–/sFr 85,80
3-7705-2882-4
Reihe: Bild und Text
(Bereits angekündigt,
erscheint im August 94)

Der Band vereinigt Beiträge von Historikern, Soziologen, Kunsthistorikern aus vielen Ländern. Erst im Vergleich zeigt sich die gemeinsame Signatur unserer Totenkulte und ihr gemeinsamer Wandel. Aus der nationalen Sinnstiftung schält sich immer drängender die Frage nach dem Sinn des gewaltsamen Todes heraus. Die Untersuchungen führen uns vom ritterlichen Totenkult der vorrevolutionären Zeit bis zum Vietnam-Denkmal in Washington. Sie vergleichen die parallele und einander widersprechende Entwicklung in Deutschland und Frankreich, sie thematisieren kriegführende und neutrale Nationen, konfrontieren die gesellschaftlichen Riten der USA mit den parteistaatlichen Riten der ehemaligen UdSSR, sie analysieren Kunstwerke wie Rodins ›Ehernes Zeitalter‹ und Großmonumente wie das Völkerschlachtdenkmal.
Vom Grabmal des Feldherrn bis zu dem des unbekannten Soldaten führt der Weg, ein Weg, der in die Abgründe unserer geschichtlichen Erfahrungen weist.

Themenbereiche und Autoren

Reinhart Koselleck: Einleitung

LÄNGSSCHNITTE –
DAS LANGE 19. JAHRHUNDERT

Michael Jeismann · Rolf Westheider · Betka Matsch von Wicht · Kai Kruse · Wolfgang Kruse · Georg Kreis

QUERSCHNITTE – FALLSTUDIEN IN DEUTSCHLAND UND FRANKREICH

Manfred Hettling · Annette Maas · J. A. Schmoll gen. Eisenwerth · Stefan-Ludwig Hoffmann · Volker Ackermann · Annette Becker

DIE WELTMÄCHTE USA UND UDSSR

Frank Kämpfer · Sabine Rosemarie Arnold · Michael Siedenhans · Robin Wagner-Pacifici · Barry Schwartz

Wilhelm Fink Verlag
München

Gedächtnis und Institution

Von Dan Diner

Daß kollektive Zugehörigkeit den Entwürfen von Individualität und Universalität entgehenstehe, ist ein weitverbreiteter Irrtum. Ganz im Gegenteil: Auch die universellste aller Zusagen bedarf ihrer Realisierung wegen eingrenzender Zusprechung. So gelangt der wohlmeinend beschworene Mensch ja nur als Bürger in den Genuß voller Rechtsfähigkeit – ebenso wie die Menschheit nur als Summe ethisch selbstverpflichteter Kollektive und damit als Rechtssubjekte Geltung erheischt.

Grenzziehungen dienen gemeinhin der politischen Delimitierung von Räumen gemeinsamer Rechtsüberzeugung. Gemeinsame Rechtsüberzeugung wiederum setzt gemeinsames Gedächtnis voraus. Kollektives Gedächtnis schließlich gilt als Voraussetzung gemeinsamer Überzeugungen und setzt damit die Bedingungen politischer Institution. Genau besehen und von aller ethnischen Herkunftstümelei frei, bedeutet derart bedingte Zugehörigkeit *Ethnos:* kollektives Gedächtnis.

Auf welchen Attributen von Zugehörigkeit beruht Ethnos? Welche Anteile historischer Erinnerung, welche historische Zeiten bedingen die Selbstdefinition und werden für das kollektive und von Generation zu Generation übertragene »Wir« in Anspruch genommen? Handelt es sich hierbei vornehmlich um die Geschichten und Geschichte der Erkämpfung und Erhaltung politischer Institutionen und Rechtsformen, die das kollektive Gedächtnis begründen – also menschheitlich gerichtete, universalistische Werte –, oder fußt das kollektive Gedächtnis wesentlich auf solchen Anteilen von Selbstidentifikation und Zugehörigkeit, die auf nicht mehr zugänglichen Zeiten, auf geschlossenen Vergangenheiten beruhen? Solche Attribute der Zugehörigkeit rationalisieren sich vornehmlich über Herkunft, sozusagen einem *ethnischen Ethnos.*

Ein ethnischer Ethnos hat ein äußerst restriktiv komponiertes kollektives Gedächtnis zur Grundlage. Es sucht allem zu widerstehen, was seinen Wandel herausfordern könnte. Insofern macht es Unveränderlichkeiten stark – und seien diese noch so fiktiv. Ein solches Gedächtnis kreist um die Attribute von Herkunft, und es verschließt sich notwendig jeder Öffnung denen gegenüber, die in ein solches Gemeinwesen Einlaß begehren. Angesichts seiner ethnischen Attribute bleibt ihnen das Kainsmal der Fremdheit eingeschrieben.

Solcher engen Vorstellung von Zugehörigkeit stehen Gemeinwesen entgegen, deren kollektives Gedächtnis sich um Institutionen rankt. Die Inhalte ihres kollektiven Gedächtnisses unterstehen vornehmlich der Geltungsmacht von Gegenwart – dem politischen Prinzip des tagtäglichen Plebiszits. Damit öffnet es sich trotz aller notwendigen Grenzziehung nach außen hin, öffnet sich jenen gegenüber, die auf Grundlage universeller Prinzipien von Freiheit und Gleichheit Teilnahme und Teilhabe begehren. Das kollektive Gedächtnis, das immer partikular gestiftet wird, findet sich auch in Gemeinwesen mit offenkundig universalistischem Anspruch und menschheitlicher Selbstverpflichtung wie den Vereinigten Staaten und Frankreich. Ihr »Wir« vergegenständlicht nichts anderes als die im kollektiven Gedächtnis sich niederschlagenden historischen Umstände einer jeweils konkreten, in Raum und Zeit erfolgten Realisierung der Idee des Universalen – eben von Menschen- und Bürgerrechten. Solche Verknüpfung von Universalität und Partikularität evoziert also nur scheinbar ein

Paradox: Denn schließlich kann die Realisierung des Universellen nur unter jeweils konkreten, also historischen Umständen erfolgen – mithin in Zeit und Raum. Auch das Universelle bedarf also seiner Verankerung in einem partikularen Gedächtnis. Ein universelles Gedächtnis an und für sich – ein solches Gedächtnis gibt es nicht.

Im Prinzip unterscheiden sich Gemeinwesen insofern voneinander, als sie auf jeweils verschieden verfaßten kollektiven Gedächtnissen beruhen. Wir unterscheiden Gedächtnisse, die wesentlich auf einer spezifischen Kollektiverfahrung der Erkämpfung und Bewahrung politischer Werte und Institutionen universellen Charakters fußen von solchen, denen ein ausgesprochen partikularer Erfahrungshorizont eigen ist. Ersteres ruht auf einem *politischen* Ethnos, letzteres auf einem *ethnischen.* Dem einen, dem an universellen Werten ausgerichteten Gedächtnis, entspricht trotz notwendiger Grenzziehung im großen und ganzen ein Prinzip der Inklusivität, dem anderen das der Exklusivität. Bei solch typologisch zuspitzender Unterscheidung ist von jener Differenz die Rede, die die deutsche Tradition der Teilnahme und Teilhabe am Gemeinwesen von den Traditionen der Kernländer des Westens unterscheidet. Die Tragik des nationalen Selbstverständnisses der Deutschen war von Anfang an darin begründet, daß die legitime Abwehr des napoleonischen Zugriffs mit der Zurückweisung seiner universellen, menschheitlichen politischen Inhalte einherging.

Der Umstand, das Universelle in fremdem Gewande und unter demütigenden nationalen Umständen zu erfahren, bestimmte fürderhin die Ausbildung des kollektiven Gedächtnisses in Deutschland. Dies galt für die Einführung von Demokratie und Republik 1918 wie für die Einführung des Grundgesetzes der Bundesrepublik. Auch an seiner Wiege standen die Alliierten und damit der Westen Pate – der Westen als das Ensemble jener kollektiven Gedächtnisse, die das Universelle und somit ein Gedächtnis der Institution und der politischen Werte zur Grundlage haben. Und trotz erfolgreicher politischer Integration in den Westen und gelungener Übernahme seiner Institutionen bleiben wesentliche Bestandteile des kollektiven Gedächtnisses der Deutschen exklusiv verengt: Das kollektive Gedächtnis in diesem Lande bleibt weiterhin an den Nationalsozialismus gebunden – sei es als Eingedenken von Schuld, sei es in Abwehr. So oder so: Das kollektive Gedächtnis haftet ganz ohne außengeleitetes Zutun an jener Vergangenheit und konstituiert derart vermittelt paradoxerweise Zugehörigkeit. Die vom Nationalsozialismus verursachte rassistisch ethnifizierte Bedingtheit von Zugehörigkeit zum Kollektiv der Deutschen konstituiert nunmehr als moralisch begründeter Schuldzusammenhang ein signifikantes Merkmal substantialistischer Zugehörigkeit zum ethnischen Ethnos als kollektives Gedächtnis. So wird auch und gerade der geschichtsbewußte Rückbezug auf den nationalsozialistisch verursachten Schuldzusammenhang zu einer tragenden Säule des kollektiven »Wir«.

Die Reaktionsvarianten eines derart komponierten Bewußtseins sind ebenso vielfältig wie gegenläufig. Sie reichen von Aktionen der Schuldabwehr als symbolisches Nachspiel in rechtsradikaler Gewaltaktion bis hin zu kontraphobischen Ausprägungen des Gutgemeinten, die eher eine Nähe zum gemiedenen Objekt der Abwehr anzeigen, als daß sie für sein behauptetes Gegenteil stehen. Ganze Bereiche der politischen Kultur sind von kontraphobischer Reaktionsbildung affiziert. Sie dementiert alle Behauptungen von Normalität. Insgesamt handelt es sich bei all diesen Phänomenen um dramatische Verlängerungen des Vergangenen im kollektiven Gedächtnis – wenn auch als wohlmeinende Verkehrungen. Der nationalsozialistisch zugerichtete, mithin rassistisch verengte Ethnos ethnischer Deutscher manifestiert seine Geltung gleichsam notwendig in Absetzung zu jener gerechterweise inkriminierten erinnerungsträchtigen Vergangenheit und bleibt so an ihr haften.

Die Folgen eines derart verengt komponierten kollektiven Gedächtnisses freilich sind paradox: Trotz guter Absicht geben sie die Engführungen des Gedächtnisses, des ethnischen Ethnos, weiter. So wird beispielsweise die Teilnahme und Teilhabe von Fremden am Gemeinwesen zwar lauthals und in Absetzung zur Gedächtnisfolie der nationalsozialistischen Vergangenheit gefordert - doch gibt diese Bereitschaft eher Auskunft über die eigenen, moralisch luxurierenden Befindlichkeiten denn über die Absicht einer wirklichen Öffnung des Gemeinwesens für Fremde. Es bleibt ein unauflösliches Dilemma: einerseits die Erinnerung an die Verbrechen des Nationalsozialismus zu wahren, sie zu einem zentralen Bestandteil kollektiven Gedächtnisses zu erheben - andererseits jedoch erkennen zu müssen, daß diese Gedächtnisinhalte eine ethnische Verengung des Ethnos mit sich bringen. Kein deutscher Bürger nicht-ethnisch deutscher Herkunft kann vernünftigerweise dazu verpflichtet werden, an einem kollektiven Gedächtnis teilzuhaben, das im Kontext einer historischen Erinnerung eingebunden ist, die ihn gerechterweise zu nichts verpflichtet. Kann er sich auf einer derartigen Grundlage dem kollektiven »Wir« empathisch verbunden fühlen?

Daraus zu schließen, daß alles zu vergessen und nichts zu erinnern sei, hieße Einsicht und Erkenntnis ad absurdum führen. Freilich bleibt die Forderung, das kollektive Gedächtnis zu öffnen. Eine solche Öffnung würde tiefgreifende Einschnitte in das eigene Selbstverständnis, tiefgreifende Veränderungen für das Gedächtnis ethnischer Deutscher bedeuten, nämlich die Verwandlung des ethnischen Deutschen in einen deutschen Bürger. Was den Anschein bloß semantischer, bestenfalls rechtlicher Veränderung erweckt, rührt eigentlich an liebgewonnene, wenn auch von Haßliebe geprägte Tiefenschichten des kollektiven Gedächtnisses. Denn nicht die Verbesserung des Fremden wäre mithin verlangt, sondern die Verwandlung des eigenen Gedächtnisses, des kollektiven Gedächtnisses der ethnischen Deutschen in Richtung eines Selbstverständnisses, das zunehmend den Anforderungen eines Patriotismus der Institutionen genügt und der Gegenwärtigkeit des politischen Willens als einem tagtäglichen Plebiszit vor den Legitimationsinhalten der Vergangenheit den Vorzug gibt, einer Vergangenheit, die auf dem Gedächtnis der Lebenden lastet.

Läßt sich ein derart notwendiger Wandel durch Artikulierung politischen Willens einleiten? Die Widerständigkeiten kollektiven Gedächtnisses sind gewaltig, gemeinhin drängen sie auf Wiederholung - und sei sie nur symbolisch. Die Institution des deutschen Bürgers wäre nur als erkämpfte wirklich gesichert. Aufnahme und Sicherung erfahrener, erlebter Universalismen in das kollektive Gedächtnis der Deutschen jenseits von allem matten Verfassungspatriotismus - die Verwandlung also von einem Kollektiv ethnischen Gedächtnisses in das eines Gemeinwesens, das sich dem Selbstverständnis einer Willensnation öffnet, ist keineswegs selbstverständlich. Kaum scheint die geborgte Zeit der verwestlichten alten Bundesrepublik abgelaufen, gibt es angesichts der Wiederkehr Deutschlands als Nationalstaat Tendenzen, die dem kollektiven Gedächtnis wohl kaum seine ethnifizierte Grundierung entziehen dürften. Der mit dem Wandel von der Bundesrepublik zu Deutschland einhergehende Rückbezug auf die nationale Geschichte wird aller Voraussicht nach jene Dynamik verebben lassen, die sich aus den Arsenalen der alten Bundesrepublik speiste und die gegenwärtig noch währt. Der Wandel wird der kollektiven Selbstverständigung wegen und in unsicherer Zeit sich jener Anteile von Gedächtnis versichern, die während der vierzigjährigen Sonderzeit der Bundesrepublik in Starre verfallen waren - eine Starre, die nicht zuletzt dem Westen und seinen universellen Traditionen zugeschrieben wird.

In Zukunft wird es sich zu erweisen haben, ob die Institutionen und Orientierungen der alten Bundesrepublik im kollektiven Gedächtnis eine Verankerung gefunden haben, die auch Patina anzusetzen vermochte. Andernfalls werden auch die zaghaften Bemühungen, den Ethnos der ethnischen Deutschen in den von deutschen Bürgern zu verwandeln, jenem Sonderweg verhaftet bleiben, der in der Vergangenheit von unbestreitbarer Wirkungsmacht gewesen war: nämlich die Tendenz zunehmender Rückversicherung im Gedächtniskontext einer sich vornehmlich ethnisch bestimmenden Nation.

Identität?

Vier psychoanalytische Anläufe

Von Peter Schneider

Die Konjunktur der »Identität« beginnt mit Erik Eriksons 1950 erschienenem Buch über *Kindheit und Gesellschaft,* einem Standardwerk jener Ichpsychologie, die die Freudsche Theorie der psychosexuellen Individualgeschichte als eines konflikthaften Prozesses (notabene eines Prozesses nicht der Entfaltung, sondern der Verdrängung, Verschiebung, Verdichtung etc.) zu einem mit der soziologischen Rollentheorie kompatiblen Konzept konstruktiver Lebenskrisenbewältigung »weiterentwickelt«. Er habe versucht, schreibt Erikson, »den ganzen Lebenszyklus als ein integriertes psychosoziales Phänomen darzustellen.«[1] In mindestens acht Krisen hat der Mensch sich zu bewähren – von der Wiege bis zur Bahre: »So würde – um nur drei von ihnen zu erwähnen – die Säuglingszeit in einer Krise kulminieren, in der das Urvertrauen das Urmißtrauen überwiegen muß, die Adoleszenz in einer Krise, in der sich die Identität als stärker erweisen muß als die Rollenkonfusion, während im Alter nur die Integrität die Verzweiflung in der Schwebe halten kann.« »Junge Menschen müssen zu ganzen Menschen aus ihrem eigenen Wesen heraus werden, und das in einem Entwicklungsstadium, das sich durch eine Vielfalt von Veränderungen im körperlichen Wachstum, in der genitalen Reifung und in der gesellschaftlichen Bewußtwerdung auszeichnet. Die Ganzheit, die in diesem Stadium erreicht werden muß, habe ich als Gefühl der inneren Identität bezeichnet.« »Das Kernproblem der Identität besteht ... in der Fähigkeit des Ichs, angesichts des wechselnden Schicksals Gleichheit und Kontinuität aufrechtzuerhalten. Das Schicksal aber kombiniert immer Veränderungen in den inneren Zuständen, die das Ergebnis fortschreitender Lebensstadien sind, mit Veränderungen in der Umwelt, in der historischen Situation. Identität bedeutet auch die Elastizität, in den Wandlungsformen wesentliche Grundformen zu bewahren.«

Identität – so definiert es schließlich Charles Rycroft mit Berufung auf Erikson – sei »das Bewußtsein seiner selbst als ein kontinuierlich existierendes Wesen, unterscheidbar von allen anderen ... Das Bewußtsein von Identität ist wahr-

[1] Erik H. Erikson, *Einsicht und Verantwortung.* Frankfurt: Fischer 1992.

scheinlich synonym mit *Selbst-Bewußtsein* und kann als subjektives Äquivalent des *Ich,* welches die psychoanalytische Theorie nur objektiv zu benutzen tendiert, betrachtet werden.«[2] Das Selbstbewußtsein, auf das diese Definition zur Erklärung verweist, setzt seinerseits freilich gerade eine konstitutive Spaltung, also eine innere Nicht-Identität voraus; und der Versuch, sich Identität als das subjektive Äquivalent des »Ich«, als dessen affektive Repräsentanz gewissermaßen, vorzustellen, scheitert allein an der Vieldeutigkeit des Freudschen Begriffes »Ich«, die zugunsten größerer Klarheit abzuschaffen die Psychoanalytiker allerdings schon seit langem bemüht waren und immer noch sind: »Eine gewisse terminologische Klärung versucht die nachfreudsche Ichpsychologie, indem sie die bei Freud synonymen Ausdrücke Ich, Selbst, Person differenziert«.[3]

In der Uneindeutigkeit dieses Freudschen »Ich«-Begriffs steckt allerdings nichts weniger als eine wesentliche Erkenntnis der Psychoanalyse: Freuds Einsicht nämlich, daß das Ich »nichts Einfaches« ist, sondern »vielmehr eine Hierarchie von über- und untergeordneten Instanzen, ein Gewirre von Impulsen, die unabhängig voneinander zur Ausführung drängen, entsprechend der Vielheit von Trieben und von Beziehungen zur Außenwelt, viele davon einander gegensätzlich und miteinander unverträglich.« *(Eine Schwierigkeit der Psychoanalyse)* Und, um die Verwirrung noch weiter zu treiben: eines der Objekte, die das Ich libidinös besetzt, die es kritisiert oder idealisiert, ist das Ich selbst.[4]

Jenes Ich, das vermeint, das Gesamt des Psychischen zu sein, bewußtes, wahrnehmendes, wünschendes Subjekt, entpuppt sich als ein »inneres Objekt«: »Dieses Objekt ist allerdings zu Aktionen fähig und nimmt am Konflikt in einer doppelten Funktion teil: in einer hemmenden, d.i. bindenden Funktion ... und in einer abwehrenden Funktion ... Wenn wir also die These aufstellen, das Ich sei nicht Subjekt, müssen wir diese sofort ergänzen: Das Ich ist durchaus ein Objekt, aber eine Art Umschalt-Objekt, das sich, in einer mehr oder weniger anmaßenden und uns täuschenden Weise, als begehrendes und wünschendes Subjekt ausgeben kann.«[5]

Im *Unbehagen in der Kultur* schreibt Freud: »Normalerweise ist uns nichts gesicherter als das Gefühl unseres Selbst, unseres eigenen Ichs. Dies Ich erscheint uns selbständig, einheitlich, gegen alles andere gut abgesetzt.« In der Verliebtheit jedoch, so Freud, können wir die Auflösung der Grenzen des Ichs gegenüber dem Objekt beobachten, und dar-

---

2 Charles Rycroft, *Critical Dictionary of Psychoanalysis.* New York: Penguin 1968.

3 Wolfgang Mertens (Hrsg.), *Schlüsselbegriffe der Psychoanalyse.* Stuttgart: Klett-Cotta 1993.

4 Vgl. die *Neue Folge der Vorlesungen zur Einführung in die Psychoanalyse:* »Wir wollen das Ich zum Gegenstand dieser Untersuchung machen, unser eigenstes Ich. Aber kann man das? Das Ich ist ja doch das eigentlichste Subjekt, wie soll es zum Objekt werden? Nun, es ist kein Zweifel, daß man dies kann. Das Ich kann sich selbst zum Objekt nehmen, sich behandeln wie andere Objekte, sich beobachten, kritisieren, Gott weiß was noch alles mit sich selbst anstellen. Dabei stellt sich ein Teil des Ichs dem übrigen gegenüber. Das Ich ist also spaltbar, es spaltet sich während mancher seiner Funktionen, wenigstens vorübergehend. Die Teilstücke können sich nachher wieder vereinigen. Das ist gerade keine Neuigkeit, vielleicht eine ungewohnte Betonung allgemein bekannter Dinge. Anderseits sind wir mit der Auffassung vertraut, daß die Pathologie uns durch ihre Vergrößerungen und Vergröberungen auf normale Verhältnisse aufmerksam machen kann, die uns sonst entgangen wären. Wo sie uns einen Bruch oder Riß zeigt, kann normalerweise eine Gliederung vorhanden sein. Wenn wir einen Kristall zu Boden werfen, zerbricht er, aber nicht willkürlich, er zerfällt dabei nach seinen Spaltrichtungen in Stücke, deren Abgrenzung, obwohl unsichtbar, doch durch die Struktur des Kristalls vorherbestimmt war.«

5 Jean Laplanche, *Leben und Tod in der Psychoanalye.* Frankfurt: Nexus 1985.

über hinaus lehrt uns die Pathologie »eine große Anzahl von Zuständen kennen, in denen die Abgrenzung des Ichs gegen die Außenwelt unsicher wird oder die Grenzen wirklich unrichtig gezogen werden; Fälle, in denen uns Teile des eigenen Körpers, ja Stücke des eigenen Seelenlebens, Wahrnehmungen, Gedanken, Gefühle wie fremd und dem Ich nicht zugehörig erscheinen, andere, in denen man der Außenwelt zuschiebt, was offenbar im Ich entstanden ist und von ihm anerkannt werden sollte. Also ist auch das Ichgefühl Störungen unterworfen, und die Ichgrenzen sind nicht beständig.« Und Freud fügt an: »Dies Ichgefühl des Erwachsenen kann nicht von Anfang an so gewesen sein. Es muß eine Entwicklung durchgemacht haben, die sich begreiflicherweise nicht nachweisen, aber mit ziemlicher Wahrscheinlichkeit konstruieren läßt.«

Die Pathologie verweist auf die Geschichte der vermeinten Normalität: Es ist dies eine der Freudschen Argumentationslinien, die über den Verweis auf die Genese letztlich auf eine strukturelle, anthropologische Aussage zielen, freilich nicht auf eine Anthropologie, die auf die Affirmation einer humanen Identität hinausliefe; die Konstruktion der Entwicklungsgeschichte führt im Gegenteil auf die Dekonstruktion von Identität.

Da, wo Freud innerhalb seines Strukturmodells des psychischen Apparates die Differenzierung des Ichs vom Es genetisch darstellen will, bringt er jenen Objektivierungsprozeß zur Sprache, der das Ich als Subjekt zuallererst konstituiert: »Der eigene Körper und vor allem die Oberfläche desselben ist ein Ort, von dem gleichzeitig äußere und innere Wahrnehmungen ausgehen können. Er wird wie ein anderes Objekt gesehen, ergibt aber dem Getast zweierlei Empfindungen, von denen die eine einer inneren Wahrnehmung gleichkommen kann.« *(Das Ich und das Es)* Und etwas später heißt es: »Das Ich ist vor allem ein körperliches, es ist nicht nur ein Oberflächenwesen, sondern selbst die Projektion einer Oberfläche.«

Der Vorgang dieser Projektion ist einer des Ausschlusses oder wie es bei Freud in *Die Verneinung* heißt: »›Es soll in mir oder außer mir sein.‹ Das ursprüngliche Lust-Ich will ... alles Gute sich introjizieren, alles Schlechte von sich werfen. Das Schlechte, das dem Ich Fremde, das Außenbefindliche, ist ihm zunächst identisch.« Die Entwicklung eines Ich-Gefühls geht also keineswegs einher mit einer progressiven »Entfaltung« eines Kerns von Identität, sondern ist Produkt einer vereindeutigenden Einschränkung; seine vermeinte Ganzheit gewinnt das Ich nicht als Effekt gemeisterter Krisen, in denen es sich selbst behauptet und bestätigt, sondern paradoxerweise vielmehr, indem es sich zu sich selbst in ein Verhältnis der Verneinung setzt. Auf diesem Prozeß der Verneinung, so zeigt Freud, baut nicht zuletzt auch die intellektuelle Urteilsfunktion des Subjekts auf: »Das Urteilen ist die zweckmäßige Fortentwicklung der ursprünglich nach dem Lustprinzip erfolgten Einbeziehung ins Ich oder Ausstoßung aus dem Ich.«

Die Aufgabe der Freudschen Einsicht in das so überaus zwiespältige Wesen jenes Ichs ist der Preis, den man für den Begriff der Identität zahlen muß. Man kann es natürlich auch andersherum sehen: Der Identitätsbegriff ist der Lohn dieser Preisgabe.

In seinem »historischen Roman« über den *Mann Moses und die monotheistische Religion,* in dem er zeigen will, daß Moses kein Jude, sondern ein Ägypter war, der den Juden den Monotheismus des Aton-Kultes aufdrängte und schließlich von ihnen ermordet wurde, wendet Freud gegen seine eigene Schrift ein, es könne nun »jemand die Frage aufwerfen, was haben wir davon, wenn wir den jüdischen Monotheismus vom ägyptischen ableiten? Das Problem wird dadurch nur um ein Stück verschoben«. Was aber, wenn es gerade auf diese »Verschiebung« ankommt, und zwar weit mehr auf sie als auf das Ergebnis, zu dem sie schließlich führt? Nicht die neugefundene (ägyptische) Identität Mosis nämlich ist das

Wesentliche an Freuds Studie, sondern die Dekonstruktion der (jüdischen) Identität Mosis als Effekt einer »Entstellung«.[6] Identität entsteht als Verdrängung des Nicht-Identischen, sie entsteht als Mordgeschichte und ist das Produkt des »nachträglichen Gehorsams« gegen den Ermordeten, der (nachträglichen) Identifikation mit ihm.[7]

Freuds Ursprungsgeschichte des jüdischen Monotheismus ist eine Fortschreibung jener Gesellschaftstheorie (genauer: der Theorie vom Übergang von der Urhorde zur Gesellschaft), die Freud mehr als zwanzig Jahre zuvor in *Totem und Tabu* entworfen hatte: »Die Darwinsche Urhorde hat natürlich keinen Raum für die Anfänge des Totemismus. Ein gewalttätiger, eifersüchtiger Vater, der alle Weibchen für sich behält und die heranwachsenden Söhne vertreibt, nichts weiter.« Eines Tages aber »taten sich die ausgetriebenen Brüder zusammen, erschlugen und verzehrten den Vater und machten so der Vaterhorde ein Ende ... Der gewalttätige Urvater war gewiß das beneidete und gefürchtete Vorbild eines jeden aus der Brüderschar gewesen. Nun setzten sie im Akte des Verzehrens die Identifizierung mit ihm durch ... Die Totemmahlzeit, vielleicht das erste Fest der Menschheit, wäre die Wiederholung und die Gedenkfeier dieser denkwürdigen verbrecherischen Tat, mit welcher so vieles seinen Anfang nahm, die sozialen Organisationen, die sittlichen Einschränkungen und die Religion.«

Der im Totemmahl zum Ausdruck kommende »nachträgliche Gehorsam«, in dem, wiederum nachträglich, die einstige »nackte« väterliche Gewalt zum gesellschaftlichen Verbot transformiert wird, bringt die Gesellschaft hervor und zugleich ein unauflösliches »Unbehagen« in der Gesellschaft, das darauf gründet, »daß die Tat keinem der Täter die volle Befriedigung bringen konnte. Sie war in gewisser Hinsicht vergeblich geschehen. Keiner der Söhne konnte ja seinen ursprünglichen Wunsch durchsetzen, die Stelle des Vaters einzunehmen.« Freud fügt nicht ohne Ironie an: »Der Mißerfolg ist aber, wie wir wissen, der moralischen Reaktion weit günstiger als die Befriedigung.« Notabene beginnt die Umwandlung der Urhorde nicht mit der Ermordung und dem kannibalistischen Verzehr des Urvaters, sondern in der Symbolisierung dieser Tat im Totemmahl. Das rituelle Opfer wird zum gesellschaftserhaltenden, identitätsstiftenden Akt sowohl der Reue als auch des Triumphes: der Anerkennung des gesellschaftlichen Gesetzes in seiner sakralen Übertretung.

In vieler Hinsicht – etwa was die Höhe der Vergeistigung durch das den Juden auferlegte Bildverbot betreffe – bedeute das Christentum eine Regression gegenüber dem Judentum, unter einem Aspekt aber, so Freud, einen Fortschritt, nämlich in der impliziten Anerkennung des für die Religion konstitutiven Gott-Vater-Mordes, die im Glauben an den Sühnetod des Sohnes ihren Niederschlag finde. »Erbsünde und Erlösung durch den Opfertod wurden die Grundpfeiler der neuen, durch Paulus begründeten Religion ... Nur ein Teil des jüdischen Volkes nahm die neue Lehre an. Jene, die sich dessen weigerten, heißen noch heute Juden ... Sie mußten

[6] Über die Entstellung schreibt Freud im *Mann Moses:* »Es ist bei der Entstellung eines Textes ähnlich wie bei einem Mord. Die Schwierigkeit liegt nicht in der Ausführung der Tat, sondern in der Beseitigung ihrer Spuren. Man möchte dem Worte ›Entstellung‹ den Doppelsinn verleihen, auf den es Anspruch hat. Es sollte nicht nur bedeuten: in seiner Erscheinung verändern, sondern auch: an eine andere Stelle bringen«.

[7] Sie ist darüber hinaus kein Prozeß einer kontinuierlichen Entfaltung: »Die priesterliche Darstellung will ein Kontinuum zwischen ihrer Gegenwart und der mosaischen Frühzeit herstellen, sie will gerade das verleugnen, was wir als die auffälligste Tatsache der jüdischen Religionsgeschichte bezeichnet haben, daß zwischen der Gesetzgebung des Moses und der späteren jüdischen Religion eine Lücke klafft«. *(Der Mann Moses)*

von der neuen Religionsgemeinschaft, die außer Juden Ägypter, Griechen, Syrer, Römer und endlich auch Germanen aufgenommen hat, den Vorwurf hören, daß sie Gott gemordet haben. Unverkürzt würde dieser Vorwurf lauten: ›Sie wollen es nicht wahrhaben, daß sie Gott gemordet haben, während wir es zugeben und von dieser Schuld gereinigt worden sind.‹«

Hannah Arendt hält es für den »Inbegriff moralischer Verwirrung«, »daß sich im Deutschland der Nachkriegszeit diejenigen, die völlig frei von Schuld waren, gegenseitig und aller Welt versicherten, wie schuldig sie sich fühlten, wohingegen nur wenige der Verbrecher bereit waren, auch nur die geringste Spur von Reue an den Tag zu legen«, und sie behauptet: »Dergleichen wie kollektive Schuld oder kollektive Unschuld gibt es nicht; der Schuldbegriff macht nur Sinn, wenn er auf Individuen angewendet wird.«[8] Damit aber verkennt sie, was Freud als die (christliche) Wurzel des Antisemitismus beschreibt: die an die Stelle der Verdrängung tretende identitätsstiftende Funktion eines bewußten und im symbolischen und rituellen Opfer immer wieder erneuerten Schuldgefühls.[9]

Die Psychologie der Masse beschreibt Freud in *Massenpsychologie und Ich-Analyse* als »einen Zustand von Regression zu einer primitiven Seelentätigkeit, wie man sie gerade der Urhorde zuschreiben möchte« und welche gekennzeichnet ist durch den »Schwund der bewußten Einzelpersönlichkeit, die Orientierung von Gedanken und Gefühlen nach gleichen Richtungen, die Vorherrschaft der Affektivität und des unbewußten Seelischen, die Tendenz zur unverzüglichen Ausführung auftauchender Absichten«. »Die Masse erscheint uns so als ein Wiederaufleben der Urhorde. So wie der Urmensch in jedem Einzelnen virtuell erhalten ist, so kann sich aus einem beliebigen Menschenhaufen die Urhorde wieder herstellen; soweit die Massenbildung die Menschen habituell beherrscht, erkennen wir den Fortbestand der Urhorde in ihr.«

So wie der als individuelle Pathologie erscheinende Zerfall der synthetischen Funktionen des Ichs uns auf die virtuell stets präsente Konfliktgeschichte des Subjekts und die irreduzible Heterogenität dessen verweist, was wir als psychische Einheit illusionieren, so zeigen sich gerade in den Krisen und Katastrophen des Gesellschaftlichen dessen Konstitutionsbedingungen.

Der letzte Triebdualismus, den Freud entwirft, derjenige von Eros und Thanatos, zeichnet sich gegenüber den vorhergehenden dadurch aus, daß er eine grundlegende Asymmetrie in die Reihe der Freudschen Dualismen bringt, und zwar eine Asymmetrie, die nicht mehr (wie die von Selbsterhaltungs- und Sexual-, Sexual- und Ich-, Ich- und Objekttrieben) in einer jeweils neuen Dualität, zu deren Formulierung sie drängt,

---

8 Hannah Arendt, *Nach Auschwitz.* Berlin: Edition Tiamat 1989.

9 Nur unter dieser Perspektive betrachtet wird die Plausibilität der Wahnvorstellung erklärbar, gerade die Deutschen seien durch ihre Geschichte zur Kritik an den Missetaten Israels in einzigartiger Weise prädestiniert. – Schon bevor der Begriff des »Holocaust«, des Brandopfers also, sich etabliert hatte, war es üblicher Sprachgebrauch, von den »Gasöfen« in Auschwitz zu sprechen. Diese Redensart, die die Ermordung der Juden in den Gaskammern und die Beseitigung ihrer Leichen in den Krematorien zu ein und demselben Akt verdichtet, so daß selbst die prosaisch-technische Beschreibung noch den sakralen Beiklang Celanscher Todesfugen-Poesie erhält, kann kaum die in ihr mitschwingende Konnotation verbergen, es habe sich beim Mord an den Juden um eine Opferhandlung, wenn auch um eine (technisierte) Perversion derselben, gehandelt. In diesen Zusammenhang gehört natürlich auch die halbherzige Rationalisierung dieser Auffassung, welche im Stereotyp von den Juden, die sich wie willige Lämmer zur Schlachtbank hätten führen lassen, mündet.

gleichsam aufgehoben wird, sondern die asymmetrisch deshalb ist und bleibt, weil das eine Element dieser Zweiheit, der Todestrieb, zugleich auf das Jenseits dessen verweist, dessen Teil er ist.

Der Mord, der die Freudsche Spekulation über den Todestrieb – über das »Jenseits des Lustprinzips« – einleitet, ist nicht der Mord am Vater (die Identifizierung des Todestriebes mit der wohin immer, nach innen oder außen, gewendeten Aggression ist schon allein deshalb irreführend), sondern ist der in jeder Symbolisierung implizierte »Mord an der Sache« (Lacan): exemplifiziert von Freud am Beispiel Symbolisierung der Abwesenheit der Mutter im Fort-Da-Spiel seines Enkels.

Der Mord am Vater begründet den Übergang von der Urhorde, der Ur-Masse, zur Gesellschaft – aber ohne den als (strukturell!) primär vorauszusetzenden Akt des »Mordes an der Sache«, die sprachliche Symbolisierung der Tat, würde dieser gesellschaftsbegründende Akt des Vatermordes nichts anderes gewesen sein als die Beseitigung des ranghöchsten Männchens und seine Ersetzung durch ein anderes stärkeres. Niemals aber würde sich so der Tote als stärker erweisen als die Lebenden durch den »nachträglichen Gehorsam«, den diese ihm nun zollten.

Die Ableitung des Todestriebs ist keine gesellschaftliche, sondern eine »jenseitige«, nämlich biologische: Gemäß dieser Herleitung entsteht der Todestrieb durch eine ursprüngliche Spannungsinduzierung, die dem Leblosen den Atem einer Differenz einhaucht. Die Kraft, die diese Differenz wieder abarbeiten will, ist der Todestrieb: der Todestrieb ist damit progressiv im Dienste der Regression; er kann sein Ziel, den Ursprungszustand, nunmehr, nachdem »es« einmal geschehen ist, nur noch auf Umwegen erreichen, denn diese Differenz (die sich in der Geschlechterspannung konkretisieren wird), die da wie ein Blitzschlag in die präbiologische Materie eingefahren ist, entwickelt ihre eigene Dynamik: sie hat andere, nämlich erotische, Vorstellungen von der Spannungsauflösung. Der Freudsche Begriff der Triebmischung bezeichnet darum nicht den einer im Normalfall existierenden unauffällig glücklichen Liaison zwischen Eros und Thanatos, sondern ist eine irreführende Bezeichnung für die Tatsache, daß jene spannungsinduzierende Ur-Differenz, durch die der Eros erst hervorgebracht wurde, zugleich die Bedingung des Todestriebes als Trieb ist. Der Todestrieb erinnert auf die ihm eigene stumme Weise an eine als Ursprung zu denkende Differenz, die ursprünglicher ist als alle ihre Konkretionen, auf deren Vereinigung die Lebenstriebe es in vielfältiger Weise abgesehen haben. Der Todestrieb als Grenzprodukt von Tod und Leben mahnt an ein Gesetz, das elementarer ist als das Gesetz des toten Vaters: das Gesetz der Differenz, das anders formuliert lautet, daß nichts alles sein kann.

RALF DAHRENDORF, geb. 1929, ist Warden des St. Antony's College, Oxford. Zuletzt sind erschienen *Der moderne soziale Konflikt* (1992) und *Liberale und andere. Portraits* (1994).

FRIEDRICH DIECKMANN, geb. 1937, Schriftsteller. Zuletzt ist erschienen *Vom Einbringen. Vaterländische Beiträge* (1992). Der Beitrag wurde geschrieben im Rückblick auf ein Forum am Rande des Aachener Schriftstellerkongresses vom April 1994.

HANS-PETER SCHWARZ, geb. 1934, Professor für Politische Wissenschaft und Zeitgeschichte an der Universität Bonn. Zuletzt ist erschienen *Die Zentralmacht Europas. Deutschlands Rückkehr auf die Weltbühne* (1994).

ERNST-OTTO CZEMPIEL, geb. 1927, ist Geschäftsführendes Vorstandsmitglied an der Hessischen Stiftung Friedens- und Konfliktforschung, Frankfurt, und Professor emeritus für Auswärtige und Internationale Politik an der Universität Frankfurt. Im November erscheint *Die Reform der UNO. Möglichkeiten und Mißverständnisse.*

HEINZ BUDE, geb. 1954, Soziologe, Mitglied des Hamburger Instituts für Sozialforschung. 1992 ist erschienen *Bilanz der Nachfolge. Die Bundesrepublik und der Nationalsozialismus.*

CLAUS KOCH, geb. 1929, Journalist. Zuletzt sind erschienen *Meinungsführer. Die Intelligenzblätter der Deutschen* (1989) und die Streitschrift über Biotechnik *Ende der Natürlichkeit* (1994).

KONRAD SEITZ, geb. 1934, deutscher Botschafter in Italien. Zuletzt ist erschienen *Die japanisch-amerikanische Herausforderung* ([6]1994).

ROBERT PICHT, geb. 1937, ist Direktor des Deutsch-Französischen Instituts Ludwigsburg, Professor für Europäische Soziologie am Europa-Kolleg in Brügge. Zuletzt ist erschienen *L'identité européenne. Analyses et propositions pour le renforcement d'une Europe pluraliste* (1994).

AXEL HONNETH, geb. 1949, Professor für Politische Philosophie an der FU Berlin. 1992 ist erschienen *Kampf um Anerkennung.*

HELMUT DUBIEL, geb. 1946, Professor für Soziologie an der Universität Gießen, Kodirektor am Institut für Sozialforschung in Frankfurt. Zuletzt ist erschienen *Ungewißheit und Politik* (1994).

PETER BENDER, geb. 1923, Publizist. Zuletzt ist erschienen *Unsere Erbschaft. Was war die DDR – was bleibt von ihr?* (1992).

JÖRG LAU, geb. 1964, ist Kulturredakteur der Berliner *tageszeitung.*

GERNOT VOLGER, geb. 1945, Journalist. 1976 ist erschienen *Die Zahlungsbilanzpolitik der Vereinigten Staaten,* 1989 *Lateinamerika in der Dauerkrise.*

SVEN PAPCKE, geb. 1939, Professor für Soziologie an der Universität Münster. 1993 ist erschienen *Deutsche Soziologie im Exil. Gegenwartsdiagnose und Epochenkritik 1933–1945.*

GREGOR SCHÖLLGEN, geb. 1952, Professor für Neuere Geschichte an der Universität Erlangen. Zuletzt sind erschienen *Die Macht in der Mitte Europas* (1992) und *Angst vor der Macht* (1993).

JOACHIM SARTORIUS, geb. 1946, Lyriker und Übersetzer, leitet das Berliner Künstlerprogramm des DAAD; von 1990 bis 1993 Vorsitzender des Beratenden Kulturausschusses der EG-Kommission. 1992 ist der Gedichtband *Der Tisch wird kalt* erschienen.

DAN DINER, geb. 1946, Professor für Geschichte an den Universitäten Essen und Tel Aviv. Zuletzt ist erschienen *Weltordnungen. Über Geschichte und Wirkung von Recht und Macht* (1993).

PETER SCHNEIDER, geb. 1957, Psychoanalytiker. Der Beitrag ist entnommen dem von Klaus Bittermann herausgegebenen Buch *Identität und Wahn,* das in diesem Herbst in der Edition Tiamat, Berlin, erscheinen wird.

Der Merkur erscheint monatlich.
Die Zeitschrift kann durch jede Buchhandlung, die Zeitungsstelle des Postamtes oder unmittelbar vom Verlag bezogen werden. Preis des Einzelheftes DM 17 / öS 147 / sFr 17, des Doppelheftes DM 22 / öS 191 / sFr 21,80, im Abonnement jährlich DM 170 / öS 1479 / sFr 157, für Studenten und Akademiker im Vorbereitungsdienst gegen Vorlage der Studienbescheinigung im Abonnement jährlich DM 135 / öS 1174 / sFr 125, jeweils zuzüglich Versandspesen.
Das Abonnement verlängert sich automatisch, wenn die Kündigung nicht bis zum 1.12. erfolgt. Zuschriften, die den Vertrieb und die Anzeigen betreffen, an den Verlag erbeten. Für unverlangte und ohne Rückporto eingesandte Manuskripte kann keine Gewähr übernommen werden.

J. G. Cotta'sche Buchhandlung Nachfolger GmbH, Postfach 106016, 70049 Stuttgart, Telefon (0711) 6672-0.
Verantwortlich für den Anzeigenteil: Rainer Just. Anzeigenverwaltung: Horst Flinspach, Telefon (0711) 6672-533. Zur Zeit ist die Anzeigen-Preisliste Nr. 14 vom 1.1. 1994 gültig.

Texterfassung: Redaktion Merkur, München. Druck und Einband: Ludwig Auer, Donauwörth.

Redaktionsschluß: 1.9.1994

ISSN 0026-0096 NC N NCA

Im nächsten Heft:

Michael Rutschky
Der Jungmann und sein Ritterroman. Eine Untersuchung von Heldentaten

Dietmar Voss
Paradoxien des Mutes

Bernd Widdig
»Tägliche Sprengungen«. Elias Canetti und die Inflation

Jochen Hörisch
Etcetera-Typen

Verlag Günther Neske

Martin Heidegger:
Unterwegs zur Sprache
10. Auflage 1993, 270 Seiten, kart.,
DM 38,–/öS 296,–/sFr 38,50
ISBN 3-7885-0008-5

Von Martin Heidegger lieferbar:

Der Satz vom Grund
7. Auflage 1992, 211 Seiten, kart.,
DM 38,–/öS 296,–/sFr 38,50
ISBN 3-7885-0009-5

Vorträge und Aufsätze
6. Auflage 1990, 276 Seiten,
Leinen mit Schutzumschlag,
DM 48,–/öS 374,–/sFr 48,50
ISBN 3-7885-0092-1

Aus der Erfahrung des Denkens
6. Auflage 1986, 28 Seiten, kart.,
DM 9,80/öS 76,–/sFr 10,20
ISBN 3-7885-0111-1

Gelassenheit
10. Auflage 1992, 72 Seiten, kart.,
DM 19,80/öS 154,–/sFr 20,40
ISBN 3-7885-0112-X

Hebel – der Hausfreund
6. Auflage 1991, 30 Seiten, kart.,
DM 16,80/öS 131,–/sFr 17,40
ISBN 3-7885-0013-8

Identität und Differenz
9. Auflage 1990, 70 Seiten, kart.,
DM 16,80/öS 131,–/sFr 17,40
ISBN 3-7885-0014-6

Nietzsche Band I/II
5. Auflage 1989,
beide Bände zusammen:
1154 Seiten, Leinen mit
Schutzumschlag,
DM 98,–/öS 764,–/sFr 94,50
ISBN 3-7885-0115-4

Was ist das – die Philosophie?
10. Auflage 1992, 30 Seiten, kart.,
DM 15,80/öS 123,–/sFr 16,40
ISBN 3-7885-0117-0

Die Technik und die Kehre
8. Auflage 1991, 47 Seiten, kart.,
DM 9,80/öS 76,–/sFr 10,20
ISBN 3-7885-0178-2

Verlag Günther Neske
Stuttgart